講談社選書メチエ

822

古代マケドニア全史

フィリッポスとアレクサンドロスの王国

澤田典子

MÉTIER

プロローグ

フィリッポス二世の暗殺

その日、マケドニア王国の古都アイガイで華々しく執り行われた祝典は、一瞬にして、血塗られた惨劇の場と化した。「当時のヨーロッパの王たちのなかで最も偉大な王」(ディオドロス『歴史叢書』一六巻九五章一節)と称えられた一人の王者が、暗殺者の凶刃に倒れたのである。その王の名は、フィリッポス二世。かのアレクサンドロス大王(三世)の父親である。

前三三八年、フィリッポスはカイロネイアの会戦でギリシア連合軍を降し、即位から二〇年余にして、これまで誰も果たせなかったギリシア制覇を成し遂げた。彼は、次なる照準を東の大帝国アカイメネス朝ペルシアに合わせ、前三三六年春、小アジアに一万人の先発部隊を送り込む。そして、自らが率いる本隊の出発を目前に控えた同年秋、古都アイガイで自身の娘クレオパトラとモロッソス王アレクサンドロスの婚礼の祝典を催した。ギリシア全土から多くの賓客を招いて盛大に執り行われた祝典は、ギリシアの覇者として君臨するフィリッポスが自らの富と権力をギリシア世界にまざまざと見せつける場となった。娘の婚礼とはいえ、主役は、まぎれもなくフィリッポス自身だった。彼の権勢を象徴するかのような、その華々しい祝典が、以後の歴史の流れを大きく変える暗殺劇の舞台になったのである。

図1　フィリッポス２世の象牙製肖像彫刻
ヴェルギナ２号墓の主室から出土したもので、フィリッポス２世の肖像と考えられている。アイガイ（ヴェルギナ）考古学博物館蔵

その運命の日、音楽の競演会が予定されていたアイガイの円形劇場には、夜の明けないうちから大勢の人が詰めかけた。日の出とともに祝典行列が始まり、フィリッポスは神にふさわしい似姿の自身の像をオリュンポスの一二神の像と並べて牽かせたという。やがて、満場となった劇場に、白い衣を身にまとったフィリッポスが二人のアレクサンドロスを左右に従えて入場する。一人は花婿、もう一人は息子のアレクサンドロスである。そして、フィリッポスが玉座に向かって歩み出すと、パウサニアスという名の側近護衛官がフィリッポスのそばに駆け寄り、隠し持っていた短剣で彼の胸元を刺し貫いた。フィリッポスは、即死だった。逃走したパウサニアスはただちに取りおさえられ、その場で処刑された。

この白昼の暗殺劇は、一九六三年のアメリカのケネディ大統領暗殺事件を思い起こさせる。ともに、権勢の絶頂における、衆人環視のなかでの惨劇。フィリッポスもケネディも、奇しくも、同じ四六歳だった。

天下の耳目を集めた祝典でのフィリッポスの暗殺は、人々の想像力をかき立てずにはおかない事件であり、現在も、歴史家たちの興味の尽きない研究テーマとなっている。事件の真相については、古代においても様々に取り沙汰されており、すでに事件当時から、アレクサンドロス（大王）とその母オリュンピアスがパウサニアスを背後で操ったという噂が広まっていた。だとすれば、フィリッポスの暗殺は、父殺し、夫殺し、というセンセーショナルな事件だったことになる。この事件の背後関係をめぐっては、現在も活発な議論が続いている（詳しくは、第7章参照）。

ヴェルギナの発掘

その惨劇の場となった円形劇場と思われる遺構が、一九八二年、ギリシア北部の小村ヴェルギナで発見された。

ヴェルギナは、マケドニア史研究の、まさしく「聖地」である。一九二三年のトルコとの大規模な住民交換によって、小アジアから流入したギリシア人難民の村がギリシア北部に数多く生まれたが、そうした村の一つであるヴェルギナで一九七七年から翌年にかけてギリシアの考古学者M・アンズロニコスが行った発掘調査は、実に華々しい成果をもたらした。巨大な墳丘の内部から三基の墳墓が姿を現し、うち二基（2号墓・3号墓）は未盗掘で、火葬骨とともに金銀の豪華な副葬品が出土したのである。アンズロニコスは、ただちに最大規模の2号墓をフィリッポスの墓と断じ、大きな反響を巻き起こした。

2号墓の被葬者については、その後まもなくフィリッポスの息子アリダイオス（フィリッポス三世）とする説が現れ、以来、考古学者や歴史家のみならず、美術史、建築史、人類学などの分野の研究者たちの間で、現在に至るまで延々と議論が続いている。これは、まさしく、マケドニア史研究における最大の論争である(第7章参照)。

2号墓の被葬者論争は現在も未決着であるものの、アンズロニコスによるヴェルギナの発掘成果がはかりしれない意義を有することは言うまでもない。被葬者が誰であれ、精巧な金銀製品やみごとな壁画をともなったヴェルギナの墳墓は、前四世紀のマケドニア王国の高度な文化水準を実証し、古典史料からは判然としないマケドニアの宗教や社会について豊かな知見をもたらす、極めて貴重な文化遺産である。

さらに、この発見によって、マケドニア王国の最初の都であるアイガイの場所がようやく明らかになったことも特筆に値する。マケドニア王国発祥の地アイガイは、前五世紀末のペラへの遷都以降も王国の宗教と祭儀の拠点であり、とりわけ、歴代のマケドニア王の埋葬地として知られていた。しかし、その場所は不明で、長らくエデッサが有力な候補地と考えられていた。これに対して、二〇世紀におけるマケドニア史研究に圧倒的な足跡を残したイギリスの歴史家N・G・L・ハモンドは、一九六八年、古典史料の吟味をもとに、ヴェルギナがアイガイであるという説を唱えて注目を浴びた。そのハモンドの新説を考古学的に実証したのが、アンズロニコスによるヴェルギナの発掘である。ヴェルギナで発見された墳墓は、その巨大な墳丘規模や副葬品の比類なき豪華さなどからマケドニア王墓であるのは明らかであり、これによって、このヴェルギナが旧都アイガイだということが確実視されるようになったのである。

つまり、一九八二年にヴェルギナで発見された円形劇場は、まぎれもなく、古典史料に伝えられるフィリッポスの暗殺現場だったことになる。

フィリッポスの富と権力のシンボル

ヴェルギナの円形劇場は、緑豊かなピエリア山脈を背に、マケドニア王国を生んだハリアクモン川下流の平野一帯をはるか彼方まで見渡すことのできる絶好の立地にある。幾段もの観客席が弧状にもうけられた通常のギリシア劇場と異なり、円形舞台《オルケストラ》の周囲を取り巻く石造の座席は一列目しか残っていない。二列目以上の石造の座席が作られていた形跡はないので、おそらく、木製の座席が組まれていたのだろう。劇場全体の規模は比較的小さいものの、中央の円形舞台は異例に大きく、その二八・四メートルという直径はギリシア世界の劇場では最大規模である。こうした大きな円形舞台は、この劇場が通常の劇の上演のみならず、フィリッポス暗殺の日のような祝典や儀式の場としてもしばしば用いられたことを物語る。

その劇場の南側に隣接して、巨大な宮殿の遺構が拡がっている。この地で最も古くから知られている遺構で、

図２　ヴェルギナの円形劇場の遺構

図３　復元されたヴェルギナの宮殿
2007年に始まった宮殿の調査と並行して進められた修復作業は2023年に完了し、2024年１月、ドーリス式円柱や精巧な床モザイクが復元された宮殿が一般公開された

すでに一八六一年、「マケドニア考古学の父」と言われるフランスの考古学者Ｌ・ユゼが部分的に発掘を行っている。最終的にアンズロニコスの手で一九七〇年代にその全容が明らかにされたこの宮殿は、主体部がアテネのパルテノン神殿のおよそ三倍の大きさで、その総面積は約一万五〇〇〇平方メートルに及ぶ。かつては、アンティゴノス朝マケドニア（前二七七頃～前一六八年）の時期のものと考えられていたが、ＥＵの全面協力のもとで二〇〇七年に始まった大規模な調査により、隣接する円形劇場とその北に位置する「エウクレイアの神域」（アイガイのアゴラと推定されている）と同じ建築プロジェクトの一環であり、フィリッポスの治世末期に完成したことが明らかになっている。

宮殿は、広大な中庭を数多くの部屋が取り巻く二階建て構造で、王族たちは、円形劇場に覆いかぶさるように張り出した二階の大きなベランダから観覧することもあったのだろう。アーキトレーヴの装飾など、宮殿の種々の建築要素にピュタゴラスの黄金比ϕが用いられていることも判明しており、設計したのは、ハリカルナッソスのマウソレイオン（小アジア南西部のカリアの総督マウソロスの墓廟）を手がけたことで知られる建築家で、天才的な数学者でもあるプリエネ出身のピュテオスだったと推測されている。

ヴェルギナの円形劇場は、隣接する贅を尽くしたこの巨大な宮殿とともに、フィリッポスの富と権力を象徴するシンボルであり、どちらも、前三三六年秋の婚礼の祝典のために彼が準備した舞台装置だったのだろう。フィリッポスは、自身が手がけたまさにその舞台で、息絶えたのである。

「最後のマケドニア王」

フィリッポスの唐突な死ののち、二〇歳の若さで即位したアレクサンドロスは、前三三四年春、父の遺志を継いで東方遠征に出発する。彼は、一〇年に及ぶ遠征でアカイメネス朝ペルシアを滅ぼし、インダス川に至るまでの広大な領土を征服した（「エピローグ」参照）。

こうして、アレクサンドロスは世界史に比類なき足跡を残したが、その一三年の治世のうち、彼が王としてマケドニア本国にいたのは、東方遠征に出発するまでのわずか一年半ほどにすぎない。遠征が進むにつれ、アレクサンドロスの「帝国」はマケドニア本国を遠く離れて果てしなく東へと拡がり、やがて、アカイメネス朝の継承者を自任する彼は「マケドニアの王」から「アジアの王」へと変貌していった。遠征を終えたアレクサンドロスはバビロンを都に定め、前三二三年、マケドニアに戻ることなく、そのバビロンで三二年余の生涯を閉じた。彼はエジプトに埋葬され、その亡骸すらマケドニアに帰還することはなかった。

アレクサンドロスの死後は、生まれたばかりの彼の遺児アレクサンドロス四世と、フィリッポスの息子で知的障害者だったと伝えられるアリダイオス（フィリッポス三世）が共同で王位に就く。しかし、二人とも実質的な統治能力はなく、その後、アレクサンドロスの「後継者《ディアドコイ》」を称する武将たちの激しい抗争の渦中で殺害されてしまう。こうして、マケドニア王家の血統は途絶え、武将たちが次々と王を名乗る時代に突入していくのである。

従って、真の意味での「マケドニア王」、バルカンに基盤を置くマケドニア王国の統治者としての「マケドニア王」は、フィリッポスが最後だったと言っても過言ではない。その「最後のマケドニア王」を襲った古都アイガイでの暗殺劇は、まさしく、マケドニア王国の歴史の大きなターニングポイントだったのである。

マケドニアと言えばアレクサンドロスばかりが注目されがちだが、本書は、真の、そして最後の「マケドニア王」たるフィリッポスを軸に、前七世紀の建国から前四世紀末の滅亡に至るまでの王国の歩みを、最新の研究成果を踏まえてたどっていくことにしたい。

古代マケドニア全史◉**目次**

第3章 ヘラクレスの子孫たち

第4章 フィリッポス二世の父と兄

第5章 フィリッポス二世の登場

第6章　ギリシアの覇者へ

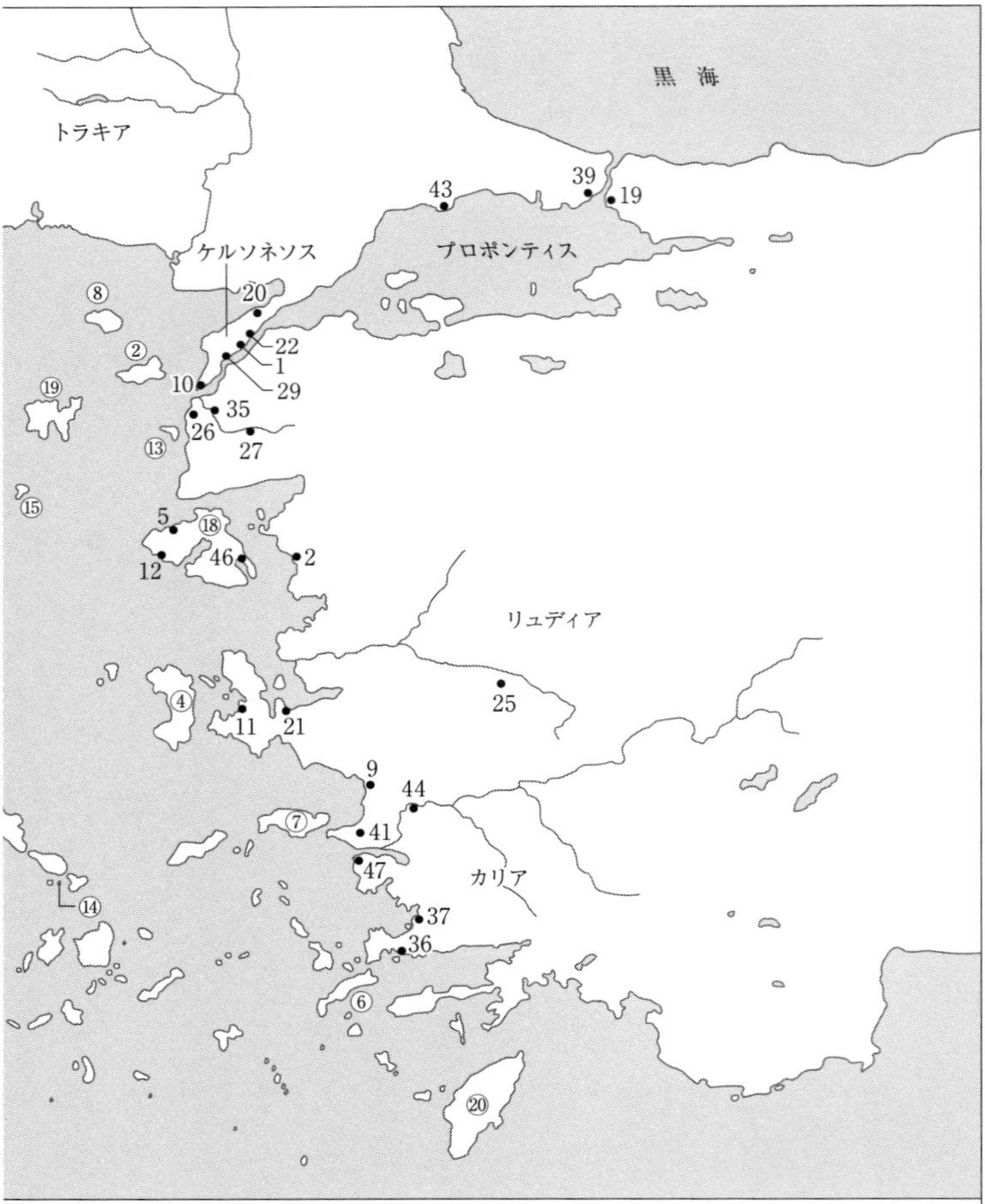

21 クラゾメナイ　22 クリトテ　23 ゲライストス　24 コリントス　25 サルデイス
26 シゲイオン　27 スケプシス　28 スパルタ　29 セストス　30 タミュナイ　31 テーベ
32 デルフォイ　33 テルモピュライ　34 ドドナ　35 トロイア／イリオン　36 ハリカルナッソス
37 バルギュリア　38 ヒスティアイア／オレオス　39 ビュザンティオン　40 フェライ
41 プリエネ　42 ペラ　43 ペリントス　44 マグネシア　45 マラトン　46 ミュティレネ
47 ミレトス　48 メガラ　49 ラリサ

（地図 1〜5 は拙著『古代マケドニア王国史研究』〔2022〕より作成）

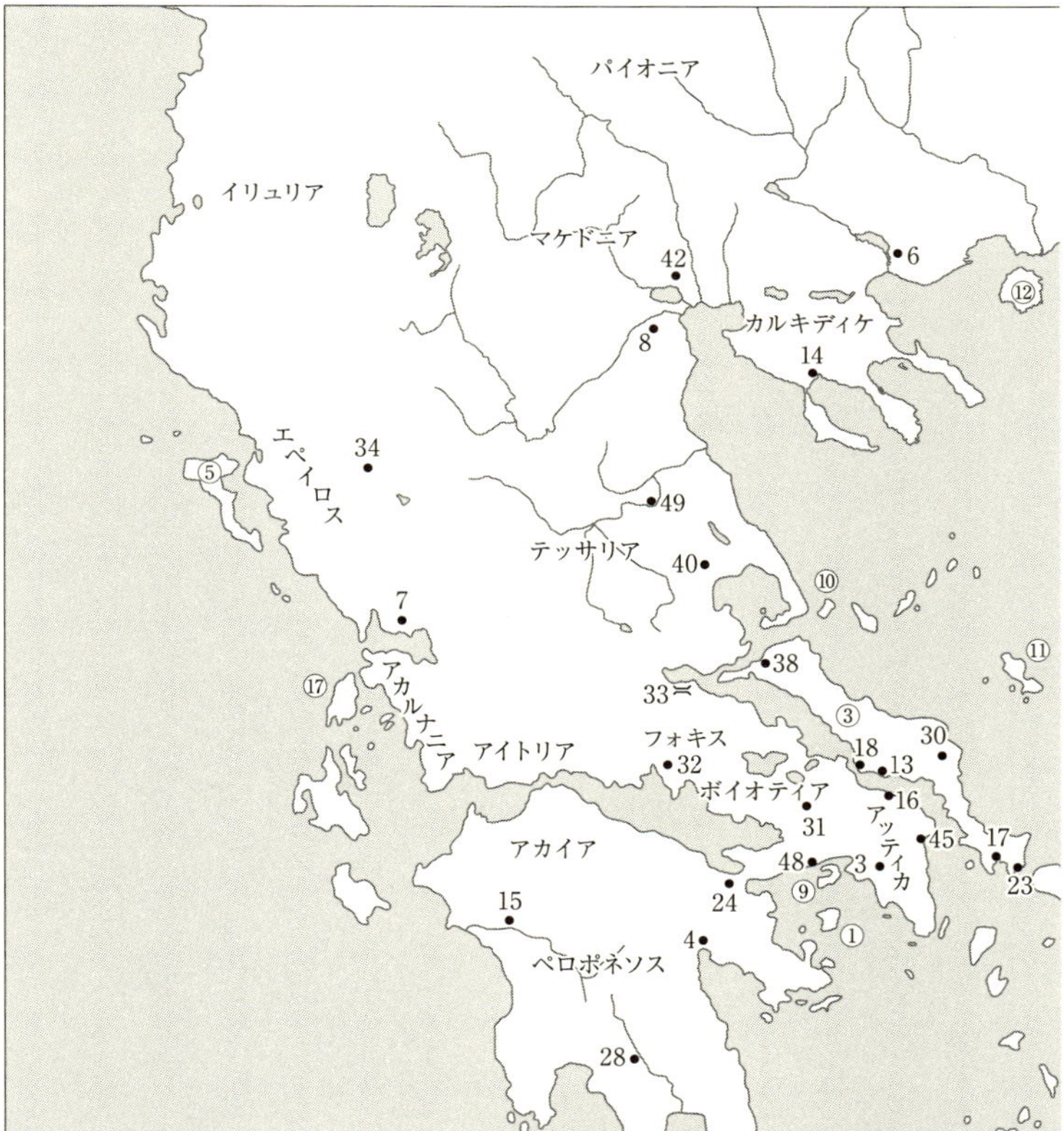

① アイギナ　② インブロス　③ エウボイア　④ キオス　⑤ ケルキュラ　⑥ コス　⑦ サモス
⑧ サモトラケ　⑨ サラミス　⑩ スキアトス　⑪ スキュロス　⑫ タソス　⑬ テネドス
⑭ デロス　⑮ ハロネソス　⑯ メロス　⑰ レウカス　⑱ レスボス　⑲ レムノス　⑳ ロドス
1 アイゴスポタモイ　2 アタルネウス　3 アテネ　4 アルゴス　5 アンティッサ
6 アンフィポリス　7 アンブラキア　8 ヴェルギナ／アイガイ　9 エフェソス　10 エライウス
11 エリュトライ　12 エレソス　13 エレトリア　14 オリュントス　15 オリュンピア
16 オロポス　17 カリュストス　18 カルキス　19 カルケドン　20 カルディア

地図1　エーゲ海世界

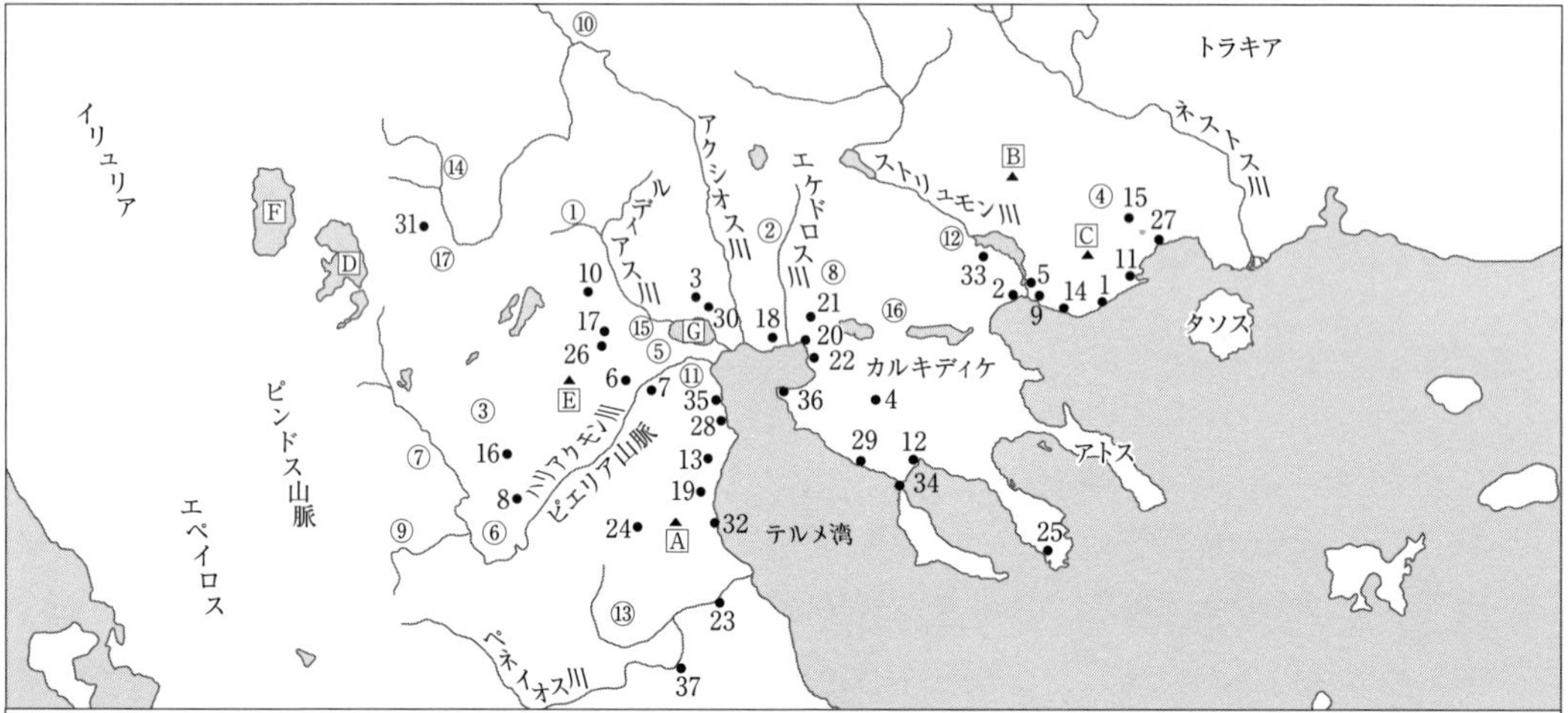

A オリュンポス山　B デュソロン山？　C パンガイオン山　D プレスパ湖　E ベルミオン山　F リュクニティス湖(オフリド湖)
G ルディアス湖
① アルモピア　② アンファクシティス　③ エオルダイア　④ エドノイ　⑤ エマティア　⑥ エリメイア　⑦ オレスティス
⑧ クレストニア　⑨ テュンファイア　⑩ パイオニア　⑪ ピエリア　⑫ ビサルティア　⑬ ペライビア　⑭ ペラゴニア　⑮ ボッティア
⑯ ミュグドニア　⑰ リュンケスティス
1 アポロニア　2 アルギロス　3 アルホンティコ　4 アンテムス　5 アンフィポリス　6 ヴェリア　7 ヴェルギナ／アイガイ　8 エアニ
9 エイオン　10 エデッサ　11 オイシュメ　12 オリュントス　13 カテリニ　14 ガレプソス　15 クレニデス／フィリッポイ　16 コザニ
17 コパノス・レフカディア　18 シンドス　19 ディオン　20 テッサロニキ　21 デルヴェニ　22 テルメ　23 テンペ　24 ドリケ　25 トロネ
26 ナウサ　27 ネアポリス　28 ピュドナ　29 プレア　30 ペラ　31 ヘラクレイア　32 ヘラクレイオン　33 ベルゲ　34 ポテイダイア
35 メトネ　36 ライケロス　37 ラリサ

地図2　マケドニア

①アウタリアタイ　②アグリアネス　③アティンタニア　④アルディアエイ　⑤エンケレイス　⑥カオネス　⑦カッソピア
⑧グラバエイ　⑨タウランティオイ　⑩ダッサレティス　⑪ダルダノイ　⑫テスプロティス　⑬パイオニア　⑭パラウアイア
⑮マイドイ　⑯モロッソス
1アイノス　2アブデラ　3アンフィポリス　4アンブラキア　5ガノス　6カビュレ　7クレニデス／フィリッポイ　8ストリュメ
9ティリスタシス　10ドリュス　11ヒエロンオロス　12ビュザンティオン　13フィリッポポリス　14ヘライオンテイコス
15ペリントス　16マロネイア

地図3　イリュリア、エペイロス、トラキア

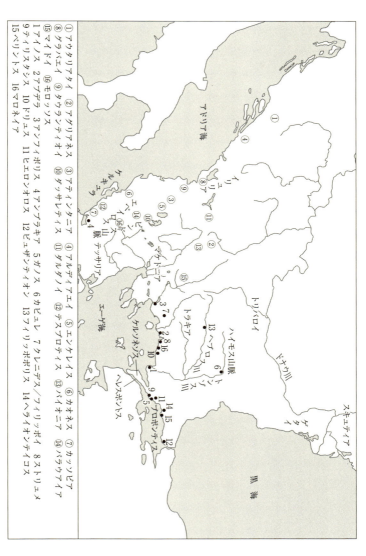

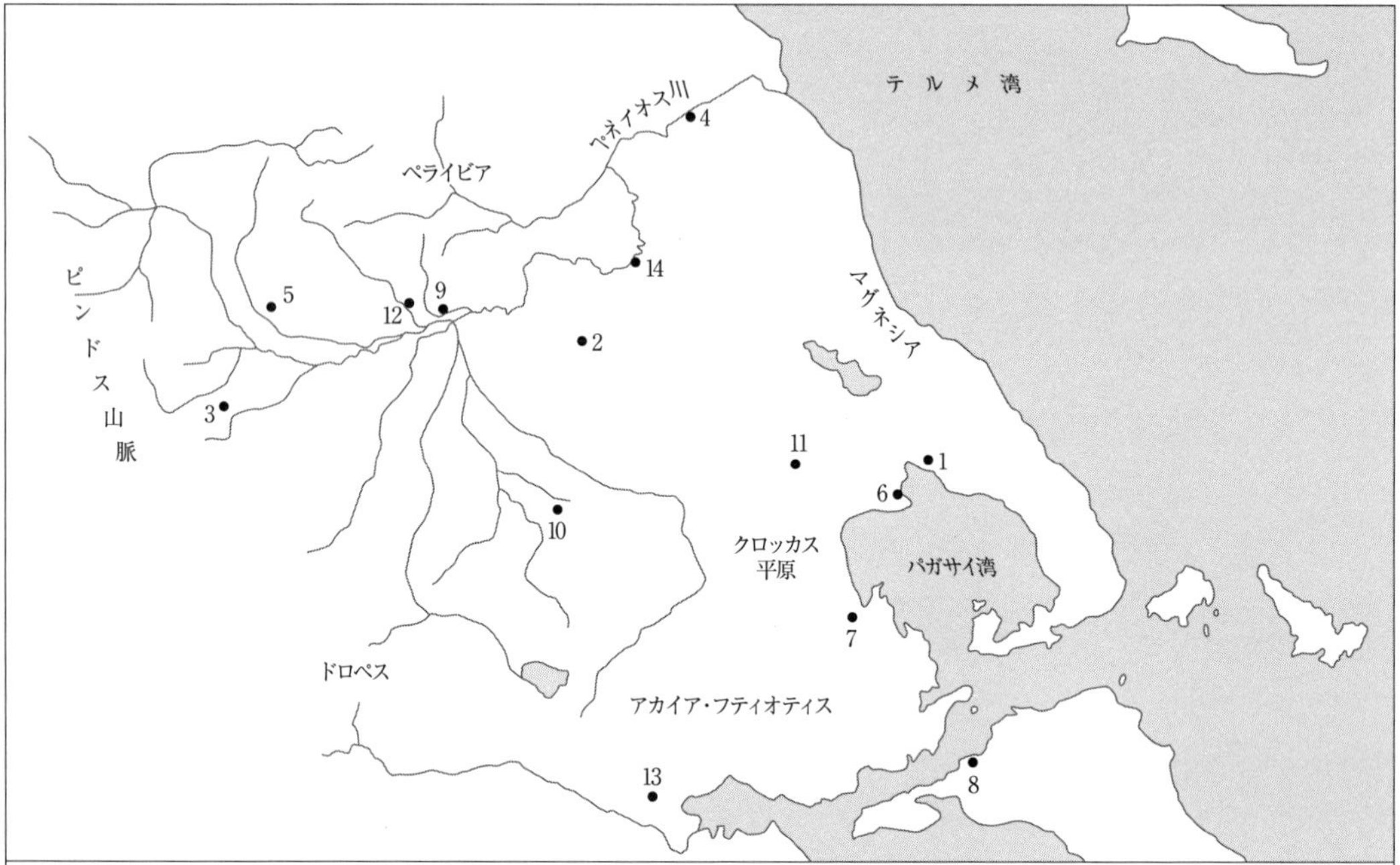

1イオルコス　2クランノン　3ゴンフォイ／フィリッポポリス　4テンペ　5トリッカ　6パガサイ　7ハロス　8ヒスティアイア／オレオス　9ファルカドン　10ファルサロス　11フェライ　12ペリンナ　13ラミア　14ラリサ

地図４　テッサリア

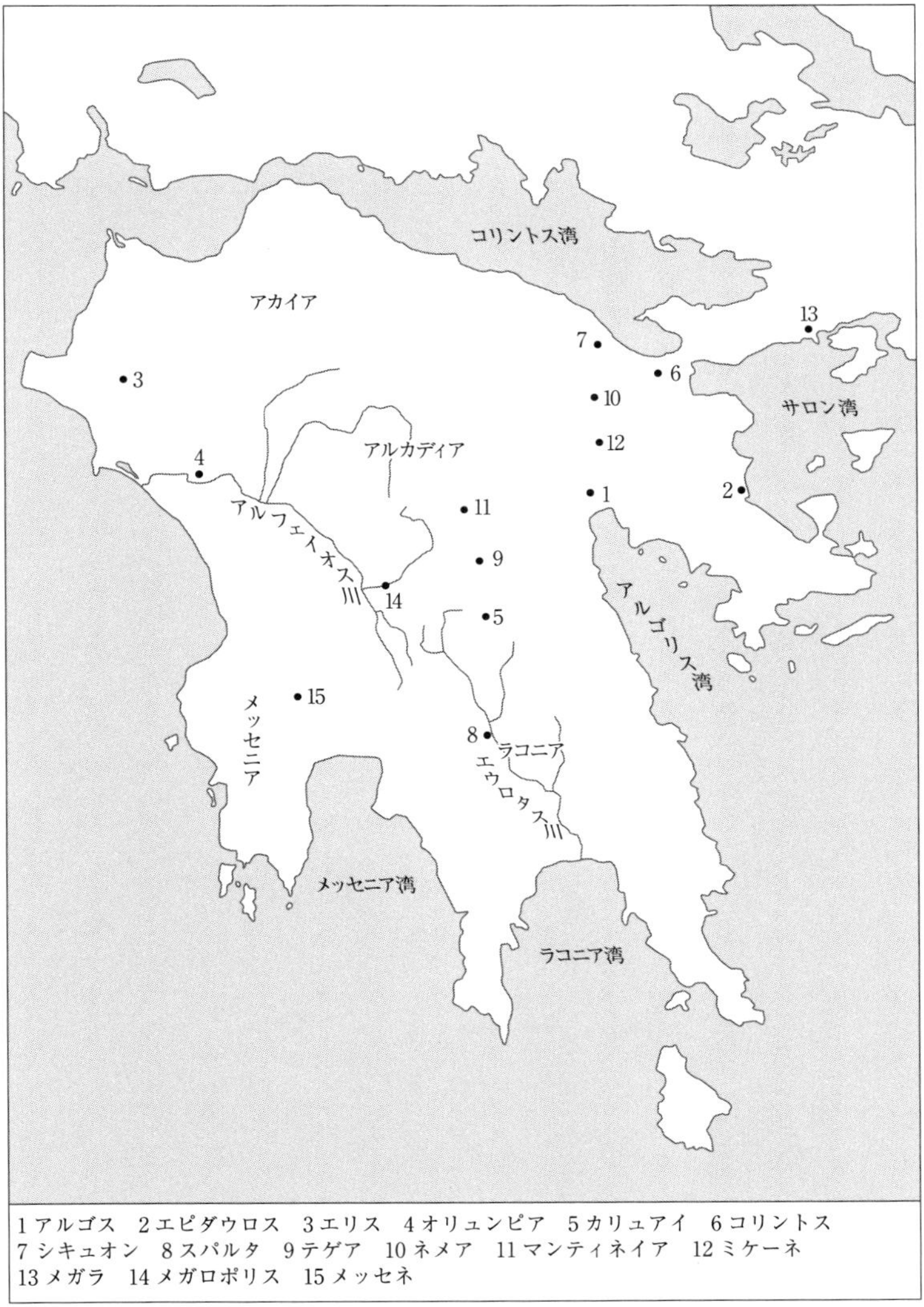

1 アルゴス　2 エピダウロス　3 エリス　4 オリュンピア　5 カリュアイ　6 コリントス
7 シキュオン　8 スパルタ　9 テゲア　10 ネメア　11 マンティネイア　12 ミケーネ
13 メガラ　14 メガロポリス　15 メッセネ

地図５　ペロポネソス

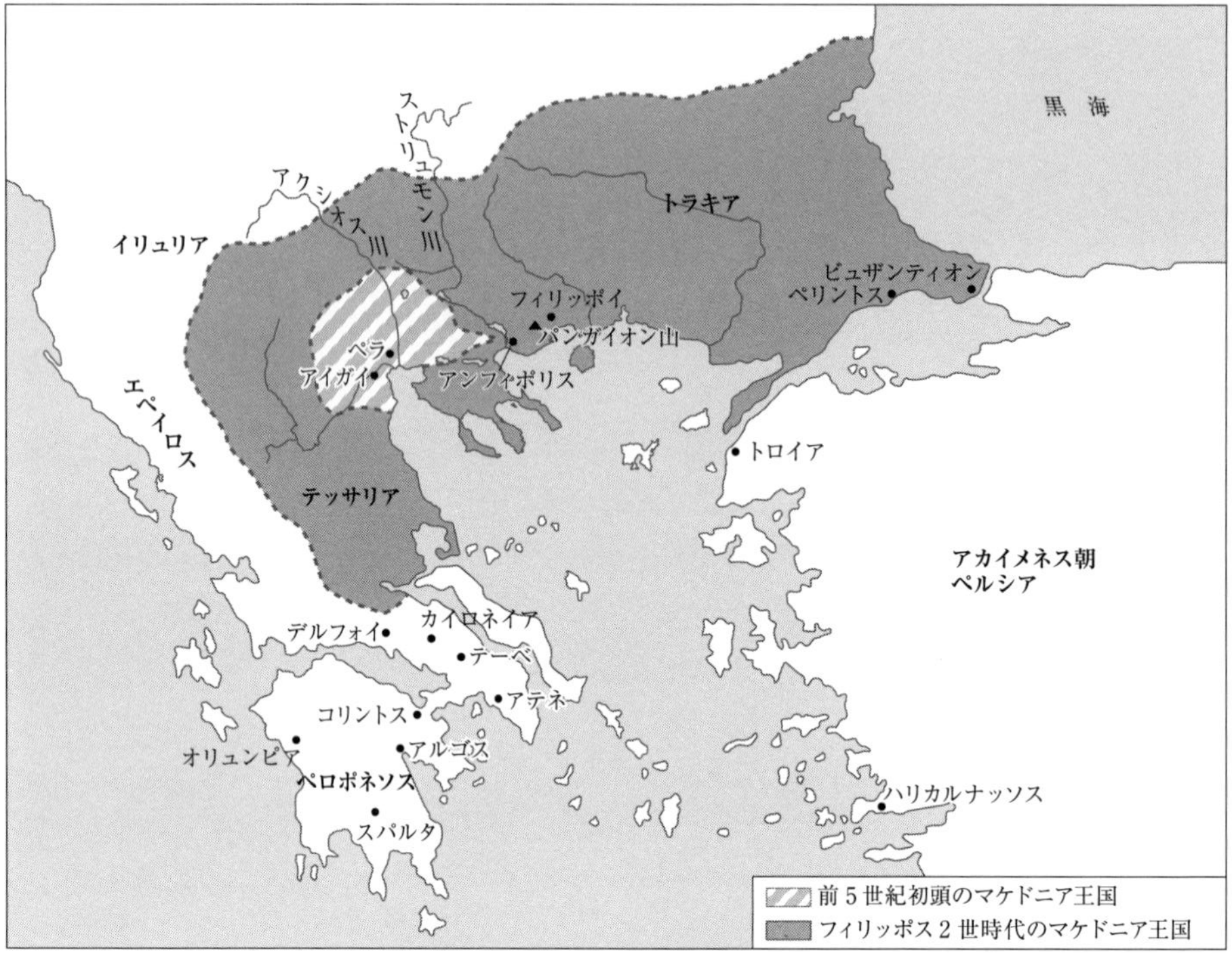

地図6　マケドニア王国の領土拡大

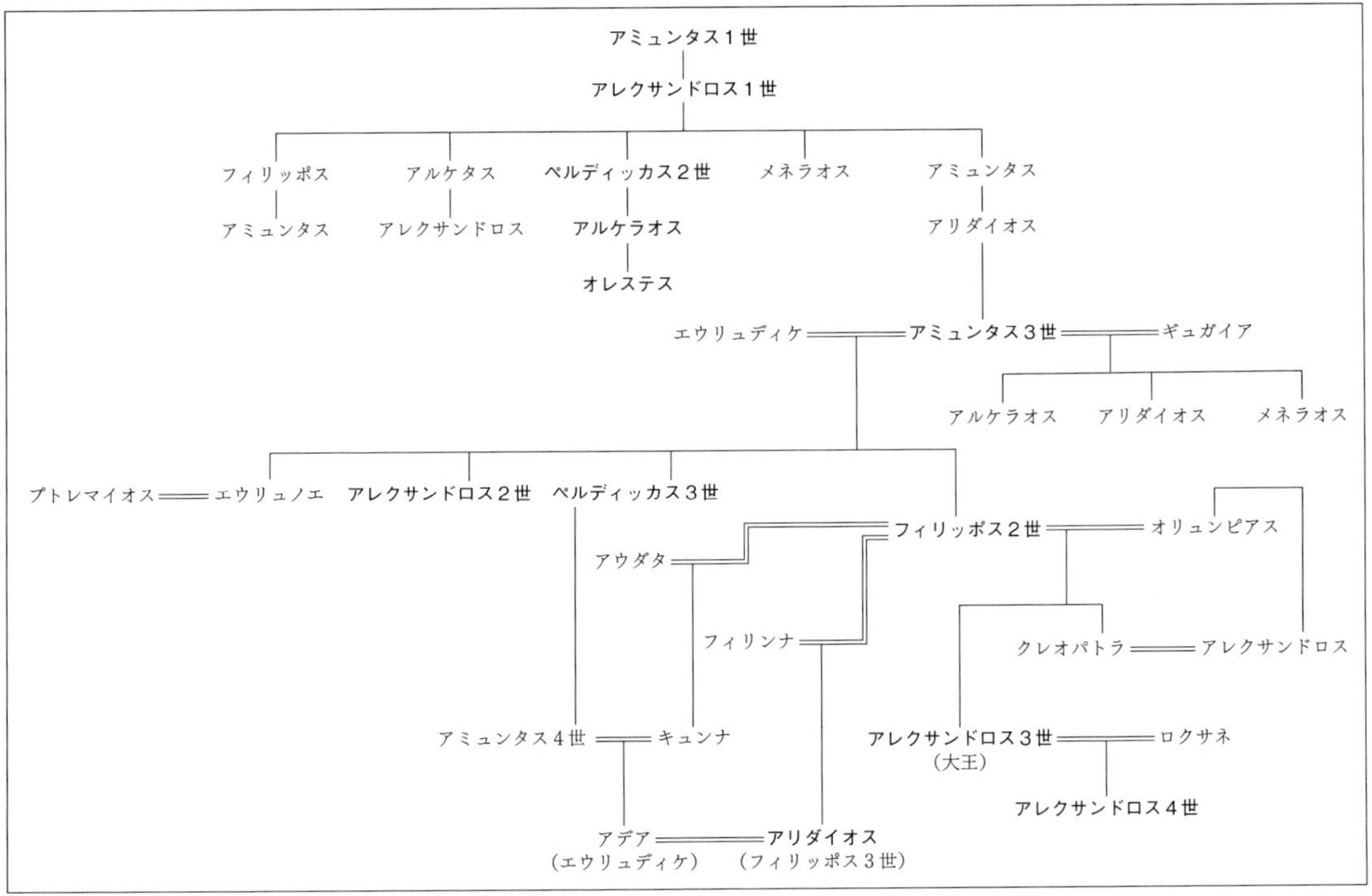
アミュンタス1世
アレクサンドロス1世
フィリッポス
アミュンタス
アルケタス
アレクサンドロス
ペルディッカス2世
アルケラオス
オレステス
メネラオス
アミュンタス
アリダイオス
エウリュディケ
アミュンタス3世
ギュガイア
アルケラオス
アリダイオス
メネラオス
プトレマイオス
エウリュノエ
アレクサンドロス2世
ペルディッカス3世
フィリッポス2世
オリュンピアス
アウダタ
フィリンナ
クレオパトラ
アレクサンドロス
アミュンタス4世
キュンナ
アレクサンドロス3世
(大王)
ロクサネ
アレクサンドロス4世
アデア
(エウリュディケ)
アリダイオス
(フィリッポス3世)

マケドニア王家の系図

王名	在位年（紀元前）	死因
ペルディッカス＊	？	不明
アルガイオス＊	？	不明
フィリッポス＊	？	不明
アエロポス＊	？	不明
アルケタス＊	？	不明
アミュンタス１世	？～497頃	不明
アレクサンドロス１世	497頃～454頃	不明
ペルディッカス２世	454頃～413頃	不明
アルケラオス	413頃～399	暗殺
オレステス	399	暗殺
アエロポス	399～393/2？	病死
パウサニアス	393/2？	暗殺
アミュンタス２世（小アミュンタス）	393/2？	暗殺
アミュンタス３世	393/2～370/69	病死
（アルガイオス？）	？	不明
アレクサンドロス２世	370/69～368頃	暗殺
プトレマイオス（王もしくは摂政）	368頃～365	暗殺
ペルディッカス３世	365～360/59	戦死
フィリッポス２世	360/59～336	暗殺
アレクサンドロス３世（大王）	336～323	病死
フィリッポス３世（アリダイオス）	323～317	暗殺
アレクサンドロス４世	323～310頃	暗殺

マケドニア王在位表　＊は実在が不確かな王

凡例

・本書で用いるアテネの暦では、一年は夏至のあとの最初の新月をもって始まり、その日を一年の第一月へカトンバイオン月の第一日とした。従って、七月頃に始まる当時の一年は現在の暦の二年にまたがるため、「前三六〇／五九年」のような表記をすることがある。なお、カイロネイアの会戦が行われた「メタゲイトニオン月七日」といったアテネの暦における日付を現在の暦の日付に換算するのは厄介な問題であり、研究者によって数日のずれが生じる。現在の暦への換算を極力控える研究者も多く、本書でも「八月上旬」といった表記にとどめた。

・ギリシア語を片仮名で表記するにあたっては、原則として母音の長短は無視したが、慣例的に長音を残したものもある。φはファ行で表記した。古典史料の引用箇所も、本書内の表記に合わせた。

・古典作品の引用文中の〔　〕は、筆者による補いもしくは註釈を表す。

・本文中の古典史料の引用は、四五六頁の「引用した古典史料の邦訳一覧」の邦訳による。それ以外は拙訳である。

第１章
マケドニア史へのアプローチ

1　マケドニア史研究の歩み

アレクサンドロスの祖国、マケドニア

わずか一〇年で前人未到の大征服を成し遂げたアレクサンドロスは、世界史において最もよく知られる人物の一人である。そのアレクサンドロスの祖国マケドニアは、高校の世界史教科書や一般向けの概説書では、フィリッポス二世の治世に彗星のごとくギリシア史の舞台に躍り出て、またたく間にギリシアの覇権を握ったかのように描かれることが多い。しかし、マケドニアは、決してギリシア世界の新参者ではない。フィリッポスの登場に至るまで約三世紀の歴史を持ち、ギリシアのポリス世界やペルシアとも密接に関わりながら発展を遂げた王国である。

とはいえ、膨大な蓄積を誇る一九世紀以来の欧米の西洋古代史研究において、アレクサンドロス以前のマケドニア史の研究が本格的に取り組まれるようになったのは、ようやくここ数十年のことにすぎない。世界史にその名を轟かせるアレクサンドロスの祖国でありながら、マケドニア史研究の歩みは、なぜかくも遅々としたものだったのか。

その理由として、まず、同時代のマケドニアの人々の書いたものがほとんど残っていないという史料上の制約がある。マケドニア人は、歴史に大きな足跡を印しながらも後世に伝わるような形で文字史料を残さなかった人々で、スパルタ人やカルタゴ人とともに、古代地中海世界における「声なき民(silent people)」と呼ばれている。同時代のマケドニア人の目を通してマケドニア史を見るのは、ほぼ

不可能なのである。

さらに、近代以降のマケドニアの政治的複雑さに起因する発掘調査の停滞も、研究の進展を阻む要因となった。そもそも、「マケドニア」は、古代から現代に至るまで明確な境界線のない地理概念である。ローマ帝国、ビザンツ帝国、中世ブルガリア帝国、オスマン帝国の支配下で、為政者の思惑によって、その境界はたえず変動した。近代のマケドニアは、ギリシア人、スラヴ人、アルバニア人、ユダヤ人、トルコ人、ロマ人など、多民族の混住する世界であり、鋭い民族的対立の焦点となっていた。「ギリシアの大発掘時代」と言われる一九世紀、欧米列強はオリュンピアやデルフォイをはじめとするギリシア中・南部の名高い遺跡に盛んに発掘の鍬を入れたが、マケドニアは、一八三〇年のギリシアの独立後もオスマン帝国の支配下にあった。そうしたなかで、ギリシア、セルビア、ブルガリアの間でマケドニアの獲得をめぐる激しい武力抗争が繰り広げられ、ギリシア中・南部のように発掘調査が進展する余裕は見られなかったのである。

「英雄」アレクサンドロス

そして何より、アレクサンドロスという存在があまりに巨大だったことが、マケドニア史研究の進展を阻んだ最大の理由として挙げられる。一九世紀に近代歴史学が確立して以来、圧倒的な関心がアレクサンドロス個人に集中し、とりわけ、ドイツでアレクサンドロス研究がめざましい進展を遂げた。先に述べたように、アレクサンドロスはその一三年の治世のほとんどを東方遠征に費やし、マケドニアに戻ることなく、バビロンで没した。それゆえ、アレクサンドロスについての研究は、必然的

図４　アレクサンドロスの像
通称「アザラのアレクサンドロス」。パリ、ルーヴル美術館蔵

にマケドニア本国から遠く離れた東方遠征を中心とするものとなり、マケドニア自体に関心が寄せられることはなかったのである。

加えて、近代以降の歴史研究のなかでアレクサンドロスが高邁な理想の実現に邁進する英雄として長年にわたって崇められてきたことも、大きく影響した。近代歴史学においてアレクサンドロス研究の礎を築いたプロイセンの歴史家Ｊ・Ｇ・ドロイゼンは、一八三〇年代から、「世界帝国を打ち立てた軍事的天才」、「すぐれたギリシア文明を東方に広めて東西民族の融合を図った英雄」というアレクサンドロス像を提唱した。ドイツ統一が重要な政治課題だったこの時代、アレクサンドロスの東方遠征は諸民族を統一した偉業として称揚され、野蛮な東方を文明化する使徒としてのアレクサンドロスは、西欧の帝国主義列強による植民地支配を正当化する格好のシンボルとなったのである。

二〇世紀に入ると、イギリスの歴史家Ｗ・Ｗ・ターンによって、さらに理想化されたアレクサンドロス像が出現する。一九二〇年代から三〇年代にかけて、ターンは、万人に先駆けて民族的差別を乗り越え、全人類が同胞であることを宣言した人物として、アレクサンドロスをイエス・キリストの先駆者にまで祀り上げた。国際協調の気運が高揚した第一次世界大戦後の戦間期において、アレクサンドロスはドロイゼン流の帝国主義的な色合いを薄め、国際協調や恒久平和を体現する理想的な英雄に衣替えしたのである。

ドロイゼンからターンへと受け継がれた、こうした強い政治性を帯びたアレクサンドロス像は、後述するミニマリズム（最小限評価主義）と呼ばれる研究手法が主流となる一九七〇年代まで、歴史研究において絶大な力を持つことになった。同時代の政治情勢のなかで、アレクサンドロスは「文明化の使徒」「理想的な英雄」という輝かしい衣をまとい、こうして、彼に関する研究はマケドニア王国という歴史的文脈からますます遊離していったのである。

アレクサンドロス個人に圧倒的な比重が置かれていたこうした従来の研究のあり方は、本書の冒頭で触れた一九七〇年代のヴェルギナの発掘調査によって、大きく様変わりすることになる。

マケドニア史研究の夜明け

オスマン帝国の支配下にあったマケドニアは、二度のバルカン戦争（一九一二～一三年）を経てギリシア、セルビア、ブルガリアの三国の間で分割され、ギリシアは古代のマケドニア王国の中核地域を含むマケドニア南部を獲得した。こうして、いよいよギリシア人の手によるマケドニアの発掘調査の道が開かれ、早くも一九一四年にマケドニア王国の都ペラの発掘が始まった。第一次世界大戦の勃発によってペラの発掘はまもなく中断したが、この第一次世界大戦がマケドニア考古学に思わぬ恩恵をもたらした。大戦中、マケドニアは英仏の管轄下に置かれたため、この時期に英仏両国の軍人が行った現地調査が戦後の発掘の進展に大きな刺激を与えたのである。一九二五年にはギリシア第二の大学としてテッサロニキ大学が設立され、ギリシア人による発掘調査の基盤も整って、マケドニア考古学がにわかに活気づくこととなった。

その後、第二次世界大戦と続くギリシアの内戦による中断を経て、一九五〇年代からマケドニアの各地で本格的な発掘調査が進められている。こうしたマケドニア考古学の急速な進展には、当時のギリシア首相カラマンリスの貢献が大きい。一九五〇年代から九〇年代にかけて国政を牽引したカラマンリスは、二〇世紀後半のギリシアを代表するカリスマ的政治家として名高いが、マケドニアのセレス出身の彼は、一九五五年に初めて首相に就任して以来、故郷のマケドニアの発掘に多大な財政支援を与えたのである。

こうして着実に進展を遂げたマケドニア考古学における金字塔が、テッサロニキ大学のM・アンズロニコスによるヴェルギナの発掘である。アンズロニコスは、師のK・A・ロメオスが一九三〇年代に行った発掘を引き継いで一九五二年にヴェルギナの調査に着手し、一九九二年に七二歳で世を去るまで四〇年にわたって同地の発掘を主導した。

アンズロニコスは、調査を開始した当初から、同地にある直径約一一〇メートルもの巨大な墳丘（メガリ・トゥンバ）に注目していたが、ギリシアの軍事独裁政権（一九六七〜七四年）の崩壊後に首相に返り咲いたカラマンリスの財政支援を得て、一九七六年にようやくその大墳丘の発掘に取りかかる。そして、早くも翌年秋、豪華絢爛たる副葬品をともなった未盗掘のマケドニア王墓を発見し、最大規模の2号墓をフィリッポスの墓であると公表してその後の大きな論争を巻き起こした。

ヴェルギナの発掘は、まさしく、ギリシアにおける二〇世紀後半最大の考古学的発見であり、マケドニア史研究の著しい進展の原動力となった。一九八〇年代以降、マケドニア史は欧米の西洋古代史研究の中心的な領域の一つとなり、マケドニアについての私たちの知識は、今や、数十年前には全く想像もできなかったほど豊かになっている。

2　フィリッポス二世の「復権」

「アレクサンドロスの父」

このようにめざましい活況を呈している近年のマケドニア史研究において、とりわけ注目に値するのは、フィリッポスに関する研究の飛躍的な進展である。それ以前には、フィリッポスが独自の研究対象となることは稀だったが、その最大の原因は、あまりにも有名な息子の陰に隠れてしまったことにある。

一九世紀に近代歴史学が確立して以来、圧倒的な関心がアレクサンドロスに集中したことはすでに触れたが、そうした状況は、早くもローマ時代から始まっている。ローマ時代は、アレクサンドロスを「英雄」として称える論調と「暴君」として敵視する論調がせめぎ合っていた時代である。共和政末期以降、ローマの権力者たちはアレクサンドロスの軍事的功業に崇拝とも言える憧れを抱いて熱狂的に彼を模倣し、こうした権力者の「アレクサンドロス模倣（imitatio Alexandri）」が知識人のアレクサンドロス観に大きく影を落とした。知識人たちは現実の権力者の姿をアレクサンドロスに重ね、それにともなって、彼は支配者の様々な美徳・悪徳のシンボルとして想起され、そのイメージは果てしなく増幅していった。そうしたなかで、フィリッポスは、もっぱらアレクサンドロスの美徳あるいは悪徳の「引き立て役」として現れ、良くも悪くも「アレクサンドロスの父」としてのみ想起され、独自の関心の対象にはならなかったのである。

ローマ時代に定着した「アレクサンドロスの父」としてのフィリッポスの位置づけは、近代以降の歴史研究にもそのまま受け継がれている。一九世紀、アレクサンドロスが「ギリシア文明の使徒」「東西民族の統一者」として称揚されると、それと連動して、フィリッポスも「ギリシアの統一者」として称えられるようになるが、これも、フィリッポスが「アレクサンドロスの父」として扱われてきたことを物語る。とりわけ、プロイセンによるドイツ統一という現実的な政治課題に取り組む政治家でもあったドロイゼンは、フィリッポスによるギリシア統一をビスマルクによるドイツ統一に重ね合わせ、フィリッポスをビスマルクになぞらえて賛美した。こうした評価は、フィリッポスのギリシア征服をアレクサンドロスの功業の前史として、すなわち、「東西民族の統一」というアレクサンドロスの崇高なミッションの準備段階として捉えた見方である。

「宿敵」デモステネス

フィリッポスを陰に追いやってしまったのは、息子アレクサンドロスの存在だけではない。「古代ギリシア最高の弁論家」として名高いアテネのデモステネスも、後世におけるフィリッポスの評価に絶大な影響を与えた。

同時代のポリス世界のギリシア人は、しばしば、自らと対照的なイメージでマケドニアを描いた。彼らは、文明的なポリス市民を反転させた姿である野蛮なバルバロス（異民族。複数形でバルバロイ）としてマケドニア王を想起し、ポリス的な節制や中庸という理想の対極に位置するものとしてマケドニアの退廃や堕落を強調した。その一つの典型を、フィリッポスを痛罵するデモステネスの数々の弁論に見ることができる。

前三五〇年代末からアテネで反マケドニアの論陣を張ったデモステネスは、フィリッポスと戦うことをアテネ市民たちに強く訴え続けた。そうした弁論のなかで、彼は次のように述べている。

図５　デモステネスの像
ヴァティカン美術館蔵

この男〔フィリッポス〕は、ギリシア人でもなければ、ギリシア人とは何の縁もゆかりもないだけではなく、そこの出身であるとは恥ずかしくて言えもしないような国に生まれたバルバロスであり、以前にはまともな奴隷さえもその土地からは購入することができなかったような、マケドニア出身の忌まわしいやつなのだ。(『フィリッポス弾劾・第三演説』三一節、加来彰俊訳、訳文を一部改変)

誰か節度のある人や正しい人がいて、彼〔フィリッポス〕の日々の生活の放埒さや酩酊や淫らな踊りに我慢することができないでいると、そのような人間は遠ざけられて、少しも重んじられないとのことである。かくして、あとに残った彼の側近と言えば、盗賊どもや阿諛追従する者たち、そして、今ここで諸君に向かってその名を口にするのも憚られるような、淫らな踊りを酔いに任せて踊っている連中なのである。(『オリュントス情勢・第二演説』一八—一九節、加来彰俊訳)

このように、デモステネスはフィリッポスをバルバロスと呼んで罵倒するとともに、淫蕩にまみれた彼の宮廷の退廃ぶりを痛烈に非難している。こうした描写は、ヘロドトス、クセノフォン、アリストテレスなどのギリシアの文人たちがアテネのペイシストラトスやコリントスのペリアンドロスといった名高い僭主について書き残した記述と、驚くほど似通っている。デモステネスは、ギリシアの古典作品に現れるステレオタイプな僭主像に基づいて、フィリッポスを典型的な僭主として描き出したのである。

これらの弁論におけるデモステネスの目的は、あくまでも、アテネ市民たちをフィリッポスとの戦いに駆り立てることだった。彼はそのために、野蛮な僭主であるフィリッポスの力は見せかけのものにすぎないこと、その権力基盤は脆弱で恐るるに足りぬことを強調したのである。こうしたデモステネスのレトリックは、後世に絶大な影響を及ぼすことになる。

デモステネスの弁論家としての評価は前二世紀から一躍高まり、前一世紀になると、「完全無欠の弁論家」としてデモステネスを絶賛したキケロや、彼の作品を「弁論の規範」と呼んだハリカルナッソスの修辞学者ディオニュシオスらによって、「古代ギリシア最高の弁論家」という不動の名声が確立する。そうしたデモステネスの高い評価は、その後もビザンツ帝国やルネサンス期のイタリアを経て近代の西洋世界へと受け継がれ、文化や教育のなかで弁論術が重んじられた西洋諸国において、彼の弁論は模範的な教材として尊重された。それにともなって、デモステネスの描いたフィリッポス像が定着し、野蛮な僭主としてのフィリッポスは、ヨーロッパの人々の憧れの対象である文明的なポリス世界の対極に位置するものとして軽視されるようになる。さらに、ヨーロッパの知的伝統に根づいたフィルヘレニズム（親ギリシア主義）のなかで、「ギリシアの自由」を奪ったフィリッポスへの嫌悪も高まり、こうして、「憎むべき野蛮なフィリッポス」からますます人々の関心が逸れてしまったのである。

一九世紀以降の歴史研究においても、デモステネスの評価は、アレクサンドロスの場合と同様に、フィリッポスの評価に大きく影響する。一九世紀初頭のナポレオン戦争の時期、近代歴史学の草分けとして名高いドイツの歴史家B・G・ニーブールはデモステネスを「ギリシアの自由の擁護者」として称揚し、その一方で、フィリッポスをナポレオンに重ね、「ギリシアの自由の破壊者」として徹底的に非難した。イギリスの歴史家G・グロートも、アテネの民主政を理想視する立場から、デモステネスを「自由の擁護者」として賛美するとともに、フィリッポスを「ギリシアの侵略者・破壊者」として弾劾した。二〇世紀前半には、ドイツのファシズムの脅威が強まるなかでデモステネスを称賛する風潮が高まり、イギリスの歴史家A・W・ピカード＝ケンブリッジは、彼を「ギリシアの自由に殉じた愛国者」として熱烈に賛美している。それにともない、フィリッポスはイギリスやフランスの歴史家たちによってヒトラーになぞらえられ、否定的に評価されるようになっていく。

アテネ中心史観の罠

デモステネスの弁論は、そうしたフィリッポス個人の評価のみならず、彼のギリシア征服についての理解にも多大な影響を及ぼしてきた。

デモステネスは、フィリッポスのギリシア各地での行動を語るなかで、次のように述べている。

彼〔フィリッポス〕は今わが国〔アテネ〕全体に対して、わが国の心底にまで悪意を持ち、敵対している。（『ケロネソス情勢について』三九節、田中美知太郎・北嶋美雪訳）

彼はわが国に住む全ての人々を敵視している。…（中略）…わが国のこの国家体制をどうしたら破壊できるかという、ただこの一事を考えている。（同、四〇節）

はっきり知ってもらわなければならないのは、今彼が忙しく地歩を固めているのは、いずれもわが国を攻撃するための準備なのだということです。（同、四三節）

彼がとっている行動は全てわが国に対して仕組まれたものであることは、あらゆる点から見て明白です。（『フィリッポス弾劾・第二演説』一六節、加来彰俊訳）

デモステネスはこのように、フィリッポスが常にアテネを敵視していることを強調し、彼のあらゆる行動がアテネを狙ったものであると訴えて、マケドニアと戦うことを市民たちに力強く促したのである。

こうしたデモステネスの弁論を読むと、私たちは、フィリッポスにとってアテネが最大の敵だったかのような印象にとらわれてしまう。実際、従来の研究においては、アテネを打倒することがフィリッポスの最大の目標であり、彼のギリシア征服の過程はアテネを制圧する過程に等しい、といったアテネ中心的な解釈が長らく有力だった。市民たちを行動に駆り立てるためのデモステネスのレトリックは、ここでも、歴史家たちの解釈を大きく規定したのである。

なお、古代ギリシア史においては、史料が圧倒的にアテネに集中しているため、このようなアテネ中心史観（Atheno-centrism）はフィリッポスの治世に限ったことではない。さらに、こうしたアテネ中心的な捉え方は、近代以降に初めて生まれたものではなく、すでにローマ帝政期から見られることもしばしば指摘されている。前五世紀初頭から前三三八年までのギリシアを後世の範たるべき一流の時代である「古典期」として捉える見方は、すでにローマ帝政期に成立していたが、そうした見方においての、ギリシアの栄光とは、すなわちアテネの栄光にほかならない。一世紀後半に始まる「第二次ソフィスト運動」と呼ばれるギリシア文化復興の潮流のなかで、プルタルコスをはじめとするローマ帝政期のギリシア人の文人たちは、自らのアイデンティティの拠り所として古典期のアテネを理想視した。アテネがカイロネイアでマケドニアに敗れた前三三八年を古典期の終わりとし、これをもって「ギリシアの自由」が終焉を迎えたと捉えるのも、ローマ帝政期に生まれたアテネ中心的な解釈である（三七〇頁参照）。

フィリッポスのギリシア征服について考えるにあたっては、このように幾重にも重なったアテネ中心的なバイアスに注意しなければならない。

マケドニア側の視点

では、一九七〇年代のヴェルギナの発掘が大きな刺激となって著しく密度を高めている近年のマケドニア史研究において、フィリッポスについての研究はどのように変わってきたのだろうか。

これまでのフィリッポスの評価は、同時代の政治情勢を背景に、アレクサンドロスやデモステネスの評価と連動して大きく揺れ動いたが、フィリッポスの政策や行動そのものに関心が寄せられることはなく、ギリシア史の文脈において、ギリシアにとって、つまりはアテネにとって彼が何だったかが問われたにすぎない。

近年の研究の多くは、そうしたアテネ中心的な見方を批判し、マケドニア側の視点に立つことをめざしている。一九七六年にオーストラリアの歴史家J・R・エリスが刊行した『フィリッポス二世とマケドニアの帝国主義（*Philip II and Macedonian Imperialism*）』は、こうした目標を明確に掲げた最初の研究である。エリスの著書は、一九八〇年代以降めざましい活況を見せるフィリッポス研究の先駆けとなり、その後の研究に大きな影響を与えた。

エリスの見解は、以後の研究の進展のなかで修正されている点も少なくないが、フィリッポスのギリシア征服に関しては、近年の解釈に見られる特徴のいくつかは彼に始まるものである。

エリスは、フィリッポスのギリシアにおける目標をマケドニアとアテネによる「二元覇権（dual hegemony）」の樹立と見なし、彼はアテネをパートナーにするために一貫して友好的な態度を示した、と唱えた。このように、フィリッポスがギリシア征服の過程で常にアテネとの友好を求めたとする解釈は、現在に至るまで、欧米の研究に根強く見られる。こうした解釈は、アテネがフィリッポスの「最大の敵」だったとする従来の見方を批判するあまり、振り子が逆に振れすぎたものであり、フィリッポスの計画におけるアテネの役割を大きく見るという点で、これも、一つのアテネ中心史観の現れと言えるだろう。

さらに、エリスは、フィリッポスは最初からペルシアへの遠征をめざしており、ギリシア征服はそれ自体が目標ではなかった、と論じた。フィリッポスのギリシア征服はペルシア遠征のプロローグにすぎなかったとするこうした見方は、現在もかなりの力を持っているが、これは、一九世紀のドロイゼンとも相通じる解釈である。先に触れたように、フィリッポスのギリシア征服をアレクサンドロスの功業の前史と捉えるドロイゼンは、フィリッポスの業績はアレクサンドロスの世界的使命のために必要な準備であり、フィリッポスはペルシアとの戦争という唯一の目標を念頭に置いていた、と唱えたのである。

結局、フィリッポスのギリシア征服をペルシア遠征計画に付随するものと捉えるこうした見方は、フィリッポス研究がいまだアレクサンドロスの陰から脱していないことを物語る。アレクサンドロスが父の築いた基盤の上に立ってペルシア帝国を打倒したのはまぎれもない事実だが、そうした結果論を離れて、フィリッポスがギリシアを征服したこと自体の歴史的意義を同時代の文脈で考える必要がある。

フィリッポス礼賛

加えて、フィリッポスの事績を極めて高く評価するのも、近年の研究に顕著に見られる特徴である。こうしたフィリッポスの評価の急速な上昇には、アレクサンドロスの評価の下落も少なからず影響している。

アレクサンドロス研究においては、一九七〇年代から、アレクサンドロスの政策や行動を彼が置かれたその時々の状況に即してミクロな目で実証的に分析する、ミニマリズム（最小限評価主義）と呼ばれる研究手法が主流となっている。そうしたなかで、かつてドロイゼンやターンが唱えた、「東方の文明化」や「東西民族の融合」といったアレクサンドロスの高邁な理念や目的が否定されるようになり、アレクサンドロスの脱英雄化が進んだ。

とりわけ近年は、アレクサンドロスを否定的に評価する研究が力を増している。ミニマリズムの潮流は、必ずしもアレクサンドロスを貶めようとするものではなく、過度に美化されていたアレクサンドロスから高邁な理念をはぎとり、合理的で現実的な政略家としての彼を浮かび上がらせるものである。しかし最近は、アレクサンドロスの欠点や失敗をあげつらい、その征服戦争における残虐ぶりや統治者としての無責任さを強調する傾向が目立つ。果てしない征服戦争でマケドニア本国の空洞化を招いたアレクサンドロスより、マケドニアを躍進させたフィリッポスの方がはるかに偉大であり、「大王」の添え名はフィリッポスにこそふさわしい、といった論調の研究も多い。もとより、王としての出発点も与えられた条件も全く異なるこの父子を同じ土俵で比べるのは学問的に意味がないし、どちらが「偉大」かを判定するのは、歴史家の仕事ではない。

ともあれ、こうした父子の比較は、依然として、フィリッポスが良くも悪くも「アレクサンドロスの父」として扱われていることを物語る。

さらに、近年の研究の特徴として、フィリッポスの功績を重視するあまり、それ以前のマケドニア王国の発展を過小評価する傾向も見られる。フィリッポスがマケドニアの社会や経済に革命的変化をもたらしたとして、それまでの王国が弱小な後進国だったことが強調されているのである。一九八〇年代以降、アレクサンドロス以前のマケドニア史の研究が盛んになったとはいえ、注目を集めたのはもっぱらフィリッポスの治世であり、史料の乏しいそれ以前のマケドニア史への関心は決して高くはない。それゆえ、フィリッポスが一代で後進国のマケドニアをバルカン随一の強国に育て上げ、アレクサンドロスの東方遠征の礎を築いたとして、フィリッポスからアレクサンドロスへの連続性がますます重視される一方で、フィリッポス以前の時代からの連続性には、いまだ十分に目が向けられていないのである。

ちなみに、一九七四年に刊行された原随園の『アレクサンドロス大王の父』（新潮選書）は、一般書ながら、こうした一九八〇年代以降の欧米の潮流を先取りした書物として注目に値する。日本の古代ギリシア史研究の草分けとして知られる原が八〇歳のときに発表したこの著書は、「英傑」アレクサンドロスの陰に隠れて歴史のなかに埋もれてしまった「認められざるフィリッポス」の復権を目標とするもので、一言で言えば、過剰なまでの「フィリッポス礼賛」の書である。原は、フィリッポスをアレクサンドロスの偉業の基礎を築いた卓越した政治家・外交家として称揚する。フィリッポスは常に正義と平等の上に立つ平和をめざす慈悲深き王であり、カイロネイアの会戦での彼の勝利によってギリシア人の真の自由がもたらされた、といったあまりにナイーヴな解釈が目立つものの、フィリッポスの治世に焦点を当て、彼の功績を重視してアレクサンドロスへの継承を説く原の著書は、一九七四年の時点では極めて先駆的な仕事と言えるだろう。

本書の視角と史資料について

以上のように、一九八〇年代以降、欧米におけるマケドニア史研究は大きな進展を見せてはいるが、フィリッポス賛美の傾向が著しい一方で、アテネ中心史観やアレクサンドロス中心史観をいまだ脱していないのが現状である。

本書では、マケドニア王国の歩みをたどるにあたり、そうした研究の現状を踏まえ、フィリッポス以前の王たちの治績にも重点を置きながら、マケドニアがフィリッポスのもとでギリシアの覇権を握ったことの意味をマケドニア史のコンテクストのなかで考えていくことにしたい。こうした視角からの本書の叙述は、従来はもっぱらアテネの視点から語られてきたギリシア世界の歴史を多角的に捉え直す一つの試みとしても、意義のあるものとなろう。

本論に入る前に、ここで、そうした本書の課題に取り組むうえでの史資料の制約について触れておこう。

先に述べたように、この数十年、マケドニアの各地で精力的な発掘調査が進められ、考古資料・碑文史料とともに、年々増加の一途をたどっている。ただし、これらの史資料を古典期のマケドニア史の解明に用いるには、大きな制約がある。それ以前のアルカイック期に関しては、後述するように、ヴェルギナ、シンドス、アルホンティコ、エアニなどの発掘調査により、前六世紀から前五世紀初頭にかけてのこれらの地域の繁栄を実証するめざましい成果が挙がっているが、その一方で、古典期のマケドニア王国に関わる考古資料はいまだ限られている。フィリッポスの治世にしても、本書の冒頭で触れたヴェルギナの円形劇場と宮殿、オリュンピアの神域に建立されたフィリッペイオン（第７章参照）といった治世末期の遺構を除くと、彼が進めた王国の統合やギリシア征服の過程の解明につながるような遺構はほとんど発見されていない。考古資料を用いて古典期のマケドニア史を再構成するのは、極めて困難なのである。

こうした時代的な偏りは、碑文史料においてはさらに顕著に見られる。古典期のマケドニア人は、同時代のポリス世界のギリシア人と異なり、政治的な決定などの記録を碑に刻む習慣を持たず、この時期のマケドニアに関わる碑文は、そのほとんどがポリスとの条約や同盟、ポリスによる顕彰などを記した、ポリス世界の側の碑文である。マケドニアで出土した古典期の碑文は、墓碑銘や呪詛板といった私的な碑文がその大半を占める。これまでに発見されているマケドニアの公的な碑文は、大部分がヘレニズム時代とローマ時代のものであり、これらの時期の碑文に基づいて古典期のマケドニア王国の国制や社会について論じる研究もあるが、そうしたアプローチはアナクロニズムであるとして批判されている。

となると、結局、従来と同じ古典史料に頼らざるをえないわけだが、先に述べたように、「声なき民」と呼ばれるマケドニア人が書き残したものはほとんど現存せず、マケドニア王国に関する同時代の古典史料は、ポリス世界のギリシア人が著した作品に限られる。これらは「他者」の視点から書かれたものであり、フィリッポスが登場するまでは、ヘロドトスやトゥキュディデスらがペルシア戦争やペロポネソス戦争といったポリス世界の重大事に関連する限りでマケドニア王の動向に言及するにとどまる。

フィリッポスの治世になると、史料は飛躍的に増加する。彼の治世は、ギリシアの同時代史料が最も豊富な時期であり、デモステネス、アイスキネス、イソクラテスといったアテネの弁論家による多くの弁論作品に加え、テオポンポス、エフォロス、カリステネス、アナクシメネスをはじめとする歴史家たちの作品の断片が現存している。これらの同時代史料の大半がアテネのものであり、しかもデモステネスの反マケドニアの弁論が主であるという「史料の偏り」が見られるものの、同時代の史料がほとんど残っていないアレクサンドロスの治世に比べると、格段に恵まれた状況にある。

フィリッポスに関してはローマ時代の史料も多く、なかでも、前一世紀のシチリア出身の歴史家ディオドロスの作品が彼の治世のマケドニア史を再構成するうえで欠かせない史料となる。ディオドロスの全四〇巻の『歴史叢書』(そのうち完全な形で現存するのは一五巻)は神話の時代からカエサルのガリア遠征までを対象とした長大な普遍史(世界史)で、フィリッポス以前のマケドニア王国についてはわずかに触れているにすぎないが、フィリッポスの治世には第一六巻の大半が充てられており、ディオドロスしか伝えていない情報も多い。ローマ帝政初期の歴史家ポンペイユス・トログスが著した全四四巻の『フィリッポス史』も同様の長大な普遍史で、第七巻の終わりから第九巻までがフィリッポスの治世に充てられている。ただしこの作品は、原著そのものは伝わらず、三世紀の文人ユスティヌスによる抄録が現存するにすぎない（以下、この作品にはユスティヌスの名前で言及する）。さらに、一～二世紀の文人プルタルコスによる長大な伝記集『英雄伝（対比列伝）』のうち、『アレクサンドロス伝』と『デモステネス伝』にフィリッポスに関わる記述が含まれ、二世紀の文人ポリュアイノスも、その主著『戦術書』のなかでフィリッポスについての章を立てている。

もっとも、これらの古典史料を用いて、いつ何がどのような順序で起こったのかを正確に把握するのは、史料の乏しいフィリッポス以前の時期はもちろんのこと、史料に恵まれたフィリッポスの治世についても、実はかなり難しい。フィリッポスのギリシア制覇のプロセスを時系列で再構成するには、同時代の弁論作品から異例に詳しい情報が得られる前三四六年の「フィロクラテスの講和」の交渉過程（第6章参照）を除くと、同時代のものよりもむしろ、ディオドロスとユスティヌスの作品が主要史料となる。しかし、ディオドロスは年代については極めて不正確であり、彼の編年体の叙述には圧縮や重複による記述の混乱が頻繁に見られる。また、ユスティヌスによる抄録も、ポンペイユス・トログスの原著を大幅に省略・圧縮したものであるため、フィリッポスの活動を時系列でたどるには大きな困難がともなう。

こうした古典史料の性質ゆえ、マケドニア史の年代考証をめぐっては説が定まらず、様々な議論がある。本書では、研究者たちが限られた史資料からマケドニア王国の歴史をどのように再構成してきたのかについてもできるだけ触れるように努めたが、年代考証に関わる個々の議論は省略した。そうした細かい議論については、拙著『古代マケドニア王国史研究——フィリッポス二世のギリシア征服』(東京大学出版会、二〇二二年)を参照されたい。

第２章

マケドニア王国の成立

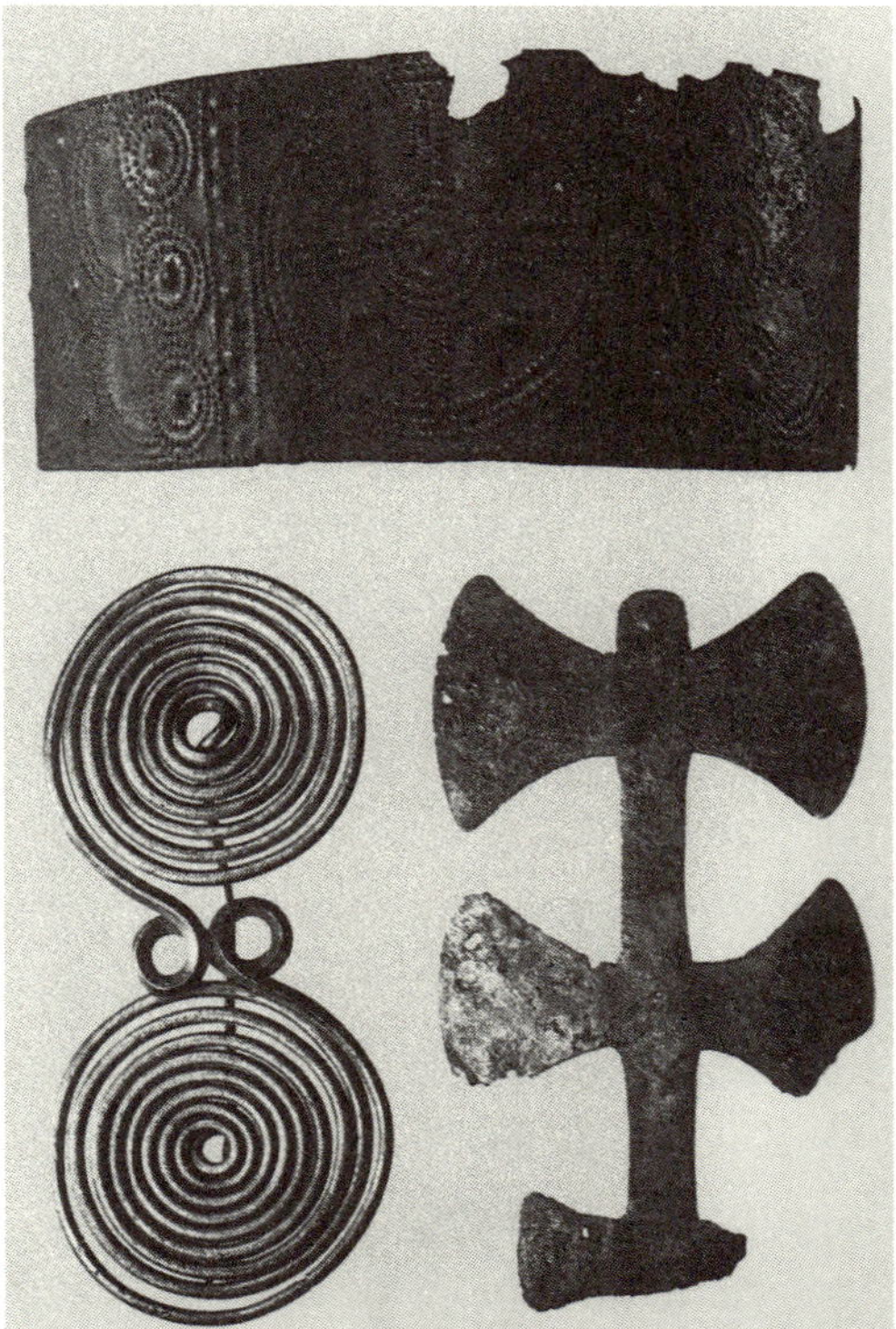

1　マケドニアの地勢

「マケドニア」とは

ギリシア南部から陸路で北上し、テッサリアの広い平原を抜けると、見慣れた「ギリシア」とは全く異なる風景が拡がっている。鬱蒼と茂る木々に覆われた山々、夏も豊かに水をたたえたいくつもの大河、その大河に潤された広大な沃野。乾燥したギリシア南部の石灰岩の山肌やまばらなオリーヴの林といった景観に慣れてしまった目には、まるで異国のように映る。この別世界こそ、フィリッポス二世やアレクサンドロスを生んだマケドニア王国の地である。

マケドニアは、ヨーロッパ大陸の入口とも言うべき要衝に位置し、黒海とエーゲ海、アドリア海を結ぶバルカン半島の主要な交通路をその領域内に含む。前二世紀にローマが建設したエグナティア街道は、アドリア海沿岸からボスポラス海峡に面したビュザンティオンに至る幹線道路として大きな役割を担ったが、この街道がマケドニアの中心部を貫くように延びていることからも、マケドニアの地理的な重要性がうかがえる。

アクシオス川、ルディアス川、ハリアクモン川といったテルメ湾に注ぐ大河は、マケドニアを近隣の諸勢力から隔てる障壁になるとともに、内陸との交易路にもなり、マケドニア王国の発展において重要な役割を果たした。晩年をマケドニアで過ごしたアテネの悲劇詩人エウリピデスも、遺作となった『バッコスの信女』のなかで、「流れも速きアクシオス」、「この国に富をもたらし、類いなく清き

図6　ベルミオン山の南を流れるハリアクモン川（現・アリアクモン川）

流れに馬を飼う野をば豊かに潤すときく、父なる河ルディアス」と謳い、これらの大河の恵みを称えている（五六八―五七五行）。

こうした大河と幾重にも連なる山々がその時々のマケドニア王国の領土の境界をなしたと考えられているが、当然のことながら、古代には国境線のようなものは存在せず、「マケドニア」の地理的な定義については明確なコンセンサスはない。「マケドニア」は、広義には、マケドニア人が居住し、マケドニア王国の支配が及んだ全ての地域をさすと理解されるが、この広義の「マケドニア」は王国の勢力の伸張にともなって大きく変動し、とりわけフィリッポスの治世には飛躍的に拡大する（巻頭の**地図6**参照）。これに対して狭義の「マケドニア」は、通常、「低地（kato）マケドニア」「上部（ano）マケドニア」と呼ばれる地域をさす。これらの地域が、前六世紀末以降にマケドニア王国の領土がアクシオス川を越えて東へと拡大していく以前のマケドニア人の勢力範囲であり、本書では、「マケドニア」をこの狭義の意味で用いることにする。

低地マケドニア

低地マケドニアは、パイコ山、ベルミオン山、ピエリア山脈に囲まれた平野部（エマティア平野、ピエリア平野）で、マケドニア王国の発祥の地を含む、マケドニアの中核地域である。

テルメ湾に面した低地マケドニアの地勢を理解するには、テルメ湾の海岸線の変化を考慮することが不可欠となる。テルメ湾には、先に挙げたアクシオス川、ルディアス川、ハリアクモン川に加え、アクシオス川の東を流れるエケドロス川の計四本の河川が注いでおり、これらの河川が搬出する土砂の堆積作用により、湾の地形は古代以降大きく変化している。現在は海岸線がかなり前進し、かつての湾奥部には広大な平野が拡がっているが、テルメ湾の海岸線がいつどのように変化したのかを把握するのは、実は、なかなか難しい問題である。

もともとのテルメ湾がどのあたりまで入り組んでいたのかも、正確にはよくわかっていない。手がかりとなるのは、マケドニアにおける初期新石器時代の代表的な遺跡ネア・ニコメディア（前七〇〇〇年紀～前六〇〇〇年紀）の位置である。ベルミオン山の山裾に営まれたこの初期農耕村落は海からさして離れてはいなかったと考えられているので、当時のテルメ湾はかなり山際まで発達していたことになる。

また、パイコ山の南東に位置するペラは、後述するように、もともとはパイオニア人の町で、前五世紀末にアイガイに代わってマケドニア王国の都となったが、テルメ湾の海岸線の変化は、このペラへの遷都の意義にも関わってくる。テルメ湾の湾奥部が河川の堆積作用によって縮小していくプロセスについては、二〇世紀初頭に行われた実地踏査の結果、前五〇〇年頃から後五〇〇年頃までの約一〇〇〇年の期間に湾が徐々に縮小して現在の海岸線が形成されたという説が定着し、長らく通説となっていた。この説に従えば、ペラに都が移った前五世紀末は堆積作用が始まって一〇〇年ほどの時期であり、ペラは、まだ海からさほど遠ざかってはいなかったことになる。

しかし、二一世紀に入って、衛星写真を活用した最新の調査により、変化のプロセスはすでに前三〇〇〇年紀に始まり、前一六〇〇年頃にはテルメ湾の湾奥部が湖（ルディアス湖）となって海から切り離され、以後、次第に湖が縮小して沼沢地が拡大していったとする説が有力視されるようになっている（**図7**）。とすると、前五世紀末のペラはすでに久しく海から遠ざかり、ルディアス湖を取り囲む沼沢地に位置していたことになる。前一世紀のローマの文人リウィウスは、ペラについて「夏も冬も歩いて渡れないほど深い沼沢に囲まれている」と形容したが（『ローマ建国史』四四巻四六章五節）、ペラは前五世紀末の遷都当時からすでに同様の状況だったのかもしれない。

なお、この地域一帯には、二〇世紀初頭に至るまで古代と同様に湖と沼沢地が拡がっていたが、一九二〇年代から三〇年代にかけてアクシオス川の流路変更とルディアス湖の干拓が行われ、農地への転換が進んだ。さらに、一九五〇年代にはハリアクモン川にダムが建設され、現在、この一帯は果樹園やタバコ畑、綿花畑が続く広大な沃野となっており、かつての沼沢地の面影はない。

こうした二〇世紀の治水事業は、河川の氾濫防止や農地開拓のためだけでなく、マラリアの予防のためにも重要な意味を持っていた。マラリアは、一九五〇年代に至るまでギリシアの風土病で、とりわけマケドニアの沼沢地ではしばしばマラリアが爆発的に流行した。一八六一年にのちのヴェルギナ

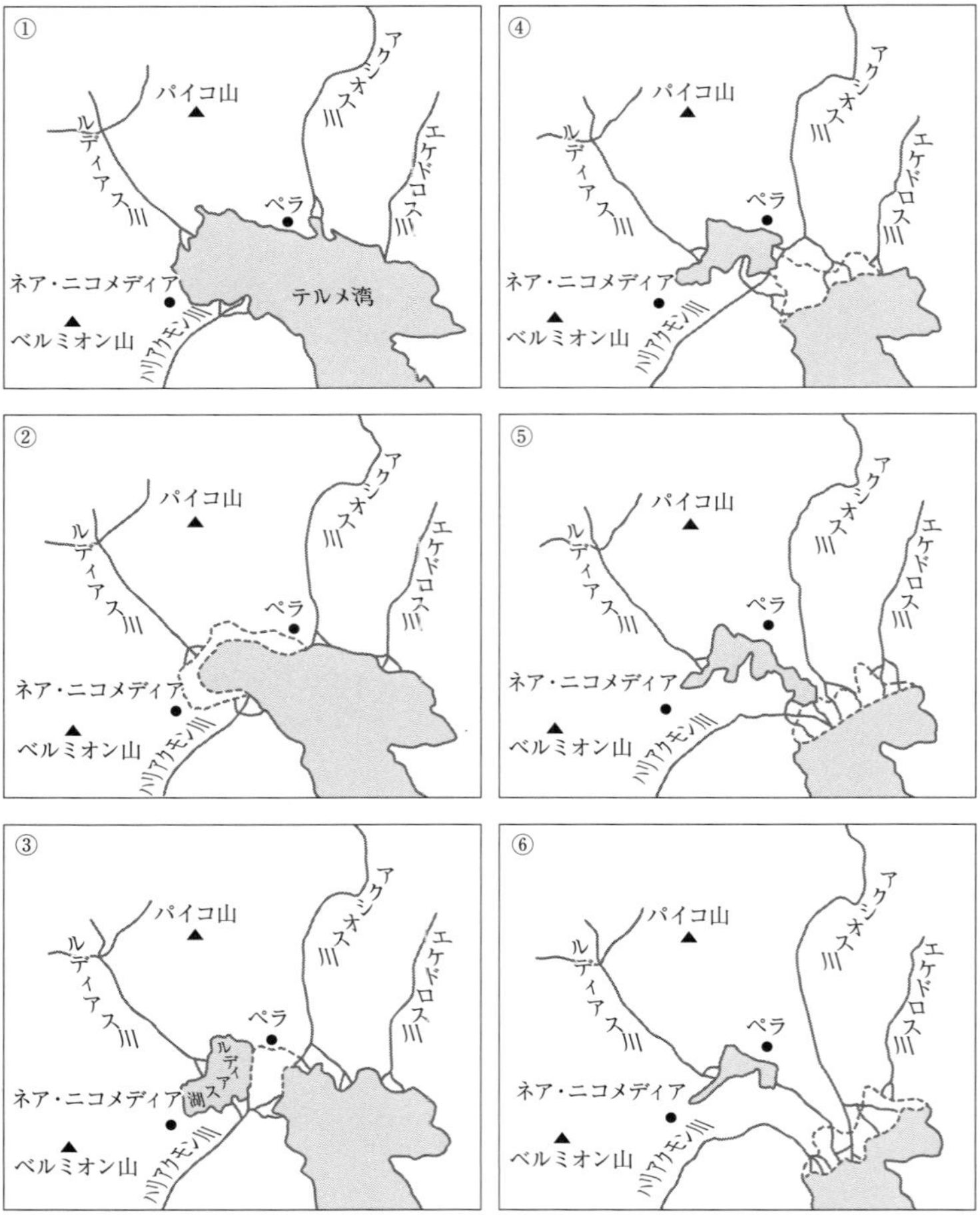

図7　テルメ湾の海岸線の変化（Archibald〔2013〕より作成）
①前4000年頃、②前2000年紀、③前1600年頃、④前400年頃、⑤前２世紀、⑥後400年頃の推定図

の地でフランスの考古学者Ｌ・ユゼが行った発掘は、マラリアの猖獗のためにわずか四〇日で中断したし、第一次世界大戦時にも、マケドニア戦線で戦った英仏独の多くの兵士がマラリアで命を落としたことが知られる。

こうしたマラリアの蔓延は、おそらく、古代においても同様だったのだろう。古代のマケドニアにおけるマラリアについて直接触れた史料はないが、二～三世紀のローマの文人アテナイオスは、前四世紀のペラには脾臓が腫れた人や肌が黄ばんだ人が多くいた、と記している（『食卓の賢人たち』八巻三四八Ｅ、三五二Ａ）。これは、マラリアの症状である脾腫（脾臓の腫大）や黄疸に言及したものであるらしい。

上部マケドニア

その低地マケドニアの西側に拡がるのが、上部マケドニアと呼ばれる山岳地帯である。

新石器時代には、マケドニアは南に隣接するテッサリアと並んでギリシアの先進地域となっていたが、とりわけ、上部マケドニアの山岳地帯を蛇行して流れる大河ハリアクモン川に沿って、セルビアやディスピリオをはじめとする中期・後期新石器時代の主要な遺跡が点在している。

上部マケドニアは、エリメイア、オレスティス、エオルダイア、リュンケスティス、ペラゴニアなどのいくつもの地域に分かれ、低地マケドニアにマケドニア王国が建てられた前七世紀以降は、それぞれの地域の部族集団が各々王をいただく小王国を形成していた。低地マケドニアを中核とするマケドニア王国の勢力は、前六世紀末頃から次第に上部マケドニアへ浸透していったらしい。後述するよ

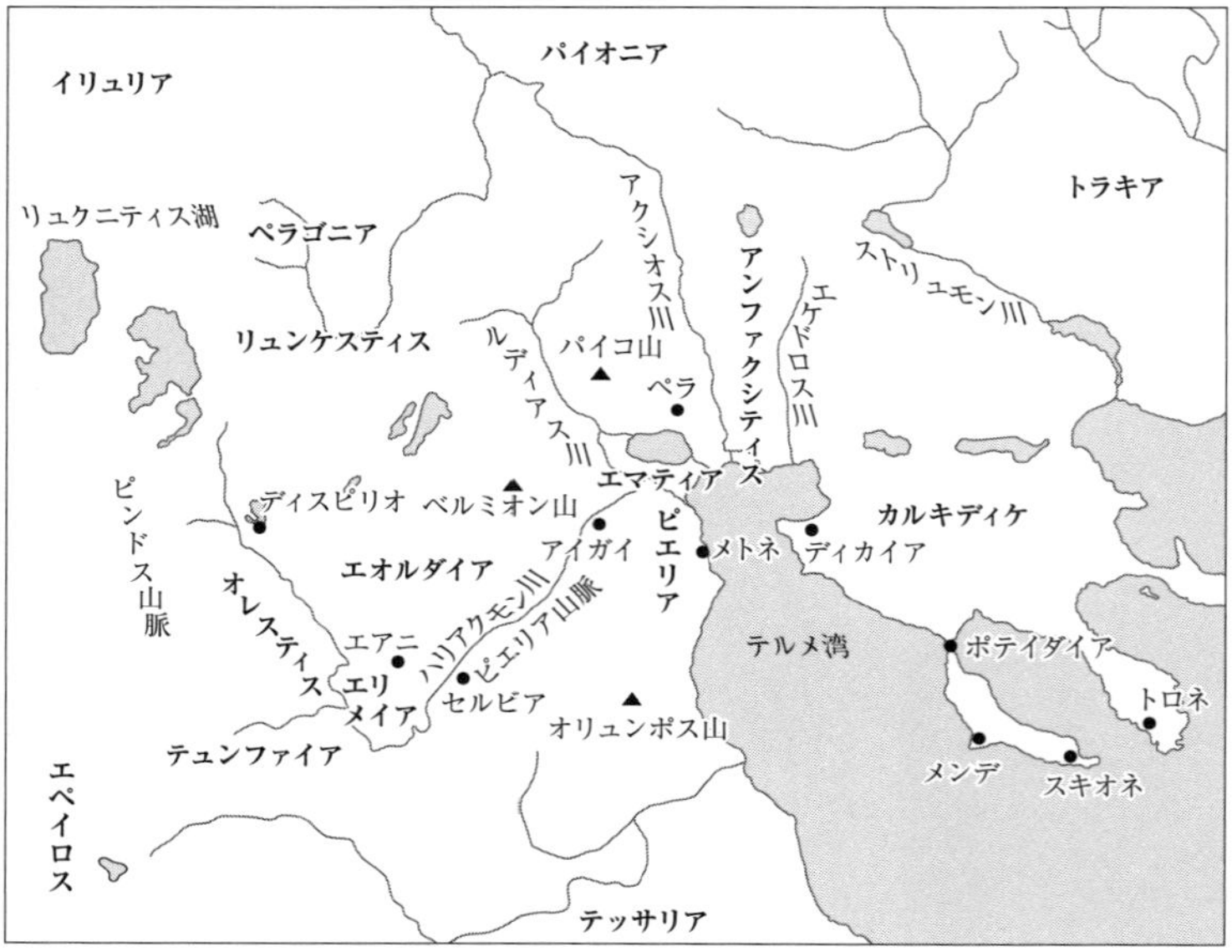

図８　低地マケドニアと上部マケドニア

うに、低地マケドニアに最も近いエオルダイアがいち早くマケドニア王国に併合され、エリメイアやリュンケスティスの王家も、前五世紀以降、マケドニア王家と婚姻同盟を結ぶなどして即かず離れずの関係を保っていた。これらの地域が全てマケドニア王国に併合されるのは、フィリッポスの治世になってからのことである。

マケドニアを取り巻く地域

その低地マケドニアと上部マケドニアを取り巻くのが、東のトラキアとカルキディケ、北のパイオニア、北西のイリュリア、南西のエペイロス、南のテッサリアである。いずれもマケドニア王国と深く関わり、フィリッポスのギリシア征服のプロセスにおいて重要な意味を持つことになる地域である。

マケドニアの東に隣接するトラキアは、現在のブルガリア、ギリシア、トルコの三国にまたがる広大な領域を占める。トラキア人は多くの部族に分かれ、前五世紀半ばにその最も有力な部族であるオドリュサイ人の王国が台頭し、フィリッポスに征服されるまで強勢を誇った。マケドニアとトラキアの境界がどのように推移したのかを正確に示すのは難しいが、フィリッポスの治世に至るまで、アクシオス川、あるいはストリュモン川がその時々で両者を隔てる境界になっていたと推測されている。

テルメ湾を挟んで低地マケドニアと向かい合う半島がカルキディケである。後述するように、前八世紀後半以降、南のポリス世界のギリシア人が半島の沿岸部に多くの植民市を築いた。カルキディケの諸都市は、前五世紀後半にマケドニア王ペルディッカス二世の後押しでカルキディケ連邦を結成し、前四世紀にはマケドニア王国を脅かすまでに成長を遂げる。

マケドニアの北のパイオニアは、アクシオス川沿いのアミュドンを拠点とし、かつては低地マケドニアまで勢力を伸ばしていた。しかし、前六世紀末にアカイメネス朝ペルシアの支配が及び、パイオニア人の多くが小アジアへ強制移住させられた。マケドニア王国は、これに乗じてアクシオス川の下流域へと進出していったらしい（九四頁参照）。パイオニアは古典史料にはほとんど現れないが、以後、トラキアやイリュリアに圧迫されながらも、フィリッポスの治世に至るまで勢力を保った。

マケドニアにとって最大の強敵が、その北西に位置するイリュリアである。イリュリア人はバルカン半島の西部に住む人々の総称で、アウタリアタイ人、アルディアエイ人、ダルダノイ人がその三大部族として知られる。彼らは部族単位で頻繁に移動を繰り返し、統一国家を形成することはなかった。ポリス世界では剽悍なバルバロイとして恐れられており、マケドニアは、ポリス世界をイリュリアから隔てる緩衝地帯として、常にその脅威に晒されていた。先に挙げた上部マケドニアの諸王国のうち、リュンケスティスはその距離の近さからイリュリアと関係が深く、しばしばイリュリアと結んでマケドニア王国に立ち向かった。フィリッポスは、その治世において幾度もイリュリア軍を撃ち破るが、結局、イリュリア全体を制圧することはできず、次のアレクサンドロスの治世に課題を残すことになる。

マケドニアの南西に位置するエペイロスは、バルカン半島を南北に走るピンドス山脈の西側からアドリア海沿岸に至る領域で、現在のギリシア北西部とアルバニア南部にあたる。エペイロスの南部には早くからギリシア語が浸透し、ポリス世界では、エペイロスの住民はギリシア人とバルバロイの中間に位置する人々と見なされていたらしい。テスプロティス人、カオネス人、モロッソス人をはじめとする多くの部族に分かれ、統一国家を形成することはなかったが、前五世紀後半から内陸の肥沃な地域に住むモロッソス人が勢力を拡大した。マケドニア王国は、前四世紀以降、ピンドス山脈を挟んで隣接するこのモロッソス人の王国と関係を深めていく。エペイロスはマケドニアと同様に長年イリュリアによる攻撃に苦しめられており、こうした共通の利害も両者の絆を強めた。

マケドニアの南に隣接するテッサリアは、三方を山脈に囲まれた平原地帯である。この広大な平原を掌握したテッサリア人は、先住民をペネスタイ、周辺の山岳地帯の諸部族（ペライビア人、マグネシア人、ドロペス人、アカイア・フティオティス人）をペリオイコイとして支配した。ポリス世界のギリシア人にとって、マケドニアはイリュリアとの間の緩衝地帯だったが、マケドニアにとっては、このテッサリアがギリシア中・南部の先進ポリス地域との間の緩衝地帯となった。ラリサ、フェライ、ファルサロス、クランノンがその有力都市として知られ、これらの都市を中心に結成されたテッサリア連邦は、前六世紀後半にその原型が確認できる。マケドニア王国は、これらの都市のうちラリサと関わりが深く、フィリッポスもラリサとの絆を活用してテッサリアを支配下に組み込んでいくことになる。

マケドニアの天然資源

マケドニアは天然資源に恵まれ、この豊かな天然資源も、マケドニア王国の歴史において重要な役割を果たした。

マケドニアの気候は、ギリシア南部のような地中海性気候ではなく、暑い夏・寒い冬と年間を通じて多い降水量を特徴とする大陸性気候に近い。そうした気候ゆえ、マケドニアの平野部は農作物の栽培や家畜の飼育に適し、とりわけ、山岳地帯は木材の産地として名を馳せていた。

ギリシア北部では、アクシオス川とストリュモン川の流域に加え、ピエリア山脈とオリュンポス山の一帯がとくに豊かな森林資源に恵まれた地域である。アリストテレスの友人で「植物学の祖」として名高いテオフラストスは、マケドニアの植物相にも通暁しており、その主著『植物誌』において、マケドニアの松やモミを建築や造船に適した最上の木材として繰り返し称賛している。なかでも、まっすぐで軽いうえ、節がないマケドニア産の銀モミは、最良の櫂用材として知られていた。前五世紀に入ると、マケドニア王国は、人口増加のために早くから森林が失われていたギリシア南部の諸都市に大量の木材を輸出し、ギリシア最強の海軍国として台頭したアテネがその最大の輸出先となる。後章で見るように、マケドニアの木材は王国の貴重な収入源になるとともに、アテネをはじめとするギリシア諸都市との関係を規定する主要な要因となったのである。

マケドニア王国の発展には、木材のみならず、その鉱物資源も重要な役割を果たした。ただし、前述の狭義のマケドニア、すなわち低地マケドニアと上部マケドニアにおいては、産出する鉱物資源は限られており、エマティア平野などの多くの地域で銅が採れるのを除くと、ピエリア山脈で鉄が採れるにとどまる。低地マケドニア・上部マケドニアでは金銀は産出されず、金鉱・銀鉱に富むのは、アクシオス川の東のアンファクシティス、ミュグドニア、クレストニア、ビサルティア、およびストリュモン川の河口の東側に位置するパンガイオン山の一帯である。アンファクシティスとクレストニアの間を流れるエケドロス川では砂金が採れたと伝えられる。従って、トラキアやパイオニアの勢力下にあったこれらの地域への進出が、マケドニア王国の発展の重要な鍵となる。また、上部マケドニアの西側のリュクニティス湖周辺も銀を産出する有数の鉱山地帯として知られるが、マケドニア王国がこれを支配下に収めるのは、フィリッポスの治世初期のことである。

マケドニアでは、森林も鉱山も王家が所有していたが、木材の伐採や輸送、鉱物資源の採掘や製錬の実態については、残念ながら、史料には全く触れられていない。おそらく、アテネのラウレイオン銀山などと同じように、伐採や採掘の権利を貸しつけるリースシステムがとられていたと推測されているが、いずれにしても、森林や鉱山からの収益を王家が吸い上げていたのは確かだろう。

前一六八年にアンティゴノス朝マケドニアが第三次マケドニア戦争に敗れてローマの支配下に入っ

たのち、ローマはマケドニアにおける木材の伐採と金銀の採掘を一時的に禁じているが、こうした措置からも、マケドニアの天然資源の重要性がうかがえる。ちなみに、このときローマは、木材・金銀とともに塩の交易も禁じている。マケドニアでは、海岸部の塩田で製造される海塩のみならず、カラストラ湖（エケドロス川の中流に位置する現在のピクロリムニ湖に比定されている塩湖）ではナトロンが豊富に採れ、マケドニア産のナトロンはガラス製造に用いられるとともに、薬や洗剤としても重宝されたという。こうしたマケドニアの塩やナトロンに触れた史料はヘレニズム時代以降のものに限られるが、おそらく、古典期からマケドニア王国の重要な資源となっていたのだろう。

2　王国の誕生

ヘロドトスの伝える建国伝説

マケドニア王国は、いつ、どこで、どのようにして成立したのか。

現在のところ、ピンドス山脈で移牧を営んでいたマケドニア人がピエリア山脈の山裾に定住し、前七世紀半ばにアイガイを都として王国を建てた、と見るのが通説となっている。とはいえ、これを裏づける明確な証拠があるわけではない。王国の成立に関わる考古資料は一切見つかっておらず、お伽噺のような建国伝説がほぼ唯一の手がかりとなる。

マケドニアの建国伝説は、ローマ時代に至るまで様々なヴァージョンで語り伝えられているが、現存する最古の、そして最も詳しい伝承は、前五世紀のヘロドトスの記事である。ペルシア戦争の克明な記述を著したヘロドトスは、ペルシア戦争中の前四八〇年にマケドニア王アレクサンドロス一世がペルシアの使者としてアテネに派遣されたというエピソードを記すにあたり、そのアレクサンドロス一世の血統を説明するために、マケドニア王国の建国譚を詳しく語っている。長くなるが、全文を引用しておきたい。

このアレクサンドロス〔一世〕から数えて七代目の祖先にあたるペルディッカスは、次のようにしてマケドニアの王位を手中にした人である。その昔アルゴスの国からテメノスの後裔にあたる三人の兄弟、ガウアネス、アエロポス、ペルディッカスがイリュリア人の国へ逃れてきたが、さらにイリュリアから山を越え、上部マケドニアのレバイアの町へ到達した。彼らはこの町の王のもとに傭われ、一人は馬の、一人は牛の、一番年下のペルディッカスはその他の小家畜を飼いながら働いていた。昔は一般の人民のみならず民を統べる王家の者も貧しかったので、王の妃が自分で家人の食事の料理をしていた。ところがパンを焼くたびに、幼い傭人ペルディッカスのパンが、ひとりでに普通の大きさの二倍にふくれるのである。いつも同じことが起こるので、妃がそれを夫に告げると、それは何か容易ならぬことが起こる予兆であろうということが、王の胸に閃いた。そこで三人の傭人を呼び出し、自分の国から退去するように申し渡した。すると三人の兄弟は賃銀を払ってもらってから国を出るのが当然であろうと言った。このとき王は賃銀の話を聞くと逆上し、折から煙出しの穴から日の光が部屋の中に射し込んでいるのを見ると、床の上に当たっている日光を指し、「お前らには相応の、これを賃銀に払ってやろう」と言った。年上の二人、ガウアネスとアエロポスとは、この言葉を聞くと呆気にとられて立ちすくんでいたが、幼い少年は、「王よ、下さるものを有難く頂戴します」と言うと、ちょうど手に持っていた小刀で、部屋の土間に射している日光の形を隈どり、それから三度繰り返して日光を懐中に汲み入れるしぐさをして二人の兄とともに立ち去った。

こうして彼らは立ち去っていったが、一方王の側にいた一人が、少年のしたことは容易ならぬことで、一番年下の弟が王の与えると言ったものを受けとったのは、何か思うところがあってに相違ないと王に告げた。これを聞いて激怒した王は、三人を殺させるために騎馬の追手を出した。さてこの地方には、右のアルゴスからの落人たちの子孫が、今もなお命の恩人として供物を捧げている河があるが、テメノス家（テメニダイ）の出の三人兄弟がこの河を渡ったあと、河は急に水嵩を増し騎馬の追手は渡河することができなくなったのである。三人の兄弟はマケドニアの他の地域に着き、ゴルディアスの子ミダス〔小アジアのフリュギア王国の伝説上の王〕の園と呼ばれる場所の近くに住み着いた。このミダスの園には自生する薔薇があり、花の一つ一つに六〇の花弁があり、他の薔薇に優る芳香を放つ。マケドニア人の伝説によれば、シレノスが捕えられたのもこの園であったという。この園の上方には、厳しい寒気のために登ることの不可能なベルミオンという山が聳えている。さて彼らはこの地を占有すると、ここを根拠地としてマケドニアの他の地方をも征服したのである。

このペルディッカスからアレクサンドロスに至るまでの系譜は次の通りである。アレクサンドロスはアミュンタスの子であるが、アミュンタスはアルケタスの子であり、アルケタスの父はアエロポス、その父はフィリッポス、フィリッポスの父はアルガイオスで、その父が王位を勝ちえたペルディッカスである。(『歴史』八巻一三七―一三九章、松平千秋訳、訳文を一部改変)

ヘロドトスはこのように、アルゴスのテメノスの末裔である三兄弟がマケドニアに流れ着いて王国を建て、末弟のペルディッカスが最初の王になったという経緯を、神の加護によって導かれた、不可思議現象に満ちたプロセスとして詳細に語っている。

この建国伝説においてペルディッカスらの先祖とされているテメノスは、ヘラクレスの息子ヒュロスの曽孫にあたり、ヘラクレイダイ(ヘラクレスの子孫たち)を率いて、曽祖父ヒュロスが失敗したペロポネソス奪還についに成功し、その後の領土分配でアルゴスの支配者になったとされる神話上の英雄である。アルゴスではテメニダイ(テメノスの子孫たち)が君臨し、のちにアルゴスから追放されたテメニダイの一派がヘロドトスの伝えるペルディッカスら三兄弟だったことになる。

こうしたお伽噺のような伝説のなかで語られる建国の経緯は、当然のことながら、そのまま信じることはできない。天照大神の子孫が地上に降りて国を建てたとする日本の建国神話を例に出すまでもなく、神話や伝説は、まずもって、「過去」の創造によって現在を正当化するための手段である。マケドニアの場合も、次章で見るように、自らの起源をギリシアの英雄伝説に求めたマケドニア王家がヘラクレスに連なる系譜を作り上げ、自分たちが生粋のギリシア人であることをギリシア世界に向けてアピールしたのが、ヘロドトスの伝える建国伝説だったと考えられている。

建国伝説のなかの「史実」？

ただし、神話や伝説は過去の忠実な記憶ではないものの、完全な創作でもなく、エピソードのなかに何らかの「史実」が反映されている場合が多い。このお伽噺のようなマケドニアの建国伝説の細部からも、王国の成立に関わる何かしらの手がかりを得ることができるのではないか。

近年は、建国伝説のなかで語られるレバイアの王の家でのつましい暮らしなどが建国当時のマケドニア人の社会状況を正確に反映していると捉え、ヘロドトスの記事を初期のマケドニア史を解明するための史料として重視する研究者も多い。伝説のなかに現れる「レバイア」と「ミダスの園」という地名（どちらも場所は不明）や三兄弟が通ったルートなどから建国のプロセスを推測しようとする研究もある。

また、伝説に三兄弟が登場するのは、建国当時のマケドニア人が三部族に分かれていたことを示していると考える研究者もいる（一二五頁も参照）。もっとも、三兄弟の末弟が王権を獲得するという筋書は、ヘロドトスが伝えるスキュタイ人の建国伝説（『歴史』四巻五―七章）と似通っているので、この部分はヘロドトスによる脚色だったのかもしれないが。

なかでも注目を集めているのは、建国伝説に現れる「イリュリア」である。ヘロドトスは、ペルディッカスら三兄弟がイリュリア人の国へ逃れてきたのち、イリュリアから山を越えてレバイアに到達した、と語っている。ペルディッカスらがイリュリアを経由したとするこうした伝承には、イリュリア人がマケドニア王国の建国に協力したことが暗示されていると見る説がある。イリュリア人は前九世紀から前八世紀にかけて勢力を拡大したことが知られるが、おそらく、一時期マケドニアにも進出していたのだろう。彼らは、マケドニア王国の建国にも、何かしら関わっていたのかもしれない。

建国以前のマケドニアに住んでいた人々

マケドニア王国が成立する前のマケドニアには、いったいどんな人々が住んでいたのだろうか。

ホメロスの叙事詩『イリアス』の第二歌の後半には、トロイア戦争におけるギリシア側の遠征軍の構成を詳細に記したいわゆる「軍船表」があり、これに含まれる軍勢のうち、北限はテッサリアに住む人々である。一方、「トロイア方の表」にはトロイアに援軍を送った人々として、小アジアの諸民族に加え、エーゲ海北岸に住む人々の名前が記されているが、マケドニア周辺ではパイオニア人のみが挙げられている。つまり、ホメロスの叙事詩が成立したとされる前八世紀頃のギリシア世界の人々にとって、テッサリアとパイオニアの間に位置するマケドニアは、いわばno man's land（無人地帯）だったことになる。

もちろん、マケドニア王国の建国以前のマケドニアが決して「無人地帯」ではなかったことは、一九五二年にヴェルギナの発掘に着手したM・アンズロニコスが最初に調査した小円墳群からも明らかになっている。ヴェルギナ村の東側に拡がるこの広大な墓域は、ヴェルギナにおける最も古い遺構で、前一一世紀末から前七世紀末にかけての数百基に及ぶトゥムルス墓（小円墳）が発見されている。その多くが古代に盗掘されているものの、鉄製の武具やブロンズ製の精巧な装飾品、ギリシア南部産の陶器などの副葬品が出土している（**図9**）。この小円墳群の被葬者については、イリュリア人とする説やフリュギア人とする説（フリュギア人は小アジアに王国を建てる以前にマケドニアに住んでいたという伝承がある）などが唱えられているが、いまだ明らかになっていない。

いずれにしても、この小円墳群の発掘成果から、マケドニア王国の建国以前に高い文化水準を持った人々がこの地に居住しており、前九世紀から前八世紀にかけてとりわけ繁栄し、ギリシア南部の諸地域とも活発に交流していたことが確認できる。低地マケドニアは、すでにこの時期から、決して孤立した後進地域ではなかったのである。

マケドニア王国が成立する前のマケドニアに住んでいた人々について、ヘロドトスの伝える建国伝説からかろうじて推測できるのは、先に触れたイリュリア人に限られるが、ここで重要な手がかりとなるのが、王国の版図拡大のプロセスを説明したトゥキュディデスの記事（九一―九二頁で全文引用）である。トゥキュディデスは、マケドニア王国の建国後まもなく、マケドニア人がピエリア地方からピエリア人（トラキア人の一派とする説が有力だが、異論も多い）を、ボッティア地方からボッティアイア人（クレタ島からの植民者と伝えられる）を駆逐したこと、その後、パイオニア人からアクシオ

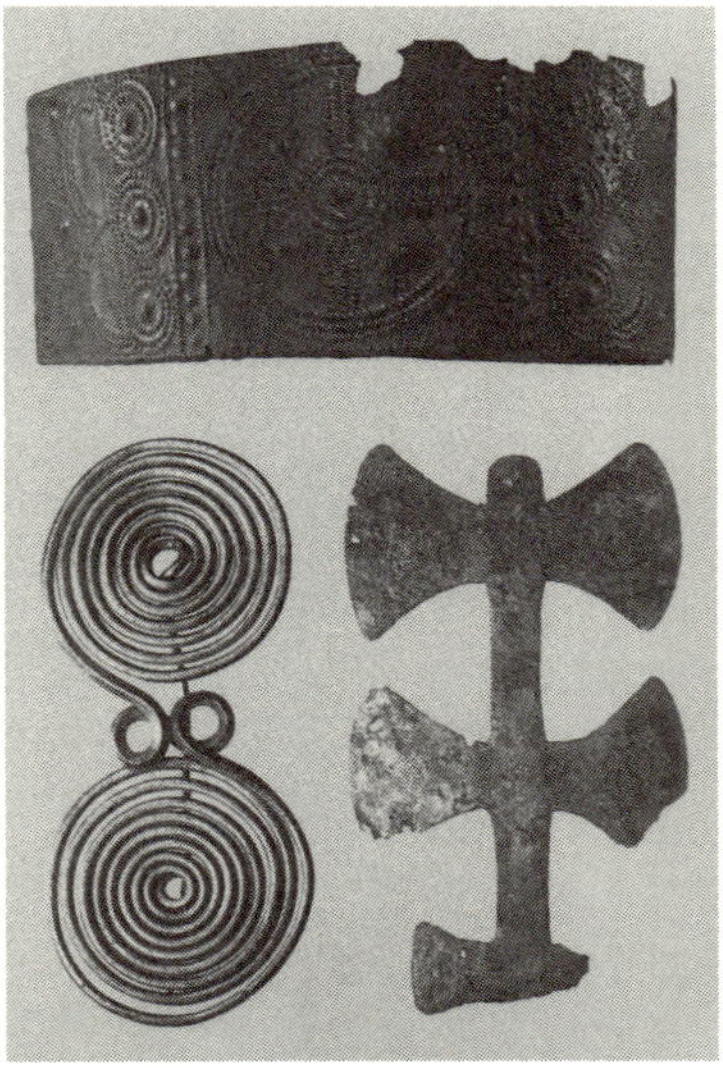

図9　ヴェルギナの小円墳群で出土した副葬品

ス川沿いのペラの周辺地域を獲得したことを順に語っている。パイオニア人については、前一世紀のストラボンも、その領土はかつてペラゴニアとピエリア平野まで伸びていた、と伝えている（『地理誌』七巻断片三八）。正確な年代は不明だが、パイオニア人は一時期、ペラ周辺のみならず、マケドニアのかなりの部分を勢力下に置いていたのだろう。

これらの人々に加え、前八世紀後半からマケドニアとその周辺に登場するのが、テルメ湾沿岸に植民市を建設したエウボイアの人々である。前八世紀にポリスを築いたギリシア人は、まもなく地中海世界各地へ進出し、エーゲ海北岸、黒海沿岸、イタリア南部、シチリアなどに多くの植民市を建設するが、その先陣を切ったのがエウボイアとコリントスの人々である。とりわけ、エウボイアの有力ポリスであるエレトリアとカルキスは早くからエーゲ海北岸への植民に乗り出し、エレトリアはカルキディケにメンデとディカイア、ピエリア平野の沿岸部にメトネを築き、カルキスもカルキディケにトロネを築いている。これらのうち、メンデとメトネの建設は最も早く、前七三〇年頃と考えられている。エレトリアの植民市のメンデ、ディカイア、メトネは、テルメ湾をちょうど取り囲むような位置にあり、テルメ湾は前八世紀後半から「エレトリア人の海」となっていたことがうかがえる（六〇頁の図8参照）。

なかでも、低地マケドニアに築かれたメトネは、近年の発掘調査により、すでに前八世紀末から交易の拠点として栄えていたことが明らかになっている。マケドニア王国とメトネの関わりは前五世紀後半になるまで史料に現れないが、マケドニア王国は、おそらく建国当初から、マケドニアの中核地域に位置するこの先進のギリシア人植民市の影響を受けて発展していったのだろう。

このように、王国が誕生する前のマケドニアは、イリュリア人、ピエリア人、ボッティアイア人、パイオニア人、そして植民市メトネのギリシア人が共存する世界だったのである。

いつ、どこに建国されたのか

先に、マケドニア王国は前七世紀半ばに成立したと見るのが通説だと述べたが、実は、前七世紀半ばという建国年代については、確かな証拠があるわけではない。ヘロドトスの伝える建国伝説には、お伽噺らしく「その昔」とあるだけで、具体的な年代を示すような記述は一切含まれていないし、建国の時期に関しては考古資料もほとんど手がかりにならない。ヴェルギナの小円墳群における最古の埋葬例が前一一世紀末であることから、すでに前一一世紀に建国されていたという説も近年は唱えられているが、前述のように、小円墳群の被葬者の民族系統は明らかになっていない。

そうすると、結局、古典史料に頼らざるをえず、ヘロドトスの伝える建国伝説の末尾に記された歴代の王の名前がほぼ唯一の手がかりとなる。ヘロドトスは、建国の祖であるペルディッカスから前五世紀前半のアレクサンドロス一世までの七人の王の名前を順に挙げている。トゥキュディデスも、アルケラオス（アレクサンドロス一世の孫）の前に八人の王がいたと記しており（『歴史』二巻一〇〇章二節）、どちらの記述からも、アレクサンドロス一世の前に六人の王がいたことになる。

このことから、N・G・L・ハモンドは、アルケラオスが即位した前四一三年頃を起点とし、一人の王の治世を平均三〇年と見積もって（前五世紀の三人のマケドニア王の在位期間を平均すると、三三年となる）、前四一三年頃から二四〇年（三〇年×八人）遡り、ペルディッカスによる建国を前六五三年頃と推定する。同様に、ドイツにおけるマケドニア史研究の第一人者であるR・M・エリントンも、アレクサンドロス一世が即位した前五世紀初頭を起点とし、一人の王の治世を平均二五年と見積もり、一五〇年（二五年×六人）遡って、やはり前六五〇年頃と考える。どちらもかなり大雑把な議論だが、他に手がかりはなく、古典史料からこれ以上の推論は困難である。

では、その建国の地はどこだったのか。前五世紀末にペラに遷都されるまでの王国の都はアイガイだったとされるが、実は、同時代のヘロドトスもトゥキュディデスも、不思議なことに、「アイガイ」という名称には一切触れていない。「アイガイ」に言及しているのは、いずれもローマ時代の史料で、ペラへの遷都以降のすでに旧都となったアイガイについての記述に限られる。もちろん、ヘロドトスやトゥキュディデスが同時代のマケドニア王国の都の名前を知らなかったとは考えられない。アイガイは王国発祥の地としていわば聖地のような存在だったため、同時代の史料にはあえて言及されなかったのかもしれない。

その「アイガイ」は、どこにあったのか。後章で見るように、マケドニアの建国伝説は、ヘロドトス以降、様々なヴァリエーションをともなって連綿と語り継がれていくが、前五世紀末のエウリピデスの作品に、建国の祖が山羊に導かれて町を築き、山羊（ギリシア語でアイゲス）に因んでその町はアイガイと呼ばれた、という建国の経緯が記されている（一五六頁参照）。これ以降、ローマ時代に至るまで、山羊はマケドニアの建国伝説の定番の要素となるが、そうしたローマ時代の伝承の一つに、建国の祖がエデッサを占領し、山羊に因んでエデッサをアイガイと呼んだ、という記述（ユスティヌス『フィリッポス史』七巻一章七―一〇節）がある。この記述に基づいて、アイガイはエデッサの別名であり、エマティア平野の北西端に位置する現在のエデッサがアイガイであるという説が長らく主流となっていた。しかし、本書の冒頭で見たように、一九七七年から翌年にかけてアンズロニコスがピエリア山脈の山裾のヴェルギナで複数の王墓を発見したことによって、このヴェルギナが旧都アイガイだということがほぼ確実になったのである。

では、ヴェルギナがアイガイ、すなわち建国の地であるというこの圧倒的な考古学的証拠に支えられた現在の通説は、ヘロドトスの伝える建国伝説と整合性を持つのだろうか。

ヘロドトスの記事には、レバイアの王の家から逃れた三兄弟が「ミダスの園」と呼ばれる場所の近くに住み着き、この地を根拠地としてマケドニアの他の地方を征服した、とあり、この「ミダスの園」が建国の地であるように読める。ヘロドトスは、「ミダスの園」の上方にベルミオン山が聳えていると述べており、エデッサはこのベルミオン山の北麓に位置するため、かつては、このヘロドトスの記述も、エデッサが建国の地であることの根拠の一つとされていた。しかし、標高約二〇〇〇メートルのベルミオン山は、その南東にあるヴェルギナからも仰ぎ見ることのできる、かなり目立つ山である。つまり、ヴェルギナがアイガイであるという考古学的証拠に基づく同定は、建国の地がベルミオン山の下方の「ミダスの園」だというヘロドトスの記述とも、おおよそ合致するのである。

マケドニア人はどこにいたのか

そのアイガイでマケドニア王国が誕生してから前四世紀末に至るまで、アルゴスのテメノスの末裔を祖と仰ぐ家系による世襲王政が続くことになる。その家系の名称については、先の「アイガイ」と同様、ヘロドトスやトゥキュディデスの作品をはじめとする同時代の史料には一切触れられていないが、ローマ時代の史料によると、「アルゲアダイ」と呼ばれていたという。「アルゲアダイ」は、もともと、マケドニア人の諸部族のなかで主導的な役割を果たした一部族の名称だったらしい。そのアルゲアダイ部族がマケドニア王国を支配したため、やがてアルゲアダイ部族の王家が部族名と同じ名称で呼ばれるようになったと考えられている（「テメノスの子孫たち」を意味する「テメニダイ」が王家の名称だったと唱える研究者もいるが、それを裏づける史料はない）。

では、そのアルゲアダイ部族をはじめとするマケドニア人は、建国以前にはどこにいたのだろうか。本節の冒頭で、マケドニア人はピンドス山脈で移牧を営んでいたと見るのが通説だと述べたが、これについても、確かな証拠があるわけではない。

マケドニア人の故地に関する議論は、ヘロドトスの記事に初めて現れる「マケドニア人（Makedones）」という呼称からの推測にとどまる。Makedones は「英雄マケドンの子孫たち」という意味の呼称だとする伝承もあるが、これは、たまたま名前が似ているギリシア神話の英雄を伝説上の祖として選びとった後付けの創作と見るべきだろう（マケドンについては、一二三頁も参照）。現在のところ、Makedones という呼称はギリシア語で「高い」「大きい」を意味する形容詞 makednos に由来すると考える研究者が多い。つまり、Makedones は「高地の人々」という意味であり、そこから、マケドニア人はもともとピンドス山脈の高地に住んでいたという解釈に至るのである。

もっとも、makednos（高い、大きい）に由来する Makedones は「高地の人々」ではなく、「背の高い大柄な人々」を意味するという説もあり、となると、Makedones という呼称は、もはやマケドニア人の故地についての手がかりにはならなくなってしまうのだが。

もう一つ、マケドニア人は移牧を営んでいた、という点についても触れておきたい。

移牧（トランスヒューマンス）

移牧（トランスヒューマンス）は、夏の間は涼しい山岳地帯で放牧し、冬になると温暖な低地に降りるという地中海域各地に広く見られる牧畜形態で、近現代のギリシアでも、ピンドス山脈においてブラフやサラカツァニなどの遊牧民によって行われている。

マケドニア人は、もともとピンドス山脈で移牧を営んでおり、マケドニア王国の建国後も、山岳地帯にとどまった上部マケドニアの人々はフィリッポスの治世に至るまで移牧を続けていた、と見るのが長年の通説となっていた。こうした見方は、二世紀のローマの文人アリアノスが伝える、いわゆる「オピス演説」に由来するものである。

「オピス演説」は、前三二四年夏、一〇年に及ぶ東方遠征を終えたアレクサンドロスがティグリス河畔のオピスでマケドニア人兵士たちに向けて行ったとされる演説である。彼は、その演説のなかで父フィリッポスの功業を次のように語ったという。

フィリッポスの目に映った当時の君たちの姿は、定まった家もなければその日の暮らしにもこと欠く、といった惨めなありさまだった。大方の者はその頃までまだ羊の毛皮を身にまとい、わずかばかりの羊の群れを山の上で放牧しながら、それらを後生大事に守って、イリュリア人だの

図10　エアニの遺跡

トリバロイ人だの、すぐ隣のトラキア人だのと、勝ち目の少ない苦しい戦を続けていたのだ。父はそんな君たちを見て、羊の毛皮の代わりに身につけるようにと外套を支給してやり、君たちを山から平地へと連れ出し、これからはもう山中の地の利に頼るのではなく、むしろ持ち前の勇気をこそ頼みとして、近くの蛮族とも十分に渡り合えるだけの勇者ぞろいに、君たちを鍛え上げた。また君たちを都市の住民としたうえ、立派な法や慣習を整備して都市を整えてもやったのだ。（『アレクサンドロス東征記』七巻九章二節、大牟田章訳、訳文を一部改変）

この演説が本当にアレクサンドロスが弁じたものであるのかをめぐっては多くの議論があり、アリアノスによる創作だとする見解も根強いが、いずれにしても、この一節はフィリッポスの治世以前のマケドニア王国の様相について触れた貴重な史料である。ここに描かれる、「定まった家もなければその日の暮らしにもこと欠く、といった惨めなありさま」で、「大方の者はその頃までまだ羊の毛皮を身にまとい、わずかばかりの羊の群れを山の上で放牧し」ていたというマケドニア人の生活形態が、フィリッポス以前の王国のイメージとして定着したのである。

現在のところ、定住地を持たずに季節的な移動を繰り返す未開のマケドニア人、というこうしたイメージは、少なくとも前六世紀後半以降に関しては見直しが進んでいる。一九八〇年代に始まった上部マケドニアのエリメイアの都エアニ（アイアニ）の発掘では、公共建築物と思われる大規模な遺構や豪華な副葬品をともなった巨大な室形墓などが発見されており（**図10**）、前六世紀後半以降、同地でかなりの都市化が進んでいたこと、南のポリス世界との活発な交流が見られたことが実証されている。この時期の上部マケドニアの人々は、「オピス演説」が描くような「惨めなありさま」では、もはやなかったのである。

マケドニア人はギリシア人か

本節の最後に、マケドニア人はギリシア人だったのかという問題について触れておこう。

古くから論じられてきたこのマケドニア人のエスニシティの問題をめぐっては、一九九一年に独立を果たしたマケドニア共和国（現・北マケドニア共和国）とギリシアの軋轢（いわゆる「マケドニア問題」。詳しくは「結びにかえて」を参照）のなかで、古代マケドニアの栄光を自分たちのものと考える現代のギリシア人の強い国民感情を背景に、ますます活発な議論が交わされている。

そうした議論のなかでしばしば取り上げられるのが、マケドニア人はギリシア人の一派のドーリス人だったという見方である。日本の概説書にも浸透しているこの見方は、ドーリス人が太古から各地を移動して最終的にペロポネソスに落ち着く経緯を記したヘロドトスの有名な記事に、ドーリス人は「ピンドスに住み、マケドノス族の名で呼ばれた」(『歴史』一巻五六章三節)という一文があることに由来する。

ただし、この一文をめぐっては議論が多く、ドーリス人が住んでいたという「ピンドス」が、ピンドス山脈であるのか、あるいはギリシア中部のドリュオピス(ドーリス)地方の町ピンドスであるのかは定かでない。また、この一文に現れる「マケドノス族(Makednon ethnos)」と、ヘロドトスが他の箇所でマケドニア人を意味する語として用いているMakedonesが同一の人々をさしているのかも判然としない。ヘロドトスはこの一文の前後でドーリス人のめまぐるしい移住の過程を伝えているが、そうしたヘロドトスの記事はドーリス人の故地に関わる様々な伝承の辻褄を合わせるための創作であり、史実性は乏しいとする見解も、近年は有力になっている。結局、このヘロドトスの一文を根拠にマケドニア人がドーリス人だったと言い切るのは、かなり困難なのである。

言語はしばしばエスニシティの重要な指標とされるため、マケドニアの言語についても多くの議論がある。マケドニア王国では、少なくとも前五世紀末までにアッティカ方言のギリシア語が公的なコミュニケーションの言語として使われるようになったと考えられている。ヴェルギナの大墳丘の盛り土からは前四世紀の墓碑が数多く出土しているが、これらの墓碑に刻まれた七五の人名はその大半がギリシア語であり、前四世紀のマケドニアにギリシア語の人名が広く普及していたことがうかがえる。しかし、ギリシア語が浸透する以前のマケドニア固有の言語を示す史料はほとんど現存せず、ギリシア語とは異質の「マケドニア語」が存在したのか、それとも、マケドニアの言語はギリシア語の「マケドニア方言」だったのかを見極めるのは、現状では不可能に近い。言語を手がかりにマケドニア人のエスニシティを探るのも、極めて困難なのである。

もっとも、近年は、客観的・固定的な実体である言語や文化そのものではなく、当時の人々の主観的かつ可変的な認識がエスニシティを規定するという見方が有力になっている。ここで、ギリシア人のエスニシティについて簡単に触れておこう。ギリシア人たちの間で神話上の民族の祖ヘレンに連なるヘレネス（ギリシア人）という一体感が生まれたのは、前七世紀から前六世紀にかけてのことである。その後、前五世紀のペルシア戦争を契機にギリシア人は「他者」に対する明確な意識を形成し、バルバロイ（異民族）という新しい概念がヘレネスの対概念として定着していくが、ヘレネスを定義する指標は時代とともに変化していった。ヘレネスとしての一体感が形成される途上で、異民族に対する明確な区別意識がまだ成立していない時期においては、その一体感の基礎として重視されたのは、共通の神話的系譜（出自）で結び合う同胞意識だった。ところが、ヘレネスとバルバロイの二項対立が鮮明になっていく前五世紀には、神話的系譜に基づく同胞意識が次第に薄れ、言語や宗教などの文化的要素に基づいてヘレネスとバルバロイを区別するようになるのである。

では、このようにヘレネスを定義する指標が変化していくなかで、マケドニア人はどのように認識されていたのだろうか。残念ながら、ギリシア人たちによる認識を明確に示すような証拠はほとんどなく、史料からわかるのは、マケドニア王家がポリス世界のギリシア人たちからどのように認識されることを望んでいたのか、という点に限られる。ヘロドトスの伝える建国伝説も、前五世紀以降、マケドニア王家がギリシア神話の英雄に連なる自らの系譜を喧伝し、ポリス世界からギリシア人として認識されることをめざしたという証だが、そうしたマケドニア王家の試みがポリス世界でどのように受容されたのかも、正確なところはよくわからない。さらに、一般のマケドニア人に至っては、ポリス世界のギリシア人たちの関心の対象にはなっておらず、史料にほとんど現れないため、彼らがどのように認識されていたのかを見極めるのは、ほぼ不可能と言ってよい。

結局、何を指標とするにせよ、マケドニア人のエスニシティを探るのは、至難の業なのである。

3　マケドニア王国のしくみ

マケドニアの王権をめぐって

次章以降でマケドニア王国の歩みを追っていくのに先立って、ここで、王国の国制や社会について説明しておきたい。

マケドニア王国の国制や社会に関する史料は、フィリッポスとアレクサンドロスの治世にほぼ限られている。マケドニア王国が飛躍的に拡大したフィリッポスの治世にも、本国を遠く離れて長期にわたる苛酷な遠征を続けたアレクサンドロスの治世にも、当然のことながら、国制や社会に大きな変化が生じたはずであり、この両王の治世からわかる王国の様相がそれ以前と同じだったとは考えにくい。従って、ここで述べるのは、あくまでもフィリッポスとアレクサンドロスの治世における王国のありようであることをお断りしておきたい。

マケドニアの王権の性格をめぐっては、一九七〇年代から活発な議論があり、現在も論争は決着したわけではない。一九七〇年代までは、マケドニア王は専制君主ではなく「同等者のなかの第一人者(primus inter pares)」にすぎず、民衆からなる民会（もしくは軍会）が新王の指名と重罪裁判における国法上の権利を有していたと捉え、マケドニア王国を近代的な立憲君主国のような国家と見なす学説が主流となっていた。こうした古典学説は、一九七〇年代から全面的な批判を浴びるようになり、王はまぎれもなく専制君主であって、民衆は王権を制約するような権利を有してはいなかったとする説が力を増している。前者の立場をとる研究者は「国法論者(constitutionalist)」、後者の立場をとる研究者は「専制論者(absolutist)」と呼ばれ、両派の間で論争が重ねられてきたのである。

確かに、専制論者たちが批判したように、民衆が国法上の権利を有していたことの証拠として国法論者たちが挙げている史料は、アレクサンドロスの東方遠征、もしくは彼の死直後の混乱期という特殊な状況についてのものであり、フィリッポスの治世やそれ以前のマケドニア王国にそうした権利が存在したことを示す証拠はない。ただし、国法論者たちが想定する「国法」なるものを裏づける証拠がないのと同様に、専制論者たちが唱えるようにマケドニア王が専制君主だったことを裏づける確たる証拠もなく、こうした史料的制約が、この論争に決着がつかない所以である。

現在のところ、それ以前の時代がどうであれ、少なくともフィリッポスとアレクサンドロスの治世において、王は実質的に専制君主であり、王国の政治・外交・軍事・宗教のあらゆる権限を握っていたと考える研究者が多い。この時期のマケドニアの王権は、制度的な基盤を持つものではなく、王の資質や力量に全面的に依存する、極めて個人的な性質のものだったという。こうしたマケドニアの王政は、欧米では、しばしば「個人的君主政（personal monarchy)」と呼ばれる。外国との条約や同盟が王個人の名で結ばれたこと、「王《バシレウス》」という称号がアレクサンドロス以前のマケドニアでは明確に確認できないこと、王の暗殺が頻発したことも、王権の個人的な性質の証と考えられている。

また、第4章で詳しく述べるように、マケドニア王家は一夫多妻制をとっていたが、近年の研究により、王の妻たちの間に序列はなかったこと（「王妃《バシリッサ》」という称号も、後継者戦争期に至るまで史料に現れない）、そして、王の息子たちについても長子相続制は確立していなかったことが明らかになっている。制度的な基盤を持たないマケドニアの「個人的君主政」においては、王位継承さえも明確な原則に基づかず、その時々の状況に左右される流動的なものだったのである。

こうした個人的な性格の強いマケドニアの王政においては、ポリス世界とは対照的に、公と私の区分が曖昧だったことも指摘されている。公と私の区分が曖昧だったからこそ、通常は「私」の領域に属する女性が、前三六〇年代のエウリュディケ（フィリッポスの母）や後継者戦争期のオリュンピアス（アレクサンドロスの母）のように、時として「公」の領域に足を踏み入れ、政治的能動性を発揮することもありえたのである。また、ポリス世界には珍しいベランダがヴェルギナの宮殿をはじめとするマケドニアの建造物に特徴的に見られるのも、そうした公と私の区分の曖昧さの現れだと考えられている。

王を支えるヘタイロイたち

制度的基盤に基づかないこうしたマケドニアの「個人的君主政」を支えていたのは、王を取り巻くヘタイロイ（貴族）である。王によって選出されるヘタイロイは、王に奉仕する代わりに土地や馬、金銭を与えられ、王と強い相互依存関係にあった。これらのヘタイロイたちが王と並んで卓越した地位にあり、常に王をサポートしていたのである。

古代ギリシアの社会を「アゴン（競争）社会」と呼んだのは、大著『ギリシア文化史（*Griechische Kulturgeschichte*）』（一八九八〜一九〇二年）で名高い一九世紀のスイスの歴史家J・ブルクハルトだが、ギリシアの人々は、とにかく競争好きである。ナンバーワンになることをめざし、全力で競い合う。こうしたアゴン精神がギリシアのポリス社会の原動力となっていたが、マケドニアのエリート社会は、それを上回る、とてつもなく競争的な社会だったと言われる。マケドニアの「個人的君主政」においては、ヘタイロイの任命も出世も王一人の意のままだったため、彼らは王の寵を求めて激しく張り合ったのである。

ヘタイロイたちのそうした熾烈な競争の場となったのが、狩猟とシュンポシオン（饗宴）である。アレクサンドロスも、東方遠征のさなかにたびたび大がかりな狩猟を行い、陣中で盛大なシュンポシオンを催したことが知られる。

食肉や皮革の調達を目的とする生業としての狩猟ではなく、エリートたちが繰り広げる狩猟は、単なる娯楽やスポーツではない。彼らの狩猟は、まずもって軍事に直結した営為であり、重要な軍事訓練の場となった。さらに、王とエリートが興じる狩猟は王権と密接に結びつき、強い政治性を帯びることも少なくない。洋の東西を問わず見られるこうした狩猟の通文化的な特徴は、マケドニアの狩猟にも顕著に認められる。豊かな自然に恵まれたマケドニアにはライオンや野猪、鹿などの野生動物が多数棲息しており、そうした環境のなかで日常的に繰り広げられる狩猟は、王が獲物を仕留めることによって自らの権力を誇示する場であるとともに、ヘタイロイのキャリア形成の場でもあった。彼らは、狩りの場で頭角を現して王の寵を得ようと、盛んに競い合ったのである。

マケドニアで王やヘタイロイが狩猟に興じたことが古典史料に明確に現れるのは、アレクサンドロスの治世に限られるが、前五世紀以降のマケドニア王の貨幣に狩人の姿や槍を噛むライオンがしばしば描かれているのは（一七二頁の図21）、マケドニアのエリート社会に狩猟が浸透していたこと、狩猟が王権と密接に結びついていたことの証である。また、アルケラオスは狩猟のさなかに暗殺されたと伝えられており、このことも、狩猟と王権の結びつきを示すものである（一六一頁参照）。前四世紀後半のヴェルギナ2号墓のファサードには、ライオン・熊・猪・鹿の狩りの場面を描いたフレスコ画が施されており（四二四頁の図42）、王墓のファサードにそうした狩猟画が描かれたということも、王家にとっての狩猟の重要性を裏づける。

その狩猟と並んで、マケドニアのエリート社会の縮図といった様相を呈するのがシュンポシオンである。男性たちが酒を飲みながら談論に興じるシュンポシオンは、ポリス世界では重要な社会集団としての機能を担っていたと考えられているが、マケドニアにおいても同様だったらしい。

ワインを水で割らずに生《き》で飲んだことがギリシアの古典史料で揶揄されるように、マケドニア人の痛飲ぶりは有名で、マケドニアのシュンポシオンは、しばしば酩酊した王とヘタイロイによる騒動や流血事件の舞台になったと伝えられる。マケドニアのシュンポシオンについての史料は、アレクサンドロス一世がペルシアの使節を殺害したシュンポシオン（一〇〇頁参照）、晩年のフィリッポスがアレクサンドロス（大王）と決裂したシュンポシオン（三九八頁参照）、東方遠征のさなかにアレクサンドロスがペルセポリスの宮殿に火を放つに至ったシュンポシオンや側近クレイトスを刺殺したシュンポシオンなど、事件の舞台となったシュンポシオンに集中しているが、こうした古典史料におけるシュンポシオンの描かれ方には注意が必要である。第1章で述べたように、ポリス世界のギリシア人はしばしば自らと対照的なイメージでマケドニアを描いたが、そうした傾向はシュンポシオンの描写にとりわけ顕著に認められる。マケドニアのシュンポシオンは、節度や洗練を重んじるポリス世界のシュンポシオンとは対照的に、王やヘタイロイが豪快に酒をあおって乱痴気騒ぎを繰り広げる場、桁外れの贅沢と享楽の場としてネガティヴに描かれ、常に暴力や陰謀の舞台となったかのように語られたのである。

マケドニアの遺跡から酒盃が数多く出土すること、ヴェルギナの宮殿では宴会場《アンドロン》がかなりの面積を占めていることなどから、マケドニア人が無類の酒好きだったのはおそらく確かだが、当然のことながら、シュンポシオンが常に事件の舞台になったわけではない。普段のシュンポシオンは、狩猟と同様に、ヘタイロイと王の交流の場、ヘタイロイのキャリア形成の場であり、王がヘタイロイを盛大にもてなして自らの力を誇示する一方で、ヘタイロイは王の寵を求めて鎬を削ったのである。

さらに、評議会のような公式の協議機関の存在しないマケドニア王国において、シュンポシオンは、王が新しい政策や戦略についてヘタイロイと協議する場でもあったと考えられている。確かに、ローマ時代の史料には、東方遠征の過程でアレクサンドロスが側近たちをシュンポシオンに集め、戦略について協議する場面がしばしば描かれている。ただし、これは本国を遠く離れた長期にわたる遠征という特殊な状況下での一種の作戦会議であり、そうしたシュンポシオンでの協議がそれ以前の王国における常態だったと決めつけるのは、慎重になるべきだろう。

マケドニアでは、野猪を槍だけで仕留めたことのない者はシュンポシオンで寝椅子に横になることを許されていなかったと伝えられており、こうした慣行からも、マケドニアのエリート社会における狩猟とシュンポシオンの重要性がうかがえる。狩猟とシュンポシオンは、王とヘタイロイの絆を生み出す装置として、マケドニアの「個人的君主政」を支えていたのである。

そして、そうしたエリートたちの政治文化の圏外に置かれていたのが、マケドニアの一般民衆である。マケドニアの一般民衆は、テッサリアのペネスタイやスパルタのヘイロタイのような一種の隷属農民だったと推測されているが、彼らはほとんど史料に現れないため、その実態はよくわかっていない。また、こうした一般民衆と明確に区別される奴隷についても、史料に一切言及されていないことから、マケドニアには奴隷は存在しなかったと考える研究者が多い。フィリッポスの治世になると、彼のギリシア征服の過程で戦争捕虜が奴隷化された事例がいくつか知られるが、これは、マケドニア王国が飛躍的に拡大したフィリッポスのもとで新たに始まった慣行だったのかもしれない。

結局、現存する史料から光を当てることができるのは、マケドニア王国の社会のごく限られた時期のごく限られた面にすぎないのである。

第３章

ヘラクレスの子孫たち

1　アルカイック期のマケドニア

伝説上の王たちの時代

現存するギリシアの同時代史料に初めて登場するマケドニア王は、前六世紀後半のアミュンタス一世である。ヘロドトスの伝える建国伝説（六六頁参照）によれば、アミュンタス一世の前に、ペルディッカス、アルガイオス、フィリッポス、アエロポス、アルケタスの五人の王がいたとされるが、彼らの実在は同時代史料からは確認できない。

これらの伝説上の王たちの事績については、ローマ時代のポリュアイノスとユスティヌスが触れている。ポリュアイノスは、二代目のアルガイオスの治世にイリュリアのタウランティオイ人がマケドニアに侵攻し、アルガイオスが戦闘なく彼らを退却させた、という顚末を伝えている（『戦術書』四巻一章）。また、ユスティヌスは、そのアルガイオスの孫にあたるアエロポスの治世にマケドニア人がトラキア人やイリュリア人とたえまない戦いを続けていたこと、王アエロポスがまだ幼い時期にイリュリア人がマケドニアに侵攻し、マケドニア人は一度は敗れたものの、次の戦闘でイリュリア人を撃破したことを伝えている（『フィリッポス史』七巻二章六―一二節）。実在が不確かなアルガイオスとアエロポスについてのこれらの伝承は正確な史実とは考えにくいが、マケドニア王国が早い時期からイリュリアやトラキアと敵対関係にあったことがうかがえる。

興味深いのは、ユスティヌスがアエロポスの治世におけるイリュリア人との戦闘について語るなかで、マケドニア人たちが幼王アエロポスを籠で運んで戦列の最前線のすぐ後ろに置き、それに勇気づけられて戦った、と述べていることである。後述するように、フィリッポス二世やアレクサンドロス（大王）は戦闘では常に陣頭に立って奮戦し、そうした王の姿が兵士たちとの絆を強め、マケドニア王国の「個人的君主政」を支える役割を果たしたと考えられている。アエロポスについてのユスティヌスの記述にも、こうした「個人的君主政」における王の役割が反映されているのかもしれない。

マケドニア王国の版図拡大

アミュンタス一世以前の王たちの治世については、これ以外には何も伝えられていないが、前七世紀半ばの建国から前六世紀末までのおよそ一五〇年間は、アイガイを本拠地とするマケドニア王国が着々と領土を拡げていった時期である。

この時期の王国の拡大については、トゥキュディデスの記事がほぼ唯一の手がかりとなる。ペロポネソス戦争について克明な記述を著したトゥキュディデスは、ペロポネソス戦争中の前四二九年にトラキアのオドリュサイ王国のシタルケス一世がマケドニアに侵攻した際のマケドニア王国の版図を説明するにあたって、テメノスの子孫による建国から説き起こし、次のように語っている。

海岸に近い今日のマケドニアを初めて獲得したのは、ペルディッカス〔二世〕の父アレクサンドロス〔一世〕と彼の先祖たち、すなわち、昔のアルゴスのテメノスの子孫（テメニダイ）の王たちであった。彼らは王として君臨するに際して、ピエリア地方からその住民と戦って駆逐したので、ピエリア人はパンガイオン山の麓、ストリュモン川の彼方のパグレスその他の地方に移住した。そのため今日でもパンガイオン山の麓の海岸地帯は、ピエリア盆地と呼ばれている。さらにボッティアと呼ばれる地方からボッティアイア人を駆逐したが、彼らは今はカルキディケ人と隣り合って住んでいる。さらに彼らはパイオニア地方ではアクシオス川に沿って、奥地からペラや海岸にまで達する狭い土地を獲得した。またアクシオス川の彼方からストリュモン川までの、ミュグドニアと呼ばれる土地からは、エドノイ人を駆逐して自分たちが領有している。さらにはエオルダイアと呼ばれる地域からエオルドイ人を立ち退かせたが、その大多数は殺され、極めて少数だけがピュスカのあたりに住み着いている。またアルモピアからはアルモピア人を駆逐した。これらのマケドニア人はその他の種族をも征服し、その土地を現在も領有している。すなわち、アンテムス、クレストニア、ビサルティア、それにマケドニア人自身の固有の領土の大部分を。そして、これら全体が今日ではマケドニアと呼ばれており、シタルケスが侵入したときは、アレクサンドロスの子ペルディッカスが王であった。(『歴史』二巻九九章三―六節、藤縄謙三訳、訳文を一部改変)

この記事は、簡潔ながら、マケドニア王国の版図拡大のプロセスについて説明した、極めて貴重な史料である。

トゥキュディデスは、①ピエリア地方からピエリア人を駆逐、②ボッティア地方からボッティアイア人を駆逐、③パイオニア地方の、アクシオス川に沿った奥地からペラや海岸までの狭い土地を獲得、④ミュグドニアからエドノイ人を駆逐、⑤エオルダイアからエオルドイ人を駆逐、⑥アルモピアからアルモピア人を駆逐、⑦アンテムス、クレストニア、ビサルティアを獲得、という七段階のプロセスを順に語っている（**図11**）。ただし、トゥキュディデスはそれぞれのプロセスがいつのことだったのかは一切触れておらず、これらのプロセスが年代順に並べられているのかも判然としない。

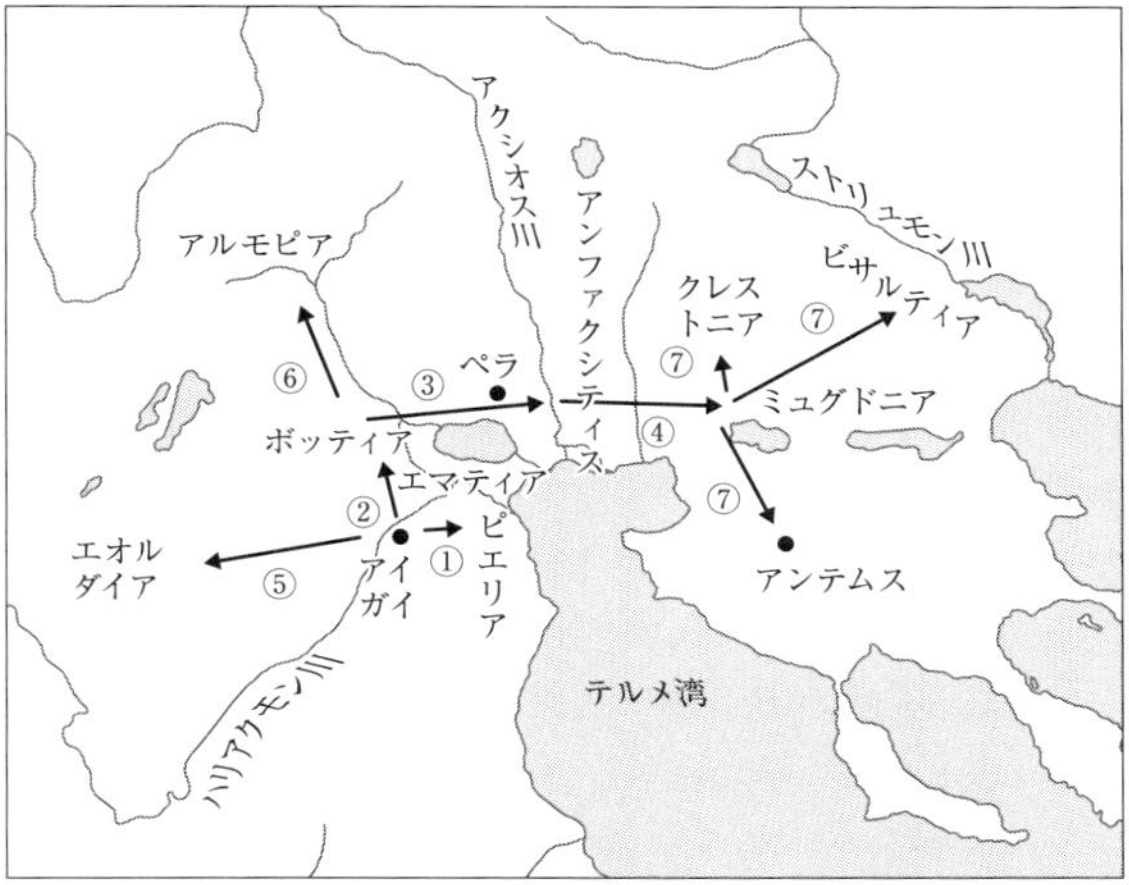

図11　トゥキュディデスの語る①〜⑦の版図拡大のプロセス

　トゥキュディデスの記事から王国の版図拡大の正確なタイムラインを導き出すのは不可能だが、低地マケドニアからピエリア人とボッティアイア人を駆逐したという①と②のプロセスは、おそらく、建国からまもなくのことと考えてよい。問題は、王国の版図が低地マケドニアを越えて拡がっていく時期についてで、とりわけ議論を呼んでいるのは、③④⑦のプロセスである。マケドニア王国の勢力がアクシオス川に到達し、さらにその東へ拡がったのは、いつのことだったのか。先に述べたように、ミュグドニア、クレストニア、ビサルティアといった鉱物資源に富むアクシオス川東の領土の獲得は、マケドニア王国の発展において重要な意味を持つ。

③のプロセスは、アカイメネス朝ペルシアの進出によるパイオニアの弱体化が背景となったのだろう。ここで、アカイメネス朝ペルシアの興隆について簡単に触れておこう。ペルシアはこの時期、西はエジプトから東はインダス川流域にまで及ぶオリエント世界のほぼ全域を手中に収め、広大な「世界帝国」を打ち立てた。その立役者であるペルシア王ダレイオス一世は、この空前の大帝国の新秩序を構築するための一連の改革に着手する。彼は全領土を二十余の行政区（サトラペイア）に区分し、各行政区に総督（サトラペス）を任命して統治させた。総督は地方行政における強大な権限を握ったが、ダレイオス一世は王直属の監察官を派遣して総督たちの動向を監視させた。さらに、全国の要地を結ぶ「王の道」をもうけ、駅伝制を敷いて帝国内の交通通信網を整備する一方、支配下の異民族に対しては概ね寛容な政策をとった。広大な領域と多様な民族を統治するためのこうした支配体制は、こののち、アカイメネス朝を征服したアレクサンドロス（大王）によって踏襲され、続くセレウコス朝やパルティアにも受け継がれていく。

そのペルシアがギリシアへの進出を図ったのは、前五一〇年代後半のことである。ダレイオス一世は前五一四年頃に黒海北岸のスキュティアに軍を進め、この遠征は失敗に終わるものの、これがギリシア北部へ勢力を拡大する足がかりとなる。ダレイオス一世がバルカンに残した将軍メガバゾスは、まもなくトラキアを征服し、さらにその西のパイオニアにも支配の手を伸ばした。このとき、多くのパイオニア人が小アジアへ強制移住させられたという。マケドニア王国は、こうしたペルシアの進出によるパイオニアの勢力の後退に便乗してアクシオス川沿いのペラの周辺地域を支配下に組み込み（③のプロセス）、次いで、その北西のアルモピアも手中に収めたのだろう（⑥のプロセス）。

⑦のプロセスについては、後述するように、前四七九年にペルシア戦争がギリシア側の勝利に終わったのち、ペルシア軍がギリシア北部から撤退した間隙に乗じてアレクサンドロス一世がクレストニアとビサルティアを支配下に置き、さらにその南のアンテムスも獲得したと考えられている（一二五頁参照）。

とすると、残る問題は、マケドニア王国の版図がアクシオス川を越えたという④のプロセスである。これについては古典史料から手がかりは得られないが、右に見た③と⑦の間、すなわち前六世紀末から前五世紀初頭にかけてのことと推測する研究者が多い。

では、近年飛躍的に増大している考古資料から、マケドニア王国の勢力がアクシオス川を越えて拡がった時期について、何らかの手がかりを引き出すことはできるだろうか。

考古資料からわかること

マケドニア王国の版図拡大のプロセスを直接示すような考古資料は見つかっていないが、手がかりとなるのは、マケドニアとその周辺の墓域から出土した副葬品である。細かい話になるが、考古資料が初期のマケドニア史の解明にどのように寄与するのかという問題に関わるので、詳しく見ていくことにしたい。

近年、ヴェルギナ（アイガイ）をはじめ、アルホンティコ（ペラの北西）、シンドス（アクシオス川の河口の東）、アギア・パラスケヴィ（カルキディケ北西部）といったテルメ湾周辺の墓域の発掘調査はめざましい成果を挙げており、そうした成果をマケドニア王国の勢力の拡大と関連づけようとする試みがある。

　一九八〇年代から発掘調査が進められているこれらの墓域では、黄金の豪華な副葬品をともなった墓が数多く発見されている。かつては、大量の黄金製品をともなう豪華な墓が出現するのは、これらの地域にペルシアの勢力が及んだためと考えられていたが、近年の調査により、こうした墓はペルシアの進出以前の前六世紀前半から見られることが明らかになっている。

　そうした墓域の副葬品について、近年注目を集めているギリシアの考古学者V・サリパニディの研究を紹介しよう。サリパニディは、アルホンティコ、シンドス、アギア・パラスケヴィの各墓域において前五六〇年代に黄金の豪華な副葬品をともなう墓が出現すること、そして、これらの墓域の副葬品には、その種類や用途、素材などの点においてヴェルギナの同時期の「B墓群（通称・王妃の墓群）」と「Γ墓群（通称・テメニダイの墓群）」の副葬品との類似性が認められることを強調し、これは、この三墓域の被葬者がヴェルギナの墓域の被葬者と同じマケドニア人であること、つまり、前五七〇年頃までにマケドニア人がこれらの地域に進出していたことを示す、と唱えている。

図12　テルメ湾周辺の遺跡

さらにサリパニディは、ヴェルギナにおいても他の三墓域においても、前五六〇年代に金属製の儀式用飲食器一式が副葬品として出現することに着目する。彼女は、前一〇～前八世紀のギリシア世界の英雄祭祀を思わせるこうした副葬品を、この時期にマケドニア人たちがギリシア人としてのアイデンティティを形成したことの証拠と見なしている。つまり、王国の拡大にともなって自らの権威の強化を図ることを迫られたマケドニア人たちが、ギリシア世界の英雄祭祀に似た葬制を採用することによってギリシア人としてのアイデンティティを喧伝した、というのである。

ギリシア人としてのアイデンティティという点に関しては、後述するように、マケドニアでそうしたアイデンティティが形成されたのは前六世紀末頃からのことと考えられているが、サリパニディの新説では、マケドニア人たちはそれよりも数十年以上前にギリシア人としてのアイデンティティを打ち出していたことになる。

マケドニア王国の版図拡大のみならず、マケドニア人のアイデンティティ形成の時期についても修正を迫るサリパニディの見解は、大胆で魅力的な仮説として注目されているが、異論も少なくない。そもそも、サリパニディ自身も認めているように、古典史料が全く残っていない状況で、副葬品などの考古資料のみから被葬者をマケドニア人と特定するのは困難である。実際、第2章で触れたヴェルギナの小円墳群についても、被葬者の民族系統は不明であるし、アルホンティコやシンドスの墓域の被葬者をめぐっても、発見以来、マケドニア人、トラキア人、パイオニア人、ボッティアイア人など、様々な説が唱えられているが、いまだ決着を見ていない。

さらに、これらの墓域の副葬品がヴェルギナのそれと「似ている」という点については、懐疑的な

図13　アルホンティコの墓域で出土した黄金マスク（前540〜前530年頃）
ペラ考古学博物館蔵

考古学者も少なくない。アルホンティコ、シンドス、アギア・パラスケヴィの三墓域の副葬品には多少なりとも類似性が認められるにしても、それらとヴェルギナの副葬品の間には大きな差異があることも指摘されている。例えば、アルホンティコやシンドスの墓域では死者の顔を覆う黄金マスクが出土しており（**図13**）、死者の目や口を覆う黄金菱形板（エポフタルミア、エピストミア）もアルホンティコ、シンドス、アギア・パラスケヴィをはじめ、その周辺一帯に広く見られるが、これらはいずれも、ヴェルギナでは見つかっていない。また、アルホンティコとシンドスでは、特徴的な副葬品として机や椅子などの家具や荷車の鉄製のミニチュア製品が数多く出土しているが、ヴェルギナでは荷車のミニチュアはあるものの、家具のミニチュアは見られない。

結局、これらの墓域の副葬品について、何をもって「似ている」と捉えるかは多分に主観的なものであり、研究者によってかなりの差が生じるのは当然だろう。さらに、仮に「似ている」としても、それがマケドニア人による征服の結果であるとは限らない。近年は、テルメ湾周辺一帯にはマケドニア人の進出以前にゆるやかな文化的同一性があったと想定する考古学者が多い。つまり、副葬品の類似は征服の結果ではなく、交流の結果だったと捉える見方である。この地域一帯が相互の交流により共通の文化圏を形成していたため、それぞれの墓域の副葬品も似通ったものとなり、さらには、そうした共通の文化圏をなしていたからこそ、その後のマケドニア人による征服も順調に進んだという解釈も可能だろう。

また、前六世紀末から前五世紀初頭にかけて、アルホンティコ、シンドス、アギア・パラスケヴィの各墓域では、黄金の豪華な副葬品が姿を消し、それまでの厚葬から薄葬に突然変化することも注目に値する。こうした変化は、この三墓域のみならず、テルメやネア・フィラデルフィアなど、アクシオス川とエケドロス川の下流域一帯の墓域に広く認められる。その一方で、ヴェルギナやピュドナをはじめとするマケドニア王国の中核地域の墓域では、同じ時期に副葬品がいっそう豪華になるという現象が見られるのである。こうした変化は、サリパニディの仮説では説明できない。これは、この時点でアルホンティコやシンドスの一帯がマケドニア王国の支配下に入り、それにともなってこれらの地域からヴェルギナ周辺へと富が移動したと捉えるのが自然だろう。

だとすれば、マケドニア王国の勢力がこれらの地域に及んだのは、トゥキュディデスの伝える③と⑦のプロセスの間、すなわち前六世紀末から前五世紀初頭にかけての時期であるとする先に触れた推論は、考古資料ともおおよそ整合性を持つことになる。

古典史料がほとんど残っていない時期について、考古資料は極めて貴重な手がかりとなることは言うまでもないが、結局、マケドニア王国の勢力の拡大という問題に関して、現状では考古資料から確たる結論を導き出すことはできない。ただし、アクシオス川とエケドロス川の下流域一帯の墓域の副葬品にはアッティカやコリントス、イオニア産の陶器などが数多く含まれており、前六世紀においてこれらの地域に住む人々が誰だったにせよ、彼らがポリス世界と密接な交流を持ち、高い文化水準を有していたのは確かだろう。

ペルシアとの接触

マケドニア王国の勢力がアクシオス川を越えたと推測される前六世紀末から前五世紀初頭にかけての時期は、マケドニアにアカイメネス朝ペルシアの支配の手が及んだ時期でもある。マケドニアがペルシアやポリス世界との接触を深めるにともなって、ようやくこの時期から、マケドニア王の動向がギリシアの同時代史料に現れるようになる。

とはいえ、アミュンタス一世の治世についてはごくわずかなことしか知られておらず、ペルシアがマケドニアに臣従を要求したこと、そして、アミュンタス一世がアテネの僭主ペイシストラトスの一族と接触を持ったことをヘロドトスが伝えているにとどまる。

先に触れたように、前五一四年頃のダレイオス一世のスキュティア遠征が失敗に終わったのち、ペルシアの将軍メガバゾスはトラキアとパイオニアに進出し、さらにマケドニアにも触手を伸ばした。ヘロドトスによれば、前五一〇年代末にメガバゾスがマケドニアに七人の使節を送ってペルシアへの臣従を要求すると、アミュンタス一世はやむなく要求に応じるが、息子のアレクサンドロス一世が宴席でペルシアの使節たちを殺害した。その後、メガバゾスは大がかりな捜索隊をマケドニアに送り込むが、アレクサンドロス一世が捜索隊の隊長ブバレス（メガバゾスの息子）に姉妹ギュガイアを嫁がせ、事なきを得たという（『歴史』五巻一七―二一章）。

こののち、アレクサンドロス一世はペルシア戦争においてペルシアに与して戦ったため、ヘロドトスの『歴史』には彼の行動が異例に詳しく語られている。このペルシアの使節殺害の一件も、アレクサンドロス一世に関するそうした数々のエピソードの一つである。

これらのエピソードの信憑性をめぐっては多くの議論があるが、とくにこの使節殺害のエピソードは、七人という使節の人数が多すぎることや、若い王子アレクサンドロス一世が父王を差しおいて宴席を取りしきり、使節の殺害と捜索隊の懐柔を一手に引き受けていることなど、作為性が目立つため、これをアレクサンドロス一世自身による創作と見る見解が有力である。後述するように、前四七九年にペルシア軍が撤退したのち、ギリシア世界への参入を図るアレクサンドロス一世は、自身がペルシアに敵対していたことを示す数々のエピソードを打ち出した。このペルシアの使節殺害のエピソードも、その一つだったのだろう。

ただし、アレクサンドロス一世がペルシアの使節を殺害したというのは創作だったとしても、この時期にアミュンタス一世がメガバゾスと接触を持ったこと、そしてメガバゾスの息子ブバレスがアレクサンドロス一世の姉妹ギュガイアと結婚したことは史実だったらしい。ブバレスとギュガイアの間に生まれた息子アミュンタスは、前四七九年にペルシア王から小アジアの領地を与えられたことが知られており、彼の年齢から、二人の結婚は前五一〇年頃だったと推測できる。とすると、アミュンタス一世は、前五一〇年代末にメガバゾスの要求に応じてペルシアに臣従し、その保証として娘をペルシアの高官に与えたことになる。もっとも、ペルシアの高官とマケドニアの王女の結婚は、必ずしもマケドニア王がペルシアに臣従したことを意味するわけではない。このときは二人の結婚によって同盟が結ばれたにとどまり、マケドニアがペルシアの支配下に入ったのは、後述する前四九二年のペルシア軍による遠征の際だったと考えることも可能だろう。

ちなみに、ギュガイアは、マケドニア王家において名前が知られる最初の女性であり、彼女とブバレスの結婚は、王族女性がマケドニア王の外交の道具として用いられた初の事例となる。こうした婚姻外交が以後の王国の歴史において繰り返されていくことを考えると、ヘロドトスの記述では受動的な王として描かれるアミュンタス一世だが、実際には、ペルシアがトラキアやパイオニアにまで勢力を伸ばすなかで、王国の安全を守るためにアミュンタス一世の方からメガバゾスにアプローチし、彼の息子と自分の娘の縁談を持ちかけてペルシアとの提携を図ったのではないかと推測できる。だからこそ、ペルシア戦争後、アレクサンドロス一世はペルシアの使節を殺害したというエピソードを創作し、父が自ら進んでペルシアと手を結んだことを隠そうとしたのかもしれない。

アテネの僭主一族との関わり

ヘロドトスがアミュンタス一世について伝えているもう一つのエピソードが、アテネの僭主ペイシストラトスの一族との接触である。

こちらはわずか一文の記事だが、ヘロドトスは、前五一〇年にアテネから追放された僭主ヒッピアス(ペイシストラトスの息子)にアミュンタス一世がカルキディケのアンテムスを提供することを申し出た、と伝えている(『歴史』五巻九四章一節)。結局、ヒッピアスはその申し出を断って小アジアのシゲイオンへ移るが、この一件は、マケドニア王家とペイシストラトスの一族がすでにそれ以前から何らかの交流を持っていたことを示唆する。

ヒッピアスの父ペイシストラトスは、前五四六年にアテネで僭主政を樹立するまで、クーデターに失敗して二度の亡命生活を送ったが、その二度目の亡命の際、テルメ湾に面したライケロス、次いでパンガイオン山の周辺に滞在して富を築いたという。マケドニア王家は、その頃からペイシストラトスの一族と一種のクセニア関係（国と国との有力者の間に贈与互酬を媒介として成立する個人的友好関係）を取り結んでいたらしい。古典史料にはほとんど現れない前六世紀のマケドニアだが、王家は、すでに前六世紀半ばからポリス世界の有力者とのコネクションを着々と築いていたのである。

このように、アミュンタス一世の治世にはペルシアやアテネの僭主一族といった「他者」との接触があり、これが、マケドニア王家にとってアイデンティティ形成の重要な契機となったのだろう。こうして、マケドニア王家はギリシア世界への参入を図るなかで自らの起源をギリシアの英雄伝説に求め、ヘラクレスに連なる系譜を作り上げてギリシア人としてのアイデンティティを打ち出していくことになる。

「アイガイの貴婦人」

マケドニア王がギリシアの同時代史料に初めて登場するのと同様に、マケドニア王家と明確に関連づけられる考古資料が現れるのも、アミュンタス一世の治世末期のことである。

一九八八年、M・アンズロニコスとA・コタリディは、ヴェルギナの「B墓群（王妃の墓群）」において前五三〇年代から前四六〇年代にかけての四基の大型竪穴墓を発見した。なかでも、「B墓群」のほぼ中央に位置する前五〇〇年頃の竪穴墓は唯一盗掘を免れており、被葬者の女性の全身を飾る黄金の精巧な装飾品をはじめ、種々の飲食器やテラコッタの女性像などの豊かな副葬品が出土し、大きな話題を呼んだ（**図14**）。

「アイガイの貴婦人（Lady of Aegae）の墓」と名づけられたこの墓は、ヴェルギナの大墳丘で発見された未盗掘の王墓（2号墓・3号墓）に匹敵する豪華な埋葬例であり、当時のマケドニアにおける文化水準の高さと王家の豊かさを実証するものとして注目を集めている。発掘責任者のコタリディによれば、この墓の被葬者はアミュンタス一世の妻である可能性が高いという。また、副葬品に笏とおぼしき遺物が含まれることから、被葬者の女性は神官を務めていたと推測されている。前四世紀のエウ

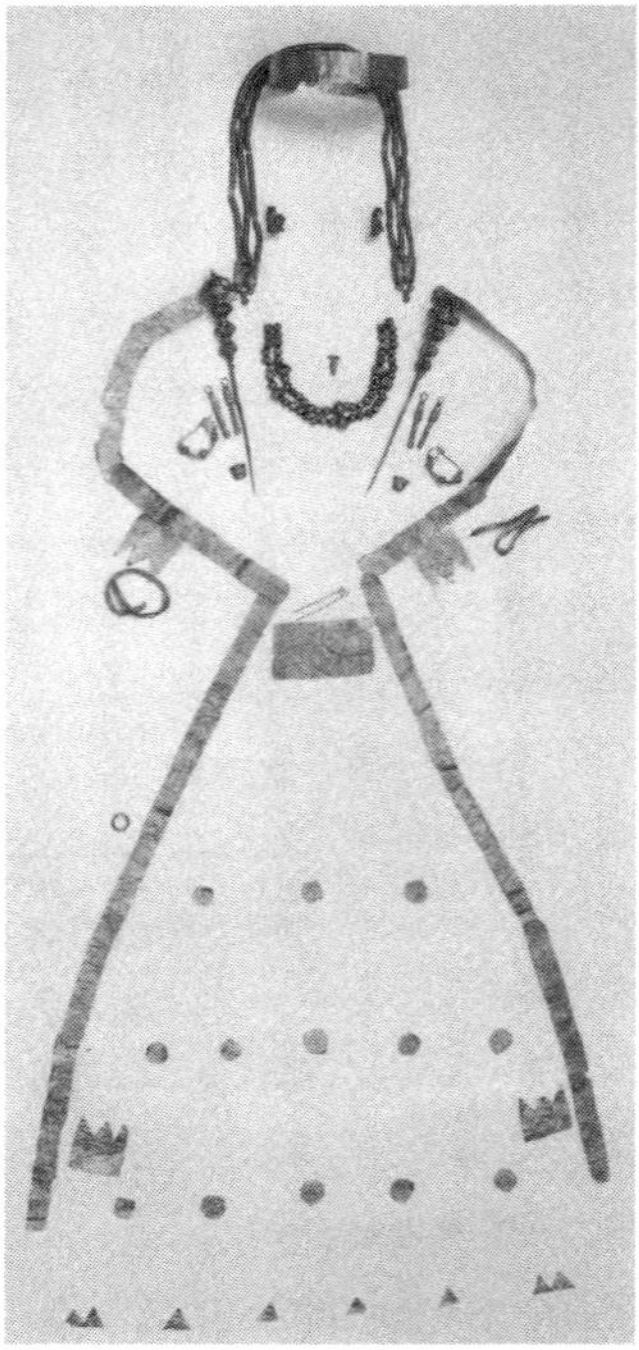

図14 「アイガイの貴婦人の墓」の副葬品
被葬者の女性の全身を飾る黄金の装飾品。アイガイ（ヴェルギナ）考古学博物館蔵

リュディケやオリュンピアスも神官の地位にあったとされるが、王家の女性は、すでに前六世紀末からそうした役割を担っていたのだろう。

2　アレクサンドロス一世

ヘロドトスが語ること

アミュンタス一世は前四九七年頃に没し、代わって王位に就いたのが息子のアレクサンドロス一世である。彼の治世から、マケドニア王国に関するある程度まとまった情報が得られるようになる。前述のように、アレクサンドロス一世はペルシアに与してペルシア戦争に参戦したため、ヘロドトスが彼の行動について詳しく語っているのである。ヘロドトスがアレクサンドロス一世に関する情報をいつどこで手に入れたのかをめぐっても様々に論じられてきたが、現在のところ、彼はその精力的な調査旅行の過程で前四五〇年代にマケドニアを訪れ、晩年のアレクサンドロス一世からペルシア戦争中の彼の行動を中心とするマケドニアについての詳しい情報を直接入手した、と見るのがほぼ通説となっている。

前四九九年、ペルシアの支配下に置かれていた小アジア西岸のイオニア地方のギリシア人諸都市がペルシアに対して反乱を起こし（イオニア反乱）、これをアテネとエレトリアが支援したことをきっかけに始まったのが、名高いペルシア戦争である。前四九三年にイオニア反乱が鎮圧されると、翌前四

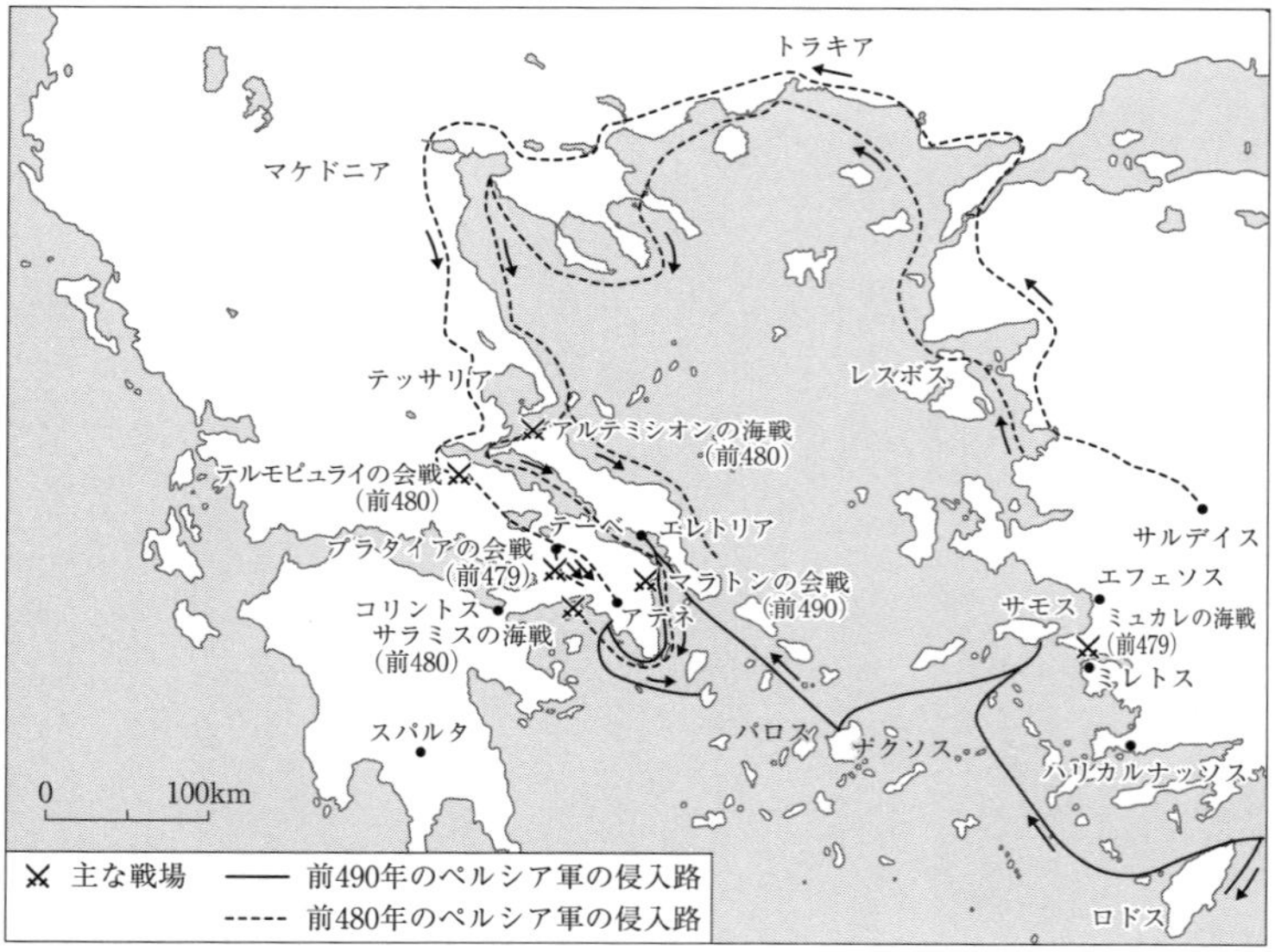

図15　ペルシア戦争

九二年、ペルシア王ダレイオス一世は将軍マルドニオスの率いる軍勢をギリシアに送り込んだ。マルドニオスはエーゲ海北岸に沿って進軍し、トラキアとマケドニアに対する支配を固めた。先に見たように、マケドニアが前五一〇年代末の時点ですでにペルシアに臣従していたとしても、おそらく、イオニア反乱の間はペルシアの支配から事実上離脱しており、このマルドニオスの遠征の際に再び従属したのだろう。以後、前四七九年にペルシア軍が敗退するまで、マケドニアはペルシアの支配下に置かれることになる。

　マルドニオスの遠征軍は、結局、カルキディケのアトス半島付近で暴風雨に遭い、陸海軍ともに大きな打撃を受けて撤退する。その後、ダレイオス一世は前四九〇年に将軍ダティスの率いる軍勢をギリシアへ差し向けるが、マラトンの会戦であえなく敗退した。ダレイオス一世が前四八六年に没すると、代わって即位した息子のクセルクセスは父の遺志を継ぎ、前四八〇年に自ら大軍勢を率いてギリシアへ乗り込むが、サラミスの海戦に敗れて撤退した。残されたペルシアの軍勢も、翌年のプラタイアとミュカレでの陸海の戦いにおいて敗北を重ね、こうして、ペルシア軍によるギリシア本土侵攻という意味でのペルシア戦争はギリシア側の勝利に終わった。このあとは、前四五〇年頃まで、小アジアやキプロスでペルシア・ギリシア両軍の武力衝突が継続していく。

以上がペルシア戦争の概略だが、ヘロドトスは、前四九二年にマルドニオスがマケドニアを支配下に組み込んだことに触れて以降は、前四八〇年のクセルクセスによるギリシア侵攻まで、マケドニアには一切言及していない。ヘロドトスの『歴史』は、全九巻のうち最後の三巻が前四八〇～前四七九年のペルシア軍の遠征に充てられている。アレクサンドロス一世についての記述はその三巻に集中しているため、前四八〇年以前の彼の動向は全く知られていないのである。

アレクサンドロス一世に関するヘロドトスの記述は、先のペルシアの使節殺害の一件を除くと、次の五つのエピソードに分けられる。

(1)アレクサンドロス一世がギリシア人だけの祭典であるオリュンピア祭への参加を企てた際、バルバロス（異民族）と見なされていたためにその参加が問題とされる一幕があったが、彼は自らがアルゴス人の血統であることを証明し、ギリシア人と認定されてスタディオン走（約一九〇メートルの短距離走）に出場した（五巻二二章。年代については記述なし）。

(2)前四八〇年春、テッサリアのテンペ峡谷に布陣するギリシア連合軍のもとにアレクサンドロス一世が使者を送ってペルシア軍の規模を知らせ、ペルシア軍に蹂躙されるという事態を避けるために撤退することを勧告した（七巻一七二―一七四章）。

(3)前四八〇年夏のテルモピュライの会戦後、クセルクセスの率いるペルシア軍がボイオティアに侵入した際、アレクサンドロス一世がマケドニア人兵士を配置してボイオティアの都市を戦火から救おうとした（八巻三四章）。

(4)前四八〇年秋のサラミスの海戦で敗れたクセルクセスが将軍マルドニオスの率いる精鋭部隊をギリシアに残して帰国したのち、マルドニオスは、アテネを味方につけるためにアレクサンドロス一世を使者としてアテネに派遣した。アレクサンドロス一世はアテネの人々にマルドニオスからの降伏勧告を伝え、講和の締結を強く勧めたが、アテネはこれを拒絶した（八巻一三六、一四〇―一四四章。第2章で引用したマケドニアの建国伝説は、アレクサンドロス一世がアテネへの使者に選ばれた理由の説明として、このエピソードのなかに挿入されている）。

(5)前四七九年夏、プラタイアの会戦の前夜にアレクサンドロス一世が自ら馬を駆ってアテネ軍の陣営に現れ、ペルシア軍による奇襲からアテネを守るため、アテネ軍の指揮官たちにマルドニオスの計画を伝えた（九巻四四―四五章）。

これらのうち、(2)〜(5)のエピソードで語られるのは、ペルシアに加担しながらもギリシアのために便宜を図る、アレクサンドロス一世のアンビヴァレントな行動である。こうしたエピソードの信憑性をめぐっては様々な議論があるが、ペルシアの使節殺害の一件と同様に、アレクサンドロス一世自身による創作だったと見る研究者が多い。前四七九年にペルシア軍が撤退したのち、アレクサンドロス一世が自らを「ペルシアの敵、ギリシアの友」として示すために打ち出したプロパガンダがこれらのエピソードだった、というのである。

ただし、これらのエピソードがアレクサンドロス一世による完全な作り話だったとも考えづらい。マケドニアの宮廷で起きたというペルシアの使節の殺害はいわば「密室の出来事」だが、それとは異なり、(2)〜(5)のエピソードは、いずれもペルシア戦争のさなかにギリシアで起きたとされる事件である。テンペ峡谷に布陣するギリシア連合軍のもとへアレクサンドロス一世が使者を送った(2)の一件や、マルドニオスがアレクサンドロス一世をアテネに派遣した(4)の一件などは、ギリシア世界に広く知れ渡っていたに違いない。そうした事件について、ヘロドトスが全くのでたらめを書き記したとは考えにくい。(2)〜(5)のエピソードに関しては、細部に脚色が含まれるとしても、その大筋は事実だったと見るべきだろう。

ギリシア世界における周知の出来事を「ペルシアの敵、ギリシアの友」としてのアレクサンドロス一世像と両立させた結果が、これらのエピソードに見られるアンビヴァレンスだったのである。

オリュンピア祭への出場

そして、アレクサンドロス一世がオリュンピア祭に出場したという(1)のエピソードも、(2)〜(5)のエピソードと同様に、ギリシア世界に広く知られていたはずの出来事である。

オリュンピア祭は、パンヘレニックな神域オリュンピアで四年に一度開催される「ギリシア人の祭典」である。ヘロドトスは、「ペルディッカスに発するマケドニア歴代の王が、ギリシア人であることは、彼らが自称していることであるが、私自身もそのように承知しており、彼らのギリシア人であることを後章でも証明するつもりである」と述べ、続いて、アレクサンドロス一世がオリュンピア祭において自らがアルゴス人の血統であることを証明して競技への参加を許され、スタディオン走で第一位の者と互角の成績を挙げた、と語っている（『歴史』五巻二二章）。この「後章でも証明する」というのが、先に見た、第八巻で詳述されるマケドニアの建国伝説である。つまり、アレクサンドロス一世は、オリュンピア祭でアルゴスのテメノスに連なる自らの系譜を披露して出場を果たしたということになる。

このオリュンピア祭のエピソードは、ヘロドトスが語るアレクサンドロス一世についての種々のエピソードのなかでも、とくに研究者たちの関心を集めている。その信憑性を疑う研究者もいるが、オリュンピア祭はギリシア世界の「公」の場であり、アレクサンドロス一世の出場がもし事実でなかったとしたら、ヘロドトスがそれほど見えすいた偽りを記したとは考えにくい。ペルシア戦争中の(2)〜(5)のエピソードと同様、その大筋は事実だったと見るべきである。「第一位の者と互角の成績を挙げた」というヘロドトスの一文は曖昧だが、おそらく、アレクサンドロス一世はスタディオン走の決勝戦の再レースで敗れて優勝を逃したのだろう。

では、アレクサンドロス一世がオリュンピア祭に出場したのは、いつのことだったのか。ヘロドトスは年代については触れていないが、前四九二年、前四八八年、前四八四年、前四八〇年の祭典はペルシア戦争のさなかであり、ペルシアに与していたマケドニア王が出場できたとは考えづらいため、除外できる。とすると、アレクサンドロス一世が即位してまもなくの前四九六年の祭典か、ペルシア軍が撤退して初めての祭典となる前四七六年の祭典のどちらかだったと思われるが、前四七六年の祭典は、アレクサンドロス一世の年齢からすると無理があろう。彼の正確な生年は不明だが、遅くとも前五二〇年代半ばまでには誕生していたはずなので、前四七六年にはすでに五〇歳に達していたことになる。その年齢で若者の競技であるスタディオン走に出場して好成績を挙げたとは考えにくい。彼が出場したのは、前四九六年の祭典だったのだろう。

先に述べたように、アレクサンドロス一世の治世から見られるヘラクレスの血筋の喧伝は、前王アミュンタス一世の治世にペルシアやアテネの僭主一族との接触を経たマケドニア王家が、ギリシア世界への参入を図るなかでギリシアの英雄伝説を能動的に受容した結果である。アレクサンドロス一世が出場した前五世紀初頭のオリュンピア祭は、そうして形成されたギリシア人としての王家のアイデンティティがギリシア世界に向けて初めて公に披露された場だったのだろう。

ちなみに、前五世紀前半に活躍したギリシアの高名な抒情詩人であるピンダロスとバッキュリデスは、ともに『アミュンタスの子アレクサンドロスのために』と題する頌歌でアレクサンドロス一世を称えている。現存するのはわずかな断片だけだが、どちらの頌歌も、アレクサンドロス一世のオリュンピア祭出場を記念する作品だったらしい。なかでも、ピンダロスはマケドニアの宮廷に滞在し、アレクサンドロス一世にもてなされたと伝えられる。ギリシアの名高い文人や芸術家を宮廷に招く慣行は、前五世紀末のアルケラオスの治世に顕著に見られるが、すでにアレクサンドロス一世の治世から始まっていたのである。こうした慣行も、先に触れた「アイガイの貴婦人の墓」のみごとな副葬品と同様に、この時期のマケドニア王国が決して文化的な後進国ではなかったことの証である。

アテネへの木材の提供

ヘロドトスの記述に関してもう一つ興味深いのは、前四八〇年のサラミスの海戦後にペルシアのマルドニオスがアレクサンドロス一世を使者としてアテネに送ったという(4)のエピソードのなかで、アレクサンドロス一世がアテネのプロクセノス（名誉領事）とエウエルゲテス（恩恵者）の称号を持っていた、と記されていることである。どちらも、そのポリスとつながりの深い有力者に与えられる称号である。アレクサンドロス一世は、なぜこの時点でこれらの称号を有していたのだろうか。

これについては、アテネの僭主ペイシストラトスの一族から前王アミュンタス一世に与えられた称号をアレクサンドロス一世が継承したとする説もあるが、僭主政が崩壊して民主政に生まれ変わった前五世紀のアテネにおいて、僭主一族から贈られた称号が効力を持ち続けたとは考えにくい。アレクサンドロス一世がこれらの称号を得たのは、アテネに造船用の木材を大量に提供した功績ゆえだと見るべきだろう。

ペルシア軍の再来に備えるアテネでは、前四八三年にアッティカ南端のラウレイオン銀山で新しい鉱脈が発見されると、テミストクレスの提案により、その収益を二〇〇隻（別の伝えでは一〇〇隻）の軍船（三段櫂船）の建造に充てることが決まった。この大艦隊はマケドニアの木材で建造され、その見返りとして、アレクサンドロス一世はアテネから顕彰されてプロクセノスとエウエルゲテスの称号を得たのだろう。

このののちペルシア戦争で大きな活躍を見せるテミストクレスは、前四七一年頃にアテネで陶片追放にかけられる。それ以降、彼は最終的にペルシアに落ち延びるまで各地を転々とするが、その逃避行の過程で一時マケドニア領内のピュドナに滞在したことが知られる。彼をピュドナに匿ったのはアレクサンドロス一世だったに違いない。ギリシア各地の有力者たちとのネットワークを築いていたテミストクレスは、アレクサンドロス一世ともかねてから親密な関係を結んでいたのだろう。だとすれば、アレクサンドロス一世がアテネに木材を提供した背景には、そうした両者の個人的な絆が作用していたと考えることもできる。

ただ、この時点でペルシアに与していたアレクサンドロス一世が、果たして、艦隊建造のための木材をアテネに提供することができたのだろうか、という疑問も湧く。ペルシアの支配下でのマケドニア王国の地位がどのようなものだったのかは、史料には一切伝えられていない。エーゲ海北岸では、この時期、エイオン、ドリスコス、セストスの三ヵ所にペルシアのヒッパルコス（総督に次ぐ地位の高官）が置かれていたが、アレクサンドロス一世もヒッパルコスに任命されたのか、あるいは、最も近いエイオン（ストリュモン川の河口付近）のヒッパルコスに服属していたのかについても、説が分かれている。いずれにしても、マケドニアはペルシアの正式の行政区（サトラペイア）には編入されず、一種の保護領のような地位に置かれていたらしい。アレクサンドロス一世は、ペルシア王に貢租を支払う限り、対外政策や交易においてある程度の自由を享受していたのだろう。ダレイオス一世が没した前四八六年以降、ペルシアはエジプトやバビロニアの反乱への対応に追われていたため、マケドニアに対する支配は形骸化していたのかもしれない。アテネへの木材の提供は、このような状況のもとで可能となったのである。

こうしてマケドニアの木材で大艦隊を建造したアテネは、前四八〇年のサラミスの海戦でペルシア軍を撃破し、ギリシア最強の海軍国として頭角を現す。これ以降、フィリッポスの治世に至るまで、マケドニアの木材は両国の関係の重要な軸となるのである。

ヘロドトスが語らなかったこと

しかし、そうしたマケドニアの状況も、クセルクセス自らが指揮するペルシア軍の来寇によって大きく変わることになる。

前四八一年、クセルクセスは将軍マルドニオスとともに大軍を率いてペルシアの都スサを出発した。小アジアとバルカンを隔てるヘレスポントス海峡には橋が建設され、前四八〇年、バルカンに上陸したクセルクセスはトラキアとマケドニアへ軍を進めた。

カルキディケのアトス半島は、前四九二年にマルドニオス麾下のペルシア軍が暴風雨に遭って撤退を余儀なくされた地だが、クセルクセスは、今回の遠征に先立って、すでに前四八三年にこのアトス半島の基部に海軍が通過するための運河を掘削することを命じていた。この大工事を指揮したのが、アレクサンドロス一世の姉妹ギュガイアと結婚したペルシアの高官ブバレスである。

ヘロドトスは、こうしたヘレスポントス海峡の架橋工事やアトス半島の運河開鑿工事について詳しく述べているが、これらの工事とともに、トラキアやマケドニアではペルシア軍の陸上部隊が移動するための大規模な道路の建設も進められたはずだろう。ストリュモン川、アクシオス川、ハリアクモン川といった大河の架橋工事も必要になったに違いない。

マケドニアにおけるこうした大工事は、アレクサンドロス一世の全面的な協力なくしては不可能だが、ヘロドトスは、彼の協力については全く触れていない。また、ヘロドトスは、クセルクセスがマケドニアを通過してテッサリアへ進むにあたって、マケドニアの山岳地帯の開鑿にかかる間ピエリア地方に待機し、かなりの日数を過ごした、と述べている（『歴史』七巻一三一章）。マケドニア王国の中核地域のピエリア地方で待機したクセルクセスは、当然、都アイガイのアレクサンドロス一世の宮廷でもてなされたはずである。アレクサンドロス一世は、義兄弟にあたるブバレスが進めるアトス半島の運河開鑿工事にも協力したと見るのが自然だろう。ヘロドトスは、前四八〇年から翌年にかけてアレクサンドロス一世がギリシアのために便宜を図ったことを詳しく語る一方で（前述の(2)～(5)のエピソード）、こうした彼のクセルクセスへの「協力」については完全に沈黙しているのである。

アレクサンドロス一世に関するヘロドトスの記述は、先に述べたように、前四七九年のペルシア軍の撤退後にアレクサンドロス一世自身が打ち出したプロパガンダを反映したものであるため、彼の記述からこの時期のアレクサンドロス一世とクセルクセスの関係についての「史実」を読みとるのは容易ではない。しかし、次に見るアレクサンドロス一世の銀貨は、そうした両者の関係を解明する重要な手がかりとして注目を集めている。

「忠誠」のシンボル、アキナケス

古典史料の乏しいマケドニアにおいて、貨幣は、極めて貴重な同時代史料となる。問題のアレクサンドロス一世の銀貨に話を進める前に、ここで、マケドニアの貨幣について簡単に説明しておこう。

図16　アレクサンドロス１世の銀貨
ペルシア戦争中に発行された銀貨（右）にはアキナケスを持つ人物が描かれているが、ペルシア軍の撤退後に発行された銀貨（左）にはアキナケスは見られない

前七世紀前半に小アジアのリュディアで生まれた鋳造貨幣は前六世紀にギリシア本土に伝わるが、トラキアやマケドニアなどのギリシア北部においても、前六世紀前半に貨幣の発行が始まっている。これらの地域で早くから貨幣が発行された背景には、バルカン有数の鉱山地帯から豊かな金銀が得られたことに加え、カルキディケに集中するギリシア人植民市との交易に際して貨幣が必要となったことがある。前六世紀末にペルシアの支配がギリシア北部に及ぶと、ペルシアに貢租を支払うために貨幣の発行がいっそう加速する。前六世紀から前四世紀に至るまで、トラキアやマケドニアの貨幣には様々な通貨基準が用いられているが、こうした多様な通貨基準からも、これらの地域の人々がギリシア人植民市やペルシア、アテネなどの諸勢力と複雑なバランスを保っていたことがうかがえる。

貨幣は、支配者が自らの権威を国内外に示すための格好のメディアとしてしばしば機能するが、マケドニア王の貨幣も例外ではない。初めて貨幣を発行したマケドニア王はアレクサンドロス一世だったと見るのが通説である。彼の初期の銀貨は、先行して発行されていたトラキア系のビサルタイ人の貨幣をまねたもので、表には二本の槍を持つ騎乗の人物、裏には田の字型の文様が描かれている。最近注目を集めている銀貨もこのタイプのものだが、表の騎乗の人物は、二本の槍ではなく、槍と短剣を一本ずつ持った姿で描かれている（図16右）。問題はこの短剣で、これは、ペルシア王が名誉のシンボルとして臣下に与えるアキナケスと呼ばれる短剣であるらしい。つまり、この銀貨は、前四八〇年にギリシアに侵攻したクセルクセスから忠誠の証としてアキナケスを授けられたアレクサンドロス一世が、そのアキナケスを持つ自身の姿を描いたものだと考えられる。彼は、銀貨にアキナケスを描くことによってクセルクセスへの忠誠を示し、国内における自らの権威の強化を図ったのだろう。

このように、アキナケスが描かれた銀貨は、ペルシア戦争中のアレクサンドロス一世の親ギリシア的な行動を強調するヘロドトスの記述からは読みとれない、クセルクセスに対する彼の忠誠を裏づける貴重な証拠となるのである。

さらに、このタイプの銀貨はいずれも小額のオボロス貨であることから、これらは、ペルシア軍の通過にあたって進められたアトス半島の運河開鑿工事やマケドニア国内の道路や橋の建設工事に従事したマケドニア人労働者に賃銀を支払うために発行されたものだと推測されている。だとすれば、これらの銀貨は、古典史料からはうかがい知ることのできない、ペルシア戦争期のマケドニアにおける社会インフラの整備の間接的な証拠でもあることになる。こうしたインフラの整備が、ペルシア軍撤退後のマケドニア王国の東への進出、さらには、のちのアルケラオスによるペラへの遷都や道路建設につながっていったのだろう。近年の研究では、マケドニア王国の制度や慣行にペルシアの影響が強く見られることがとみに強調されているが（三一六頁参照）、ペルシア戦争期におけるペルシアによる支配は、そうした制度上の影響を及ぼしただけでなく、その後の王国を大きく飛躍させる重要な契機になったのである。

「過去」の清算

前四八〇年のサラミスの海戦で敗北したクセルクセスが一足先に帰国したのち、テッサリアで越冬したマルドニオス麾下のペルシア軍は、前四七九年のプラタイアの会戦でギリシア連合軍に屈した。同年のミュカレの海戦でペルシア海軍も敗れ、こうしてペルシアの軍勢はギリシアから撤退した。

ヘロドトスは、前四七九年以降のマケドニア王国についてはほとんど触れておらず、マケドニアに関するある程度まとまった情報がギリシアの同時代史料から得られるようになるのは、ようやく前四三〇年代半ばのことである。マケドニアとペルシアの関係も、フィリッポスの治世に至るまで、全く史料に現れない。前四七九年以降、ペルシアは直接ギリシアへ軍を進めることはなかったが、アテネとスパルタの二大国が対立を深めると、両国ともペルシアの財力を当てにし、ペルシアに軍資金の援助を仰ぐようになる。こうした資金援助はすでに前四六〇年頃から見られるが、ペルシアはペロポネソス戦争において多額の資金を提供してスパルタを勝利に導いて以来、ギリシア諸都市の紛争に執拗に介入し、ギリシアの国際関係を陰に陽に牛耳っていく。このように、ギリシアのポリス世界とペルシアの間に密な交流が続いていたことを考えると、マケドニアとペルシアの交流も、決して途絶えることはなかったと見るべきだろう。

前四七九年のペルシア軍の撤退は、後述するように、マケドニア王国が東へ領土を拡大する契機となるが、アレクサンドロス一世にとっては、ギリシア世界の一員になるための新たなイメージ戦略の始まりでもあった。ペルシアに与していた「過去」を清算し、自らを「ペルシアの敵、ギリシアの友」として打ち出すことが、彼にとっての急務となる。父アミュンタス一世の治世にペルシアの使節を殺害するなどしてペルシアに敵対する姿勢を見せていたことや、前四八〇年から翌年にかけてギリシアのためにたびたび尽力したことを喧伝し、その後、前四五〇年代にマケドニアを訪れたヘロドトスにそれらの物語を語り聞かせたのである。

アレクサンドロス一世によるそうした「過去」の書き換えがいつ始まったのかを明確に示す古典史料はないが、ここでも、彼の銀貨が重要な手がかりとなる。先に見たアキナケスを持つ騎乗の人物が描かれた銀貨とほぼ同じタイプで、アキナケスだけが消えた銀貨が見つかっている（図16左）。これは、アレクサンドロス一世がクセルクセスに対する忠誠の証であるアキナケスを自らの銀貨から消し去ったものであるらしい。アキナケスが描かれた銀貨はいずれも摩耗が少なく、保存状態のよいものばかりであり、このタイプの銀貨が流通していたのはごく短い期間だったことがうかがえる。つまり、アレクサンドロス一世は、ペルシア軍の撤退後ただちに自らの銀貨の意匠を変更したのである。この二種類の銀貨は、ペルシア戦争中はクセルクセスに忠誠を誓いながらも、ペルシアが敗れるや、掌を返したように「ペルシアの敵」たらんとした、したたかなアレクサンドロス一世の変わり身の早さを雄弁に物語っている。

前四七九年以降のアレクサンドロス一世については、古典史料には断片的な情報しか残っておらず、デルフォイの神域に自身の黄金像を奉納したこと、アルゴスによって追放されたミケーネの人々をマケドニアに受け入れたことが伝えられるにとどまる。アレクサンドロス一世は後代の史料において「ギリシアびいき（Philhellene）」という添え名で呼ばれているが、こうしたギリシア世界との絆を深める行動や種々のイメージ戦略が功を奏し、「ギリシアの友」として記憶されるようになったのだろう。

建国伝説の喧伝

マケドニアの建国伝説も、アレクサンドロス一世がペルシア戦争後に展開したイメージ戦略の重要な装置として機能した。ヘラクレスに遡る王家の系譜自体は、先に述べたように前五世紀初頭のオリュンピア祭ですでに披露されていたが、ペルシア軍の撤退後、アレクサンドロス一世はペルシアに加担したバルバロスというイメージを払拭するために、自らがヘラクレスの血筋に連なる生粋のギリシア人であることを懸命にアピールした。

アレクサンドロス一世がヘラクレスとの絆を盛んに喧伝したことは、彼の銀貨の意匠からも確かめられる。彼がペルシア戦争後に発行した銀貨には、ヘラクレスの一二の功業の筆頭である「ネメアのライオン退治」に因むライオンのモティーフが用いられている。ライオンのモティーフは次のペルディッカス二世の銀貨にも見られ、続くアルケラオスの銀貨には、ライオンの頭部の皮を被ったヘラクレスの肖像が初めて現れる（**図17**）。以後、ヘラクレスの肖像は、マケドニア王の貨幣の標準的な意匠となる。マケドニア王の貨幣は、王家がヘラクレスの血を引くという「過去」を想起させる重要な視覚的メディアとして機能したのである。

また、オリュンポス山の東に位置するヘラクレイオンは、アレクサンドロス一世がヘラクレスに因んで名づけた都市と考えられている。アレクサンドロス一世が息子に建国の祖と同じペルディッカス（二世）という名前をつけたのも、ヘラクレスに連なる王家の系譜を喧伝するためだったのかもしれない。

マケドニアの建国伝説は、その対外的なプロパガンダとしての側面がしばしば注目されるが、マケドニア王家にとって、国内における支配の強化を図るための手段でもあった。第2章で引用したヘロドトスの伝える建国伝説（六六頁参照）の細部に目を向けてみよう。ペルディッカスのパンだけが二倍にふくれたというエピソードは、彼が建てる王国の繁栄を示すものであり、ペルディッカスがレバイアの王からの賃銀として土間に射し込んだ太陽の光を小刀で隈どって懐に入れたというエピソードも、彼が王権のシンボルである太陽の光を手中にし、王の家の土間（炉）に象徴される王の領土全体を支配下に収めることを暗示するものである。また、急に水嵩の増した河がレバイアから逃亡する三兄弟を救ったというエピソードは、神がマケドニア王家に与えた特別の恩寵を表している。

図17　ヘラクレスの肖像が描かれたアルケラオスの銀貨

ヘロドトスが伝えるこれらのエピソードはペルディッカスによる建国の正統性を物語るものであり、そこに、伝説の細部に宗教的な象徴性をちりばめて建国を権威づけようとする王家の意図を読みとることができる。マケドニア王家は、建国に際しての神の加護を強調することによって国内における自らの権威を高め、王家と一般のマケドニア人との差別化を図ったのだろう。

マケドニアの建国伝説は、対外的にも対内的にも、王家の威信を強化するための重要なイメージ戦略の手段となったのである。

その後の建国伝説の展開

マケドニアの建国伝説は、後述するように、建国の祖の名前が「ペルディッカス」から「アルケラオス」、そして「カラノス」へと変化しながら、ローマ時代に至るまで連綿と語り継がれていく。ヘラクレスに遡る王家の系譜や建国の経緯についても様々なヴァリエーションが見られるが、そうした多様な伝承は、マケドニア王家がヘラクレスの血筋に連なるという基本線がある限り、細部は自由な解釈に委ねられて展開していったことをうかがわせる。

マケドニア周辺の諸部族の王家にも、同様の神話的系譜を喧伝した例が知られる。上部マケドニアのリュンケスティスの王家は、ヘラクレスの末裔とされるコリントスのバッキアダイ一族を祖とし、イリュリアのエンケレイス人の王家は、神話上のテーベの建設者とされるカドモスとその妻ハルモニアを祖としていた。また、エペイロスのモロッソス人の王家（アレクサンドロス大王の母オリュンピアスの家系）も、英雄アキレウスの息子ネオプトレモスの血を引くとされていた。

こうした事例は古代世界に広く見られるが、マケドニアの建国伝説と対照されるべきは、やはり、トロイアの勇将アエネアスを祖とするローマの建国伝説だろう。ローマの建国伝説は、ローマが台頭するにつれ、アエネアスの血筋に連なるという核を堅持しながら、様々なヴァリエーションをともなって展開していった。アエネアスの末裔を標榜することがローマの対外的なデモンストレーションとなったのと同様に、ヘラクレスの末裔を自称することは、マケドニア王家にとって国内外へ向けた重要なデモンストレーションだったのである。マケドニアにおいてもローマにおいても、歴史に大きく名を残すに至った国家の起源が、その台頭の過程で大国によりふさわしい「過去」として練り上げられていったのだろう。

ちなみに、一般のマケドニア人に関しても、前五世紀後半には、神話上の民族の祖ヘレンに連なるヘレネス（ギリシア人）の血筋に取り込まれるという系譜操作の形跡がうかがえる。第2章で触れたように、マケドニア人をさすMakedonesという語が古典史料に現れるのはヘロドトスの記事が最初だが、そのMakedonesの祖がギリシア神話の英雄マケドンだったとする記述が、前五世紀後半のミュティレネ出身の歴史家ヘラニコスの断片（七四）に確認できる。それまでの伝承では、マケドンはゼウスとテュイア（ヘレンの妹）の息子、すなわちヘレンの甥とされていたが、このヘラニコスの断片では、マケドンはヘレンの息子アイオロスの息子とされており、ヘレンの直系の孫となることによってヘレネスの系譜に位置づけられているのである。おそらく、ヘレンを祖と仰ぐギリシア人たちの民族意識が高揚するなかで、王家のみならず一般のマケドニア人もギリシア人であることを示すために、マケドンの系譜が書き換えられたのだろう。

上部マケドニアへの進出

前四七九年のペルシア軍の撤退後、「過去」を清算するための種々のイメージ戦略と並行して、アレクサンドロス一世は着実に領土を拡大していく。本章の冒頭で引用したマケドニア王国の版図拡大についてのトゥキュディデスの記事にある、上部マケドニアのエオルダイアからエオルドイ人を駆逐したという⑤のプロセスは、この時期のことと考えられている。

アレクサンドロス一世は、そのエオルダイアの南に位置するエリメイアの王家と婚姻同盟を結んだことも知られる。詳細は不明だが、エリメイア王のデルダス一世をペルディッカス二世（アレクサンドロス一世の息子）の従兄弟と呼ぶ史料があることから、アレクサンドロス一世の妻がデルダス一世の伯母（叔母）だった、もしくはアレクサンドロス一世の姉妹がデルダス一世の母だったと推測できる。アレクサンドロス一世は、エオルダイアを支配下に収めたのち、そのすぐ南のエリメイアと同盟を結ぶに至ったのだろう。

このように、アレクサンドロス一世の治世に上部マケドニアとの関係が深まったことを考えると、彼が喧伝した建国伝説には、そうした上部マケドニアとの関係が反映されていると見ることもできる。ヘロドトスの伝える建国伝説は、「上部マケドニアのレバイア」が舞台となっている。そのレバイアという町がどこにあったかは不明だが、レバイアの王の家でペルディッカスが太陽の光を懐に汲み入れるしぐさをした、とヘロドトスが語っているのは、ペルディッカスが上部マケドニアの支配権を獲得したことを暗示するものである。これは、上部マケドニアへの支配を正当化しようとする、アレクサンドロス一世の意図の現れだったのかもしれない。

また、建国伝説にガウアネス、アエロポス、ペルディッカスの三兄弟が登場するのは建国当時のマケドニア人が三部族に分かれていたことを示す、という説があることはすでに述べたが、その三部族のうち、末弟のペルディッカスが最も有力なアルゲアダイ部族の王になり、兄のガウアネスとアエロポスがそれぞれエリメイア部族とリュンケスティス部族の王になった、と読み解く研究者もいる。だとすれば、ここにも、エリメイア部族とリュンケスティス部族の祖をペルディッカスの兄という形で建国伝説に取り込むことによって上部マケドニアへの支配を正当化しようとする、アレクサンドロス一世の意図が働いていたことになる。先に触れた、リュンケスティスの王家がコリントスのバッキアダイ一族の流れを汲むという伝承は、そうしたマケドニア王家による建国伝説への取り込みを拒絶して独立を守るためのプロパガンダだったのかもしれない。

東への領土の拡大

マケドニア王国の発展においてとりわけ大きな意味を持つのは、先に述べたように、アクシオス川の東への進出である。ギリシア北部を支配下に置いていたペルシア軍の撤退は、マケドニア王国がトラキア方面に勢力を伸ばす絶好の機会となった。アンテムス、クレストニア、ビサルティアを獲得したという、トゥキュディデスが語る⑦のプロセスは、この時期のことと考えられている（ただしアンテムスに関しては、前六世紀末にアミュンタス一世がアテネのヒッピアスにアンテムスを提供することを申し出たとヘロドトスが伝えていることから、すでに前六世紀末の時点でマケドニア領だったと考える研究者もいる）。

その根拠となっているのは、先に見た、アミュンタス一世の治世にペルシアの将軍メガバゾスが七人の使節をマケドニアに送ったという一件に関するヘロドトスの記述である。ヘロドトスは、マケドニアへ向かうその使節たちの道程について説明する際、次のように述べている。

プラシアス湖からマケドニアまでの距離は極めて短い。湖に近接して鉱山があるが、のちに日産一タラントンの銀を産出して、アレクサンドロス〔一世〕の財源となったのはこの鉱山である。この山を過ぎ、さらにデュソロンという名の鉱山を越えれば、すでにマケドニアの国である。(『歴史』五巻一七章、松平千秋訳)

この一節は、簡潔な記述ながら、マケドニアとその周辺の地勢に関わる極めて貴重な史料である。ヘロドトスが「のちに日産一タラントンの銀を産出して、アレクサンドロス一世の財源となった」と伝えるプラシアス湖に近接する鉱山と、その鉱山よりもマケドニアに近い位置にあったというデュソロン山がマケドニア王国の支配下に入ったのは、ペルシア軍の撤退後にアレクサンドロス一世が東へ進出した際のことと推測されている。

ただし、この記事に現れる「プラシアス湖」と「デュソロン山」がどこにあったのかは、実はよくわかっていない。かつては、「プラシアス湖」はストリュモン川の下流もしくは中流に形成された湖で、それに近接するという鉱山はストリュモン川西のビサルティアの鉱山であり、「デュソロン山」はクレストニアの北側、もしくはビサルティアの南側の鉱山だと考えられていた。

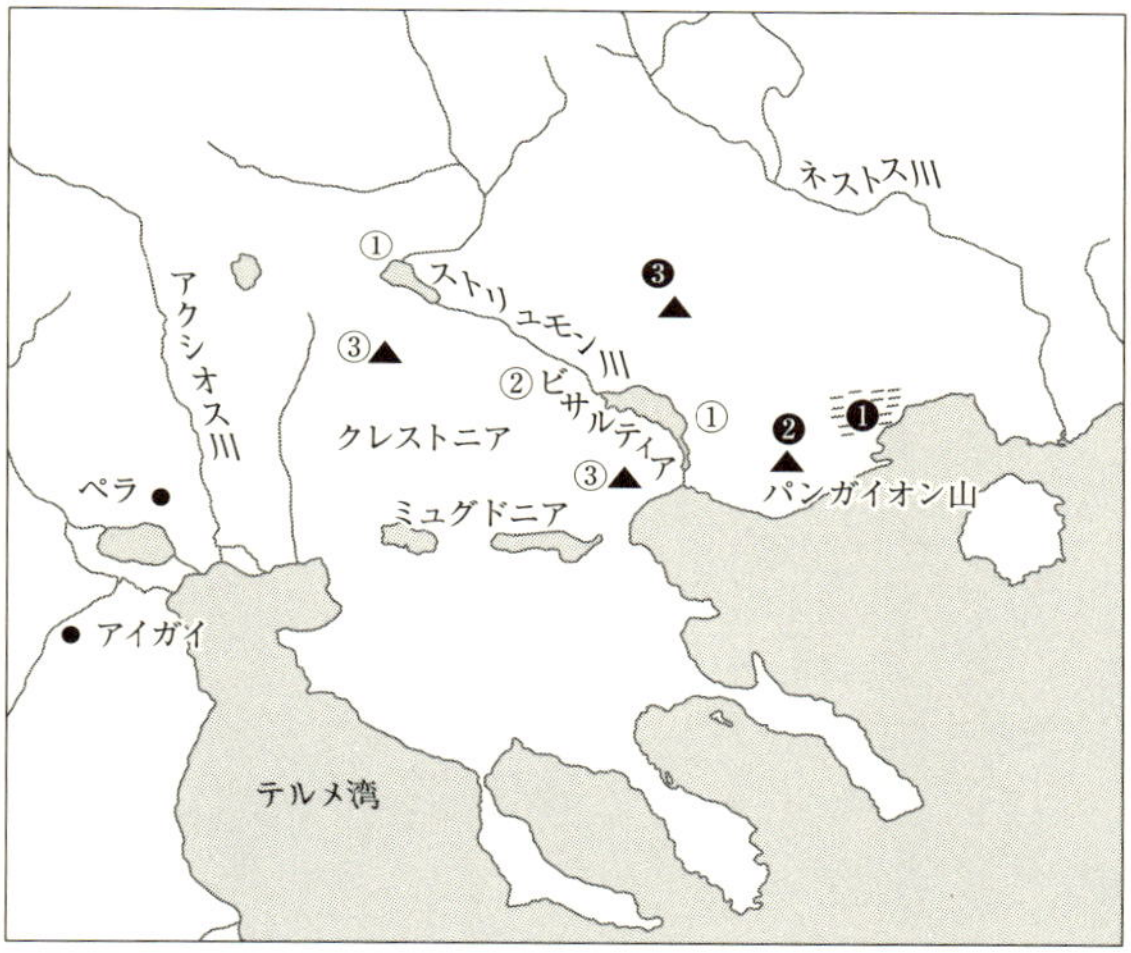

図18　アレクサンドロス１世による東への版図拡大
旧説：①プラシアス湖、②それに近接する鉱山、③デュソロン山（①と③については２通りの説あり）
新説：❶プラシアス湖、❷それに近接する鉱山、❸デュソロン山

しかし近年は、新しい碑文史料に基づいて、「デュソロン山」はストリュモン川の東側にある現在のメニキオン山のことだとする説が力を増している。この説に従えば、その「デュソロン山」よりもマケドニアから離れた位置にあったという「プラシアス湖」はパンガイオン山の北東に拡がる沼沢地のことだった可能性が高く、とすると、その「プラシアス湖」に近接し、日産一タラントンの銀を産出したという鉱山は、金銀の鉱脈に富むパンガイオン山にほかならないことになるのである。

だとすれば、ペルシア軍の撤退後、アレクサンドロス一世はアンテムス、クレストニア、ビサルティアを獲得するにとどまらず（トゥキュディデスの語る⑦のプロセス）、ストリュモン川を越え、パンガイオン山までも支配下に置いていたことになる。ギリシア随一の金山として名高いパンガイオン山を手中に収めたマケドニア王はフィリッポスが最初だったと見るのがこれまでの通説だが、パンガイオン山の金銀は、すでにフィリッポスより一世紀以上も前からマケドニア王国を潤していたのかもしれない。

ともあれ、こうしてアレクサンドロス一世が豊かな鉱山地帯を獲得したのち、銀貨の発行が本格化する。アレクサンドロス一世は、先に見たアキナケスを描いたオボロス貨のような小額貨幣のみならず、オクタドラクマやテトラドラクマなどの高額の銀貨も次々に発行しており、銀貨の意匠も、歴代のマケドニア王のなかでは群を抜いてヴァラエティに富んでいる。すでに触れたように、トラキアやマケドニアでは様々な通貨基準が用いられていたが、アレクサンドロス一世は、王国の貨幣にトラキア・マケドニア通貨基準のほか、カルキディケのギリシア人植民市で用いられていたアッティカ通貨基準を採用したことが知られる。これらの通貨基準をどのように使い分けていたかはよくわかっていないが、こうした複数の通貨基準の併用は、フィリッポスの治世に至るまでマケドニア王国の慣例となっていく。

こうしてアレクサンドロス一世が良質の銀貨を大量に発行して以降、現存する銀貨の銀の含有量からマケドニア王国の支配領域の変遷を読みとることができる。マケドニア王が発行した銀貨の質の変動は、アレクサンドロス一世が獲得した鉱山地帯の領有権が、隣接するトラキアやこののちエーゲ海北岸に勢力を伸ばすアテネとの間で揺れ動いたことを示している。

さらに、アテネとの木材交易の推移も、マケドニア王の銀貨の質に反映されているらしい。先に見たように、アレクサンドロス一世がアテネに艦隊建造のための木材を提供して以来、アテネがマケドニアの木材の最大の輸出先となった。しかし、マケドニアではアテネの銀貨の埋蔵銭は発見されていないため、木材交易で得られたアテネの銀貨はマケドニア王の銀貨に改鋳されたと考えられる。それゆえ、マケドニア王の銀貨の質はアテネとの木材交易の状況に左右され、後述するアルケラオスの治世のようにアテネとの木材交易が安定していた時期には、良質の銀貨が発行されたのである。

このように、マケドニア王の貨幣は、古典史料には語られていないマケドニア王国の国力の推移を映し出す鏡としても有用なのである。

エネアホドイをめぐって

ペルシア軍の撤退に乗じてのマケドニア王国の東への拡大は、同じ頃からエーゲ海北岸への進出を図ったアテネとの衝突を招いた。

ペルシア戦争を通じてギリシア随一の海軍国として頭角を現したアテネは、ペルシア軍の再襲来に備えてエーゲ海域の諸都市を糾合し、前四七八年にデロス同盟を結成した。アテネを盟主とするこの同盟は、次第にアテネによる支配の道具と化し、エーゲ海は「ペルシアの海」から「アテネの海」へと変貌していった。そうしたなかで、エーゲ海北岸におけるアテネの野望の焦点となったのが、ストリュモン川の河口に位置するエネアホドイ（のちのアンフィポリス）である。

ストリュモン川の河口一帯は、後背地の木材の集散地、およびパンガイオン山をはじめとする近隣の鉱山地帯の開発拠点であり、エーゲ海北岸随一の要衝として知られる。アテネの僭主ペイシストラトスは前六世紀半ばにこの地に滞在して富を築き、その後、前六世紀末から前五世紀初頭にかけてミレトスの僭主のヒスティアイオスやアリスタゴラスもこの地の獲得を狙ったという。

ペルシア戦争中は、エネアホドイのすぐ南に位置するエイオンにペルシアのヒッパルコス（総督に次ぐ地位の高官）が置かれ、ペルシアによる支配の拠点となっていた。エイオンには前四七九年以降もペルシア軍が残留していたが、アテネは前四七七年頃に将軍キモンの率いる遠征軍をエイオンに差し向け、一年にわたる包囲戦の末にこれを攻略してアテネ人を入植させている。このとき、アテネはエネアホドイにも植民団を送り込むが、トラキア人に撃退されて失敗に終わった。

その後、前四六三年には、タソス島の人々がアテネに対して起こした反乱がキモンによって鎮圧され、アテネはタソスが対岸のトラキアで保有していた権益を獲得したが、同時期に企てられたエネアホドイへの植民団の派遣は、トラキア人に攻撃されてまたしても失敗した。アテネがエネアホドイへの植民に成功するのは、後述するように、前四三七年のことである。

興味深いのは、タソスの反乱を鎮圧したキモンが、アレクサンドロス一世に買収されてマケドニアへの侵攻を思いとどまったとしてアテネで告発されたことである。これは、フィリッポスの治世になるとアテネで政敵を糾弾するための常套句となる「マケドニア王による買収」の、史料から確認できる最初の事例であり、当時のアテネにおいてアレクサンドロス一世を警戒する気運が高まっていたことがうかがえる。アテネはストリュモン川流域の木材の集散地であるエイオンを獲得したことでマケドニアの木材への依存度が減り、また、マケドニアも豊かな鉱山地帯を支配下に収めたことでアテネとの木材交易に依存する必要がなくなり、そうしたなかで、両国の関係が少しずつ緊張するに至ったのだろう。

アレクサンドロス一世は、前四六三年にキモンが告発された一件以降、史料には一切現れず、晩年の彼の消息は不明である。次のペルディッカス二世の治世に発行された貨幣は小額のテトラオボロス銀貨のみで、その質も低下している。これは、ストリュモン川流域の鉱山地帯の領有権を失ったことに加え、アテネとの木材交易が安定しなかったことによるものと考えられるが、そうした状況は、おそらくアレクサンドロス一世の晩年に始まっていたのだろう。彼が亡くなったのは前四五四年頃のことで、すでに七〇代に達していたと推定されるが、その死因も伝えられていない。

3　ペルディッカス二世

「苦難の時代」

アレクサンドロス一世の後を受けて王位に就いたのは、彼の五人の息子の一人ペルディッカス二世である。

ヘロドトスの記述がアレクサンドロス一世の治世についての主要な同時代史料であるのと同様に、ペルディッカス二世の治世については、トゥキュディデスの『歴史』が主要な同時代史料となる。ただし、トゥキュディデスは、彼の作品の主題であるペロポネソス戦争の戦局に関連する限りでペルディッカス二世の動向に言及しているにすぎない。そのため、ペルディッカス二世がトゥキュディデスの記述に登場するのは、ようやく前四三〇年代半ばのことである。長く王位にあった父アレクサンドロス一世と同様、ペルディッカス二世の治世も約四〇年続くが、その前半の約二〇年については、ほとんど何も知られていないのである。

ペルディッカス二世の治世の前半は、エーゲ海北岸へのアテネの進出がいっそう加速した時期である。前四五〇年代後半には、ストリュモン川下流域のアルギロスやベルゲの名前がアテネの貢租表（デロス同盟の加盟国がアテネに支払った貢租の額を記した碑文）に現れる。さらに、アテネはテルメ湾周辺にも触手を伸ばし、前四四〇年代半ばにはカルキディケに植民市ブレアを建設している。

こうしたアテネの野心は、前四三七年、植民市アンフィポリスの建設に結実する。エネアホドイへの植民の企ては、これまで二度にわたって失敗に終わっていたが、アテネは、ついにこの地に植民市を築くことに成功したのである。こうして、エイオンに次いでエネアホドイも獲得し、ストリュモン川の河口一帯を支配下に収めたアテネは、もはやマケドニアの木材に依存する必要はなくなり、両国は前四三〇年代後半から公然たる敵対関係に突入することになる。

この時期のマケドニア王国にとってのもう一つの強敵は、トラキアのオドリュサイ王国である。オドリュサイ王国は、前五世紀の第三四半期に王シタルケス一世のもとで著しく勢力を強め、トゥキュディデスによれば、「その広さは、海岸線ではアブデラのポリスから黒海のイストロス〔ドナウ〕河口まで及んでいた」という（『歴史』二巻九七章一節）。ペルディッカス二世の治世は、ちょうど、そのオドリュサイ王国の最盛期にあたる。

ペルディッカス二世は、こうしたアテネとトラキアという強敵に翻弄されながらマケドニア王国の生き残りを図っていくが、彼にとっての「苦難」はそれだけではなかった。第2章で触れたように、「個人的君主政」とも言われるマケドニアには明確な王位継承原則は存在せず、王が亡くなるとしばしばしば激しい王位継承争いが生じた。のちにフィリッポス二世も王位を狙う数々のライバルの出現に苦しむが、マケドニア王家において史料から確認できる最初の王位継承争いが、ペルディッカス二世とその兄弟のフィリッポスおよびアルケタスの事例である。

かつては、前四五四年頃にアレクサンドロス一世が没して以降、ペルディッカス二世は約二〇年にわたって兄弟たちとの争いに苦しみ、前四三〇年代半ばになってようやく彼らを追い落として王国全体の支配を手中にしたと考えられていた。この二〇年間は、王権も領土も事実上三分割されて混乱を極めたマケドニア王国の「暗黒時代」だった、というのである。

しかし、そうした「暗黒時代」を裏づけるような史料は、実はほとんど残っていない。そもそも、先に述べたように、ペルディッカス二世について知られるのは治世後半の前四三〇年代半ば以降のことに限られる。ペルディッカス二世と兄弟たちとの争いが史料に現れるのもそれ以降のことで、彼らの争いがいつ始まったのかも、全くわからないのである。

実のところ、約二〇年に及んだというマケドニア王国の「暗黒時代」は、現代の研究者たちが作り上げたフィクションだったのかもしれない。

エウボイアの人々の移住

このように、ペルディッカス二世の治世の前半は謎に包まれているが、この時期において唯一知られる「史実」は、前四四〇年代半ばにエウボイアのヒスティアイアの人々がマケドニアに移住したことである。

エウボイアは、第2章で見たように、エーゲ海北岸に最初期の植民市を建設した先進地域で、島の中央部のカルキスとエレトリア、北端のヒスティアイア、南端のカリュストスがその主要都市として並び立っていた。前四世紀のキオス出身の歴史家テオポンポスによれば、前四四六年頃、ペリクレスがアテネから離反したエウボイアを制圧し、ヒスティアイアをアテネの植民市オレオスとして再編した際、追放された同市の住民たちがマケドニアに逃れたという(断片三八七)。テオポンポスはペルディッカス二世の名前には触れていないが、ヒスティアイアの人々をマケドニアに受け入れたのは、当然、ペルディッカス二世だったのだろう。

アテネによって追放された人々をマケドニアに受け入れることがアテネに敵対する行為だったのか、それとも、アテネとの合意に基づくものだったのかについては説が分かれるが、いずれにしても、このヒスティアイアの人々の移住は、アレクサンドロス一世がアルゴスによって追放されたミケーネの人々をマケドニアに受け入れたという一件と同様に、前五世紀のマケドニア王国がポリス世界の亡命者たちにとってシェルターのような安全地帯になっていたことを物語る。それまでにも、アミュンタス一世がアテネから追放された僭主ヒッピアスにアンテムスの提供を申し出たことや、アテネのテミストクレスがその逃避行の過程で一時ピュドナに滞在したことが知られるが、マケドニアは、そうしたエリートだけでなく、祖国を追われた民衆たちにとっても安住の地となっていたのである。これは、前五世紀のギリシアの国際社会におけるマケドニア王国の一定のプレゼンスを示すものとして、注目に値しよう。

ペロポネソス戦争の始まり

ペルシア戦争以降のアテネの強大化は、スパルタの率いるペロポネソス同盟陣営とアテネの率いるデロス同盟陣営との対立を招き、ついに前四三一年、ギリシアを二分する大戦争の勃発に至った。二七年の長きにわたって争われた、ペロポネソス戦争である。

この戦争ではエーゲ海北岸がその主戦場の一つとなったため、マケドニア王国は否応なく巻き込まれ、ペルディッカス二世はマケドニアの木材を武器にアテネとスパルタの間をめまぐるしく揺れ動いた。ただし、ペルディッカス二世は、ペロポネソス戦争に受動的に関わっていたわけではない。彼は、その勃発にも関与するなど、ペロポネソス戦争の主要なプレーヤーの一人として存在感を発揮していたのである。

ペロポネソス戦争勃発の誘因の一つとされるのが、前四三二年にポテイダイアがアテネに対して起こした反乱である。テルメ湾に面したポテイダイアはコリントスの植民市で、カルキディケ随一の要衝として知られる。ペルディッカス二世は、そのポテイダイアの反乱に関与したという。

発端は、前四三三年、エーゲ海北岸への勢力伸張を図るアテネがマケドニア王国の内訌を助長するためにペルディッカス二世のライバルであるフィリッポスと同盟を結んだことだった。これに対抗して、ペルディッカス二世はスパルタとコリントスに働きかけ、ポテイダイアがアテネに対して反乱を起こすように仕向けたのである。

さらに、このときペルディッカス二世は、アテネの進出を阻むためにカルキディケの連邦組織の結成を導いた。彼は、カルキディケの沿岸部に住む人々に内陸のオリュントスへの集住を促し、マケドニアの支配下にあるミュグドニアの土地の一部を彼らに貸与した。こうして成立したのが、オリュントスを中心とするカルキディケ連邦である。ペルディッカス二世がアテネを牽制するために作ったこの連邦は、その後、マケドニア王国を脅かす強大な勢力へと成長を遂げることになる。

前四三二年に始まったアテネによるポテイダイア包囲戦は、かのソクラテスがアテネの一兵卒として出征したことでも知られる戦いである。スパルタ、コリントス、マケドニアから支援を得たポテイダイアは包囲によく耐えたが、前四三〇年、ついに陥落した。

アテネは、これと並行してマケドニア沿岸部のピュドナを包囲していたが、ポテイダイア包囲戦に専念するため、前四三二年にペルディッカス二世と講和を結んでマケドニアから撤退した。しかし、ペルディッカス二世はまもなく講和を破棄し、これ以降、ペロポネソス戦争の過程を通じてアテネとの和解と決裂をめまぐるしく繰り返していく。

オドリュサイ王国との争い

この時期、ペルディッカス二世はトラキアのオドリュサイ王国や上部マケドニアのリュンケスティスと争ったが、ペロポネソス戦争の推移のなかでアテネとスパルタがそうした争いに介入した。そのため、トゥキュディデスがこれらの争いに触れており、おかげで、他の史料には一切伝えられていないこの時期のマケドニア王国を取り巻く国際情勢の一端を垣間見ることができる。

トゥキュディデスの記述にまず現れるのは、オドリュサイ王国との争いである（『歴史』二巻二九、九五、一〇一章）。前四三一年、アテネはオドリュサイ王国のシタルケス一世と同盟を締結し、続いてペルディッカス二世とも同盟を結んだ。前四三三年にアテネと同盟を締結していたペルディッカス二世の兄弟のフィリッポスは、これによってアテネの後ろ楯を失い、息子のアミュンタスとともにシタルケス一世のもとに亡命した。

アテネとペルディッカス二世の同盟は、早くも前四二九年に瓦解する。この年、シタルケス一世がフィリッポスの息子アミュンタスをマケドニアの王位に就けることを企ててマケドニアに侵攻すると、アテネもこれに加勢した。

これに対し、ペルディッカス二世は姉妹のストラトニケをシタルケス一世の甥のセウテス一世に嫁がせ、トラキア軍の動きを封じたという。王族女性の結婚によって危機を回避する彼の手法は、先に見たアミュンタス一世の治世におけるギュガイアの事例と同様、のちにフィリッポス二世がギリシア征服の過程で大々的に展開していく婚姻外交の原型である。

オドリュサイ王国の最盛期を築いたシタルケス一世は、このあと、前四二四年にトラキア系のトリバロイ人との戦いで戦死し、こうして、ペルディッカス二世にとっての大きな脅威の一つが姿を消す。オドリュサイ王国は、その後、シタルケス一世の後を継いだセウテス一世が前四一〇年頃に没すると王位をめぐる争いによって乱れ、前三八三年頃にコテュスが即位するまで停滞期に陥った。

アンフィポリスをめぐって

ペルディッカス二世が次にトゥキュディデスの記述に登場するのは、シタルケス一世の侵攻から五年後の前四二四年のことである。この年、ペルディッカス二世はアンフィポリスをめぐるアテネとスパルタの争いに関与したという（『歴史』四巻一〇三章三節、一〇七章三節）。

前四三七年にアテネが建設したアンフィポリスは、ペロポネソス戦争の過程でアテネとスパルタによる争奪戦の焦点となった。前四二四年、スパルタの将軍ブラシダスはアンフィポリスを占領して駐留軍を置き、アテネに大きな打撃を与えた。ペルディッカス二世は、このときアンフィポリス内部の反乱を煽動するなどしてスパルタに加勢した。

ちなみに、この前四二四年のアンフィポリス攻防戦においてアテネ軍の将軍を務めたのが、歴史家のトゥキュディデスである。敗北の責任を問われてアテネで告発された彼は、裁判を待たずに逃亡し、以後、二〇年にわたって亡命生活を送りながら著作活動に専念することになる。

こうしてアンフィポリスをスパルタに奪われたことで再びマケドニアの木材に依存せざるをえなくなったアテネは、翌前四二三年、ペルディッカス二世と同盟を結んだ（*IG* I^3 89）。この同盟により、アテネはマケドニアの櫂用材を独占的に輸入する権利を獲得している。

アンフィポリスの奪還を狙うアテネは、前四二二年に再びスパルタ軍と激突するが、戦いはアテネ軍の惨敗に終わった。その後、スパルタの駐留軍がアンフィポリスから撤退するものの、今度はアンフィポリスの人々がアテネへの従属を拒んだ。アテネは前四一七年と前四一四年にもアンフィポリスへの遠征を企てるが、成果のないまま敗戦を迎え、アテネのアンフィポリス奪還の望みは断ち切られてしまうことになる。

アンフィポリスは、アテネが建設した植民市であるが、建設当初より近隣の諸都市からの植民者を多く含んでおり、さらに、前四二四年にスパルタが同市を占領した際にアテネ人の大半が追放されたため、もはやアテネ人の都市ではなくなっていた。アンフィポリスがその後もアテネの支配下に入ることを頑強に拒む背景には、こうした事情がある。

前四世紀においても、アンフィポリスは、エーゲ海北岸における国際紛争の焦点となる。前五世紀のアテネの全盛期に建設されたアンフィポリスは、アテネの人々にとって往時の栄光の象徴であり、同市の奪還は、前四世紀を通じて彼らの悲願であり続ける。他方、マケドニア王国にとって、アンフィポリスは豊かな森林資源やその周辺の鉱山地帯がもたらす莫大な収益の魅力もさることながら、何よりも、東のトラキアへ進出するための足がかりとして不可欠な拠点だった。それゆえ、最終的に前三五七年にフィリッポス二世によって占領されるまで、アンフィポリスはアテネとマケドニアによる争奪戦の焦点となり、さらに前四世紀前半にエーゲ海北岸で強勢を誇ったオリュントスを加えた三国の間で、同市の領有をめぐる三つ巴の争いが繰り広げられることになる。

リュンケスティスとの争い

ペルディッカス二世が上部マケドニアのリュンケスティスと争ったのは、ちょうどアテネとスパルタがアンフィポリスをめぐって戦っていた頃のことである。

トゥキュディデスによれば、前四二四年、ペルディッカス二世は確執が続いていたリュンケスティス王のアラバイオス一世と戦うため、スパルタのブラシダスの軍勢とともにリュンケスティスに進撃した。ところが、ブラシダスはアラバイオス一世とペルディッカス二世の仲裁を進め、軍を引き揚げてしまう。翌前四二三年、ペルディッカス二世とブラシダスは再びリュンケスティスに出兵し、アラバイオス一世の軍勢を敗走させるが、雇い入れたイリュリア人の傭兵たちがリュンケスティスの側に寝返ったため、マケドニア軍は撤退した（『歴史』四巻八三、一二四―一二五章）。

以上が、トゥキュディデスの伝えるペルディッカス二世とリュンケスティスの争いの顛末である。これは、マケドニア王国と上部マケドニアやイリュリアとの関係が同時代史料に具体的に現れる最初の事例となる。イリュリアから低地マケドニアへの侵入路を領内に含むリュンケスティスは、フィリッポス二世によって併合されるまで、上部マケドニアのなかでマケドニア王国に対して最も敵対的だったが、トゥキュディデスの記述から、そうした確執が少なくともペルディッカス二世の治世までに顕在化していたことがうかがえる。ペルディッカス二世に雇われたイリュリア人の傭兵たちが土壇場でリュンケスティスの側に寝返ったということも、イリュリアとリュンケスティスの近縁性とともに、イリュリアとマケドニア王国の潜在的な敵対関係を物語る。

ペルディッカス二世とアラバイオス一世の争いがこのあとどうなったのかについては、トゥキュディデスは全く触れていないが、前述の前四二三年のアテネとペルディッカス二世の同盟条約にペルディッカス二世とアラバイオス一世の和睦の条項が含まれているので、両者はアテネの仲裁のもとに和解するに至ったらしい。また、この同盟条約の碑文には、エリメイア王のデルダス一世の名前がペルディッカス二世の協力者として記されている。デルダス一世は、かつてペルディッカス二世と対立するフィリッポスと手を組んでいたと伝えられる人物だが、このときまでに両者の関係も好転していたのだろう。

前四二三年にアテネと同盟を結んだペルディッカス二世は、前四一八／七年には再び陣営を変え、スパルタとアルゴスの同盟に加わっている。これにより、またもやマケドニアと決裂したアテネは、今度は木材の供給地を南イタリアとシチリアに求め、それが前四一五年に始まるアテネのシチリア遠征の背景の一つとなるのである。

その後、ペルディッカス二世はスパルタとの同盟を破棄してアテネの側につき、前四一四年夏にはアンフィポリス奪還をめざすアテネの遠征にトラキア軍とともに加勢している。彼は、このあとまもなく亡くなったらしい。父アレクサンドロス一世と同様、その死因については伝えられていない。

ペルディッカス二世の再評価

このように、ペロポネソス戦争の過程を通じてアテネとの和解と決裂を繰り返したペルディッカス二世の政策から、マケドニアの木材を軸に展開する両国の関係が浮かび上がってくる。ストリュモン川流域の鉱山地帯を失い、木材交易の収益に依存せざるをえないペルディッカス二世にとって、最大の得意先はあくまでも海軍国アテネであり、対する陸軍国のスパルタでは交易相手にはならない。しかし、アテネとの密接な関係はエーゲ海北岸へのアテネの進出を助長することになるため、彼はアテネと即かず離れずの関係を保つことに腐心したのだろう。

他方、造船用木材の確保をめざすアテネは、アンフィポリスを手中にしていた前四三七年から前四二四年まではマケドニアの木材に依存する必要はなかったが、それ以外の時期にはマケドニアとの絆を維持しなければならなかった。アテネがエーゲ海北岸への勢力伸張を図ることなく造船用木材の供給をマケドニアに求めた時期には、両国の利害は一致し、関係は平穏に保たれたが、アテネの野心が強まるとそのバランスが崩れ、それがちょうどペルディッカス二世の治世だったのである。そうした苦難の時期において、彼は木材交易による収益と王国の独立を秤にかけながら、巧妙に立ちまわった。ペロポネソス戦争は確かにマケドニア王国を翻弄したが、戦争ゆえにマケドニアの造船用木材の需要が高まり、結果的に、ペルディッカス二世はその木材という切り札を縦横に活用して王国の安定を維持することに成功したのである。

ペロポネソス戦争中のペルディッカス二世の行動についてたびたび言及しているトゥキュディデスは、次のアルケラオスを「その成果は彼より以前の八代の王たち全体に優るものであった」(『歴史』二巻一〇〇章二節)と述べて称賛しているのと対照的に、ペルディッカス二世を不実で無能な王として常にネガティヴに描いている。アリストファネスやヘルミッポスといったアテネの喜劇詩人も、嘘つき、ペテン師、卑劣漢としてペルディッカス二世を揶揄している。これは、前四世紀後半のデモステネスやテオポンポスによるフィリッポス二世の描き方とまさしく同じであり、古典期のポリス世界の知識人たちがマケドニア王に対して抱いていたステレオタイプなイメージである。

アテネの文人たちによるこうしたペルディッカス二世についてのネガティヴな言説は、彼がアテネとスパルタの間を揺れ動き、アテネとの木材交易が安定しなかったことによって少なからず歪められていると見るべきだろう。とりわけトゥキュディデスの場合は、自身の失脚と亡命の原因となった前四二四年のアンフィポリス攻防戦でペルディッカス二世がスパルタに加勢したことに対する個人的な恨みも、その否定的な描写の背景にあったのかもしれない。

ともあれ、ギリシア世界への参入を図り、のちに「ギリシアびいき」とまで呼ばれるアレクサンドロス一世と、王国の再編強化を進めたアルケラオスとの間に挟まれ、さしたる功績のなかった王と見なされるペルディッカス二世だが、その治世は決してマケドニア王国の低迷期ではなく、彼の卓越した外交手腕が十全に発揮され、複雑な国際情勢から大きな利益を得た時期と評価すべきだろう。

4　アルケラオス

即位をめぐるゴシップ

ペルディッカス二世の死後、息子のアルケラオスが即位するが、彼の治世はスキャンダラスなゴシップで幕を開ける。

プラトンの初期の対話篇『ゴルギアス』の一節によれば、アルケラオスの母はペルディッカス二世の兄弟アルケタスの奴隷であり、アルケラオスは、そのアルケタスと彼の息子アレクサンドロス、さらにペルディッカス二世の「正嫡の子」である自身の幼い異母弟を殺害して王位を獲得したという（四七一A―C）。こうしたギリシアの古典史料におけるアルケラオスに対する中傷は、彼の異母弟を「正嫡の子」と呼ぶなど、マケドニア王家の一夫多妻や王位継承についての無理解に基づくレトリックの要素が強いが、アルケラオスの即位に際して激しい王位継承争いがあったことを示唆するものである。

父ペルディッカス二世が兄弟たちとの争いに苦しんでいたのを目の当たりにして育ったアルケラオ

スは、自身の即位に際して、将来ライバルとなりうる幼い異母弟も含め、王位継承の候補者を根こそぎ排除したのだろう。こうしたライバルの徹底的な排除は、フィリッポス二世やアレクサンドロス（大王）の即位時にも繰り返されていく。

さらにアルケラオスは、前王の妻を娶るという、いわゆる逆縁婚によって自らの権力基盤の強化を図ったらしい。先の『ゴルギアス』の一節によれば、アルケラオスが殺害した異母弟は七歳くらいの年齢で、その母親の名前はクレオパトラだったという。また、アリストテレスの『政治学』には、アルケラオスが妻クレオパトラとの間に息子をもうけた、という一節がある（一三一一B）。この二人の「クレオパトラ」が同一人物だとすれば、アルケラオスは、父王の未亡人であるクレオパトラと結婚したことになる。

マケドニア王家における逆縁婚の事例は、次章で見るように、前三六〇年代に三年間王国の実権を握ったプトレマイオスがアミュンタス三世の未亡人エウリュディケ（フィリッポス二世の母）を娶ったという例があるが、アルケラオスとクレオパトラの結婚がその先例だったのかもしれない。

さらに、このクレオパトラが、ペルディッカス二世と争ったリュンケスティス王のアラバイオス一世の娘もしくは姉妹だったとする説もある。ペルディッカス二世とクレオパトラが結婚した時期は不明だが、その息子がペルディッカス二世の死亡時に七歳くらいの年齢だったということから、結婚は、おそらく前四二〇年代後半だったと考えられる。先に見たように、ペルディッカス二世とアラバイオス一世は前四二四年から戦いを交えたが、翌前四二三年には和解している。その和解の印として、ペルディッカス二世はリュンケスティスの王女クレオパトラを娶ったのではないか。だとすれば、強力なリュンケスティスの王家の血を引くクレオパトラとの逆縁婚は、アルケラオスにとってなおさら有益だったことになろう。

アテネとの安定した関係

こうしてアルケラオスの治世の幕が上がるが、ちょうどこの時期、アテネはシチリア遠征（前四一五～前四一三年）に失敗し、南イタリアやシチリアから木材を得る見込みがなくなって再びマケドニアの木材への依存度を高めていく。そのため、ペルディッカス二世の治世から一転し、バランスのとれた両国の関係が復活することになる。さらに、ペルディッカス二世を悩ませたトラキアのオドリュサイ王国も、前四二四年にシタルケス一世が没したのちは振るわなくなっていた。こうしてアテネとトラキアという大きな脅威から解放されたアルケラオスは、ペロポネソス戦争から完全に距離を置き、アテネとの木材交易で収益を上げながら王国の再編強化に乗り出していく。

アルケラオスの治世におけるマケドニア王国とアテネの関係は、マケドニアの木材の安定した供給を背景に、良好なものだったことがうかがえる。アテネの政治家アンドキデスの弁論によれば、前四一一年にアテネで寡頭政権（四〇〇人政権）が成立した際、アンドキデスはサモスにいたアテネの軍勢にマケドニアの櫂用材を提供したという（『帰還について』一一節）。彼は、自分が父祖伝来のアルケラオスのクセノス（賓客）であるため、望むだけの櫂用材を切って運び出すことをアルケラオスが認めてくれた、と語っている。

また、アルケラオスは、前四一〇年頃にアテネの艦隊の支援を得てピュドナを包囲したことが知られる。アテネと連携して首尾よくこれを降した彼は、海沿いのピュドナの都市を数キロ内陸に移したという。

さらにアルケラオスは、良質の造船用木材と櫂用材をアテネに供給したうえ、アテネの船大工にマケドニア国内での造船を許可し、前四〇七／六年には、そうした功績ゆえにアテネから顕彰されている（*IG* I^3 117 = OR 188）。このとき、アルケラオスとその息子たちにアテネのプロクセノス（名誉領事）およびエウエルゲテス（恩恵者）の称号が贈られている。前王ペルディッカス二世の治世に比べ、アルケラオスの銀貨の質が向上したのは、まずもって、こうしたアテネとの安定した木材交易ゆえだったらしい。

なお、アルケラオスは、銀貨のみならずブロンズ貨も発行した最初のマケドニア王である。金貨や銀貨と異なり、ブロンズ貨のようないわゆる名目貨幣の発行は、貨幣経済がある程度成熟していたことを示す指標となる。このことからも、アルケラオスの治世のマケドニア王国が安定していた様子がうかがえる。

重装歩兵の育成？

アルケラオスはペロポネソス戦争から完全に距離を置いたため、ペルディッカス二世について詳しく語っているトゥキュディデスも、アルケラオスにはほとんど言及していない。トゥキュディデスが筆を擱いた前四一一年以降のギリシア世界の歴史を著したクセノフォンも、アルケラオスには全く触れていない。ヘロドトスとトゥキュディデスの詳細な記述がある祖父と父の治世に比べると、アルケラオスの治世に関する同時代史料は、格段に乏しいのである。

トゥキュディデスがアルケラオスについて触れているのは、次の一節だけである。

その後、ペルディッカス〔二世〕の息子アルケラオスが即位して、国土内に現在あるもの〔城塞〕を築造したばかりでなく、直線道路を開通させ、その他の軍事面でも騎兵や重装歩兵〔もしくは武器〕その他を整備したのであって、その成果は彼より以前の八代の王たち全体に優るものであった。（『歴史』二巻一〇〇章二節、藤縄謙三訳）

この一節は、ごく簡潔ながら、他の史料からは全く知られていないアルケラオスの事績について述べた貴重な記事である。アルケラオスが築造したという城塞や直線道路などの遺構は、一切見つかっていない。

この記事のなかでとりわけ議論を呼んでいるのは、「重装歩兵〔もしくは武器〕」を整備した、という箇所の解釈である。原語はhoplaというギリシア語で、この語には「重装歩兵」と「武器」の両方の意味が含まれる。アルケラオスは、重装歩兵の育成に着手したのか、それとも、単に武器の整備を進めたにすぎなかったのか。

マケドニアの軍隊は、もともとヘタイロイからなる騎兵が主力であり、重装歩兵の発展は遅かったとされる。第5章で見るように、その重装歩兵を大々的に拡充したのがフィリッポス二世だったのはおそらく確かだが、マケドニアでいつ重装歩兵の育成が始まったのかについては多くの議論がある

（一九四頁も参照）。これは、単に軍制の問題にとどまるものではない。ギリシアのポリスにおいて重装歩兵の発展が貴族（エリート）の力の削減につながり、貴族政から民主政への移行の原動力になったのと同様に、マケドニアにおいても、重装歩兵の発展はエリートであるヘタイロイの対抗勢力を生み出し、王とヘタイロイの関係にも少なからず影響したと考えられるからである。

ペルシア戦争やペロポネソス戦争におけるマケドニア王の軍事行動についてのヘロドトスとトゥキュディデスの記述からは、マケドニアの重装歩兵軍の存在は確かめられない。とすると、国内のインフラ整備を図り、次に見るペラへの遷都など多くの革新的な事業を進めたアルケラオスが、重装歩兵の育成に着手した最初のマケドニア王だったのかもしれない。後述するように、アルケラオスは前三九九年に暗殺されるが、彼が重装歩兵たりうる中堅層の民衆の力を増強したことがヘタイロイの不満を招き、それが彼の暗殺の背景となったのではないかとも推測できる。

ペラへの遷都

そんなアルケラオスの最大の功績とされるのが、アイガイからペラへの遷都である。

ペラは、もともとパイオニア人の町で、ペルシアの進出によってパイオニアの勢力が後退した前六世紀末頃にマケドニア王国の支配下に入ったと考えられている。近年のペラの発掘では、すでに前三〇〇〇年紀から継続的に居住されていたことが明らかになっている。のちのローマのエグナティア街道がここを経由していることからもうかがえるように、ペラはバルカン半島を横断するルートの要地を占め、アクシオス川に沿って北への進出も可能な、戦略的に極めて重要な拠点である。

現在のペラの遺跡は、古代以来の海岸線の前進のため、テルメ湾岸から三〇キロほど内陸にある。第2章で見たように、テルメ湾の海岸線の変化をめぐっては多くの議論があるが、最近の有力説に従えば、前五世紀末に遷都された時点で、すでにテルメ湾の湾奥部は湖（ルディアス湖）となって海から切り離され、ペラはその湖を取り囲む沼沢地に位置していたことになる（五八頁の図7参照）。当時のペラは、海に面してはいなかったものの、ルディアス湖とテルメ湾をつなぐ水路によって海へのアクセスもよく、まさしく海陸の要衝だったのだろう。

とはいえ、マケドニア王国の新しい時代の幕開けとなるこの記念すべき遷都について、実は、古典史料に直接の言及はない。先に引用したアルケラオスの事績についてのトゥキュディデスの一節にも、ペラへの遷都は触れられておらず、いつ誰が遷都したのかを伝える史料は残っていないのである。アルケラオスが遷都したと見るのが通説だが、彼の治世における新都の造営を示す遺構は全く発見されていない。そのため、前三九三／二年に即位したアミュンタス三世（フィリッポス二世の父）が遷都したと考える研究者も少なからずいる。クセノフォンは、前三八二年の時点でペラがマケドニア最大の都市だと述べており（『ギリシア史』五巻二章一三節）、また、同年に誕生したフィリッポスはペラで育ったと伝えられるので、前三八〇年代までにペラが都になっていたのは確かである。アミュンタス三世は祖父も父も王位に就いていないという傍系の出身であり、そんな彼にとって、反対勢力の多いアイガイを離れて自身の新都を築くことが急務だったのかもしれない。しかし、次章で見るように、イリュリアの圧力に苦しんでいた治世初期のアミュンタス三世に遷都の余裕があったとは想定しづらい。

結局、誰が遷都したのかを示す明確な証拠はないが、ペラ遷都は王国の再編強化を図ったアルケラオスの改革の一環と見るのが自然であることから、やはり、通説に従ってアルケラオスの治世のことだと考えたい。アテネとの木材交易で多大な収益を上げていたアルケラオスは、木材輸出の利便性も考慮し、海へのアクセスのよいペラへの遷都を急いだのだろう。

こののち、ペラはフィリッポスの治世にギリシア世界の国際的な政治・外交の中心として大きな発展を遂げるが、残念ながら、そうしたペラの栄華を伝える遺構はほとんど残っていない。アレクサンドロス死後の後継者戦争の時期、前三一六年にマケドニアの実権を握ったカッサンドロスは、大々的な都市計画によってペラを一新した。ヒッポダモス式の碁盤目状の街区割りや壮大な規模の邸宅跡など、現在のペラの遺跡で見ることのできる遺構の大半は、このカッサンドロスの時代のものである。前三世紀以降も、ペラはアンティゴノス朝マケドニアの都として、前一六八年にローマの支配下に入るまで繁栄を誇った。その後、前一世紀初頭に大地震で壊滅的な打撃を受け、歴史の舞台から姿を消すことになる。

アルケラオスの文化政策

アルケラオスは、その新都ペラの宮廷にギリシアの名高い文人や芸術家を集め、ギリシア文化の積極的な導入を図った。

高名な文人を宮廷に招くのは、ギリシア世界の僭主たちに共通して見られる慣行である。サモスの僭主ポリュクラテスやアテネの僭主一族のヒッパルコス（ヒッピアスの弟）、シラクサの僭主ヒエロン一世らは大の文芸愛好家として知られ、アナクレオン、シモニデス、ピンダロス、バッキュリデスといった著名な抒情詩人たちが彼らの宮廷に滞在していた。すでに見たように、マケドニア王家も、アレクサンドロス一世の治世からこうした慣行にならっていたらしい。ピンダロスはアレクサンドロス一世の宮廷に招かれて彼を称える頌歌を作り、ヘロドトスも、アレクサンドロス一世の晩年に彼の宮廷を訪れたとされる。次のペルディッカス二世の治世にも、「医学の父」として名高いコスのヒッポクラテスやディテュランボス（酒神讃歌）の作曲家として知られるメロスのメラニッピデスが宮廷に招かれたと伝えられる。アルケラオスは、祖父や父の治世から続くこうした伝統を継承し、それをさらに推し進めたのである。

アルケラオスの宮廷では、アテネの悲劇詩人のエウリピデスやアガトンをはじめ、ヘラクレイアの画家ゼウクシス、サモスの叙事詩人コイリロス、ミレトスの抒情詩人・音楽家のティモテオスらが活動していた。歴史家トゥキュディデスや、アテネとコリントスで活躍した建築家・彫刻家のカリマコスも、一時期アルケラオスの宮廷に滞在していたらしい。かのソクラテスは、招待を拒絶したと伝えられる。ペロポネソス戦争が長引くなかで、マケドニアの宮廷は、ギリシアの文人や芸術家たちにとって戦乱からの避難所のような場になっていたのだろう。

アルケラオスのこうした精力的な文化政策は、彼がギリシア世界へ向けてマケドニア王国の「ギリシアらしさ」をアピールするための格好の手段となった。さらに、アルケラオスが招いたのは、先進的な写実画法を編み出したゼウクシスやディテュランボスに革新をもたらしたティモテオス、コリント式柱頭を発案したカリマコスなど、それぞれのジャンルで最先端の文人・芸術家ばかりであることを考えると、彼の文化政策は、単に「ギリシアらしさ」をアピールするにとどまらず、マケドニアがギリシアよりも文化的にすぐれていることを示そうとする野心的な企てだったと見るべきだろう。

そうしたアルケラオスの文化政策は、国内においても重要な役割を果たした。文人や芸術家たちのサロンと化していたアルケラオスの宮廷では、王が催すシュンポシオンに彼らも列席していたと伝えられる。王とヘタイロイの交流の場であるシュンポシオンは、ヘタイロイが文人や芸術家と交流を深め、ギリシア文化に親しむ場でもあったのだろう。アルケラオスは、ヘタイロイにギリシア文化という恩恵をふんだんに与えることによって自らの富と権力を誇示し、彼らの忠誠を勝ちとろうとしたのである。

晩年のエウリピデス

アルケラオスの宮廷に招かれた文人のなかで最も有名なのは、やはりエウリピデスだろう。彼は、前四〇八年にアルケラオスの招待を受けてマケドニアに赴き、前四〇六年にマケドニアで客死した。以後、エウリピデスの作品はマケドニアのエリートたちの必須の教養となり、アレクサンドロス（大王）も彼の作品を自在に暗唱できたという。

エウリピデスが七〇歳を過ぎた老齢の身で祖国アテネを離れてマケドニアへ赴いた理由については、ライバルの悲劇詩人ソフォクレスの存在、はたまた妻の不貞など、様々な説がある。その理由が何であれ、彼がマケドニアで最晩年を過ごしたおかげで、私たちは前五世紀末のマケドニアについての貴重な同時代史料を手にすることができたのである。

後述するように、エウリピデスはこの滞在中に『アルケラオス』という劇を執筆し、王と同名の建国の祖を登場させている。また、エウリピデスの死後にアテネで上演された遺作の『バッコスの信女』と『アウリスのイフィゲネイア』も、彼のマケドニア滞在中に執筆されたものであるらしい。なかでも『バッコスの信女』には、第2章の冒頭で触れたように、マケドニアの豊かな自然についての描写が現れる。

これまで述べてきたように、この時期のマケドニア王国は、もはや、決して僻遠の後進国ではなかった。先進の文人・芸術家が集うサロンのようなアルケラオスの宮廷に招かれることは、当時のギリシア世界の人々にとって、一種のステータスシンボルになっていたのである。こののち、フィリッポス二世の宮廷にはさらに多くの文人や芸術家が招かれ、彼らの間でフィリッポスの寵をめぐる激しい争いが繰り広げられたことが知られるが（三二一頁参照）、そうしたマケドニア王の寵をめぐる競争は、すでにアルケラオスの治世に始まっていたのだろう。晩年のエウリピデスも、失意の末にマケドニアへ「都落ち」したわけではなく、アルケラオスの招待を喜んで受け入れて彼を称え、宮廷に滞在する文人たちと王の寵を競い合ったのである。

「ディオンのオリュンピア祭」

アルケラオスがディオンでオリュンピア祭を範とする祭典を創始したのも、こうした彼の文化政策の一環である。

「神々の棲む山」として名高い霊峰オリュンポス山の北東麓に位置するディオンは、学問と芸術を司

図19　ディオンの遺跡とオリュンポス山

る九柱の女神ムーサイとゆかりのある神域として知られる。ディオンでは、前六世紀に遡る小さな神殿の遺構も発見されており、マケドニア人にとって古くから信仰の拠り所だったことがうかがえる。アルケラオスが運動競技や演劇の競演を含む祭典を創始して以降、ディオンはマケドニア王国随一の聖地として発展を遂げることになる。

先に見たように、アレクサンドロス一世は、前五世紀初頭のオリュンピア祭に出場した。アルケラオスについても、祖父と同様にオリュンピア祭に出場したと伝えるローマ時代の史料があるが、同時代史料からは確かめられないため、その信憑性を疑う見解も根強い。いずれにしても、彼がオリュンピア祭に大きな関心を寄せ、ディオンで同様の祭典を催すことによってマケドニア王国の「ギリシアらしさ」を広く喧伝しようとしたのは確かだろう。

アルケラオスが創始した祭典は「ディオンのオリュンピア祭」と呼ばれ、その後、マケドニアの最高神ゼウス・オリュンピオスとムーサイを祀る国家的な大祭典へと発展していった。前四世紀には、ディオンは王国の軍事拠点としての役割も果たし、盛大な戦勝式や出陣式が「ディオンのオリュンピア祭」に合わせて挙行されるようになる。前三四八年に激しい包囲戦の末にオリュントスを降したフィリッポスは、その勝利を祝してディオンで華々しい戦勝式を行い、アレクサンドロス（大王）も、前三三五年に東方遠征の出陣式として九日間にわたる祭典を盛大に催したという。

ちなみに、ディオンは、伝説的な詩人・音楽家として知られるオルフェウスともゆかりが深いとされる神域である。オルフェウスをめぐる古代の伝承は錯綜しており、その系譜をはじめ、生誕地や終焉の地、埋葬地などについて様々に伝えられているが、そのなかに彼をディオンと関連づける伝承もいくつか見られる。そうした伝承が最初に確認できるのは、アルケラオスの宮廷に滞在していたエウリピデスとティモテオスの作品である。このことから、オルフェウスをディオンと結びつける伝承はアルケラオス自身が打ち出したプロパガンダだったと見る説がある。だとすれば、こうした伝承もアルケラオスの文化政策の一環だったことになる。彼は、マケドニアがギリシアの文化や音楽の拠点であることをアピールするために、名高い吟遊詩人のオルフェウスをディオンと結びつけたのかもしれない。

建国伝説の刷新

こうした精力的な文化政策を展開したアルケラオスのもとで、マケドニアの建国伝説はどのような発展を遂げたのだろうか。

ヘロドトス以降、建国伝説が新たな展開を見せるのは、エウリピデスがマケドニア滞在中に執筆し

図20　タイニアを巻いた若者の肖像が描かれたアルケラオスの銀貨

た『アルケラオス』においてである。この作品は断片しか現存しておらず、劇の大筋は、二世紀のローマの文人ヒュギヌスによる簡潔な摘要（『神話伝説集』二一九）から知られる。その摘要には、兄弟たちによって追放された「テメノスの息子アルケラオス」がマケドニアに逃れ、王キッセウスを殺害したのち、アポロンの神託に従って山羊《アイゲス》に導かれて町を築き、山羊に因んでその町はアイガイと呼ばれた、というヘロドトスの記事とは全く異なる建国の経緯が記されている。エウリピデスは、王と同名の建国の祖を登場させて王を称え、さらに、ヘロドトスの記事では「テメノスの後裔」とされていた建国の祖を「テメノスの息子」へと格上げすることによって、マケドニア王家とテメノスの絆を強調したのである。

ただし、こうした建国伝説の改変をエウリピデス自身による創作と捉えるべきではない。本節の冒頭で触れたプラトンの『ゴルギアス』の一節に見られるようなアルケラオスへの中傷は、彼の即位にあたって激しい王位継承争いがあったこと、政治や軍制の改革を推し進めた彼に対する反対勢力が少なからず存在したことを示唆するものである。そうしたなかで、アルケラオスは自らの権力の正統性をアピールするために建国伝説を改変し、自身と同名の建国の祖を新たに打ち出したのだろう。アルケラオスの寵を求めるエウリピデスは、こうした王の意図に添う形で『アルケラオス』を執筆したのである。

アルケラオスが発行した貨幣も、建国伝説を喧伝するための重要な手段となった。アレクサンドロス一世の銀貨に見られる二本の槍を持つ騎乗の人物というモティーフは、ペルディッカス二世の銀貨にも受け継がれ、アルケラオスも治世初期には同じモティーフを用いたが、のちに、タイニアと呼ばれるヘアバンドをつけた若者の肖像を描いた銀貨を発行している（**図20**）。この若者は、建国の祖「アルケラオス」だと考えられている。また、すでに触れたように、ライオンの頭部の皮を被ったヘラクレス自身の肖像が現れるのも、アルケラオスの貨幣が最初である（一二一頁の図17）。

これらのアルケラオスの貨幣の裏面には、ヘラクレスに関連するライオンをはじめ、エウリピデスの『アルケラオス』に登場する山羊、アルゴスのシンボルである狼、ゼウス（ヘラクレスの父）の聖獣である鷲など、建国伝説に関わる様々な動物のモティーフが現れる。歴代のマケドニア王の貨幣には少なくとも一〇種類の動物が描かれているが、ライオンや山羊など、建国伝説に関連する動物を描いたものが大半を占めており、貨幣が建国伝説を視覚的に喧伝するための重要なメディアとなっていたことを物語る。なかでも、狼や鷲はアルケラオスの貨幣に初めて現れるモティーフであり、新たな建国の祖を打ち出して建国伝説を刷新した彼が貨幣というメディアを最大限に活用し、ヘラクレスやアルゴスとの絆をアピールしたことがうかがえる。

上部マケドニアとの関係

ペロポネソス戦争には一切関わらなかったアルケラオスだが、その十数年の治世において、上部マケドニアのリュンケスティスと戦い、さらに、南のテッサリアへの進出を図ったことが知られる。

アリストテレスの『政治学』には、アルケラオスがリュンケスティス王アラバイオス二世およびシラスとの戦いに苦しんで娘の一人をエリメイア王に嫁がせた、という一文がある（一三一一Ｂ）。このアラバイオス二世は、ペルディッカス二世と争った前述のアラバイオス一世の息子もしくは孫だったらしい。彼とともにアルケラオスと戦ったというシラスは、アラバイオス一世の娘を娶っており、この二人の間に生まれたのが、アミュンタス三世の妻となり、やがてフィリッポス二世の母となるエウリュディケである。アラバイオス一世の娘とシラスの結婚は、前三九三／二年にアミュンタス三世が即位した時点で娘のエウリュディケが結婚適齢期に達していたことから逆算して、前四一〇年頃と推測される。リュンケスティスの王家は、マケドニアの新王アルケラオスに立ち向かうためにシラスと婚姻同盟を結んだのだろう。

そのシラスなる人物が何者なのかは、史料からはよくわからないが、次章で述べるように、イリュリア人の王だったと考えられる（一七四頁参照）。先に触れた前四二三年のペルディッカス二世とアラバイオス一世との争いにおいてイリュリア人の傭兵がリュンケスティスの側に寝返ったという一件からもうかがえるように、リュンケスティスとイリュリアは近しい間柄にあったが、今回も、両者は結託してアルケラオスと戦ったのである。

アリストテレスが伝えているアルケラオスとエリメイア王家の縁組は、それに対抗するための同盟だったのだろう。このときアルケラオスと手を結んだエリメイア王は、前三八二年のスパルタのオリュントス遠征にマケドニア軍とともに加勢したことが知られるデルダス二世（一二四、一四〇頁で触れたデルダス一世の息子もしくは孫）だったらしい。マケドニア王家はすでにアレクサンドロス一世の治世にエリメイア王家と縁組していたが、アルケラオスは再び婚姻同盟を結び、エリメイアとの絆の強化を図ったのである。

テッサリアへの進出

これまで、マケドニア王国の領土の拡大は、アレクサンドロス一世がペルシア軍の撤退後にアクシオス川の東へ勢力を伸ばしたように、もっぱら東方面に限られていたが、アルケラオスは、初めて南のテッサリアへの進出を企てている。

マケドニア王国とテッサリアの関わりは、テッサリア最大の都市ラリサの有力貴族アレウアダイを介したもので、その緊密な関係はおそらく前六世紀末に遡る。アレウアダイもマケドニア王家と同様にヘラクレスを祖と仰いでおり、こうした「共通の血筋」も両者の絆を強めたのだろう。フィリッポスの治世に至るまで、有力都市フェライと対立するアレウアダイの要請を受けてマケドニア王がテッサリアに介入するというパターンが繰り返されるが、史料に現れるその最初の事例が前五世紀末のアルケラオスの介入である。

この時期、フェライの僭主リュコフロン（一世）がテッサリアの諸都市に支配を及ぼし、そうしたなかでラリサにおける実権を失ったアレウアダイが巻き返しを図り、アルケラオスに援軍を要請した。アルケラオスは、これに応じてテッサリアに軍を進め、ラリサに駐留軍を置いてアレウアダイを支援した。彼はこのとき、ラリサの市民権を得たのみならず、ラリサの支配下にあったペライビアを獲得し、さらにラリサの有力市民の子弟一〇人を人質としてマケドニアに連れ去ったという。

こうしたアルケラオスの介入の経緯はローマ時代の史料から知られるもので、その信憑性を疑う見解も根強いが、アルケラオスを「バルバロス」と呼ぶトラシュマコスの弁論の断片（二）は、このときのテッサリア介入に関わる唯一の同時代史料であるらしい。カルケドン出身のトラシュマコスは、前五世紀の第四四半期にアテネで活躍した弁論家で、プラトンの『国家』にも登場する有名なソフィストである。『ラリサ人のために』と題する彼の弁論の断片には、「私たちはアルケラオスに隷属すべきだろうか。ギリシア人でありながら、バルバロスに」という一節がある。この弁論が執筆された背景やアルケラオスを「バルバロス」と呼ぶ一節の前後の文脈は不明だが、おそらくこれは、アルケラオスのテッサリア介入に際してアレウアダイと対立するラリサ人の一派からの依頼で執筆されたものだったのだろう。

ちなみに、アルケラオスを「バルバロス」と呼ぶこのトラシュマコスの一節は、しばしば、アルケラオスが当時のポリス世界のギリシア人たちからバルバロスと見なされていたことの証拠として挙げられている。ただし、前四三八年にアテネで上演されたエウリピデスの悲劇『テレフォス』の断片（七一九）に、「われわれはギリシア人でありながらバルバロイの奴隷となるのだろうか」という非常によく似た一文がある。トラシュマコスの一節は、どうやら、このエウリピデスの一文をもじったものであるらしい。いずれにしても、この一節はアルケラオスに対するギリシア人たちの認識を正確に反映しているわけではなく、フィリッポス二世を「バルバロス」として痛罵するデモステネスの弁論と同様に、マケドニア王を中傷するレトリックにすぎないと見るのが無難だろう。

アルケラオスの暗殺

アルケラオスの治世は、その始まりと同様に、スキャンダラスなゴシップで幕を閉じる。彼は、前三九九年、愛人（男性）の手で暗殺されたという。それまでのマケドニア王の死因は知られていないが、これは、史料にその死因が明確に現れる最初の事例であり、暗殺という形での王の死は、これ以降のマケドニア王国の歴史において繰り返されていくことになる。

アリストテレスは、『政治学』において三人のマケドニア王（フィリッポス二世、小アミュンタス、アルケラオス）の暗殺について語っており（一三一一B）、その一節によれば、アルケラオスの愛人であるクラタイアスなる人物が彼との性交を不快に思って王を暗殺したという。アルケラオスの暗殺についてはローマ時代のディオドロスとアイリアノスも伝えており、ディオドロスは、愛人クラテロスが狩猟のさなかにアルケラオスを誤って殺害した、と述べ（『歴史叢書』一四巻三七章六節）、アイリアノスは、愛人クラテウアスがアルケラオスを暗殺した、と語っている（『ギリシア奇談集』八巻九章一節）。暗殺者の名前がクラタイアス、クラテロス、クラテウアス、と異なっているが、いずれも暗殺者がアルケラオスの愛人だったと述べていることから、同じ人物をさしていると考えられる。

ちなみに、アリストテレスは、ラリサのヘラノクラテスという人物（おそらく先のアルケラオスのテッサリア介入の際に人質にとられたという一〇人のうちの一人）がクラタイアスと同様にアルケラオスとの性交を苦にして暗殺に協力した、と伝えている。王の暗殺の背景に同性愛関係があったという言説は、これ以降のマケドニア王の暗殺をめぐっても繰り返されていくが、こうした言説については第7章で触れたい。

アリストテレスは、アルケラオスがどのようにして殺害されたのかについては述べていないが、ディオドロスは、狩猟のさなかに誤って殺害されたと語っている。これを、クラタイアスが王との性交を不快に思って暗殺したというアリストテレスの記述と合わせて解釈するなら、アルケラオスは狩猟のさなかに事故を装って殺害されたと見るのが妥当だろう。

では、暗殺者のクラタイアス（もしくはクラテロス、クラテウアス）は、なぜ暗殺の舞台として狩猟という場を選んだのか。確かに、狩猟のさなかであれば、武器を持って王に近づき、事故を装って殺害するのも容易である。しかし、第2章で見たマケドニアのエリート社会における狩猟の重要性を考えると、理由は、おそらくそれだけではない。狩猟が王権と密接に結びついた政治的な営為だったからこそ、クラタイアスはあえて狩猟という場で王を殺害し、王の権威を打ち砕こうとしたのだろう。

第４章

フィリッポス二世の父と兄

1 アミュンタス三世

前四世紀前半のギリシア世界

前三九九年にアルケラオスが暗殺されてから前三六〇／五九年にフィリッポス二世が即位するまでの四〇年間は、マケドニア王国に関する現存史料が極めて乏しい時代である。この時期、マケドニアの動向はポリス世界のギリシア人の注意を惹かず、トゥキュディデスの後を受けてギリシア世界の歴史を著したクセノフォンにしても、マケドニアにはほとんど関心を寄せていない。アルケラオスの死から数年間続いた混乱期に王位に就いたとされる四人の王の在位期間や系譜をめぐっても諸説あって定まらず、フィリッポスの父アミュンタス三世や長兄アレクサンドロス二世、次兄ペルディッカス三世の治世の出来事についての年代考証も困難を極める。

しかし、史料は乏しいものの、この時期は、これまで考えられていたようなマケドニア王国の沈滞期・低迷期ではない。近年の研究においても、フィリッポスの功績を重視するあまり、彼の父や兄たちの治世の衰勢を強調する傾向が目立つが、史料を丹念に読むと、前五世紀と同様に、木材を切り札として強大な外部勢力との同盟関係を巧妙に操りながら王国の安定と発展を図るマケドニア王たちの姿が浮かび上がってくる。

まず、フィリッポスが登場するまでのギリシア世界の情勢を概観しておきたい。

二七年続いたペロポネソス戦争は前四〇四年にアテネの全面降伏をもって終結したが、前三九五年、ギリシア世界はまたもや大規模な戦争に突入する。ペロポネソス戦争に勝利してギリシアの覇権国となったスパルタと、ペルシアを後ろ楯とした反スパルタ連合（アテネ、テーベ、コリントス、アルゴス）との間で前三八六年まで争われたコリントス戦争である。

ペロポネソス戦争に敗れて前五世紀の繁栄を失ったアテネは、コリントス戦争のさなかにペルシアからの資金援助によって海軍を再建し、徐々に国力を回復していく。戦局は一進一退だったが、アテネの復興を警戒し始めたペルシアが結局スパルタの側につき、前三八六年に「大王の講和（アンタルキダスの講和）」が結ばれて戦争は終結した。ペルシアがスパルタを抑えるために反スパルタ連合の結成を導いて戦端を開かせたコリントス戦争は、こうして、ペルシアの主導のもと、ペルシアとスパルタが手を組む形で幕が引かれたのである。

「大王の講和」は、それまでのギリシア世界には見られない特徴を持つ、全く新しい形式の平和条約である。従来の講和は交戦国の間で結ばれる期限つきの条約にすぎなかったが、この講和は、交戦国だけでなく全てのギリシア都市に無期限で妥当する平和条約で、「普遍平和《コイネ・エイレネ》」と呼ばれる。以後、普遍平和はギリシア世界の国際政治における基本的な枠組みとなり、前三七〇年代から前三六〇年代にかけて四度にわたって更新されている。前三三八年にギリシアの覇権を握ったフィリッポスが成立させたコリントス同盟条約も、この普遍平和の形態をとっていた（三八九頁参照）。

コリントス戦争後のギリシア世界では、スパルタがペルシアを後ろ楯として再び強圧的な支配政策を展開するが、それに反発するアテネとテーベが前三七九年に手を結ぶ。テーベは、前三七〇年代にペロピダスとエパミノンダスという傑出した指導者を得て著しく国力を高め、前三七一年のレウクトラの会戦でスパルタを撃ち破り、その勢威に大きな打撃を与えた。

勢いに乗るテーベは、続いてペロポネソスやテッサリアに進出し、マケドニアにも干渉の手を伸ばす。この時期にマケドニア王家の忠誠を保証する人質としてテーベに送られた王子フィリッポスは、一〇代半ばの三年間を全盛期のテーベで過ごしている。しかし、テーベは前三六四年にペロピダスを失い、さらに前三六二年にはエパミノンダスを失って、その勢いにも翳りが見え始めた。

一方、コリントス戦争期から順調に国力を回復したアテネは、スパルタへの対抗を旗印としてギリシア諸都市に呼びかけ、前三七七年に海上同盟を組織した。前五世紀のデロス同盟を第一次海上同盟に見立て、この同盟は、通常「第二次アテネ海上同盟」と呼ばれる。当初の加盟国は六ヵ国だったが、その後、六〇ヵ国ほどまで増えていった。第二次アテネ海上同盟は、デロス同盟と同じ轍を踏まないために加盟国の自治を尊重することを謳っていたが、スパルタの勢力の後退にともなって対スパルタ軍事同盟という本来の目的が薄れ、アテネによる支配の色合いが濃くなっていく。

前三六〇年代になると、アテネはペロポネソス戦争で失ったアンフィポリスとトラキアのケルソネソス（二九九頁参照）の奪還をめざす精力的な軍事活動を繰り広げた。そうしたなかで海上同盟の加盟国の反発が強まり、ビュザンティオン、キオス、ロドスなどの有力な加盟国が離反し、前三五七年に同盟市戦争が勃発した。二年間続いたこの戦争の過程でさらに多くの加盟国が離反するに至り、最終的にアテネの敗北に終わった。これによって加盟国の大半が同盟から正式に離脱し、海上同盟自体はその後も存続したが、アテネの海上覇権は決定的な打撃を被ることになった。

このように、前四世紀前半のギリシア世界では、アテネ、テーベ、スパルタが錯綜した勢力争いを展開し、浮き沈みを繰り返した。フィリッポスの父や兄たちの治世においては、これらの勢力に加え、オリュントスを中心とするカルキディケ連邦やテッサリアで有力となったフェライの僭主の動向を睨みながら王国の独立を守り抜くことが大きな課題となる。

ペルシアの影響力

こうした前四世紀前半のギリシア世界の複雑な国際情勢を操っていたのは、コリントス戦争に顕著に見られるように、東の大国アカイメネス朝ペルシアである。ペロポネソス戦争においてスパルタと連携したペルシアは、前四世紀に入ると、その莫大な財力を武器にギリシア諸都市の紛争に執拗に介入した。ペルシアの狙いは、資金提供によってギリシア人同士の競合を助長し、自国に攻め入るような勢力の出現を防ぐことだった。フィリッポスはこののち、こうしたペルシアの手法を踏襲してギリシア征服を進めていくことになる。

この時期のペルシアの主たる関心事は、前五世紀末に離反したエジプトの回復だった。前三四三年にエジプトが再びペルシアの支配下に入るまでの約六〇年間において、ペルシアは四次にわたって大がかりなエジプト遠征を行っている。さらに、前三六〇年代には、小アジアの有力な総督たちの反乱も相次いだ。

そのため、ペルシアは、遠征に必要な兵力を勇猛な兵士として評判の高いギリシア人傭兵に求めた。この時期、実に多くのギリシア人が傭兵としてエジプトや小アジアで戦っている。前四世紀のポリス世界で傭兵の使用が広まったことはよく知られているが、経済的に没落したポリス市民や亡命者が生計を立てるために各地を転々とするという専業的な傭兵に加え、副業として一時的に傭兵となって戦う市民も多かった。ペルシア側のみならず、反乱を起こしたエジプト王や小アジアの総督たちも競ってギリシア人傭兵を雇い入れ、万単位のギリシア人がエジプトや小アジアで戦った。また、アテネのイフィクラテスやカブリアスなど、ポリス世界の有能な将軍たちがギリシア人傭兵を率い、傭兵隊長として外国で活躍するようになるのも、この時期の特徴である。

このようにギリシア人傭兵に依存するペルシアは、時として、多数の傭兵の確保を狙ってギリシア世界における講和を画策した。ギリシアが平和になれば、傭兵たちは「職」を失い、外国に雇われざるをえないからである。「大王の講和」を更新する形で結ばれた前三七五年の講和は、前三七九年以来のスパルタとアテネ・テーベの争いをいったん収束させたが、この講和を画策したのは、二度目のエジプト遠征を企てるペルシア王アルタクセルクセス二世だった。

前四世紀のペルシアは、「衰退した老帝国」というイメージで語られることが多いが、これは、ペルシアの力を過小評価するギリシア側の史料に基づくものである。とりわけ、ギリシア人が一致団結してペルシアに遠征することを提唱したアテネの弁論家イソクラテス（三二二頁参照）は、ペルシアの弱さを印象づけるため、ペルシア人が劣等で柔弱なバルバロイであること、宮廷での陰謀や各地の反乱によって帝国は衰退の一途をたどっていることを強調した。ペルシアをギリシアのポリス世界と対比的に描くこうした言説は、クセノフォン、プラトン、アリストテレスなどの著作にもしばしば現れる、前四世紀のギリシアにおけるステレオタイプなペルシア観である。

しかし、現実のペルシアは、ギリシアとは比べものにならない富強を誇る大国であり、その潤沢な資金を武器にギリシア諸都市の抗争を助長するとともに、傭兵の確保のために講和の画策も行いながら、ギリシア世界に隠然たる影響力を及ぼしていたのである。

アルケラオス暗殺後の混乱

前三九九年にアルケラオスが暗殺されてから前三九三／二年にアミュンタス三世が即位するまでの数年間は、王がめまぐるしく替わるマケドニア王国の混乱期である。オレステス、アエロポス、パウサニアス、アミュンタス二世、という四人の王が次々に立ったことが知られるが、それぞれの在位期間も正確にはわかっていない。オレステスがアルケラオスの息子であること、パウサニアスがアエロポスの息子であること以外は、その系譜も知られておらず、研究者たちの説も様々である。いずれにしても、アエロポス以外の三人の治世はごく短期間で、三人とも暗殺という最期を迎えていることから、極めて不安定な動乱の時代だったのは確かだろう。また、オレステス以外の三人は自身の貨幣を発行しているが、いずれも質の悪い銀貨で、なかでもパウサニアスの銀貨は鍍銀されており、アルケラオスが築いた繁栄がたちまち瓦解してしまったことがうかがえる。

アルケラオスの暗殺後、彼の幼い息子オレステスが王位に就くが、まもなく後見人のアエロポスに殺害され、代わってこのアエロポスがマケドニア王となった。アエロポスは、病死するまで五年ほど王位にあったらしい。アエロポスの出自については、史料からはわからないが、彼がオレステスの後見人を務めたことがヒントになる。マケドニア王家において幼王の後見人を務めるのは最も近い男性親族だったと考えられており、とすると、アエロポスはアルケラオスの弟（＝オレステスの叔父）、もしくはアルケラオスの息子（＝オレステスの異母兄）だった可能性が高い。

一方、アエロポスはマケドニア王家の出ではなく、上部マケドニアのリュンケスティスの王族であり、アエロポスの即位はリュンケスティスの王家による王位簒奪だったとする説も、根強く唱えられている。この説は、「アエロポス」という名前が前四世紀のリュンケスティスの王家によく現れる名前であること以外、確たる根拠はない。混乱期とはいえ、リュンケスティスの王族がマケドニア王家の王位継承に絡むことができたのか、という疑問も湧く。しかし、第3章で見たように、もしペルディッカス二世の妻クレオパトラがリュンケスティスの王女であり、アルケラオスが彼女と逆縁婚をして授かった息子がオレステスだったとすれば、オレステスはリュンケスティスの王家の血を引いていることになるので、リュンケスティスの王族のアエロポスがオレステスの後見人を務め、マケドニアの王位を手中にしたというのも、あながち不自然ではないように思われる。このあと、アミュンタス三世はリュンケスティスの王女エウリュディケを妻に迎えるが、この結婚も、そうした両王家の関係を背景にしたものだったのかもしれない。

アエロポスが病死したのち、一年ほどの間に、順序は判然としないが、アエロポスの息子パウサニアス、およびアミュンタス二世が相次いで即位し、最終的にアミュンタス三世がパウサニアスを殺害して前三九三／二年に王位に就いたという。このアミュンタス二世が何者なのかについては説が分かれるが、おそらく、アリストテレスの『政治学』の一節（一三一一B）に現れる「小アミュンタス」と同一人物だろう。アリストテレスは、マケドニア王の暗殺の事例の一つとして、デルダスが小アミュンタスを暗殺したことを語っている。このデルダスは、アルケラオスの娘と結婚したエリメイア王のデルダス二世のことであるらしい。デルダス二世はこののち、アミュンタス三世の治世において前三八二年のスパルタのオリュントス遠征にマケドニア軍とともに加勢しているので、アミュンタス三世と協力関係にあったと考えられる。とすると、アミュンタス三世が王位を獲得するにあたって、デルダス二世がアミュンタス二世（小アミュンタス）を殺害し、アミュンタス三世がパウサニアスを殺害するという形で、二人は結託して邪魔者を一挙に排除したと推測することもできる。

ともあれ、前三九三／二年、こうして傍系のアミュンタス三世がマケドニア王の座を射止め、アルケラオス暗殺以来の混乱がようやく収束するに至る。以後、前四世紀末に後継者戦争の渦中で王家の血統が断絶するまで、このアミュンタス三世の子孫がマケドニアの王位を独占することになる。

波乱の幕開け

アミュンタス三世の父はアリダイオスで、その父はアレクサンドロス一世の五人の息子の一人アミュンタスであるので、アミュンタス三世はアレクサンドロス一世の曽孫にあたる。ペルディッカス二世とアルケラオスの治世において、アミュンタス三世の祖父アミュンタスも父アリダイオスも、その活動は一切知られていない。祖父も父も王位から完全に遠ざかっていたにもかかわらず、アミュンタス三世がなぜマケドニア王の座を獲得できたのかは不明だが、おそらく、アルケラオス暗殺後の混乱期に次々と王が入れ替わるなかで、傍系の彼にもチャンスがめぐってきたのだろう。彼は前三七〇／六九年に「老齢で没した」（ユスティヌス『フィリッポス史』七巻四章八節）と伝えられるので、前三九三／二年の即位時にはすでに初老に差しかかっていたらしい。

図21　アミュンタス３世の銀貨
表（左）には槍を持つ騎乗の人物、裏（右）には槍を噛むライオンが描かれている

アミュンタス三世の治世には二つのタイプの銀貨が知られており、治世初期に発行された銀貨は、表は槍を持つ騎乗の人物というアレクサンドロス一世以来のモティーフだが、裏には槍を噛むライオンという新しいモティーフが現れている（**図21**）。傍系のアミュンタス三世は、曽祖父アレクサンドロス一世とのつながりをアピールするとともに、王家の先祖であるヘラクレスに因むライオンのモティーフを刷新し、自らの権力の正統性を示そうとしたのだろう。

こうして、いよいよフィリッポスの父の治世が幕を開けるが、その治世は、即位後まもなくイリュリアの侵攻を受けて王国から追放されるという波乱のスタートとなる。バルカン半島西部の広大な領域に住むイリュリア人は多くの部族に分かれていたが、前四世紀に入ると、いくつかの部族が連合して強大な勢力となった。そうしたイリュリアの台頭の立役者は、イリュリア人の三大部族の一つとして知られるダルダノイ人の王バルデュリスである。

ディオドロスによると、イリュリアによって王国から追放されたアミュンタス三世は、オリュントスに国境付近の領土を割譲することを強いられたが、その後、テッサリアの人々の支援を得て王位を回復したという（『歴史叢書』一四巻九二章三節）。さらに、ディオドロスはこの一件について述べたのち、「アミュンタス〔三世〕が追放されたあと、アルガイオスが二年にわたってマケドニア人を支配し、そのあとでアミュンタスが王位を回復したと言う者もある」という一文を付け加えている（一四巻九二章四節）。

ディオドロスが「と言う者もある」という曖昧な表現をしていることから、この一文をめぐっては議論が多く、その信憑性を疑う研究者も少なくない。また、この一件を史実と見るにしても、アルガイオスがマケドニア人を支配したという二年間がいつのことだったのかについては、説が分かれている。ディオドロスの一文は、アミュンタス三世が即位直後にイリュリアの侵攻を受けて王国から追放された際にアルガイオスが王位に就いたように読めるが、前三八〇年代にマケドニアの領土に侵攻したオリュントスが彼を擁立したと見る説もある。アルガイオスの出自についても判然とせず、アルケラオスの息子とする説など諸説あるが、彼が王族だったのは確かだろう。

このように、アルガイオスの一件をめぐっては不明な点が多いが、彼は、前三六〇／五九年のフィリッポスの即位時に、再び王位を狙うライバルとして登場することになる。

エウリュディケとの結婚

アミュンタス三世は、王国の支配を回復したのち、イリュリアと講和を結んで貢租の支払いを約した。シラスの娘エウリュディケを妻に迎えたのも、このときのことだったらしい。この二人の間に生まれたのが、アレクサンドロス二世、ペルディッカス三世、フィリッポス二世、そして娘のエウリュノエ（もしくはエウリュオネ）である。二人がいつ結婚したのかについて触れた史料はないが、長男のアレクサンドロス二世は前三七〇／六九年に即位した時点ですでに成人していたと考えられるので、二人の結婚がアミュンタス三世の治世のごく初期だったのは確かだろう。

第3章で見たように、シラスは、リュンケスティス王アラバイオス一世の娘と結婚してエウリュディケをもうけ、アラバイオス二世と結んでアルケラオスと戦ったことが知られる。このシラスが何者だったのかについては史料には直接の言及がなく、リュンケスティス人と見る説とイリュリア人と見る説に二分されている。エウリュディケの父がイリュリア人だったとすると、フィリッポスがイリュリア人の血を引いていることになるため、シラスの出自をめぐっては多くの議論がある。

シラスの娘エウリュディケは、ローマ時代の史料ではたびたび「イリュリア人」と呼ばれている。彼女の母はリュンケスティス王アラバイオス一世の娘であるので、その「イリュリア人」という言葉を字義通りにとれば、父のシラスがイリュリア人だったことになる。ただし、ギリシア・ローマの古典史料における「イリュリア人」という言及は、しばしば「バルバロイ」と同義の侮辱の言葉である。エウリュディケを「イリュリア人」とする伝承も、次に見るギュガイア（アミュンタス三世のもう一人の妻）の息子たちの一派がエウリュディケを中傷するために流したプロパガンダに由来するものだったのかもしれない。

とはいえ、右に述べたように、アミュンタス三世がエウリュディケを娶ったのはイリュリアと講和を結んだ際のことと考えられるので、その結婚が講和の条件になったとすれば、やはり、彼女はイリュリア王の娘だったと見るのが自然である。アミュンタス三世の即位直後にマケドニアに侵攻したのは、イリュリア人の一部族の王であるシラスだったのだろう。そのシラスが先に触れたイリュリア台頭の立役者であるバルデュリスとどのような関係にあったのかは不明だが、バルデュリスと連携して、あるいは、バルデュリスの勢力に圧迫されてマケドニアに侵攻したと推測できる。かつてシラスと結託してアルケラオスと戦ったリュンケスティスは、このときのシラスの侵攻にも加勢していたのかもしれない。アミュンタス三世にとって、エウリュディケとの結婚は、イリュリアとリュンケスティスの両方との関係を改善する一石二鳥の婚姻同盟だったのだろう。

もう一人の妻ギュガイア

アミュンタス三世は、エウリュディケのほかにギュガイアという名の妻を持ち、彼女との間にアルケラオス、アリダイオス、メネラオスという三人の息子をもうけている。アルケラオスら三兄弟は、こののち、フィリッポスの即位時に王位を狙うライバルとして立ち現れるが、ギュガイアに関しては、ユスティヌスが三兄弟の母として触れているだけで、その出自も結婚の時期も全く伝えられていない。

ギュガイアの出自については、かつてペルシアの高官ブバレスに嫁いだアレクサンドロス一世の姉妹と同じ名前であることから、王族と見るのが通説である。さらに、長男がアルケラオスと名づけられていることから、ギュガイアはアルケラオスの娘だったとする説もある。だとすれば、アルケラオスの暗殺後の混乱期において、傍系のアミュンタス三世はアルケラオスの娘を娶ることによって自らの権力基盤を固め、それが王位の獲得につながったと推測できる。

このように、アミュンタス三世はエウリュディケと結婚する前にギュガイアと結婚していたと見るのが従来の通説だが、近年は、エウリュディケとの結婚が先だったと考える研究者が多い。細かい話だが、次に述べるように、これらの結婚の順序はマケドニア王家の一夫多妻制の理解において重要な意味を持つのである。

ギュガイアの三人の息子たちは、前三六〇／五九年のフィリッポスの即位時にライバルとして登場するものの、アミュンタス三世の死後の前三六〇年代には王位継承に絡んだ形跡はなく、エウリュディケの長男アレクサンドロス二世と次男ペルディッカス三世が順に王位を継いでいる。このようにエウリュディケの息子たちがギュガイアの息子たちよりも優先されたのは、アミュンタス三世の王権がすでに安定したために王族出身のギュガイアとの結婚の意義が低下したのに対し、イリュリアやリュンケスティスとの関係は前四世紀前半を通じて大きな課題だったので、両国の王家に連なるエウリュディケの血筋が決め手になったからだと考えられてきた。

しかし、近年の有力説によると、これは、単にギュガイアの息子たちが前三六〇年代には未成年だったからだという。確かに、フィリッポスは即位した直後にギュガイアの長男であるアルケラオスを殺害しているが、次男と三男はマケドニアから追われたにとどまる。王位を狙うライバルたちの根絶を図ったフィリッポスがギュガイアの次男と三男を殺害しなかったのは、この時点で二人が未成年だったためなのかもしれない。だとすれば、アミュンタス三世がギュガイアと結婚したのは、その治世の後半だったことになる。

マケドニア王家の一夫多妻制

ここで、マケドニア王家の一夫多妻制について説明しておきたい。

マケドニア王家は、厳格な一夫一婦制のポリス世界とは対照的に一夫多妻制をとっていたが、これは王家だけの特権だったらしい。王家の一夫多妻は、後継者たりうる複数の男児を得て王家の存続を図るとともに、外国勢力と婚姻同盟を重ねて王国を強化するための格好の手段となった。

ここ数十年の研究により、マケドニア王家では王の妻たちの間に正妻と側室という区別はなかったことが明らかになっている。宮廷での彼女たちの地位は、男児の有無はもちろんのこと、王の寵愛、出身国とマケドニアの関係、有力なヘタイロイとの連携など、様々な要因に規定された。同様に、王の息子たちの間にも制度上の序列はなく、王位継承はその時々の状況に左右される極めて流動的なものだった。そうしたなかで、母にとっては息子の王位継承こそが自分の地位を保証するものであり、息子にとっては母が最大の後ろ楯となった。

とはいえ、マケドニア王家の一夫多妻の実態についてある程度明確なことがわかるのは、七人の妻を娶ったフィリッポスと、三人の妻を娶ったアレクサンドロス（大王）の事例だけである。それ以前のマケドニア王が一夫多妻を実践していたのかは、実はよくわからず、マケドニア王家の一夫多妻の慣行はフィリッポスに始まると見る研究者もいる。

前五世紀のマケドニア王たちのうち、アレクサンドロス一世には、少なくとも息子が五人、娘が一人いたことが確かめられるが、妻の名前は一切知られておらず、彼らが同母兄弟か異母兄弟かは全くわからない。次のペルディッカス二世には、アルケラオスの母であるシミケと、アルケラオスの幼い異母弟の母であるクレオパトラという二人の妻がいたことが確認できるが、アルケラオスとその異母弟の年齢差を考えると、シミケが亡くなったあとにクレオパトラと結婚した可能性が高い。アルケラオスについては、史料から確認できる子供はオレステスのほかにアミュンタスという名の息子、さらに娘が二人である。少なくとも、オレステスの母とアミュンタスの母は別人だったと思われるが、これも、アルケラオスの死亡時に幼児だったオレステスと、すでに成人していたというアミュンタスの年齢差から考えて、ペルディッカス二世の場合と同様、最初の妻の死亡後に次の妻を娶った可能性が高い。結局、前五世紀の三人のマケドニア王については、一夫多妻だったことは確かめられないのである。

では、アミュンタス三世の場合はどうだろうか。アミュンタス三世には、ギュガイアとエウリュディケという二人の妻がいたが（彼の年齢を考えると、この二人の前にすでに結婚していた可能性も高いが）、従来の通説のようにギュガイアとの結婚が先だったとすれば、彼女は三人の息子を産んだのちに亡くなり、アミュンタス三世はそのあとでエウリュディケと結婚したという可能性もある。その場合、ギュガイアの息子たちが前三六〇年代の王位継承に関わらなかったのは、最大の後ろ楯となる母親がすでに亡くなっていたためとも考えられる。ギュガイアについて触れた史料がほとんどないのも、彼女が早逝したからだったのかもしれない。他方、近年の有力説のようにエウリュディケとの結婚が先だったとすれば、彼女は少なくとも前三六〇年代半ばまでは存命だったことが確認できるので、アミュンタス三世は同時に二人の妻を持ち、一夫多妻を実践していたことになるのである。

結局、どちらの結婚が先だったのかについて、現状では確たる結論は得られないが、この議論は、マケドニア王家の一夫多妻の慣行がいつ始まったのかという問題にも関わる、重要なトピックなのである。

前三八〇年代の苦難

エウリュディケとの結婚ののち、イリュリアとの関係はしばらくは平穏だったようだが、前三八三／二年にイリュリアが再度マケドニアに侵攻したという。ディオドロスは、この年、アミュンタス三世がイリュリアによって王国から追放され、オリュントスに国境付近の領土を割譲したこと、そして、オリュントスがその領土の返還を拒絶したため、復位した彼はスパルタと同盟し、スパルタにオリュントスを攻撃するよう促したことを語っている（『歴史叢書』一五巻一九章二―三節）。アミュンタス三世は、その治世において、一度ならず二度までも王国を追われたのだろうか。

このディオドロスの記述をめぐっては、これにそのまま従って、前三九三／二年に続いて前三八三／二年にもイリュリアの侵攻があり、アミュンタス三世は再び王国から追放されたとする見解と、これをディオドロスの作品にしばしば見られる重複（doublet）と捉え、前三九三／二年の侵攻を誤って繰り返して記したとして斥ける見解に二分されている。

前三八〇年代にオリュントスがマケドニアに攻め込み、ペラに至るまでの領土を占領したこと、そして前三八二年にスパルタがオリュントスに遠征したことは、同時代のクセノフォンの記述から確認できる（『ギリシア史』五巻二章一二―一三、三七―四三節）。しかし、それに先立つイリュリアの侵攻とオリュントスへの領土の割譲についてのディオドロスの描写が前三九三／二年の侵攻についての描写にあまりに似通っていることを考えると、この部分は重複と見るのが無難かもしれない。

前三八〇年代において、アミュンタス三世にとっての強敵は、イリュリアよりもむしろ、オリュントスを中心とするカルキディケ連邦だったらしい。第3章で見たように、もともと、オリュントスへの集住を促してカルキディケ連邦の結成を導いたのはペルディッカス二世だったが、カルキディケ連邦は、前四世紀にはマケドニア王国を圧迫するまでに成長を遂げていたのである。

アミュンタス三世が治世初期にカルキディケ連邦と締結した同盟条約（RO 12 = Tod 111）も、そうした両者の関係を示すものである（正確な年代は不明）。この条約はカルキディケ連邦に圧倒的に有利な条件でマケドニアの木材を輸出することを定めており、アミュンタス三世がカルキディケ連邦に対して弱い立場に置かれていたことを物語る。同時に、強国の勢力に脅かされながらも、かつてのペルディッカス二世のように木材を武器に王国の独立と安定を守り抜こうと奮闘するアミュンタス三世の姿も、この条約から浮かび上がってくる。

前三八二年に始まったスパルタのオリュントス遠征には、エリメイア王のデルダス二世が率いる四〇〇人の騎兵がマケドニア軍とともに加勢したという。この遠征は前三七九年にオリュントスの降伏に終わり、こうしてスパルタは、結果的にマケドニア王国を大きな危機から救ったのである。

オリュントスが降伏した時点でカルキディケ連邦が解体されたかどうかは説が分かれるが、前三七一年のレウクトラの会戦でスパルタが敗北したのち、カルキディケ連邦は勢いを盛り返し、前三四八年にフィリッポスに敗れるまで、再びマケドニアとの争いを繰り広げていくことになる。

名将イフィクラテスとの絆

前四世紀前半のマケドニア史において主要な登場人物として現れるのが、こうした苦難の時期にアミュンタス三世と養子縁組をしたイフィクラテスである。

イフィクラテスは、前三八〇年代から前三六〇年代にかけて活躍したアテネの将軍で、先に述べた傭兵隊長タイプの軍事指揮官として、しばしば外国での軍務に就いた。彼は名将として知られ、ローマの伝記作家ネポスは、「当代一流の将軍たちに引けをとらなかったばかりか、それ以前の時代にさえ彼に優る者が見当たらないほどの名将だった」と述べて絶賛している（『イフィクラテス伝』一節）。イフィクラテスはコリントス戦争期に頭角を現し、ペルタスタイと呼ばれる機動力に富んだ軽装備の歩兵を率いて大きな戦果を挙げた。彼の徹底した訓練は有名で、ギリシア世界では、「イフィクラテスの兵士」という呼び名は最高の名誉を表したという。

イフィクラテスは、コリントス戦争末期にヘレスポントス海峡でスパルタ軍との戦闘を繰り広げたのち、数年間にわたってトラキアで活動した。この時期に、彼はトラキアのオドリュサイ王国の王コテュスと縁戚関係を結んでいる。第3章で見たように、オドリュサイ王国は、ペルディッカス二世を圧迫したシタルケス一世が没したのち振るわなくなり、王位をめぐる争いにより停滞期に陥っていた。アテネは前五世紀からオドリュサイ王国と関係を深め、コリントス戦争期にはアテネの将軍トラシュブロスがオドリュサイ王国の王位継承争いを調停したことが知られる。イフィクラテスも、そうした争いに介入してセウテス二世を支援し、その後、彼の息子コテュスに仕えるようになった。このコテュスが前三八三年頃に即位すると、オドリュサイ王国は再びエーゲ海北岸における一大勢力となるのである。

イフィクラテスは、そのコテュスの娘(もしくは姉妹)を娶り、コテュスからトラキア沿岸部のドリュスを領地として与えられたという。ちなみに、アテネの将軍がトラキア王と縁戚関係を結ぶのは、これ以降、コテュスの三人の後継者(ケルセブレプテス、アマドコス、ベリサデス)の代にも繰り返されていくことになる。

イフィクラテスがアミュンタス三世の養子になったのは、トラキアに滞在していた前三八〇年代のことだったらしい。彼は前三四三年のアイスキネスの弁論で「亡きアミュンタス三世の養子」と呼ばれており(二〇〇頁参照)、これが、その唯一の史料である。イフィクラテスが養子になった時期や経緯については一切伝えられていないが、おそらく、前三八〇年代にオリュントスもしくはイリュリアに圧迫されていたアミュンタス三世をイフィクラテスが支援し、その功績により養子縁組をするに至ったのだろう。

前四世紀のマケドニアとトラキアの関わりは、フィリッポスの治世になるまで全く知られていないが、アミュンタス三世とコテュスは、こうして両国と強力なコネクションを築き上げたイフィクラテスを仲介役として、何らかの接触を持っていたのかもしれない。

イフィクラテスはその後、前三七〇年代にはペルシアに雇われてエジプトで軍務に就くが、前三六〇年代に入るとギリシア北部に戻って活動し、この時期にアミュンタス三世とエウリュディケの息子たちの「救世主」として立ち現れることになる。

アテネとの友好関係

アミュンタス三世は、晩年の前三七〇年代、いくつかの同盟関係を取り結んだことが知られる。その一つがアテネとの同盟で、前五世紀と同様にマケドニアの木材を軸に展開する両国の関係が見えてくる。

この時期のアテネは、前三七七年に第二次アテネ海上同盟を組織したのち、エーゲ海の制海権の回復に向けて動き出していた。ペロポネソス戦争の敗戦時に一二隻に制限されたアテネの軍船は、前三七七／六年には約一〇〇隻、前三五七／六年には二八三隻、と着々と増えていったことが確認できる。こうしたアテネの軍船数の着実な増加を支えたのは、マケドニアの木材だったらしい。前三七五～前三七三年頃に締結されたアミュンタス三世とアテネの同盟条約の碑文（*IG* II^2 102 = Tod 129）はわずかな断片しか残っておらず、その具体的な条項は不明だが、木材交易が同盟条約の要だったと考えられている。また、アミュンタス三世は同じ頃、アテネの将軍ティモテオスに個人的に木材を贈ったことも知られる。

そうしたアテネとの良好な関係を背景に、アミュンタス三世は前三七〇年頃に開催されたギリシア諸都市の講和会議に代理を送り、アテネのアンフィポリス領有権を支持したという。このようなギリシア諸都市の会議への参加は、マケドニア王がギリシア世界の一員として認められ、一定のプレゼンスを発揮していたことを物語る。

他方、アテネへの帰属を頑強に拒むアンフィポリスは、こうした展開を警戒し、この直後にオリュントスと同盟を締結した。前三六〇年代に入ると、アテネはアンフィポリスの奪還をめざしてたびたび遠征軍を派遣し、アテネ、マケドニア、オリュントスの三国の間で同市の領有をめぐる激しい争いが繰り広げられることになる。

フェライの僭主イアソンとの同盟

晩年のアミュンタス三世が取り結んだもう一つの重要な関係が、テッサリアのフェライの僭主イアソンとの同盟である。

前三七〇年代、フェライは僭主イアソンのもとで勢力を伸ばし、テッサリア全土を支配下に置いた。クセノフォンが「当時の人々のうちで最高の英雄であった」（『ギリシア史』六巻四章二八節）と称えるイアソンは、晩年にはペルシアへの遠征を計画していたという。

アミュンタス三世がそのイアソンと同盟を締結したのは、前三七〇年代末のことである。具体的な条項は知られていないが、この時期のイアソンは艦隊を建造するためにマケドニアの木材を欲していたと伝えられるので、同盟は、アテネの場合と同様にマケドニアの木材の確保を目的とするものだったらしい。

この同盟の締結をもって、アミュンタス三世は当時強勢を誇っていたイアソンの傘下に入ったとする説がしばしば唱えられている。イソクラテスは前三四六年の弁論で、テッサリアがかつてはマケドニアに支配を及ぼしていた、と述べており（『フィリッポスに与う』二〇節）、これがイアソンの覇権期における両国の関係に言及したものだと考えられてきたのである。

しかし、一九一一年に発見されたローマ帝政期の碑文から、アミュンタス三世が一方的にイアソンに従属していたわけではなかったことがうかがえる。この碑文は、二世紀初頭にローマのトラヤヌス帝が上部マケドニアのエリメイアとテッサリアのペライビア北部の都市ドリケとの間に生じた境界争いを裁定したことについての記録であり、その前例として、かつてエリメイアとドリケが同様の争いを起こした際にアミュンタス三世がそれを裁定したことが記されている。アミュンタス三世による裁定がいつのことだったのかは不明だが、彼は、その時点でペライビア北部を勢力範囲としていたらしい。おそらく、イアソンがアミュンタス三世と同盟を締結した際にペライビア北部を彼に譲渡したのだろう。だとすれば、両者の同盟は、木材の提供と引き替えに領土を与えるという対等の同盟だったことになる。

テッサリアがマケドニアを支配していたというイソクラテスの記述は、テッサリアを傘下に置くに至ったフィリッポスの功績を強調するためのレトリックと見るべきかもしれない。

アミュンタス三世の再評価

このように、アミュンタス三世はその晩年に至るまで、ペロポネソス戦争期のペルディッカス二世と同様に、マケドニアの木材を切り札としてカルキディケ連邦やアテネ、フェライといった強大な外部勢力との同盟関係を巧妙に操っていたのである。

アミュンタス三世が世を去ったのは、イアソンとの同盟からまもなくの前三七〇／六九年のことである。老齢での病死だったと伝えられる。

史料の乏しいアミュンタス三世の治世は、息子フィリッポスや孫アレクサンドロスの輝かしい功績の陰に隠れ、マケドニア王国の沈滞期と捉えられてきたが、近年は、フィリッポスの治世における王国の台頭の基盤が築かれた時期として高く評価する研究者もいる。アミュンタス三世は、即位直後にはイリュリアの侵攻を受けて王国を追われるという苦難に見舞われたが、イリュリアやオリュントスなどの強敵に圧迫されるたびにテッサリアやスパルタの支援を取りつけ、イフィクラテスやティモテオスといったアテネの有力な将軍とも親しく交わり、マケドニアの木材を武器に王国の独立と安定を守り抜いた有能な王と評することができる。さらに、傍系として王位を獲得しながらも、二〇年以上にわたって統治し、暗殺や戦死で命を落とすことが多かったマケドニア王としては珍しく天寿を全うしたことも、彼の卓越した手腕の証と言えるだろう。

2　アレクサンドロス二世

スムーズな王位継承

王の死後に激しい王位継承争いが起こるのが常だったマケドニア王国において、前三七〇／六九年のアレクサンドロス二世の即位は、例外的にスムーズな王位継承の事例として知られる。

先に見た前三七五〜前三七三年頃に締結されたアテネとの同盟条約では、現存する碑文断片の末尾にアミュンタス三世と並んでアレクサンドロス二世の名前が記されている。アレクサンドロス二世は、すでに父の晩年から事実上の後継者として認められていたらしい。マケドニア王家の王位継承はその時々の状況に左右される流動的なものだったが、前王によるプロモートが一定の役割を果たしたと考えられている。晩年のアミュンタス三世はアレクサンドロス二世を自らの後継者としてプロモートし、それがスムーズな王位継承につながったのだろう。

とはいえ、こうした前王によるプロモートが絶対的なものでなかったことは、前三三六年のアレクサンドロス（大王）の即位の事例からも明らかである。父フィリッポスは、アリストテレスを招いて息子に帝王教育を施し、自身のトラキア遠征中にはマケドニア本国の国事を委ね、カイロネイアの会戦では騎兵部隊の指揮を任せるなど、アレクサンドロスを自らの後継者として盛んにプロモートしたが、アレクサンドロスの即位は、必ずしもスムーズに進んだわけではない。彼が王位を獲得するにあたって何よりも大きな意味を持ったのは、フィリッポスの重臣アンティパトロスとパルメニオンのサポートである。このように、有力なヘタイロイによるサポートがスムーズな王位継承の重要な鍵となったが、アレクサンドロス二世の即位に際してそうした役割を果たした人物が誰だったのかについては、あとで触れることにしたい。

イリュリアの人質？

こうして順調なスタートを切ったアレクサンドロス二世だが、二年に満たない彼の短い治世は、まさに苦難の連続だった。

アレクサンドロス二世が即位したのは、ちょうどギリシア世界の勢力図が大きく様変わりした時期である。テッサリア全土を支配下に置いたフェライの僭主イアソンは、アミュンタス三世の死と前後して暗殺された。前三七一年のレウクトラの会戦でスパルタを撃ち破ったテーベは、以後、ペロピダスとエパミノンダスの指導のもとにペロポネソスとテッサリアへの進出を図った。アレクサンドロス二世は、こうしたテッサリアとテーベの動向に翻弄されることになる。

王位に就いたアレクサンドロス二世が最初に直面したのは、父アミュンタス三世の場合と同様、強敵イリュリアの侵攻である。アミュンタス三世の治世においては、少なくとも晩年の前三七〇年代にはイリュリアがマケドニアに侵攻したことは知られておらず、イリュリアに対する貢租の支払いとエウリュディケとの結婚による同盟が奏功したことがうかがえる。そのアミュンタス三世が没すると、イリュリアは王の代替わりに乗じて再びマケドニアに圧力をかけたのだろう。

結局、アレクサンドロス二世は父にならってイリュリアへの貢租の支払いを継続することになるが、このときのイリュリアの侵攻についての唯一の史料であるユスティヌスの記事には、アレクサンドロス二世が末弟のフィリッポスをイリュリアに人質として差し出し、そのしばらくあとに、彼をテーベに人質として送って友好関係を結んだ、と記されている（『フィリッポス史』七巻五章一―二節）。少年時代のフィリッポスがテーベの人質となったことはよく知られているが、彼は、それ以前にイリュリアの人質にもなっていたのだろうか。

フィリッポスがイリュリアの人質になったことについてはディオドロスも言及しているが、ディオドロスは、アミュンタス三世がフィリッポスをイリュリアに人質として差し出し、その後、フィリッポスはイリュリアからテーベに引き渡されてエパミノンダスの父のもとに委ねられた、というユスティヌスとは全く異なる説明をしている（『歴史叢書』一六巻二章二節）。もっとも、ディオドロスは、フィリッポスがテーベの人質となるに至った経緯について、別の箇所では、テーベのペロピダスがマケドニアに介入してアレクサンドロス二世と同盟を結んだ際にフィリッポスがテーベに送られた、と述べており（一五巻六七章四節）、ディオドロス自身の記述のなかでも齟齬が見られるのである。

フィリッポスをイリュリアに人質として差し出したのは、アミュンタス三世とアレクサンドロス二世のどちらだったのか。この問題をめぐっては、ユスティヌスとディオドロスの記述のいずれかに従う説、どちらも事実であるとしてフィリッポスは二度イリュリアの人質になったとする説、さらにはどちらもフィクションと見る説など、諸説入り乱れている。

結局、現状では、フィリッポスがいつイリュリアの人質になったのか（あるいはならなかったのか）について確たる結論は得られないが、もし、フィリッポスが一時期でもイリュリアに滞在していたとしたら、彼はどのような影響を受けただろうか。これに関しては、またあとで触れよう。

ペロピダスの介入

アレクサンドロス二世は、即位してまもなく、南のテッサリアへ軍を進めた。当時のテッサリアでは、フェライの僭主イアソンが暗殺されたのち、前三六九年に彼の甥アレクサンドロスがフェライの実権を握り、ラリサをはじめとするテッサリアの諸都市との対立を深めていた。そうしたなかでラリサのアレウアダイがアレクサンドロス二世に支援を求め、これに応じて、彼はテッサリアに武力介入したのである。

テッサリアに進撃したアレクサンドロス二世は、勢いに乗ってラリサのみならずクランノンにも攻め入り、両市を占領してマケドニアの駐留軍を置いた。これに対し、テッサリアの人々は、今度はテーベに救援を要請する。この要請を受けて、テーベのペロピダスがテッサリアに乗り込み、アレクサンドロス二世をテッサリアから撃退したうえ、さらにマケドニアにも干渉の手を伸ばすのである。

プルタルコスの『ペロピダス伝』は、このときマケドニアではアレクサンドロス二世とプトレマイオスが争っており、両者から援助を求められたペロピダスが二人の争いを仲裁した、と伝えている（二六章四―八節）。二人の間に争いが生じた背景は不明だが、おそらく、テッサリアへの介入が失敗に終わったことがアレクサンドロス二世の大きな失点となり、それを機にプトレマイオスが彼に挑んだのだろう。このプトレマイオスなる人物が何者だったのかについてはこのあと詳しく述べるが、二人の争いを仲裁したペロピダスは、亡命者たちをマケドニアに帰国させ、さらに王の弟フィリッポスに加え、有力なヘタイロイの子弟三〇人を人質としてテーベに連れ去ったという。

先に見たように、フィリッポスがテーベの人質となるに至った経緯について二通りの食い違う説明をしているディオドロスだが、その一方の説明は、このプルタルコスの記述とほぼ一致する。フィリッポスがそれ以前にイリュリアの人質になっていたにせよ、そうでなかったにせよ、彼がテーベの人質になったのは、こうしたペロピダスの介入の結果だったと見てよいだろう。

こうして、アレクサンドロス二世とプトレマイオスの争いはペロピダスの介入によっていったんは鎮静化するが、ペロピダスがどちらに有利な裁定をしたのかは判然としない。このとき人質にとられた三〇人は、どちらの支持派だったのか。アレクサンドロス二世自身の弟フィリッポスが人質にとられたことから、ペロピダスはプトレマイオスに有利な裁定を下したと見る研究者が多いが、おそらく、ペロピダスの真の狙いは、マケドニア王国の内訌を助長してマケドニアが再びテッサリアに介入しないようにすることだったのだろう。だとすれば、彼はどちらか一方に肩入れはせず、アレクサンドロス二世とプトレマイオスの両派から人質をとり、両者の勢力を拮抗させようとしたと推測できる。このあとまもなく二人の争いが再燃したのは、ペロピダスの描いたシナリオ通りだったのかもしれない。

テーベでの三年間

ペロピダスの思惑が何だったにせよ、こうして、フィリッポスは一〇代半ばの三年間をテーベで過ごすことになる。その正確な時期についても説が分かれるが、前三六八年から前三六五年まで、すなわち、彼は一四歳から一七歳までの三年間をテーベで過ごしたと見るのが有力である。

フィリッポスがテーベに滞在したのは、テーベがペロピダスとエパミノンダスのもとで赫々たる戦果を挙げていた時期にあたる。フィリッポスは、そうしたまさに全盛期のテーベにおいて、エパミノンダスと親しい将軍パンメネスの邸宅に滞在し、テーベの有力者たちと交流しながら、そのすぐれた戦術やポリス世界の政治・外交をつぶさに観察する機会に恵まれたのである。ユスティヌスは、「［フィリッポスは］エパミノンダスとペロピダスの勇気に学んだ」（『フィリッポス史』六巻九章七節）、「［テーベでの経験は］フィリッポスに卓越した才能を最大限に伸ばす機会を与えた」（七巻五章二節）と述べて、その経験の重要性を強調している。

とはいえ、フィリッポスがテーベでの滞在から具体的に何を学んだのかについては、直接の証拠はなく、様々な議論がある。ポリス世界の政治・外交、ギリシア人の価値観や文化、ペルシアの影響力などについて学んだと考えられているが、前五世紀からポリス世界と密接に関わっていたマケドニア王家は、すでにこうしたものに十分馴染んでいたはずだろう。フィリッポスが先進のポリスで多くを学んだおかげでマケドニア王国を刷新したと捉えるのは、彼以前の王国の後進性を強調する見方につながるため、注意が必要である。

おそらく、最も確実なのは、軍事面における影響だろう。天才的戦術家として名高いエパミノンダスは、斜線陣と呼ばれる新戦法（同じ厚みの重装歩兵密集隊による戦闘に代わって、左翼に分厚い主力部隊を置く戦法）を考案し、レウクトラの会戦ではこの戦法でスパルタ軍に大勝した。こののち、フィリッポスは前三三八年のカイロネイアの会戦において、斜線陣にさらに改良を加えた戦法でギリシア連合軍を撃ち破っている。

また、フィリッポスが創設したとされるヒュパスピスタイと呼ばれる精鋭部隊も、テーベの三〇〇人の神聖隊をモデルにしたものだったらしい。神聖隊は、前三七九年にテーベがスパルタの支配から解放された直後にエパミノンダスの友人ゴルギダスが組織した精鋭部隊で、以後、ペロピダス、エパミノンダス、パンメネスといった名将たちが次々に指揮をとり、カイロネイアの会戦に敗れて壊滅するまで、ギリシア世界で不敗を誇った。テーベ滞在中にエパミノンダスやパンメネスと親しく交わったフィリッポスは、彼らが率いる神聖隊に大いに触発されたのだろう。

ただし近年は、軍事面においては、フィリッポスはテーベよりもむしろイリュリアから多くの影響を受けていた可能性が指摘されている。先に述べたように、フィリッポスがイリュリアの人質になったのかどうかは判然としないが、もし彼がイリュリアに滞在していたとしたら、当時強勢を誇ったイリュリアから少なからぬ影響を受けたことだろう。イリュリアのダルダノイ人の王バルデュリスは名将として知られるが、歩兵と騎兵を連動させるフィリッポスの戦い方はバルデュリスの影響だったと見る研究者もいる。

ともあれ、フィリッポスの才腕や功績の多くをただちにテーベでの経験に結びつけるのは、ポリス中心的な見方と言えるだろう。

アレクサンドロス二世の暗殺

ペロピダスの介入からほどなくして、アレクサンドロス二世はプトレマイオスの一派によって暗殺された。

前四世紀後半のペラ出身の歴史家マルシュアスによれば、プトレマイオスの手下の者たちがテレシアス（武装した兵士によるマケドニア固有の踊り）を演じているさなかにアレクサンドロス二世を殺害したという（断片一一）。デモステネスの弁論にも、アレクサンドロス二世の暗殺者としてピュドナのアポロファネスという人物の名前が挙げられている（『使節職務不履行について』一九四―一九五節）。おそらく、このアポロファネスがテレシアスのさなかにアレクサンドロス二世を殺害したプトレマイオスの手下の一人だったのだろう。

マルシュアスが伝えているテレシアスは、宮廷でのシュンポシオンにおいて催されたと考えられる。武装した兵士たちがテレシアスを踊るシュンポシオンが暗殺の場となったのは、狩猟のさなかに殺害されたというアルケラオスの事例（一六一頁参照）と同様、武器を持って王に近づく絶好の機会であることに加え、シュンポシオンが王権と深く結びついていたことが背景にあったのだろう。狩猟とシュンポシオンは、マケドニアのエリート社会の縮図であるがゆえに、しばしば王の暗殺の舞台となったのである。

アレクサンドロス二世の暗殺がアルケラオスの事例と似ているのは、おそらく、それだけではない。アルケラオスの暗殺の背景には、彼が着手した重装歩兵の育成に対するヘタイロイの不満があったと推測されるが（一四八頁参照）、どうやら、アレクサンドロス二世も重装歩兵の増強を図り、それが彼の暗殺につながったらしいのである。

ペゼタイロイの育成？

ランプサコス出身のアナクシメネスは、フィリッポスの宮廷に滞在し、彼の治世を中心とする長大な作品『フィリッポス史』を著した歴史家である。現存するのはわずかな断片のみだが、その一つに、「アレクサンドロス」なる王の事績として「大衆の歩兵をペゼタイロイと命名した」ことが記されている（断片四）。

ペゼタイロイとは、「歩兵ヘタイロイ」の意味で、マケドニアの重装歩兵をさす。ペゼタイロイはもともと王側近の近衛歩兵の呼称だったが、王に対する忠誠心や親近感を植えつけるために、「ヘタイロイ（仲間）」という名誉ある美称が一般歩兵にも与えられたのである。フィリッポスの治世には、このペゼタイロイがマケドニア軍の主力になっていく。

大衆の歩兵をペゼタイロイと命名したという「アレクサンドロス」は、一世、二世、三世のどのアレクサンドロスだったのか。アレクサンドロス一世やペルディッカス二世の治世にはマケドニアの重装歩兵軍の存在は確認できないので、この「アレクサンドロス」がアレクサンドロス一世のことであるとは考えにくい。また、ペゼタイロイはすでにフィリッポスの治世に確認できるので、アレクサンドロス三世（大王）でもありえない。そこで、消去法により、この「アレクサンドロス」はアレクサンドロス二世のことだと見る研究者が多い。おそらく、暗殺によって中途で挫折したアルケラオスの軍事改革を継承する形で重装歩兵の育成を図ったのがアレクサンドロス二世だったのだろう。二年に満たないアレクサンドロス二世の短い治世ではそうした改革は不可能だという指摘もあるが、前述のように、彼がすでにアミュンタス三世の晩年に事実上の後継者として認められていたとすると、その時期から重装歩兵の育成に着手していたとも考えられる。アレクサンドロス二世が即位してまもなくテッサリアに武力介入するという攻勢に出たのも、そうした軍事改革の一定の成果を背景としていたのかもしれない。

加えて、アミュンタス三世の養子となったアテネの将軍イフィクラテスの影響も考慮すべきだろう。イフィクラテスは、エジプトで軍務に就いていた前三七四年頃、重装歩兵の槍や剣を長くし、楯を小型化するなどの武具の改良を行ったことが知られるが、こうした彼の改革がアレクサンドロス二世に影響を与えたのではないか。近年の研究では、フィリッポスの軍事改革にイフィクラテスの影響が見られることがしばしば指摘されているが、イフィクラテスが活躍していた時期にまだ幼い少年だったフィリッポスよりも、むしろ、年長の兄たちの方が大きな影響を受けたと考えるのが自然である。さらに、イフィクラテスを養子にした当のアミュンタス三世こそ、彼から最も大きな影響を受けていたはずだろう。晩年のアミュンタス三世が息子のアレクサンドロス二世とともに重装歩兵の育成に着手し、それがアレクサンドロス二世の治世になって一定の成果を生んだため、アナクシメネスはペゼタイロイを彼と結びつけて記したのかもしれない。

だとすれば、こうした重装歩兵の育成がヘタイロイの不満を招き、アルケラオスの場合と同様に、それがプトレマイオスの一派によるアレクサンドロス二世の暗殺の背景になったと考えることも可能だろう。

プトレマイオスという人物

では、アレクサンドロス二世を暗殺したそのプトレマイオスとは、いったい何者だったのか。

プトレマイオスの出自をめぐっては多くの議論があるが、確かなことはわかっていない。ディオドロスは、彼を「アロロスのプトレマイオス」と都市名を冠して呼んでおり（アロロスはアイガイの北東に位置する都市）、さらに、彼が「アミュンタス三世の息子」、「アレクサンドロス二世とペルディッカス三世の兄弟」だったと述べている（『歴史叢書』一五巻七一章一節、七七章五節）。しかし、アミュンタス三世には、エウリュディケから生まれた三人の息子とギュガイアから生まれた三人の息子以外に息子がいたことは知られていない。そこで、この「息子」「兄弟」というのは義理の息子・兄弟のことだと解釈し、プトレマイオスはアミュンタス三世とエウリュディケの娘エウリュノエの夫だったと見るのが通説となっている。

プトレマイオスがもともと王族だったのかについても説が分かれるが、ディオドロスが「アロロスのプトレマイオス」と都市名をつけた呼び方をしていることから、彼が王族だったとは考えにくい。また、後述するように、プトレマイオスはアミュンタス三世の未亡人であるエウリュディケと結婚しているが、王族でないからこそ、エウリュノエやエウリュディケとの結婚を重ねて王家に食い込もうとしたのだろう。

先に見た前三七五～前三七三年頃のアミュンタス三世とアテネの同盟条約を記した碑文には、マケドニア側の使節として「プトレマイオス」という名前が現れる。これがこの「アロロスのプトレマイオス」と同一人物だとすれば、プトレマイオスは、フィリッポスの治世にたびたび使節の任務を果たしたアンティパトロスやパルメニオンのような、アミュンタス三世の重臣だったと考えられる。

そうすると、アミュンタス三世からアレクサンドロス二世への王位継承がスムーズに進んだのは、父の代からの重臣であるプトレマイオスの強力な後ろ楯があったためではないかと推測できる。プトレマイオスは自身の義兄弟にあたる若いアレクサンドロス二世の即位をバックアップしたが、やがて、テッサリアへの介入や重装歩兵の育成をめぐって二人の間に不和が生じ、アレクサンドロス二世のテッサリアでの失敗を機に、そうした対立が表面化するに至ったのだろう。

王か摂政か

プトレマイオスは、アレクサンドロス二世を暗殺したのち、三年間マケドニア王国の実権を握った。プトレマイオスをめぐって最も議論を呼んでいるのは、その三年間、彼は自ら王位に就いたのか、それとも、アレクサンドロス二世の弟ペルディッカス三世の摂政として統治したのかという問題である。

ディオドロスはプトレマイオスが王として統治したかのように述べているが、唯一の同時代史料であるアイスキネスの一節は、プトレマイオスを epitropos と呼んでいる（『使節職務不履行について』二九節）。epitropos というギリシア語は、通常は「後見人」を意味するが、ギリシア語には「摂政」に相当する語がないため、「摂政」の意味も含むと考えられている。

マケドニア史においてこの epitropos という語が最初に現れるのは、先に見たアルケラオスの息子オレステスを殺害したアエロポスの事例である。アルケラオスの暗殺後、彼の幼い息子オレステスが後を継ぐが、まもなくアエロポスに殺害され、代わってこのアエロポスがマケドニア王となった。この事例についても、アエロポスが幼いオレステスの後見人になったことは確かだが、彼がオレステスの摂政を務めたのかについては説が分かれる。いずれにしても、アエロポスはすぐにオレステスを殺害するので、彼が摂政を務めた期間があったとしても、ごくわずかだったことになる。また、次章で見るフィリッポスとアミュンタス四世（ペルディッカス三世の遺児）の事例も、フィリッポスが甥アミュンタス四世の後見人になったことは確かだが、摂政を務めたのかをめぐって多くの議論がある。

後継者戦争期以前のマケドニア王国において摂政とおぼしき事例はこの三例だが、いずれの事例についても、摂政を務めたかどうかを示す確たる証拠はない。アミュンタス四世の叔父であるフィリッポスが彼の後見人になったように、未成年の王族の後見人を務めるのは最も近い男性親族であり、プトレマイオスの場合、彼はペルディッカス三世の義兄弟であるので（彼はエウリュディケと結婚するので、ペルディッカス三世の義父でもあることになる）、彼がペルディッカス三世の後見人になったのは確かだろう。

結局、現状では、プトレマイオスが王だったのか摂政だったのかについて明確な結論は得られないが、王位に就いたかどうかの一つのヒントになるのは、貨幣の有無である。これまで見てきたように、アレクサンドロス一世以降のマケドニア王たちは、ごく短い期間しか統治しなかった前三九〇年代のパウサニアスやアミュンタス二世も含め、皆、自身の貨幣を発行しており、それらの貨幣には王の名前が記されている。しかし、プトレマイオスの場合、三年間統治していたにもかかわらず、彼の名前が記された貨幣は全く残っていない。とすると、プトレマイオスは王位に就くことはなかったと考えるのが、やはり無難かもしれない。

「救世主」イフィクラテス

王だったにせよ摂政だったにせよ、プトレマイオスは、前三六五年にペルディッカス三世の手で殺害されるまで、三年にわたって王国の実権を掌握する。この三年間において知られているのは、パウサニアスという人物が王位を狙ってマケドニアに侵攻し、アテネの将軍イフィクラテスによって撃退されたこと、そして、テーベのペロピダスが再びマケドニアに介入したことの二つである。

パウサニアスの一件については、アイスキネスの前三四三年の弁論が唯一の史料である。アイスキネスは、前三四六年にアテネの使節団の一員としてマケドニアに赴いた際に自身がフィリッポスの前で行った演説を引用しており、その演説のなかで、亡命の身の上にあったパウサニアスがカルキディケの都市（アンテムス、テルメ、ストレプサ）を手中に収めて兵力を蓄え、王権を狙ってマケドニアに戻ってきたとき、エウリュディケが亡きアミュンタス三世の養子であるイフィクラテスに助けを求め、それに応じてイフィクラテスがパウサニアスを撃退してフィリッポスのために王権を守った、という顛末が詳しく語られている（『使節職務不履行について』二六―二九節）。

このパウサニアスなる人物の出自は不明だが、「亡命の身の上」にあり、「王権を狙ってマケドニアに戻ってきた」とアイスキネスが述べていることから、アミュンタス三世の治世に王国から追放された王族だったと考えられる。おそらく、パウサニアスはアルケラオスの息子、もしくはアミュンタス三世が殺害したパウサニアスの同名の息子だろう。彼はアミュンタス三世によって追放されたのち、マケドニアと対立するカルキディケに潜伏していたが、アレクサンドロス二世が暗殺されたのを機に、カルキディケの諸都市を味方につけてマケドニアに舞い戻ってきたのである。

そのとき、「救世主」として登場するのが、当時アンフィポリス奪還をめざすアテネの遠征軍を指揮していたイフィクラテスである。アイスキネスによれば、エウリュディケはイフィクラテスを呼び寄せると、ペルディッカス三世を彼の腕に抱かせ、フィリッポスを彼の膝に乗せて嘆願したという。母親が息子たちの王位を守るためにイフィクラテスに助けを乞う感動的な場面だが、この場面の描写はアイスキネスによる脚色だった可能性が高い。というのも、当時、ペルディッカス三世もフィリッポスも一〇代半ばから後半の年齢であり、二人とも腕に抱いたり膝に乗せたりするような幼な子ではないし、そもそも、フィリッポスはすでに人質としてテーベに送られており、この時点でマケドニアにいたはずはない（ただし、アイスキネスの一節に信を置き、フィリッポスはこの一件以降にテーベの人質になったと見る研究者もいる）。

また、この場面の描写は、トゥキュディデスの記述に現れるテミストクレスの命乞いの場面によく似ていることも指摘されている。トゥキュディデスによれば、前四七一年頃にアテネを追われたテミストクレスは、その逃避行の過程でモロッソス王アドメトスのもとに身を寄せ、王の息子を抱いて命乞いをしたという（『歴史』一巻一三六章一節―一三七章一節）。アイスキネスは、前三四六年に使節としてマケドニアを訪れた際、フィリッポスの歓心を買うために、そうした古典作品に現れる有名な命乞いの場面をモデルにイフィクラテスの一件を脚色して語り聞かせたのだろう。

イフィクラテスに撃退されたパウサニアスは、この数年後のフィリッポスの即位時に、先に触れたアルガイオスとともに、再びマケドニアの王位を狙って立ち現れることになる。

ペロピダスの二度目の介入

テーベのペロピダスがマケドニアに二度目の介入を行ったのは、このパウサニアスの一件からまもなくのことだったらしい。ペロピダスは、イフィクラテスの介入によってマケドニアでアテネの影響力が増すのを警戒し、マケドニアとの関係の強化を図ったのだろう。

プルタルコスの『ペロピダス伝』は、マケドニアでまたしても争乱が起こり、亡き王（アレクサンドロス二世）の一派がペロピダスを呼んだ、と伝えている（二七章二―四節）。これに応じてペロピダスが傭兵を集めてマケドニアに進軍すると、プトレマイオスはその傭兵たちの買収を企てるが、結局、ペロピダスと同盟を結ぶに至り、自身の息子フィロクセノスとその仲間五〇人を人質としてテーべに差し出したという。

プルタルコスは、テーベとの同盟締結に際して、プトレマイオスが亡き王の兄弟たちに支配権を確保することに同意した、とも述べている。もしプトレマイオスがペルディッカス三世の摂政になったのだとすると、おそらく、このときのテーベとの同盟によってその地位が正式に定まったのだろう。

こうして、アテネもテーベも、エーゲ海北岸への勢力伸張を図るなかで、結果的にマケドニア王家を危機から救い、ペルディッカス三世の、ひいてはフィリッポスの王位を守ったのである。先に見たように、スパルタもアミュンタス三世の治世にマケドニアをオリュントスの脅威から救っているので、前四世紀前半のギリシア世界で覇を争ったアテネ、テーベ、スパルタは、そのいずれもがマケドニア王家の「救世主」として立ち現れたことになる。もしこれらの勢力が介入していなかったら、のちにフィリッポスがギリシアの覇権を握ることもなかったかもしれない。

エウリュディケの「黒い噂」

ここで、こうしたマケドニア王国の多難の時期においてキーパースンの一人となる、アミュンタス三世の未亡人エウリュディケに目を向けてみたい。

エウリュディケは、マケドニア史において、独立した個性を持って史料に現れる最初の女性である。それまでは、王家の婚姻外交の道具として言及されるギュガイア（アレクサンドロス一世の姉妹）とストラトニケ（ペルディッカス二世の姉妹）、王の母・妻として言及されるシミケとクレオパトラが知られているが、いずれも名前だけで、彼女たちの活動は一切伝えられていない。アミュンタス三世のもう一人の妻ギュガイアも、三人の息子をもうけたこと以外は何も知られていない。

エウリュディケが同時代史料に現れるのは、先に見た、アイスキネスが伝えるイフィクラテスへの嘆願の一件のみだが、息子たちを守ろうとする献身的な母親というそのイメージとは対照的に、ローマ時代の史料においては稀代の悪女として描かれている。とりわけユスティヌスは、エウリュディケがアミュンタス三世を殺害して王国を愛人に渡すことを企み、娘エウリュノエが母の姦通と陰謀をアミュンタス三世に知らせたおかげで彼は危うく難を逃れたこと、さらに、アレクサンドロス二世もペルディッカス三世もエウリュディケの謀略によって命を落としたことを伝えている（『フィリッポス史』七巻四章七節、五章四―八節）。ユスティヌスはエウリュディケの愛人の名前には触れていないが、アイスキネスの弁論のスコリア（写本の欄外古注）には、プトレマイオスがエウリュディケの助けを得てアレクサンドロス二世を殺害し、エウリュディケと結婚した、と記されているので、この愛人というのはプトレマイオスのことだと見て間違いない。

このように、エウリュディケは、夫の生前から娘の夫であるプトレマイオスと姦通して夫の殺害を企み、夫の死後には息子たちの殺害に関与したうえに愛人のプトレマイオスと結婚したという、残忍極まりない悪女として描かれているのである。

エウリュディケの「復権」

かつては、こうしたローマ時代の言説がほぼ無批判に受け入れられ、稀代の悪女というエウリュディケ像が長らく定着していたが、一九九〇年代になって、ようやくエウリュディケの「復権」が始まった。

一九九〇年代は、研究者たちがローマ時代の史料のバイアスに自覚的になった時期であり、エウリュディケと同様に悪女と見なされてきたオリュンピアスも、そうしたネガティヴなイメージから脱却しつつある。オリュンピアスの場合、彼女を悪女とするローマ時代の史料は、男性の視点からのジェンダー・バイアス、そして何より、アレクサンドロス（大王）死後の後継者戦争期にオリュンピアスが政治の前面に立ち、「後継者《ディアドコイ》」の一人カッサンドロスと激しく争ったことに由来する。カッサンドロスは、前三一六年にオリュンピアスを裁判にかけて処刑するが、その際、アレクサンドロスの実母を手にかけることを正当化するために、彼女を誹謗中傷するプロパガンダを大々的に流した。オリュンピアスをおぞましい悪女として描くローマ時代の史料の多くは、このときのカッサンドロスの政治的プロパガンダによって大きく歪められているのである。

同様に、エウリュディケを悪女として描くローマ時代の史料も、男性の視点からのジェンダー・バイアスに加え、エウリュディケの息子たちと王位を争ったギュガイアの息子たちの一派によるプロパガンダや、フィリッポスに敵対する勢力が彼の母を中傷するために流したプロパガンダによって少なからず歪められていると見るべきだろう。とりわけ、アミュンタス三世の生前におけるエウリュディケの不貞行為を強調することは、その息子たちの血筋の正統性を否定する有効なプロパガンダとなったに違いない。

実際のエウリュディケが、夫の殺害を企み、息子たちの殺害に関与するような悪女でなかったことは、彼女が息子たちを守るためにイフィクラテスに嘆願したというエピソードをアイスキネスがフィリッポスの前で語ったことからも明らかである。フィリッポスにとって母エウリュディケが愛おしい存在だったからこそ、アイスキネスは彼女のエピソードをフィリッポスに語り聞かせたのだろう。また、後継者戦争の初期、フィリッポスの孫娘アデアはアリダイオス（フィリッポス三世）と結婚した際に「エウリュディケ」と改名しているが、このことも、エウリュディケという名前がマケドニア王家において忌まわしい記憶をともなうものではなかったことを裏づける。

このように、近年は悪女というエウリュディケ像は力を失っているが、彼女がプトレマイオスと結婚したというのは、どうやら事実だったらしい。つまり、エウリュディケは、自分の息子を殺害した男と結婚したことになる。

この結婚を望んだのは、プトレマイオスの方だったに違いない。おそらく、最初の妻エウリュノエはすでに亡くなっていたのだろう。プトレマイオスは、アミュンタス三世の未亡人を娶るという一種の逆縁婚によって自らの権力基盤の強化を図ったのである。長男をプトレマイオスに殺害されたエウリュディケにとって、残る二人の息子を守るためには、プトレマイオスとの結婚に応じる以外に選択肢はなかった。これは、まさしく、後継者戦争の渦中で波乱の生涯を送ったアルシノエ二世（プトレマイオス朝エジプトを建てたプトレマイオスの娘）の例を思い起こさせる。アルシノエ二世は、前二八一年に最初の夫であるリュシマコスが戦死したのち、異母兄のプトレマイオス・ケラウノスとの結婚を強いられるが、彼女にとって、この結婚は息子たちの王位継承権を守るための苦渋の選択だった。結局、アルシノエ二世は夫となったプトレマイオス・ケラウノスに息子たちを殺害されてしまうが、エウリュディケの場合は、プトレマイオスとの結婚によって次男と三男の命と王位を守り抜くことに成功したのである。

あるいは、ペロピダスの二度目の介入の際、彼がプトレマイオスと同盟を結ぶにあたっての条件の一つとしたのがプトレマイオスとエウリュディケの結婚だったと考えることもできる。ペロピダスがプトレマイオスの一派と亡きアレクサンドロス二世の一派を和解させるために二人を結婚させたのだとすると、この場合も、エウリュディケには他に選択肢はなかったことになる。

このように、エウリュディケ自身の意思ではなかったにせよ、おそらく、この結婚が彼女の「黒い噂」のルーツとなったのだろう。自分の息子を殺害した男との結婚は、彼女を誹謗中傷しようとする人々にとって格好の攻撃材料となったに違いない。ギュガイアの息子たちの一派によるプロパガンダやフィリッポスの敵たちによる反マケドニアの言説のなかで、そうしたエウリュディケの「黒い噂」が肥大化し、残忍極まりない悪女像が練り上げられていったのだろう。

エウリュディケの奉納碑文

現在のところ、そのエウリュディケに関わる碑文が四点知られている。女性に関する碑文というのも、それまでのマケドニア王国では前例のないものだが、これらの碑文からも、息子たちに愛情を注ぐ献身的な母親というエウリュディケの姿が浮かび上がってくる。

一点目は、プルタルコスの名前で伝わる論説『子供の教育について』（一四B—C）に引用されているもので、碑文自体は現存していない。この碑文には、エウリュディケがムーサイ（学問と芸術を司る九柱の女神）に奉納をしたこと、息子たちの教育のために文字を苦労して学んだことが記されている。息子たちは「すでに花盛り」の年齢だった、とあるので、彼女が息子たちの教育のために文字を学んだというのは、アミュンタス三世の晩年、もしくは彼の死後の前三六〇年代のことだろう。この碑文から浮かび上がるのは、夫の生前に不貞行為を働き、息子たちの殺害に関与したという悪女像とは対照的な、息子たちの教育に心を砕く愛情深い母親の姿である。

もっとも、この碑文はローマ時代の作品から知られるものであり、他のローマ時代の作品に描かれる悪女としてのエウリュディケ像を反転させた創作だった可能性も否定できない。しかし、ヴェルギナ（アイガイ）とその周辺で発見された以下の三点の彫像台座碑文は、献身的な母親というエウリュディケ像を裏づける貴重な同時代史料となる。

図22　ヴェルギナの「エウクレイアの神域」で1990年に発見された彫像台座碑文

①一九八二年にヴェルギナの「エウクレイアの神域」で発見された碑文。大理石の彫像（現存せず）の台座に「シラスの娘エウリュディケがエウクレイアに捧げる」と記されている。

②一九九〇年に同じく「エウクレイアの神域」で発見された彫像台座碑文で、①と全く同じ文言が記されている（**図22**）。

③一九八二年にヴェルギナ村の東側に位置するパラテ

ィッツア村の初期キリスト教会の遺構で発見された彫像台座碑文。教会の建築部材に転用されていたため、かなり損傷しているが、「シラスの娘エウリュディケ」と記されている。

これらの碑文に現れるエウクレイアは、名声や名誉を司る女神として知られ、ポリス世界では通常、都市の中央にあるアゴラで祀られていた。そのため、「エウクレイアに捧げる」と記された①と②の碑文が発見されたことにより、その発見場所の一帯（ヴェルギナの円形劇場の北側に拡がるエリア）がエウクレイアを祀る神域であり、アイガイのアゴラの機能を果たしていたことが明らかになったのである。

①と②の碑文が示すエウクレイアへの奉納がいつのことだったのかは不明だが、おそらく、プトレマイオスとの結婚によってエウリュディケをめぐる「黒い噂」が拡がるなかで、姦通や息子殺しという醜聞を跳ね返して息子たちの王位を守ろうとする彼女が、自身のパブリックイメージを磨くために名誉の女神であるエウクレイアへの奉納を行ったのだろう。

エウリュディケの彫像

さらに注目に値するのは、一九八九年に「エウクレイアの神域」で発見された女性像である（**図23**）。高さ一・九メートルの大理石製の全身像で、体部と頭部が別々に見つかったが、同一の女性像のものであることが確認されている。

この像は、②の彫像台座碑文と同じ場所で発見されたことから、②の台座に据えられた女神エウクレイアの像であると考えられていた。しかし、その後の調査によって、②の台座ではなく、パラティ

図23　ヴェルギナの「エウクレイアの神域」で発見された女性像の体部（左）と頭部（右）

ッツア村で発見された③の台座に据えられたものであることが明らかになっている。つまり、もともと「エウクレイアの神域」に建立されていた女性像の台座部分が、のちに教会の建築部材としてパラティッツアに運ばれたのだろう。とすると、③の台座には「シラスの娘エウリュディケ」と記されているので、この像はエウクレイアではなく、エウリュディケ本人の彫像だったことになる。

この女性像は、その作風に加え、アッティカのペンテリコン産の上質な大理石で作られていることから、前四世紀前半に活躍したアテネの名高い彫刻家ケフィソドトスの作であると推測されている。ケフィソドトスは、アテネのアゴラに建立されたと伝えられる、プルトス（福の神）を抱いたエイレネ（平和の女神）の像の作者として知られる。この女神像の原作は現存しないが、ローマ時代の模刻が残っており、左腕に抱いた幼いプルトスを優しく見つめるそのエイレネの像は、ヴェルギナで出土した女性像によく似ていると指摘されている。

この女性像がいつ制作されたのかは不明だが、イフィクラテスを通じてアテネとの関わりを深めたエウリュディケが、前三六〇年代にケフィソドトスに自身の像を発注したのかもしれない。だとすれば、「エウクレイアの神域」に像を建立したのは、①と②の碑文が示すエウクレイアへの奉納と同様に、自身のパブリックイメージの改善を図る彼女の戦略の一環だったことになる。あるいは、第6章で見るように、ギリシアの高名な文人や芸術家を盛んに宮廷に招いたフィリッポスが、晩年のケフィソドトスに母の像の制作を依頼したのかもしれない。だとすれば、この像は母に対するフィリッポスの親愛の証であり、エウリュディケがローマ時代の史料に伝えられるような悪女ではなかったことを裏づける証拠となる。

また、③の台座は、その形状と銘文が刻まれている位置から、コの字型に配置された群像の台座の一部だったと考えられている。第7章で見るように、晩年のフィリッポスはオリュンピアの神域に自らの名前を冠したフィリッペイオンという円形堂を造営し、自身と両親のアミュンタス三世とエウリュディケ、妻オリュンピアスと息子アレクサンドロスの五体の群像を円弧形の台座に並べて安置したことが知られる。ヴェルギナで見つかった女性像も、そうした群像のうちの一体だったのかもしれない。台座の形状から、少なくとも三体以上の群像であり、この女性像がその右端だったと推測されている。フィリッペイオンの群像と同様に五体だったとすると、おそらく、アミュンタス三世とエウリュディケ、そしてその三人の息子たちを配した、マケドニア王家の結束をアピールする群像だったのだろう。

ともあれ、この女性像は、他には全く知られていないマケドニア王家の女性の貴重な同時代のポートレートである。近年の研究では、マケドニア王が自己のイメージの演出に長けていたことがとみに強調されているが（三二五頁参照）、エウリュディケの奉納碑文や彫像は、そうした自己演出が男性王族に限られていたわけではないことを物語っている。

3　ペルディッカス三世

弟フィリッポスとの関係

前三六五年、ペルディッカス三世はプトレマイオスを殺害し、兄アレクサンドロス二世の復讐を果たした。

同じ頃、テーベの人質となっていた弟フィリッポスがマケドニアに帰国した。ちょうどこの時期のテーベの碑文（*SEG* 34. 355）から、マケドニアがテーベに木材を提供したことが知られている。テーベでは、前三六六年頃からエパミノンダスが艦隊の建造を進めていたので、マケドニアはそのための造船用木材を提供したのだろう。フィリッポスが帰国を許されたのは、こうした木材提供の見返りだったらしい。

この時期、テーベの人質になっていたのはフィリッポスだけではない。先に見たように、ペロピダスの二度の介入によって、併せて八〇人ものヘタイロイの子弟が全盛期のテーベに滞在していた。プトレマイオスの息子フィロクセノスも含め、他の人質たちの消息は一切伝えられていない。おそらく、その多くはフィリッポスとともに帰国したはずで、彼らのテーベでの経験は、フィリッポスのそれと同様、以後のマケドニア王国の発展に少なからず寄与したと見るべきだろう。

前二世紀のペルガモンの文人カリュスティオスによれば、ペルディッカス三世は帰国したフィリッポスに領土を与え、フィリッポスはそこで兵力を養ったという（断片一）。哲学に傾倒していたペルディッカス三世はプラトンと親交があり、彼の弟子エウフライオスを宮廷で重用したが、カリュスティオスは、フィリッポスに領土を与えるようにペルディッカス三世に進言したのはそのエウフライオスだった、と述べている。ペルディッカス三世は彼の進言を容れ、弟がテーベで学んだことを活かすために、領土を与えてただちに軍事改革に着手させたのだろう。

フィリッポスら三兄弟の関係がどのようなものだったのかを直接伝える史料はないが、このようにペルディッカス三世がフィリッポスに領土を与えていることから、二人は良好な関係にあったと見る研究者が多い。マケドニア王家では王の息子たちの間でしばしば熾烈な王位継承争いが繰り広げられたが、同母兄弟の間ではそうした争いはなく、関係は良好だったと推測されている。

確かに、フィリッポスら三兄弟は年齢順に王位に就き、彼らの間で王位をめぐる争いがあったことは知られていない。しかし、プラトンの学園アカデメイアの二代目学頭を務めたスペウシッポスが前三四三年頃にフィリッポスに宛てた書簡（『ソクラテス派書簡三〇』）の一節から、ペルディッカス三世とフィリッポスの関係が必ずしも良好なものではなかったことがうかがえる。スペウシッポスはこの書簡のなかで、ペルディッカス三世の治世にプラトンがマケドニアの宮廷で兄弟間の争いが起きないようにいつも心を配っていた、と述べている。この一節が示すように、もし二人の関係が良好なものではなかったとしたら、右に見たフィリッポスへの領土の割譲も違う意味合いを持つことになる。ペルディッカス三世がフィリッポスに与えたという領土の所在は不明だが、領土の割譲は、邪魔な弟を僻地へ追いやるための、一種の「島流し」だったのかもしれない。

ちなみに、エウフライオスの消息は、前三六〇／五九年にフィリッポスが即位したあとは、前三四〇年代後半まで知られていない。彼は、前三四三年頃、故郷のエウボイアのオレオスにおいて反マケドニアの指導者として現れる。とすると、エウフライオスは、ペルディッカス三世にフィリッポスの「島流し」を進言した張本人だったからこそ、フィリッポスが即位した際にマケドニアを追われ、それゆえ、のちに反マケドニア活動に身を投じたのではないかと推測することもできる。

実のところ、強力なライバルになりうる有能な弟の帰国は、ペルディッカス三世にとって、必ずしも望ましいものではなかったのかもしれない。

アンフィポリスをめぐる攻防

即位後ただちにテッサリアへの武力介入を図った兄アレクサンドロス二世と同様、ペルディッカス三世も、王位に就いてまもなく対外進出を企てた。その焦点となったのは、アテネが執拗に奪還を狙うアンフィポリスである。

先に見たように、アミュンタス三世が前三七〇年頃のギリシア諸都市の講和会議に代理を送ってアテネのアンフィポリス領有権を支持すると、アンフィポリスはこれを警戒し、まもなくオリュントスと同盟を結んだ。これ以降、アテネはアンフィポリス奪還をめざしてたびたび遠征軍を送り込むが、前三六九年からその指揮をとったのがマケドニア王家と関わりの深いイフィクラテスである。前三六七／六年にはペルシア王アルタクセルクセス二世もアテネのアンフィポリス領有権を承認し、イフィクラテスはペルシアからの支援を得てアンフィポリスへの攻勢を強めた。これに対して、アンフィポリスはマケドニアのプトレマイオスに接近し、前三六五年初頭、アンフィポリスとプトレマイオスの同盟が成立した。結局、イフィクラテスはアンフィポリスに関しては何の戦果も挙げぬまま将軍ティモテオスと交代し、以後はトラキア王コテュスの宮廷で参謀として活動した。

アンフィポリスとプトレマイオスの同盟が成立してまもなく、プトレマイオスが暗殺されると、アンフィポリスは再びオリュントスと同盟を結び、アテネはこれに対抗してペルディッカス三世と同盟を締結した。このようにめまぐるしく同盟関係が変わるなか、前三六五年からエーゲ海北岸一帯でアテネ軍を率いたティモテオスは、翌前三六四年、ペルディッカス三世の加勢を得て、カルキディケのトロネとポテイダイアを攻略した。アテネは早速、前三六一年にポテイダイアに植民団を送り込んでいる。

アンフィポリスをめぐっては、前三六三年から将軍カリステネスがアテネ軍の指揮をとり、アンフィポリスはこれに対抗するため、ペルディッカス三世に支援を求めた。すると、それまでアテネに加勢していたペルディッカス三世は、前三六二年、アテネとの同盟を無視してアンフィポリスに進軍し、同市にマケドニアの駐留軍を置いた。

このあとまもなく、ティモテオスがマケドニア沿岸部のメトネとピュドナを手中に収めているが、これは、おそらくペルディッカス三世の裏切りへの報復だったのだろう。カリステネスは、その後もアンフィポリスをめぐってペルディッカス三世と戦うが、成果のないまま休戦条約を結んだ。アテネはティモテオスの活躍によってトロネ、ポテイダイア、メトネ、ピュドナを獲得したものの、宿願のアンフィポリス奪還は果たせず、同市をめぐるアテネとマケドニアの争いは、次のフィリッポスの治世に持ち越されることになる。

モロッソスとの同盟

ペルディッカス三世がアンフィポリスに駐留軍を置いたことは、マケドニア王国の対外政策における一転機となったが、彼は、さらにエペイロスのモロッソス王国との同盟を企てたらしい。

ピンドス山脈を挟んでマケドニアと隣接するモロッソス人の王国は、前五世紀後半以降、エペイロスで最も有力となり、アテネと親密な関係を築きながら発展を遂げた。こののちフィリッポスと深く関わることになるモロッソス王のアリュバスは、前三七〇年頃から兄のネオプトレモスと共同統治を行っていたが、前三六〇年頃にネオプトレモスが没すると単独の王となる。彼は、兄の三人の子供のうち、長女のトロアスを娶り、次女のオリュンピアスと長男のアレクサンドロスの後見人となった。このオリュンピアスが、フィリッポスの妻となるモロッソス王家の王女である。

モロッソスとマケドニアの関わりはフィリッポスの治世以前には知られておらず、フィリッポスとオリュンピアスの結婚が、現存史料から確かめられる両国の最初の接触である。モロッソスも、マケドニアと同様、国境を接するイリュリアに長年苦しめられており、前三八五／四年にはイリュリアの攻撃を受けて一万五〇〇〇人以上の犠牲者を出したという。フィリッポスとオリュンピアスの縁組は、共通の敵であるイリュリアに連携して立ち向かうための、両国の攻守同盟だったのである。

その二人の結婚について、プルタルコスは次のように語っている。

伝えられるところでは、フィリッポスがサモトラケ島でオリュンピアスとともに秘儀に入信したとき、彼自身はまだ若年《メイラキオン》で、彼女には両親がなかったが、この娘に恋をして、その兄〔正確には、義兄もしくは叔父〕アリュバスを説得して婚約した。(『アレクサンドロス伝』二章二節)

二人の結婚の年代は、前三五六年に第一子となるアレクサンドロスが誕生していることから、その前年の前三五七年と見るのが通説である。ただし、両国の同盟がこの年に締結されたと想定する必要はない。後述するように、フィリッポスは前三五九／八年にイリュリアとの戦闘で勝利を収めているので、マケドニアがモロッソスとの同盟を欲していたのは、その勝利以前のことと見るべきだろう。とすると、両国の同盟は、実際の結婚に先立って、ペルディッカス三世の治世に二人の婚約という形で締結されたと考えられる。プルタルコスがフィリッポスを「若年《メイラキオン》」(通常、二一歳以下の若者をさす)と呼んでいるのも、婚約の成立が彼の即位以前だったことを示唆する。

サモトラケでの「密約」

プルタルコスがフィリッポスとオリュンピアスの出会いの場と伝えているサモトラケは、エーゲ海の北東部に浮かぶ「神秘の島」である。サモトラケの「偉大なる神々の神域」で営まれた秘儀は、ギリシア北部を中心に多くの信者を集めていた。その秘儀入信の際にフィリッポスがオリュンピアスに恋をした、というプルタルコスが伝えるロマンティックなストーリーはおそらくフィクションだが、

図24　サモトラケの神域

サモトラケの神域がフィリッポスの治世にマケドニア王家ゆかりの聖地として大々的に整備されていくことからも、サモトラケが二人の結婚に何らかの関わりを持っていたのは確かだろう。

ペルディッカス三世の治世に二人の婚約が成立したとすると、おそらく、その婚約による両国の同盟締結の場がサモトラケだったと考えられる。マケドニアからもモロッソスからも遠く離れたサモトラケは、それまでの両国には縁の薄い土地である。そんなサモトラケをあえて同盟締結の場に選んだのは、何よりも、大敵イリュリア人の目をごまかす必要があったからだろう。前三五九／八年の対イリュリア戦の勝利以降であれば、もはやイリュリア人の目をごまかす必要はないが、前三六〇年代においては、同盟画策の動きを何としてもイリュリア人に察知されてはならなかったのである。サモトラケは、前一七二年にアンティゴノス朝マケドニアの秘密の会議が開かれたことが知られているように、密約にはうってつけの場所だった。さらに、ペルディッカス三世はイリュリアと関わりの深い母エウリュディケの目もごまかさなければならなかった、と指摘する研究者もいる。僻遠の島サモトラケで秘儀にかこつけて結ばれた両国の同盟は、大敵イリュリア人だけでなく身内をも欺かんとする、マケドニア王国の命運をかけた極秘中の極秘の作戦だったのかもしれない。

父も兄もイリュリアに対する貢租の支払いを強いられていたなかで、ペルディッカス三世は、イリュリアに立ち向かうために、まずは強力な同盟者を求めたのだろう。モロッソスは上部マケドニアのオレスティスやテュンファイアと関係が深く、モロッソスとの同盟は上部マケドニアに勢力を伸ばすうえでも有効な戦略だった。

ペルディッカス三世の治世は、アンフィポリスに駐留軍を置いたように、マケドニア王国の対外政策が大きく転換した時期だが、フィリッポスとオリュンピアスの婚約によるモロッソスとの同盟も、そうした彼の野心的な政策の一環だったのである。

前三六〇年代末のマケドニア

アレクサンドロス二世は、その短い治世においてブロンズ貨しか発行しなかったが、ペルディッカス三世は純度の高い銀貨を発行しており、彼の治世にかなりの経済的復興が見られたことがうかがえる。こうした経済的復興としばしば関連づけられるのが、アテネの有力な政治家カリストラトスがマケドニアで行ったとされる改革である。

カリストラトスは、前三七〇年代から前三六〇年代にかけて活躍した政治家で、アテネ屈指の雄弁家として名高い人物である。彼は財政手腕にも長けており、第二次アテネ海上同盟の財源としてデロス同盟時代の貢租《フォロス》に代わる醵出金《シュンタクシス》を導入したことで知られるが、前三六一年に告発されてアテネから亡命した。数年にわたる亡命生活の間に、彼はタソス島の人々に献策して対岸のトラキアに植民市ダトスを建設させるなどの活躍を見せるが、一時マケドニアにも滞在し、港湾の徴税請負に関わる改革を行って収入額を従来の二倍に高めたという（ただし、カリストラトスが改革を行った時期については説が分かれ、フィリッポスの治世初期だったと見る研究者もいる）。

また、ペルディッカス三世は、治世末期の前三六〇年にエピダウロスのテオロドコス（使節歓待役）を務めたことが碑文から確認できる（*IG* IV^2 1.94）。ペロポネソス東部のエピダウロスは、病を癒す神として広く崇拝されたアスクレピオスの信仰の中心地で、四年に一度、盛大な祭典が催されていた。ペルディッカス三世が務めたテオロドコスは、その祭典の告知のためにギリシア各地を訪れる祭礼使節《テオロイ》を迎え入れ、もてなす役割を果たす人物のことである。この時期のマケドニア王家は、ギリシア世界の一員としてパンヘレニックな祭典と密に関わっていたのだろう。

ペルディッカス三世がイリュリアとの激戦で戦死を遂げたのは、テオロドコスを務めてまもなくのことである。ディオドロスは、この激戦で四〇〇〇人以上のマケドニア兵が戦死した、と伝えている（『歴史叢書』一六巻二章五節）。

ペルディッカス三世の治世はこうして幕を閉じるが、このイリュリアとの戦いは、敗北に終わったものの、イリュリアに貢租を支払わざるをえなかった父や兄の治世と異なり、マケドニア王国がイリュリアに決戦を挑むだけの力を蓄えていたことの証である。ペルディッカス三世がこのとき動員したマケドニア軍の総数は不明だが、四〇〇〇人以上と伝えられるその戦死者の数から、当時のマケドニアはかなりの規模の兵力を擁していたと考えられる。

さらに、ペルディッカス三世の治世におけるイリュリアとの戦いは、どうやら、この前三六〇／五九年の激戦だけではなかったらしい。ポリュアイノスは、イリュリアとの戦いで多くのマケドニア人が捕虜になった際、ペルディッカス三世がイリュリアの捕虜になったら身代金を支払っても殺害されてしまうとマケドニア人たちを脅したところ、彼らは戦闘に熱を入れるようになった、というエピソードを記している（『戦術書』四巻一〇章一節）。

また、フィリッポスの重臣アンティパトロスはペルディッカス三世のイリュリア遠征についての作品を著したと伝えられるが（作品は現存せず）、彼が書き残したのがペルディッカス三世の敗死に終わったイリュリア遠征だったとは考えにくい。おそらく、ある程度の戦果を挙げたイリュリア遠征がそれ以前にあったのだろう。ペルディッカス三世は、最終的に自身の戦死という結果に至るものの、その治世において一度ならずイリュリアと対戦したのである。サモトラケで締結されたモロッソスとの同盟は、そうしたイリュリアとの争いを有利に進めるための足がかりとなったのだろう。

このように、マケドニア王国の対外政策が守勢から攻勢へと転じたペルディッカス三世の治世は、様々な意味において、フィリッポスのギリシア征服の直接的な基盤が築かれた重要な時期だったのである。

第５章

フィリッポス二世の登場

1　即位時の危機

相次ぐ世代交代

前三六〇／五九年、ペルディッカス三世の戦死により、いよいよフィリッポス二世の治世が幕を開ける。

ペルディッカス三世は幼い息子アミュンタス四世を遺し、叔父にあたるフィリッポスが彼の後見人となった。フィリッポスが幼王アミュンタス四世の摂政となり、しばらくのちに王位に就いたのか、それとも、初めから王として統治したのかは長年の論争点だが、後述するように、近年は、アミュンタス四世は王位に就くことはなく、ペルディッカス三世の死後ただちにフィリッポスが即位したと見るのが主流である。

フィリッポスの即位の時期については、従来は前三五九年春もしくは初夏と考えられてきたが、最近は、碑文史料に基づいて前三六〇年秋とする説が力を増している。この論争は決着を見ておらず、本書では、フィリッポスの即位の時期については前三六〇／五九年という表記にとどめる。

前三六〇年代末から前三五〇年代初頭にかけての数年間は、エーゲ海周辺において支配者の世代交代が相次いだ時期である。トラキアでは、オドリュサイ王国の復興を成し遂げたコテュスが前三六〇年頃に亡くなり、三人の後継者（ケルセブレプテス、アマドコス、ベリサデス）が並び立った。エペイロスのモロッソス王国でも、同じ頃にネオプトレモスが没し、彼と共同統治を行っていた弟アリュバスが単独の王となった。テッサリアのフェライでは、イアソンの死後に実権を握った僭主アレクサンドロスが前三五八年頃に暗殺されている。パイオニア王のアギスは前三五九年頃に亡くなり、前四世紀におけるイリュリアの台頭の立役者であるダルダノイ人の王バルデュリスも、前三五九／八年に九〇歳という高齢でフィリッポスとの戦いに敗れて姿を消す。東の大帝国アカイメネス朝ペルシアでも、四六年にわたって王位にあったアルタクセルクセス二世が前三五八年に没し、息子のオコスがアルタクセルクセス三世として即位した。

このように、マケドニア王国の東西南北の全てにおいて支配者が交代し、エーゲ海周辺の勢力図が大きく様変わりしたのである。フィリッポスは、そうした急激な情勢の変化に即応しつつ、王国の統合とギリシア征服を進めていくことになる。

フィリッポスを襲う「危機」

フィリッポスの治世は、イリュリアとの激戦で四〇〇〇人以上のマケドニア兵が戦死するという未曽有の国難のなかでのスタートとなった。勝利を収めたイリュリアは、その余勢を駆って、さらに大軍を集結してマケドニアへの進撃を図った。前三六〇／五九年の戦闘でイリュリア軍を率いたのが誰だったのかは史料には触れられていないが、この翌年、フィリッポスはバルデュリスに決戦を挑んでいるので、ペルディッカス三世を破ったのも彼だったらしい。高齢のバルデュリスは、その晩年においても、マケドニア王国にとって恐るべき強敵だったのである。加えて、パイオニアも王アギスのもと、マケドニアの領土への侵攻の構えを見せた。

フィリッポスを脅かしたのはこうした外敵の動きだけでなく、国内では、王位を狙うライバルたちが続々と名乗りを上げた。アレクサンドロス二世の暗殺後にマケドニアに侵攻したパウサニアスは、このとき、トラキア王を後ろ楯として再び立ち現れた。彼はアテネの将軍イフィクラテスに撃退されたのち、カルキディケに潜伏して機をうかがっていたが、イリュリアに対する惨敗というマケドニア王国の危機に乗じ、トラキア王を味方につけて再度王位に挑戦したのである。

アミュンタス三世の治世に二年間統治したと伝えられるアルガイオスも、このときアテネの支援を得てフィリッポスに立ち向かった。それまでのアルガイオスの消息は不明だが、カルキディケの都市ディカイアの碑文にアルガイオスの名前が現れることから、彼もパウサニアスと同様、カルキディケに落ち延びていたと推測されている。前四世紀のカルキディケは、マケドニアの王位を狙う者たちにとって、格好の潜伏場所となっていたのだろう。アルガイオスとパウサニアスの出自はどちらも定かでないが、両者ともアルケラオスの息子だったとする説もある。だとすれば、ともにカルキディケに潜伏していた二人は、連携して行動を起こしたのかもしれない。

アルガイオスを支援するアテネは、将軍マンティアスの率いる三〇〇〇人の重装歩兵と相当規模の艦隊をマケドニアへ差し向けた。この当時、マンティアスはティモテオスやカリステネスとともにエーゲ海北岸で軍務に就いていたらしい。カルキディケに潜んでいたアルガイオスは、そのマンティアスに接触し、支援を取りつけることに成功したのだろう。

パウサニアスとアルガイオスの後ろ楯となったトラキアとアテネは、ともに、ペルディッカス二世の治世に彼と対立する兄弟のフィリッポスを支援したことが知られる（一三五、一三七頁参照）。両国は、今回もまた、マケドニア王国の混乱に乗じて王位継承争いに干渉の手を伸ばしたのである。
さらに、ギュガイアの三人の息子たち（アルケラオス、アリダイオス、メネラオス）も、このとき王位を狙うライバルとして立ち現れた。

「危機」への対応

このように、フィリッポス二世が即位したときのマケドニア王国は、文字通り内憂外患のただなかにあった。フィリッポスを襲う数々の苦難を語るディオドロスは、「マケドニア人は先の戦いで四〇〇〇人以上を失い、生き残った兵士たちも恐慌状態に陥ってイリュリア人の軍勢に対して極度の恐怖を抱き、戦う意欲をなくしていた」、「マケドニア人は、戦争の被害と襲いかかる危険の大きさによって、深刻な困難に陥った」と述べている（『歴史叢書』一六巻二章五節、三章一節）。ユスティヌスも、「いくつもの戦争が一時に、あたかもマケドニアを制圧するためにいろいろの土地の数多くの民族が共謀したかのように、合流した」と述べて、その危機的な状況を伝えている（『フィリッポス史』七巻六章四節）。

ただし、こうした記述には、幾多の苦難を乗り越えてギリシア制覇を成し遂げるに至ったフィリッポスを称えるための誇張が少なからず含まれていると見るべきだろう。近年の研究においても、即位時のフィリッポスがかつてない難局に立ち、マケドニア王国が存亡の危機に瀕していたことがしばしば強調されるが、アミュンタス三世が即位直後にイリュリアの侵攻を受けて王国を追われたように、国境を接するイリュリアやトラキアはマケドニアにとってたえず大きな脅威だったし、王が亡くなるたびに激しい王位継承争いが起こり、それに乗じて外国勢力が干渉の手を伸ばすのもマケドニアの常だった。それまでの王たちの即位時における「危機」は、史料に恵まれたフィリッポスの場合のように詳しくは伝えられていないことに留意しなければならない。いずれにしても、こうした数々の苦難は、フィリッポスだけが直面したものではなく、マケドニア王国の歴史において何度も繰り返されてきたお馴染みのものだったのである。

そうした「危機」のなかで、フィリッポスは買収工作や婚姻外交などの機略を駆使し、外敵の動きを巧みに抑えていく。治世を通じて見られる彼の卓越した政治外交手腕が、すでにこの時期からいかんなく発揮されていることがうかがえる。

フィリッポスは、まずパイオニア王アギスを買収してその侵攻を食い止め、トラキア王にも金品を送ってパウサニアスへの支援を封じた。これ以降のパウサニアスの消息は知られていない。このときパウサニアスを支援したトラキア王は、コテュスの死とフィリッポスの即位の前後関係が不明であるため、コテュスだったのか、あるいは彼の三人の後継者の一人だったのかは判然としない。フィリッポスとコテュスの間に何らかの親書のやりとりがあったことを示唆する史料もあり、それがこのときのことだとすると、フィリッポスは即位するや、ただちに晩年のコテュスの買収に取りかかったのかもしれない。ともあれ、フィリッポスの即位と前後してコテュスが没したことで東の強敵オドリュサイ王国の勢いが鈍ったのは、フィリッポスにとって幸運だったと言えるだろう。

アルガイオスを支援するアテネに対しては、アテネがその奪還を狙うアンフィポリスからマケドニアの駐留軍を引き揚げるという歩み寄りの姿勢を見せている。三人の異母兄弟に関しては、外国の後ろ楯を持たないため、対処は比較的容易だったようで、フィリッポスはアルケラオスを殺害し、残るアリダイオスとメネラオスを国外に追放した。この二人は、のちにオリュントスに匿われ、そのことが前三四九年に始まるフィリッポスのカルキディケ侵攻の理由となる。

フィリッポスにとって、この時点での最大の脅威はペルディッカス三世を撃ち破ったイリュリアだったが、彼は、イリュリアの王女アウダタ（おそらくバルデュリスの娘か孫）との結婚によって和議を結んだ。同じ頃、エリメイアの王女フィラを妻に迎え、上部マケドニアとの絆を強化する策を講じている。フィリッポスは生涯で七人の妻を娶り、婚姻外交を縦横に駆使してギリシア征服を進めていったが、そうした彼の政策は、早くも即位直後からスタートしたのである。

フィリッポスの七人の妻

ここで、フィリッポスがその治世を通じて大々的に展開していく婚姻外交について説明しておこう。第４章で見たように、フィリッポス以前のマケドニア王については、アミュンタス三世も含め、同時に複数の妻を持っていたことは確認できないため、フィリッポスは、一夫多妻を実践したことが確実な最初のマケドニア王である。

フィリッポスの七人の妻については、二〜三世紀のローマの文人アテナイオスによって伝わる、ヘレニズム時代のサテュロスの記事が貴重な史料となる。アテナイオスは、大勢の妻を持った人物の例としてフィリッポスについて述べるなかで、サテュロスの記事を引用して次のように語っている。

フィリッポスは戦をするたびに新しい妻を娶っている。サテュロスが『フィリッポス伝』で言うには、「王位にあった二五年間に、彼はイリュリアのアウダタと結婚して娘キュンナを得、〔エリメイアの〕デルダスとマカタスの姉妹フィラとも結婚した。テッサリアも自分のものだと言いたかったので、二人のテッサリア人女性との間に子をもうけた。そのうちフェライのニケシポリスはテッサロニケを産み、もう一人、ラリサのフィリンナからはアリダイオスが生まれた。またオリュンピアスと結婚してモロッソス人の王国を獲得し、オリュンピアスからアレクサンドロスとクレオパトラが生まれた。またトラキアを自分のものにしたときは、王コテラスが娘のメダとおびただしい進物を携えて彼のところに来た。……(中略)……一方クレオパトラはフィリッポスとの間に娘をもうけ、エウロパと名づけた」。(『食卓の賢人たち』一三巻五五七B―E、柳沼重剛訳)

この記事はフィリッポスの七人の妻にまとめて言及した唯一の史料であり、七人の妻が、アウダタ、フィラ、ニケシポリス、フィリンナ、オリュンピアス、メダ、クレオパトラの順に挙げられている(**表1**)。

七人のうち、最後のクレオパトラを除く六人との結婚は、「戦をするたびに新しい妻を娶っている」とあるように、いずれもギリシア征服の過程での政略結婚である。それゆえ、この記事は、フィリッポスがいつ誰と婚姻同盟を結んで勢力を伸張させたのかを解明する重要な糸口となる。例えば、二人のテッサリア人女性(ニケシポリスとフィリンナ)との結婚は、フィリッポスがフェライとラリサという対立する二大都市といつどのように同盟を取り結んでテッサリアに進出したのかを探る手がかりに

名前	出身	結婚の年代	子供
アウダタ	イリュリア	前360/59	娘キュンナ
フィラ	エリメイア	前360/59	
ニケシポリス	フェライ	前358?	娘テッサロニケ
フィリンナ	ラリサ	前358?	息子アリダイオス
オリュンピアス	モロッソス	前357頃	息子アレクサンドロス、娘クレオパトラ
メダ	ゲタイ	前342～前339	
クレオパトラ	マケドニア	前337	娘エウロパ

表１　フィリッポス２世の７人の妻

なる。また、彼がドナウ川の下流域に住むトラキア系のゲタイ人の王コテラスと婚姻同盟を結んだというのは、この記事以外からは知られていない貴重な情報である。

ただし、サテュロスは、それぞれの結婚がいつのことであるかは一切触れていない。これらの結婚の年代や順序については様々な議論があるが、表１に示したように、サテュロスの記述はおおよそ年代順になっていると考えてよい。問題となるのは二人のテッサリア人女性との結婚の年代だが、これについては、あとで触れたい。

アウダタとフィラとの結婚に話を戻すと、この二人についても、どちらとの結婚が先だったかは不明だが、いずれも、フィリッポスが即位直後に当面の危機を回避するためにとった方策だったのは確かだろう。彼は、アウダタとの結婚によって強敵イリュリアの動きをとりあえず封じるとともに、フィラを娶ってエリメイアとの絆の強化を図り、きたるべきイリュリアとの決戦に備えたのである。

エリメイアの王女フィラとの結婚

フィラとの結婚について、もう少し触れておこう。

この結婚に言及しているのは右のサテュロスの記事だけで、フィラは、他の史料には一切登場しない。七人の妻のなかでは、メダも他の史料には全く現れないが、フィラとメダには子供がいなかったため、結婚後の消息が伝えられることもなかったのだろう。ただし、フィラをめぐっては、いくつか興味深い点がある。

サテュロスはフィラを「デルダスとマカタスの姉妹」と呼んでおり、このデルダス（三世）とマカタスの父はエリメイア王デルダス二世であるので、フィラはデルダス二世の娘だったことがわかる。デルダス二世は、すでに見たように、アルケラオスの娘と結婚し、前三八二年のスパルタのオリュントス遠征にマケドニア軍とともに加勢した人物である。

エリメイアは、上部マケドニアの諸王国のなかでマケドニア王家と最もつながりが深く、アルケラオス以前にも、アレクサンドロス一世がエリメイア王と縁戚関係を結んでいる。従って、フィリッポスとフィラの結婚は両王家の三度目の婚姻同盟ということになるが、その三度目の同盟はすでにペルディッカス三世の治世に結ばれていたと見る説がある。つまり、フィラはペルディッカス三世の妻であり、フィリッポスは兄の死後、その未亡人であるフィラを娶るという逆縁婚によって権力基盤を固めた、という見方である。

第4章で見たように、ペルディッカス三世は、弟フィリッポスをオリュンピアスと婚約させることによってモロッソス王家と同盟を結び、モロッソスと関わりの深い上部マケドニアのオレスティスやテュンファイアに勢力を伸ばすことを狙っていたらしい。だとすれば、彼がエリメイアとの絆を強化するためにフィラと結婚したというのも十分に考えられる。ペルディッカス三世がこのように自身や弟の縁組によって着々と勢力の拡大を図っていたとすると、フィリッポスが大々的に展開する婚姻外交も、そんな兄の手法にならってのことだったのだろう。

ちなみに、フィラをめぐって興味深いのは、それだけではない。アレクサンドロス（大王）の母となるオリュンピアスと最後の妻クレオパトラを除くと、フィリッポスの妻たちの親族についてはほとんど何も伝えられていないが、フィラの親族に関しては、異例に詳しい情報が残っているのである（**表2**）。

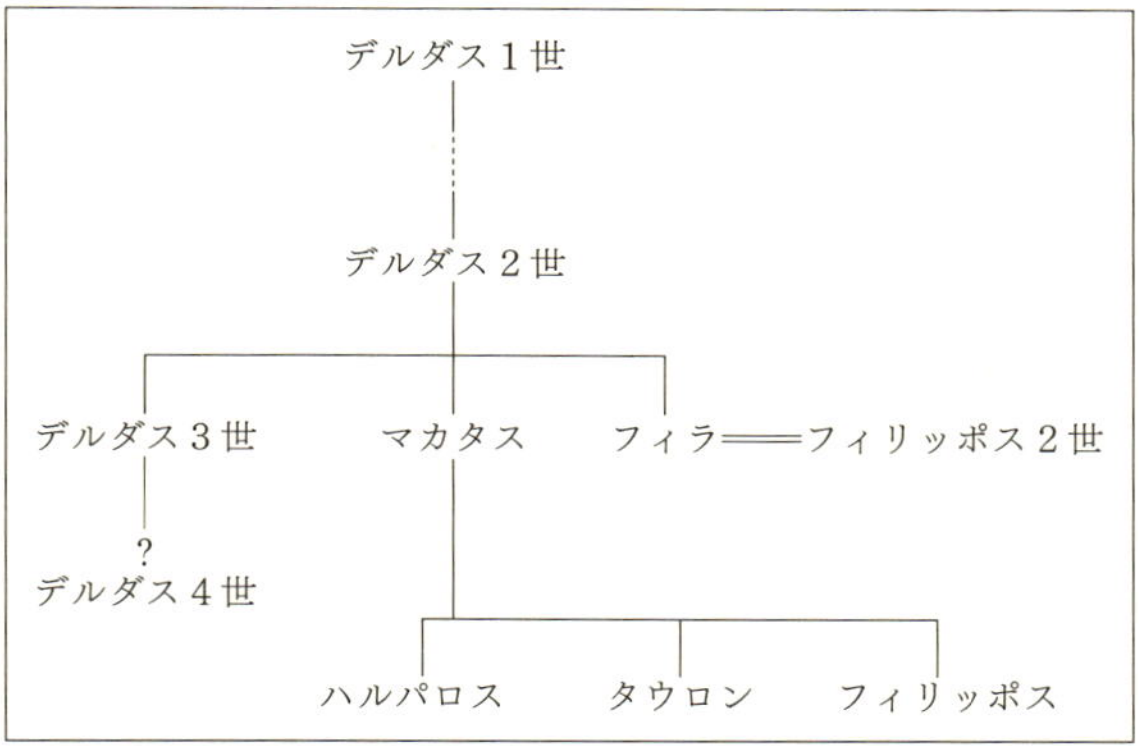

表２　エリメイア王家の系図

フィラの家系で最も有名なのは、彼女の兄弟マカタスの息子ハルパロスである。ハルパロスはアレクサンドロスの少年時代からの親友で、側近中の側近として知られる人物だが、彼がアレクサンドロスの親友になったのも、フィリッポスの妻フィラの甥であるという血筋ゆえだったのだろう。ハルパロスは東方遠征にも同行し、アレクサンドロスがペルシアの都から接収した巨万の富を管理する大役を担うが、やがて、アレクサンドロスから委ねられた公金を使い込んで桁外れの享楽に耽るようになる。その後、ハルパロスは処分を恐れて前三二四年にアテネに亡命し、これがアテネの政界を揺るがす前代未聞の疑獄事件（ハルパロス事件）へと発展するのである。

フィラのもう一人の兄弟デルダス（三世）の息子（もし

くはハルパロスの息子）のデルダス（四世）は、東方遠征中の前三二九年にスキュタイ人のもとへ使節として送られている。ハルパロスの兄弟のフィリッポスも東方遠征に従軍し、前三二六年、アレクサンドロスからインダス川東岸地域の総督に任命されている。東方遠征の初期にヘレスポントス・フリュギアの総督に任ぜられたカラスも、この一族だったらしい。

フィラ自身についてはフィリッポス二世と結婚したこと以外は何も知られていないが、彼女の一族は、このように、フィラとフィリッポスの結婚以来（あるいはフィラとペルディッカス三世の結婚以来）、アレクサンドロスの晩年の大スキャンダルであるハルパロス事件に至るまで、フィリッポスとアレクサンドロスのもとで栄達を重ねたのである。

アミュンタス四世の摂政？

ここまで、ペルディッカス三世の敗死後にフィリッポスが直面した数々の苦難を見てきたが、この時期、フィリッポスは王だったのか、それとも、ペルディッカス三世の遺児アミュンタス四世の摂政だったのかという古くからの論争点について、あらためて触れておきたい。

問題となるのは、「フィリッポスは長い間、王ではなく、その幼な子〔アミュンタス四世〕の tutor を務めた」というユスティヌスの一文である（『フィリッポス史』七巻五章九節）。ラテン語の tutor は、第4章で見たギリシア語の epitropos と同様、通常は「後見人」を意味するが、しばしば「摂政」の意味も含むと考えられている。アミュンタス四世にとって、叔父であるフィリッポスは最も近い男性親族である。先に述べたように、もしフィラがペルディッカス三世の妻だったとすると、そのフィラの息子であるアミュンタス四世にとって、フィリッポスは義父でもあることになる。そんなフィリッポスがアミュンタス四世の後見人になったのは当然だが、彼は、アミュンタス四世の摂政を務めたのだろうか。

フィリッポスが兄の死後ただちに即位したのか否かについて明確に触れた古典史料は、右のユスティヌスの一文以外にはない。ただしユスティヌスは、フィリッポスが長い間王ではなかったと述べているものの、別の箇所ではフィリッポスの治世が二五年間だったと述べており（九巻八章一節）、その信憑性を疑う研究者も多い（フィリッポスは前三三六年に暗殺されるので、治世が二五年だったなら、兄の死後ただちに王位に就いたことになる）。

ヒントになるのは、先のプトレマイオスの事例と同様、貨幣の有無である。アミュンタス四世の名前を記した貨幣は一枚も現存しておらず、これは、彼が王位に就かなかったことを示す根拠の一つとされている。さらに、ペルディッカス三世の治世末期のものと全く同じタイプのフィリッポスのブロンズ貨が見つかっており、これも、ペルディッカス三世の死後ただちにフィリッポスが即位したことをうかがわせる。

また、デモステネスの弁論をはじめとする同時代の史料に、フィリッポスがアミュンタス四世の摂政だったことについて何も触れられていないことにも注目すべきだろう。摂政のフィリッポスがアミュンタス四世から王位を奪ったのであれば、デモステネスの弁論において格好の攻撃材料になったはずである。さらに、ペルディッカス三世の敗死後の危局において幼少のアミュンタス四世が即位したとは考えにくいし、フィリッポスがアウダタやフィラを娶って婚姻同盟を結んでいるのも、その時点で彼が摂政ではなく正式の王だったことを示唆する。

いずれも情況証拠ではあるが、これらのことから、近年は、フィリッポスは兄王の死後ただちに王位に就いたと見るのが主流になっている。

その後のアミュンタス四世については、フィリッポスの娘キュンナ（アウダタとの間の娘）と結婚して娘アデアをもうけたこと、フィリッポスの死後にアレクサンドロスによって処刑されたことしか知られていない。おそらく、彼はフィリッポスの宮廷で平穏に暮らしていたのだろう。

それにしても、兄の死後、王位を狙うライバルたちを根こそぎ排除したフィリッポスは、なぜ、のちに強力なライバルになりうる甥を生かしておいたのだろうか。兄への親愛の情ゆえにその忘れ形見であるアミュンタス四世を大切にしたという説もあるが、第4章で見たように、フィリッポスとペルディッカス三世の関係は良好なものではなかった可能性もある。

おそらく、アミュンタス四世は、この時点でまだ息子のいないフィリッポスにとって、父アミュンタス三世の血統を絶やさないための大切な後継者候補だったのだろう。この数年後、オリュンピアスからアレクサンドロスが、フィリンナからアリダイオスが相次いで生まれるが、アリダイオスは知的障害者だったため、アミュンタス四世はアレクサンドロスに次ぐスペアの後継者候補として大切な存在であり続けることになる。成長したアミュンタス四世に自身の娘キュンナを与えたのもそれを裏づける。危険なライバルは排除しつつも、王家の血筋を絶やさぬための策を怠らない、フィリッポスの用心深さの現れである。

対照的に、アレクサンドロスは父の死後に従兄弟のアミュンタス四世をライバルとして警戒し、すぐさま処刑してしまうが、結果として、前三二三年に彼が急逝したとき、後継者たりうる王族がいないという事態に陥る。もしアレクサンドロスがアミュンタス四世を生かしておいたなら、おそらく彼がこのとき王位に就き、半世紀に及ぶ後継者戦争の動乱は避けられていたかもしれない。

2　王国の統合

軍隊の育成

フィリッポスは、種々の機略により当面の危機を切り抜けると、ただちに軍隊の育成に本腰を入れて取りかかった。フィリッポスが作り上げた強大なマケドニア軍は、これ以降、彼が進める王国の統合と征服事業の重要な駆動力となっていく。

ただし、フィリッポスの軍事改革については史料的な制約が大きく、確かなことはよくわかっていない。マケドニアの軍隊についての史料は、そのほとんどがアレクサンドロスの東方遠征に関するものであり、軍の編制などについての具体的な情報が得られるのも、東方遠征の時期に限られる。フィリッポスが前代から何を受け継ぎ、何を新たに導入したのかも判然としない。サリッサと呼ばれる長槍、テーベの斜線陣を改良した戦法や楔形の陣形、海軍、攻城兵器などは、いずれもフィリッポスの治世になって初めて史料に現れるが、それ以前の時代に関する史料の乏しさを考えると、これら全てをフィリッポスが導入したと簡単に決めつけることはできない。先に述べたように、アルケラオスやアレクサンドロス二世も、何らかの軍事改革に取り組んでいたらしい。フィリッポスは、その精強なマケドニア軍を、決してゼロから作り上げたわけではないのである。

このように、軍事面でのフィリッポスによる革新を正確に見極めるのは難しいが、少なくとも、騎兵と重装歩兵の大幅な拡充は、明らかに彼の功績だったと見てよいだろう。マケドニアでは、もともとヘタイロイからなる騎兵が軍の主力だったが、フィリッポスはその騎兵をさらに増強した。前三五九／八年の対イリュリア戦ではマケドニアの騎兵は六〇〇人だったが、そのおよそ二〇年後のカイロネイアの会戦では二〇〇〇人以上の騎兵が動員されている。前三三四年にアレクサンドロスが東方遠征に出発した際の騎兵部隊は一八〇〇人、マケドニア本国に残留した騎兵部隊は一五〇〇人と伝えられ、着実に規模が拡大していったことがうかがえる。フィリッポスは、ポリス世界の戦争では補助的な役割しか果たさなかった騎兵部隊を、次に見る重装歩兵を中心とする歩兵部隊と効果的に連動させることによって、機動性と柔軟性に富む強大な常備軍を作り上げたのである。

ペゼタイロイとヒュパスピスタイ

マケドニア王国の軍事力の発展においてフィリッポスがもたらした最大の功績とされるのが、ペゼタイロイと呼ばれる重装歩兵の拡充である。すでにアルケラオスやアレクサンドロス二世の治世に重装歩兵の育成が図られていたとしても、これを大々的に拡充してマケドニア軍の主力に育て上げたのがフィリッポスだったのは確かだろう。

第4章でも触れたように、「歩兵ヘタイロイ」を意味するペゼタイロイはもともと王側近の近衛歩兵の呼称だったが、フィリッポスは、民衆からなる多くの一般歩兵に「ヘタイロイ（仲間）」という美称を与え、彼らの忠誠心の確保に努めた。マケドニアの農民や牧人たちは、こうして、フィリッポスの意のままに動く「フィリッポス個人に直結した軍隊」へと変貌していったのである。

とはいえ、そうしたペゼタイロイの拡充のプロセスが、いつどのように進んでいったのかは判然としない。同時代のデモステネスやテオポンポスの記述からは、ペゼタイロイという呼称が一般歩兵に拡大していく過程で、ペゼタイロイと呼ばれる歩兵とそうでない歩兵との境界は曖昧だったことがうかがえる。フィリッポスの治世末期までに重装歩兵全体がペゼタイロイと呼ばれるようになったと考える研究者が多いが、アレクサンドロスの東方遠征軍においても、全ての重装歩兵がペゼタイロイと呼ばれているわけではない。

また、ペゼタイロイの拡充にともなって、もともとの近衛歩兵はヒュパスピスタイという精鋭部隊に再編されたが、そのプロセスも、ペゼタイロイの場合と同様によくわかっていない。ヒュパスピスタイは、本来は「楯持ちの従者」をさしたが、それがいつ歩兵の精鋭部隊の呼称になったのかも、大きな論争点となっている。ディオドロスは、後述する前三五九／八年の対イリュリア戦についての記述において、フィリッポスがマケドニア人の精鋭部隊を指揮したと述べているので、歩兵の精鋭部隊自体は彼の治世初期から存在していたらしい。テーベ滞在中にその精鋭部隊である神聖隊に触発されたフィリッポスは、兄ペルディッカス三世から領土を与えられて軍事改革に着手した際に、すでに歩兵の精鋭部隊の原型を作り上げていたのかもしれない。

そうした精鋭部隊がいつヒュパスピスタイと呼ばれるようになったのか、もともとのペゼタイロイが全てヒュパスピスタイになったのか、などをめぐって多くの議論があるが、いずれも確かなことはわかっていない。ヒュパスピスタイの選抜方法、ヒュパスピスタイとペゼタイロイの戦闘時の役割や武装の違いなども、史料の多いアレクサンドロスの東方遠征においてさえ、判然としないのである。

このように、ペゼタイロイとヒュパスピスタイについては不明な点が多いが、東方遠征の開始時には、ペゼタイロイ九〇〇〇人、ヒュパスピスタイ三〇〇〇人という数が伝えられている。フィリッポスの治世を通じて、王国の拡大とともに、ペゼタイロイもヒュパスピスタイも着実に増員されていったのだろう。

フィリッポスによる革新

フィリッポスの軍事改革は、戦争の技術や様式の変革にも及んだ。マケドニア軍は、後述するサリッサと呼ばれる著しく長い槍を装備し、テーベのエパミノンダスが案出した斜線陣を改良した戦法や、フェライの僭主イアソンやスキュタイ人・トラキア人が用いた楔形の陣形を駆使して戦う戦闘集団へと成長していった。ギリシア世界では農閑期である夏場しか戦争をしないのが通例だったが、フィリッポスは、この精強な軍隊を率いて夏冬の区別なく戦闘を繰り返した。

東方遠征では、アレクサンドロスが会戦の前にしばしば兵士たちを激励してまわったことが知られるが、こうした慣行もフィリッポスの治世初期から確かめられる。ディオドロスは、ペルディッカス三世の敗死後の危機において、マケドニア人たちが恐慌状態に陥り、イリュリア人に対して極度の恐怖心を抱くなか、「フィリッポスはマケドニア人を幾度も軍会に集めて力強い言葉で彼らの勇気を奮い立たせ、気持ちを立て直させた」と述べている（『歴史叢書』一六巻三章一節）。ディオドロスが伝えるこの場面を、第二次世界大戦のさなかの一九四〇年六月四日にイギリスの庶民院でチャーチル首相が行った演説になぞらえる研究者もいる。ダンケルクからの連合軍の大規模撤退作戦（ダイナモ作戦）が完了した日、首相に就任したばかりのチャーチルが最後まで戦い抜くことを訴えてイギリス国民の士気を高めたように、即位したばかりの新王フィリッポスも、未曽有の大敗北に打ちひしがれるマケドニア人たちを力強く鼓舞したのだろう。

また、フィリッポスは軍紀を正し、兵士たちに厳しい訓練を施した。さらに、戦争に際して荷車の使用を禁止し、兵士には武具や食糧を全て自分で運ばせ、従卒の人数を制限するなどして輜重部隊の規模の縮小を図り、軍の機動性を高めたという。東方遠征においてしばしば見られるアレクサンドロスの驚くほどの行軍のスピードは、こうしたフィリッポスの改革の賜物だったのである。

マケドニア王国初の海軍を組織したのも、フィリッポスだったらしい。後述するように、前三五五年頃のトラキア遠征の際、フィリッポスがすでに艦隊を率いていたことが確認できる。テーベのエパミノンダスは、ちょうどフィリッポスがテーベに滞在していた前三六六年頃から大規模な艦隊の建造を進めていたので、フィリッポスのもとでの海軍の発展もエパミノンダスの影響だったのかもしれない。マケドニアの海軍は、フィリッポスの治世にはいまだ小規模なものにとどまったが、アレクサンドロスの治世の後半になるとめざましい発展を見せる。また、攻城兵器の開発もフィリッポスの大きな功績であり、彼がアレクサンドロスに残した重要な遺産の一つである（二七八頁参照）。

「超強力兵器」サリッサ

マキァヴェッリは、『戦争の技術』（一五二〇年）のなかで「マケドニアの密集方陣は現代のスイス重装歩兵大隊に相通じ、彼らは長槍に全ての努力を傾注してその威力を発揮しているのだ」（服部文彦訳、ちくま学芸文庫）と述べ、当時のスイスの長槍兵を古代マケドニアのサリッサ歩兵になぞらえている。フィリッポスの軍事改革を象徴する革命的な新兵器とされるのが、このサリッサと呼ばれる長槍である。

フィリッポスは、歩兵の武器として、長さ四・五〜五・五メートルのサリッサを導入した。先端に全長約五〇センチの鉄製の穂先をつけ、後端にも約五〇センチの石突きをつけてバランスをとる木製のサリッサの重さは、七キロ近くになる。歩兵はこれを両手で構えるため、大型の丸楯を左手で持つ通常の重装歩兵と異なり、直径約六〇センチの小型の丸楯を肩から吊るした。サリッサ歩兵の武装は通常の重装歩兵より軽装となり、こうした楯の小型化や武装の軽装化は経費の節減のためでもあった。サリッサ歩兵は戦闘では密集隊形を組み、前四列の歩兵がサリッサを水平に構え、五列目以降の歩兵はサリッサを斜め上方に向けて前進した（**図25**）。このハリネズミのような密集隊形は、敵を威嚇する視覚的な効果もあり、また、槍のリーチが長く、敵との間に距離がとれるため、戦闘で敵と相対する恐怖を軽減できるという利点もあった。サリッサ歩兵の密集隊は、その威力を発揮できるのは平坦な戦場に限られ、側面や背後からの攻撃に脆いという弱点があったが、フィリッポスとアレクサンドロスのもとで無敵の歩兵部隊として活躍した。その後も、サリッサはヘレニズム世界において約一世紀半にわたって「超強力兵器」として絶大な威力を発揮した。

図25　サリッサ歩兵の密集隊の想像復元図

以上が、サリッサについての一般的な理解である。サリッサは同時代の史料には全く触れられていないため、こうした理解は、ヘレニズム時代やローマ時代の史料に基づくものである。しかし、この通説は、今やほぼ全ての点で疑問視されるようになっている。論争点は多岐にわたるが、とくに議論が集中しているのが、サリッサはどのような武器だったのか、そして、いつ誰がサリッサを導入したのかという問題である。

サリッサはどのような武器だったのか

サリッサは、いったいどのような武器だったのか。そもそも、その形状や長さ、重さが明らかにならない限り、サリッサが本当に「超強力兵器」だったのかどうかを見極めることはできない。

サリッサの形状・長さ・重さをめぐる論争は、近年の実験考古学の成果ともリンクしており、欧米では、サリッサのレプリカを用いての模擬戦闘なども盛んに行われている。

サリッサの穂先と石突きについては、一九七〇年にM・アンズロニコスがヴェルギナ（アイガイ）で発見した一式が、つい

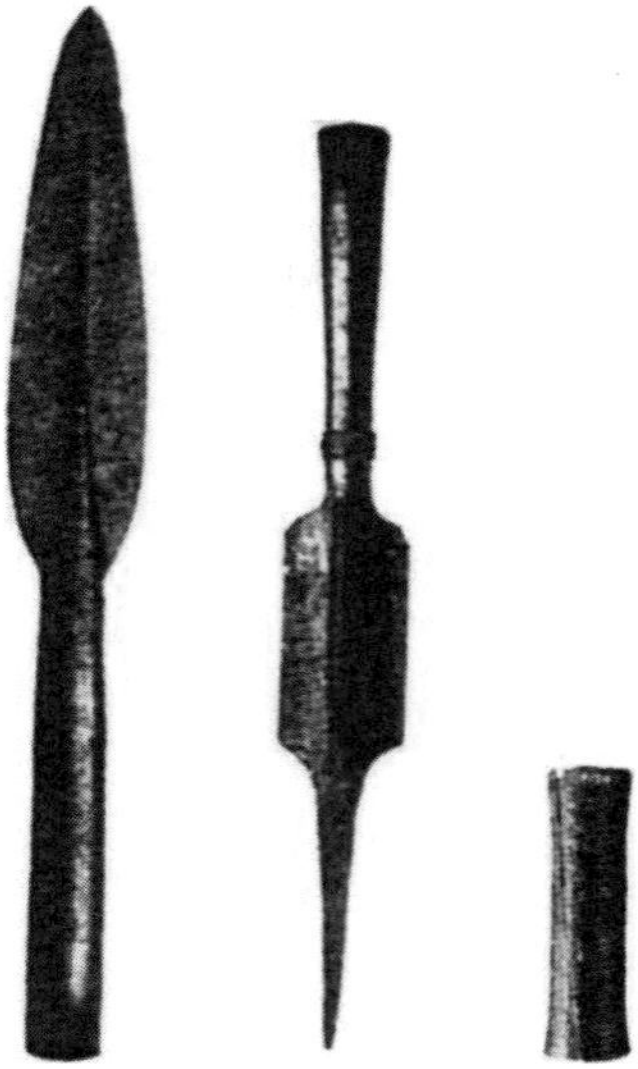

図26　アンズロニコスがヴェルギナで発見した穂先（左）、石突き（中）、チューブ（右）

最近までサリッサの標準モデルと見なされてきた（**図26**）。なかでも、全長五一センチ、幅六・七センチ、重さ約一・二キロというその巨大な鉄製の穂先はサリッサの最大の特徴とされてきたが、近年は、これがサリッサの穂先であることに懐疑的な研究者が増えている。その根拠の一つが、これまであまり注目されてこなかった前一世紀のローマの詩人グラッティウスによる『狩猟詩』の一節で、グラッティウスは、サリッサの穂先を小さな歯に喩えている（一一七―一二〇行）。これが正確な記述だとすると、サリッサの穂先は通常の重装歩兵が持つ槍の穂先よりも小ぶりだったことになる。また、サリッサの石突きは、重い穂先とバランスをとるために柄の後端につけられたとされるが、もし穂先が小ぶりだったなら、バランスをとるための石突きも当然小ぶりだったことになるし、そもそも、石突きは不要だったとも考えられる。

もう一つ、サリッサの付属品として関心を集めてきたのが、アンズロニコスが右の巨大な穂先とともに発見した、全長一七センチ、直径二・八〜三・二センチの鉄製のチューブである（図26右）。このチューブは、二分割されたサリッサの柄を連結するためのコネクターだったとする見解が根強く、

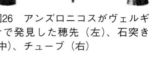

サリッサをめぐる論争点の一つとなっている。長さ数メートルのサリッサの柄を二分割してコンパクトに携行できたとすれば、その利便性は大きいし、柄が破損した場合の修理も容易だったことになる。しかし、柄が二分割されたとすると、当然、刺突の威力は弱まるし、また、問題のチューブには柄を固定するための釘穴のようなものは一切なく、全長一七センチのコネクターでは、数メートルもの柄を連結するには不十分である。これらのことから、近年は、このチューブはコネクターではなく、サリッサの柄のグリップもしくは補強材だったとする説も有力になっている。

サリッサの木製の柄は、遺物としては全く残らないため、その長さと材質についても議論が多い。サリッサの長さは時代と地域によって変動したとされるが、サリッサの長さについて触れた古典史料は、そのほとんどがすでにサリッサが使われなくなったローマ時代のものであり、それぞれの史料がどの時期のサリッサのことを述べているのかは、必ずしも明確ではない。また、史料に現れる長さの単位「ペキュス」がマケドニア・ペキュスかアッティカ・ペキュスかも、論争点の一つである。そのため、サリッサの長さについては、研究者によって三メートルから七メートルまで推定値にばらつきが見られる。

サリッサの柄の材質に関しては、近世のヨーロッパの長槍にしばしば用いられた軽量のトネリコだったとする説が有力だが、トネリコより硬くて重いミズキだったとする説も根強く、論争が続いている。柄の長さや材質によってサリッサ全体の重量も大きく変わってくるが、いずれにしても、前述のように穂先が小ぶりであり、石突きもともなっていなかったとすると、サリッサは従来考えられていたよりもかなり軽量で、片手で持てる程度の槍だったことになる。

いつ誰がサリッサを導入したのか

このように、サリッサがどのような武器だったのかをめぐっては多くの議論があるが、同様に、そのサリッサをいつ誰が導入したのかについても、様々に論じられている。

サリッサはフィリッポスが導入した新兵器と見るのが通説だが、実は、それを明確に示す史料はない。フィリッポスの治世におけるサリッサについて述べた史料は、いずれも後代のものである。ローマ時代のプルタルコスやポリュアイノスの記述から、フィリッポスの治世にサリッサが用いられていたことはおそらく確かであるものの、いつ導入されたのかは判然としない。近年は、フィリッポスの治世以前に導入されたとする説が力を増している一方で、アレクサンドロス死後の後継者戦争期まで使用されなかったとする説もあり、活発な論争が続いている。

それにしても、サリッサがフィリッポスの数々の戦闘において絶大な威力を発揮した画期的な「超強力兵器」だったなら、なぜ、デモステネスの弁論をはじめとする同時代史料に全く触れられていないのだろうか。そもそも、サリッサは、本当に画期的な新兵器だったのだろうか。

サリッサの特徴とされるのは数メートルというその長さだが、長い槍自体は決して珍しいものではなく、トラキアやエジプトで古くから用いられていた。ホメロスの『イリアス』にも、トロイアの勇将ヘクトルが長槍で戦ったという描写が現れる（六歌三一八―三一九行）。また、アテネの将軍イフィクラテスは、前三七四年頃にエジプトで武具の改良を行った際、槍の長さを通常の一・五倍もしくは二倍にしたと伝えられる。通常の重装歩兵の槍は約二メートルだったので、イフィクラテスが改良した槍は三〜四メートルだったことになる。アミュンタス三世やアレクサンドロス二世がイフィクラテスの影響を受けて重装歩兵の育成に着手した可能性については先に触れたが、イフィクラテスが改良した長槍も、すでにその時期にマケドニアに導入されていたのかもしれない。だとすれば、長い槍を構えて戦うマケドニアの歩兵の姿は、フィリッポスの治世にはもはや目新しいものではなく、それゆえ、同時代史料においてとりたてて言及されなかったと考えることもできる。

サリッサ自体がフィリッポスの画期的な発明ではなかったとすると、サリッサ歩兵がハリネズミのような密集隊形を組んだというその戦闘方法が彼の独創になるものだったのだろうか。これに関しても、実は、フィリッポスやアレクサンドロスの治世におけるサリッサ歩兵の戦闘方法について明確に伝えている史料はない。ハリネズミのような密集隊形による攻撃態勢というのは、前二世紀初頭のアンティゴノス朝マケドニアのサリッサ歩兵部隊について同時代の歴史家ポリュビオスが記したものにすぎない（『歴史』一八巻二九―三〇章）。フィリッポスやアレクサンドロスの治世においてサリッサ歩兵がどのように戦っていたのかは、よくわからないのである。

また、アレクサンドロスの東方遠征においても、マケドニアの歩兵は全員がサリッサを携行していたわけではなく、通常の重装歩兵と同様の二メートル程度の槍を持って戦う歩兵も大勢いたらしい。さらに、東方遠征に関する史料ではサリッサと通常の槍が区別されずに言及されていることが多いため、実際の戦闘でどれほどサリッサが用いられていたのかも判然としない。

となると、フィリッポスのギリシア征服やアレクサンドロスの東方遠征においてサリッサが絶大な威力を発揮した画期的な「超強力兵器」だったというのは、大いに疑わしいと言わざるをえないのである。

ちなみに、前三世紀以降、サリッサはヘレニズム世界で広く用いられるようになるが、前一六八年のピュドナの会戦でアンティゴノス朝マケドニアのサリッサ歩兵部隊がローマ軍に敗れたのち、その使用は廃れていく。ヘレニズム世界においてサリッサ歩兵部隊が実戦で戦ったのは、小アジアのポントス王国のミトリダテス六世がローマ軍に屈した前八六年のカイロネイアの会戦が最後となる。前三三八年にマケドニア軍が圧倒的な勝利を飾ったその同じカイロネイアの地で、マケドニア式のサリッサ歩兵部隊は姿を消すことになるのである。

最初の軍事対決

以上のように、フィリッポスの軍事改革をめぐっては不明な点が多いが、彼は前三五九／八年にアテネ軍、パイオニア軍、イリュリア軍を次々と撃ち破っており、改革が早くも一定の成果を収めたことがうかがえる。

フィリッポスの軍事改革がこうして順調に始動した理由としては、彼がすでにペルディッカス三世の治世に領土を与えられて改革に取り組んでいたことに加え、前三六〇／五九年の対イリュリア戦で多くのヘタイロイが戦死したため、ヘタイロイの反対なく歩兵の増強に着手できたことが挙げられる。さらに、未曽有の大敗北を喫したことで「救世主」を待望する気運が高まり、マケドニア人たちの結束が強まっていたことも、彼の改革の追い風となったのだろう。フィリッポスの即位時の危機は、彼の卓越した外交手腕を開花させるとともに、このように彼の事業の順調な滑り出しを可能にしたのである。

フィリッポスにとって緒戦となったのは、アルガイオスと結んだアテネ軍との戦いである。先に見たように、フィリッポスは即位してまもなく、アテネが狙うアンフィポリスからマケドニアの駐留軍を引き揚げている。アルガイオスを支援して送り込まれた将軍マンティアス麾下のアテネ軍は、当時アテネの支配下にあったマケドニア沿岸部のメトネに上陸するが、マンティアスは、おそらくそのときにマケドニアの駐留軍の撤退を知ったのだろう。結局、彼はメトネにとどまり、その全軍を動かすことはなかったので、フィリッポスの懐柔策はひとまず成功を収めたことになる。

アルガイオスは、こののちマンティアスから傭兵（規模は不明）を得てアイガイをめざす。旧都であるアイガイは、マケドニア王家に対する不満分子の拠点となっていたのだろう。しかし、アイガイで支持を集めることを期待したアルガイオスの思惑は外れ、彼はメトネに引き返すが、その途上でフィリッポスの軍勢に敗れた。これ以降のアルガイオスの消息は知られていない。

アルガイオスを降したフィリッポスは、その戦闘の際に捕虜となったアテネ人兵士を無償で釈放した。さらに、アテネに書簡を送って講和の締結を求め、こうしてフィリッポスとアテネの間に最初の講和が成立した。

このように、即位当初のフィリッポスは、アテネが執拗に狙うアンフィポリスから駐留軍を引き揚げ、アルガイオスを破ったあとも寛大にふるまうなど、アテネに歩み寄る態度を見せている。フィリッポスのアテネに対する友好姿勢を強調する近年の研究では、こうした彼の行動もその根拠の一つとされている。

しかし、ペルディッカス三世の敗死後の四面楚歌とも言える状況のなかで、フィリッポスにとっての当面の急務は、差し迫った危険を回避して時間を稼ぎ、軍隊を再建することだった。彼がアンフィポリスから駐留軍を引き揚げたのも、パイオニア王やトラキア王を買収してその動きを封じた一連の機略の一つだったと見るべきだろう（おそらく、即位直後の混乱のなかで手近に軍隊を必要としていたためでもあったのだろう）。アルガイオスを降したあとにアテネに寛大な態度を示したのも同様で、少なくともパイオニアとイリュリアを撃ち破って国境の安全を確保するまでは、フィリッポスにはアテネ軍と正面切って戦うだけの余裕はなく、アテネとの衝突を何としても避けなければならなかったのである。

パイオニアとイリュリアに対する勝利

続いて、パイオニア王のアギスが死去すると、フィリッポスはただちにパイオニアに攻め込み、決定的な勝利を挙げた。この対パイオニア戦は、次に控えた強敵イリュリアとの対決の前哨戦とも言うべき戦いであり、フィリッポスにとっては、再建したばかりのマケドニア軍の力を試し、兵士たちに自信を植えつけるための機会でもあった。

そしていよいよ、フィリッポスは歩兵一万人以上、騎兵六〇〇人の大軍を率い、イリュリア王バルデュリスに決戦を挑んだ。バルデュリスはフィリッポスのもとへ使節を送り、双方とも現時点で所有している領土を保持するという条件で和議を結ぶことを求めたが、交渉は決裂した。バルデュリスも歩兵一万人、騎兵五〇〇人という大軍を擁し、形勢はほぼ互角だったが、長時間に及ぶ戦闘の末、イリュリア兵の大半が潰走するに至った。イリュリア側の戦死者は七〇〇〇人を超えたという。この時点で九〇歳だったというバルデュリスのその後の消息は知られていない。

この対イリュリア戦は、前三三八年のカイロネイアの会戦を除くと、フィリッポスの用兵術がある程度具体的にわかる唯一の戦闘である。ディオドロス（『歴史叢書』一六巻四章五―七節）とフロンティヌス（『戦術書』二巻三章二節）によると、フィリッポスは精鋭部隊からなる右翼を率いてイリュリア軍を正面から攻撃し、敵の陣列が崩れると騎兵を突入させて側面と背後から圧迫したという。これは、まさしく、フィリッポスがカイロネイアで展開する戦術の原型である。

このときの勝利は、フィリッポスにとって初の軍事的な大勝利であるとともに、これまで歯が立たなかった強敵イリュリアに対してマケドニア王国が初めて勝ちとった勝利でもあった。この勝利を、スパルタの覇権を打ち砕くことになった前三七一年のレウクトラの会戦におけるテーベの勝利に喩える研究者もいる。フィリッポスはこののち、伝えられているだけで四度イリュリアに遠征しており、イリュリアはマケドニアに完全に従属することはなかったが、少なくともこれ以降、イリュリア軍がマケドニアの領内に侵入したことは知られていない。この対イリュリア戦の勝利はマケドニア王国の発展における重要な画期となり、ここから、マケドニアの外へと膨張していくことが可能になったのである。

国家改造のスタート

イリュリアに対する勝利は、上部マケドニアとの関係においても大きな転機となった。前年にペルディッカス三世が敗死して以来、上部マケドニアの大半はイリュリアの傘下に置かれていたが、バルデュリスを破ってイリュリア人を駆逐したフィリッポスは、リュクニティス湖に至るまでの領域に住む上部マケドニアの全住民を支配下に入れた。さらに、バルデュリスの経済的な基盤となっていたリュクニティス湖周辺の鉱山地帯を手中に収めた。王家の先祖であるヘラクレスの名前に因むヘラクレイアという都市をリュンケスティスに築いたのも、このときのことだったらしい。

上部マケドニアを併合するにあたっては、フィリッポスがリュンケスティスの王女エウリュディケを母に持つこと、エリメイアの王女フィラを娶って絆を強めていたこと、そして、オリュンピアスとの婚約によってオレスティスやテュンファイアと関係の深いモロッソスと同盟を結んでいたことが、大きくプラスに働いたのだろう。

ここから、フィリッポスの国家改造事業が本格的にスタートする。彼は、上部マケドニアの諸王国の王や豪族を民衆から切り離して首都ペラに集め、上部マケドニアにおける旧来の支配体制の解体を図った。これらの旧支配層はフィリッポスに直接臣従するヘタイロイとなり、彼らの子弟は王の身辺に仕える近習となった。近習たちは、一〇代半ばから数年間、王の就寝中の夜警、騎乗の介添え、狩猟のお供など、ありとあらゆる日常的な奉仕を行った。この制度は、一世紀のローマの文人クルティウスが「偉大な総督、将軍たちの苗代、学校」と呼んだように（『アレクサンドロス大王伝』五巻一章四二節）、将来の優秀なエリートを育成するためのシステムとして知られるが、近習たちは、まずもって、上部マケドニアの旧支配層の忠誠を保証する、一種の人質だったのである。この制度がいつからマケドニアに存在したのかは判然としないが、王国統合の過程でこれを大きく発展させたのがフィリッポスだったのは確かだろう。プトレマイオス（エオルダイア出身）、ペルディッカス（オレスティス出身）、クラテロス（オレスティス出身）、レオンナトス（リュンケスティス出身）、コイノス（エリメイア出身）など、のちにアレクサンドロスの側近として活躍するヘタイロイたちが上部マケドニアの出身であり、その多くがフィリッポスの近習を務めた者たちだったのは、フィリッポスが進めた上部マケドニアの統合政策の成果である。

アレクサンドロスの東方遠征では、エリメイア部隊、オレスティス・リュンケスティス部隊、テュンファイア部隊といった上部マケドニアの部隊が史料に現れるが、こうした遠征軍の編制からも、フィリッポスによる上部マケドニアの統合が奏功したことがうかがえる。もしこれらの地域に抵抗気運がくすぶっていたとしたら、このようにもともとの上部マケドニアの地域区分によって遠征軍の部隊が編制されることはなかったに違いない。

また、上部マケドニアの旧支配層のみならず、外国人をヘタイロイに積極的に登用したのも、フィリッポスの国家改造事業の一環である。テオポンポスは、フィリッポスの宮廷の退廃ぶりについて語るなかで、「彼の側近たちというのが、いろいろな地方から流れ込んできた者たちで、彼の故国すなわちマケドニアの者もいれば、テッサリアの者もいれば、その他の地域からのギリシア人もいる」と述べている（断片二二四）。これは、フィリッポスが外国人をヘタイロイに盛んに取り立てたことを裏づける、貴重な同時代の証言である。ネアルコス（クレタ出身）、エウメネス（カルディア出身）、ラオメドン（ミュティレネ出身）、アンドロステネス（タソス出身）などは、いずれもフィリッポスに登用されたギリシア人で、のちにアレクサンドロスの側近として活躍することになる。

このように、王に忠実なヘタイロイの拡充を進める一方で、フィリッポスは旧支配層から切り離した民衆にも土地を与え、彼らの忠誠心を確保していった。こうした土地の分配が史料から明確に確認できるのは、前三五四年にフィリッポスがメトネを占領した際にその領土をマケドニア人に分配したという事例のみだが、東方遠征の緒戦となる前三三四年のグラニコス河畔の会戦ののち、アレクサンドロスは戦死した兵士たちの遺族に地租の免税特権を与えたと伝えられており、多くの一般兵士が土地を所有していたことがうかがえる。

こうして、フィリッポスは民衆の生活基盤を保証し、マケドニア王国の兵力の母体となる均質な「マケドニア国民」の創出を図ったのである。彼の国家改造事業は、先に見た軍事改革と両輪をなすものであり、「国家を有した軍隊」と言われる一七〜一八世紀のプロイセンのそれにしばしば喩えられる。マケドニア王国も、フィリッポスのもとで、まさしく「国家を有した軍隊」へと変貌を遂げていったのだろう。

都市建設と住民移動

フィリッポスが進めた都市建設と住民移動も、こうした国家改造のプロセスにおいて重要な役割を果たした。

第2章で引用したアリアノスが伝える「オピス演説」（七七頁参照）には、フィリッポスが「君たち〔マケドニア人たち〕を山から平地へと連れ出し」、「君たちを都市の住民としたうえ、立派な法や慣習を整備して都市を整えてもやった」と語られている。ユスティヌスも、「彼〔フィリッポス〕は、ちょうど牧人が羊の群れを、あるときは冬の、あるときは夏の牧野へ連れて行くように、民衆や都市を、ある場所が人を住まわせるのにいいと思われたり、見捨てるのにいいと思われたりすれば、そこへ、彼の欲望のままに移した」、「彼はある国民を敵との境界の地に置き、別の国民を王国の最果ての地に据えた。また戦争で捕虜になった者を、彼は都市の住民を補充するために配分した。そして、このようにして多くの種族・民族から一つの王国と国民とを作った」と語り、フィリッポスによる強制的な住民移動の様相を伝えている（『フィリッポス史』八巻五章七節、六章一―二節）。マキァヴェッリは、『ディスコルシ』（一五三一年）のなかでこのユスティヌスの一節を引用し、「新君主は、常にその規範をマケドニア王フィリッポスにとらなければならない」（永井三明訳、ちくま学芸文庫）と述べて、フィリッポスの国家改造事業を称えている。

こうしたアリアノスやユスティヌスの記述は、少なからず誇張されているものの、フィリッポスが進めた国家改造の骨子については概ね正確に描いているらしい。アリアノスもユスティヌスも具体的な地名を挙げておらず、いつ、どこでそうした都市建設や住民移動が行われたのかは定かでないが、おそらく、フィリッポスがイリュリアを破って上部マケドニアを併合したことが大きな契機になったと推測される。フィリッポスがその治世において建設したことが史料から確認できるのは、トラキアのフィリッポイ、フィリッポポリス、カビュレ、およびテッサリアのフィリッポポリスといったいくつかの都市に限られるが、彼は王国の拡大にともなって征服地に多くの都市を建設し、マケドニア人や征服した諸民族をそれらの都市に入植させていったのだろう。

こうした都市建設や住民移動は、すでに前五世紀のマケドニア王たちが着手していた政策であることも忘れてはならない。第３章で見たように、アレクサンドロス一世はアルゴスによって追放されたミケーネの人々をマケドニアに受け入れ、次のペルディッカス二世の治世にも、エウボイアのヒスティアイアの人々がマケドニアに移住したことが知られる。アルケラオスも、テルメ湾に面したピュドナを数キロ内陸に移したと伝えられ、また、彼が行ったとされるアイガイからペラへの遷都こそ、まさに、大がかりな都市建設・住民移動である。フィリッポスはそうした前例にならい、それをさらに大々的に推進したのである。

ちなみに、デンマークの歴史家M・H・ハンセンが主導したコペンハーゲン・ポリス・センター（CPC）が二〇世紀末から進めた国際共同研究は、ギリシア世界の都市についての理解を格段に深化させたが、その成果の一つである『アルカイック期および古典期のポリスの目録（*An Inventory of Archaic and Classical Poleis*）』（二〇〇四年）には、マケドニアに存在した一七の都市と二五の集落がリストアップされている。これらの一七の都市はヘレニズム時代やローマ時代のものも含んでいるため、フィリッポスの治世以前に存在したことが史料から確認できるものに限定すると、新旧の都であるペラとアイガイに加え、ピュドナ、ディオン、エウロポス、イクナイ、アランテ、アロロス、そしてギリシア人植民市のメトネの九都市である。前四世紀に入ると、「アロロスのプトレマイオス」や「ピュドナのアポロファネス」といった都市名を冠した呼び名が史料に現れるようになることからも、これらの都市が一定の発展を遂げていたことがうかがえる。マケドニアにおける都市の発展は、決して、フィリッポスの治世に始まったわけではないのである。

3　ギリシア征服のスタート

テッサリアへの介入

強敵イリュリアを降して背後の不安を除いたフィリッポスは、いよいよ、マケドニアの外への進出を企てる。前三五八年、その最初のターゲットとなったのがテッサリアである。これまで見てきたように、マケドニア王家はラリサの有力貴族アレウアダイと長らく密接な関係にあり、両者の互酬的な絆を軸として、支援したりされたりを繰り返してきた。フィリッポスの最初のテッサリア介入も、兄アレクサンドロス二世と同様、フェライの僭主と対立するアレウアダイから支援を要請されたことに始まる。

とはいえ、このときの介入については、ラリサを支援して軍を進めたことしか伝えられておらず、その背景も結果もよくわかっていない。フェライでは、前三六九年からイアソンの甥のアレクサンドロスが実権を握っていたが、前三五八年頃、彼はイアソンの息子であるティシフォノスとリュコフロン（二世）に殺害された。アレクサンドロスの暗殺とフィリッポスの介入の前後関係は不明だが、おそらく、アレクサンドロスと対立を深めたアレウアダイの要請でフィリッポスが介入し、それが契機となって、フェライでアレクサンドロスが暗殺されるに至ったのだろう。

史料の乏しいこの最初のテッサリア介入について、重要な手がかりとなるのは、フィリッポスと二人のテッサリア人女性との結婚である。先に見たように、フィリッポスは生涯で七人の妻を持ったが、テッサリアからはフェライのニケシポリスとラリサのフィリンナを娶っている。彼は、フェライとラリサという対立するテッサリアの二大都市と、いつ婚姻同盟を結んだのか。

サテュロスは、フィリッポスの七人の妻を、アウダタ、フィラ、ニケシポリス、フィリンナ、オリュンピアス、メダ、クレオパトラの順に並べている（二二九頁の表1参照）。これが正確な年代順になっているとしたら、二人のテッサリア人女性との結婚は、即位してまもなくのアウダタおよびフィラとの結婚以後、かつ、前三五七年頃のオリュンピアスとの結婚以前ということになり、この前三五八年のテッサリア介入の際だったと推測できる。

ラリサのフィリンナに関しては、その息子アリダイオスの年齢から逆算して、結婚は前三五五年以前と推定されるので、この最初の介入のときだったと見て間違いない。フィリンナは、アレウアダイの出身だったらしい。ローマ時代の史料では、フィリンナは「踊り子」「娼婦」などと呼ばれているが、こうした中傷は、マケドニア王家の一夫多妻についての無理解と、後継者戦争期に王位に就いた彼女の息子アリダイオスの反対派によるプロパガンダに由来すると見るべきだろう。

問題は、イアソンの姪だったというフェライのニケシポリスとの結婚である。これについては、前三五三年にフィリッポスがフェライの僭主を破ったとき（二七九頁参照）のことだとする見解が根強いが（だとすれば、サテュロスは七人のうちニケシポリスとの結婚のみ年代順に配列しなかったことになる）、この結婚も、サテュロスの記事にある順序通り、最初のテッサリア介入の際だったと見るのが妥当だろう。この時点では、フィリッポスにはまだ十分な時間とエネルギーを割いてテッサリアへ進出する余裕はなく、そんな彼にとって、婚姻同盟の締結は効率よく勢力を浸透させる格好の手段だった。フィリッポスは、テッサリアに初めて介入するに際して、かねてから密接な関係にあるラリサのアレウアダイと同盟を締結して絆を固めるとともに、そのラリサと対立するフェライのティシフォノスらとも同盟を結び、本格的に介入する余裕ができるまで両市のバランスをとろうとしたのではないか。即位直後にテッサリアに武力介入した兄アレクサンドロス二世の失敗から、彼はテッサリアに対しては慎重な姿勢で臨み、この最初の介入では深入りを避けて二大都市の均衡を図ることを優先したのだろう。このあとしばらくテッサリアで平穏な状況が続いたのは、その成果だったのである。

アンフィポリス包囲戦

その翌年、アテネやオリュントスとの間で争奪戦の焦点となっていたアンフィポリスがフィリッポスの次の標的となる。彼は、即位してまもなく、アルガイオスを支援するアテネの動きを封じるためにアンフィポリスからマケドニアの駐留軍を引き揚げていたが、前三五七年春、いよいよ同市への本格的な攻撃を開始した。

フィリッポスがアンフィポリスに軍を進めると、これを警戒するオリュントスは、アテネに使節を派遣して同盟の締結を要請した。一方、アテネは、ちょうど同じ頃にフィリッポスのもとへ使節を送っている。同年夏には、アンフィポリスがアテネに使節を派遣し、同市をアテネに引き渡すことを申し出て支援を求めた。しかし、アテネはこれを拒絶し、同様に先のオリュントスからの同盟締結の要請も斥けた。アテネからの支援の望みを断たれたアンフィポリスは、秋までに陥落してフィリッポスの支配下に入り、こうして、アテネはアンフィポリス奪還という夢を最終的に打ち砕かれることになった。これ以降、アテネとマケドニアは、前三四六年に「フィロクラテスの講和」を締結するまで、実際に直接干戈を交えることはなかったものの、事実上の交戦状態に置かれた（通常「アンフィポリス戦争」と呼ばれる）。

以上が、前三五七年のアンフィポリス包囲戦の顚末である。アテネに帰属することをこれまで頑強に拒んできたアンフィポリスの人々がそのアテネに支援を要請し、同市を引き渡すことまで申し出たのは、フィリッポスがアテネよりもはるかに大きな脅威であるという事実を彼らが認識したことを物語る。では、そのアンフィポリスからの願ってもない申し出を、アテネはなぜ拒絶してしまったのだろうか。

デモステネスの弁論をはじめとするいくつかの同時代史料の記述によると、フィリッポスはアンフィポリス包囲戦に際して、アンフィポリスを攻略したのちに同市をアテネ領のピュドナと交換することをアテネに約束したという。その「約束」がいつどのように交わされたのかは判然としないが、アテネは包囲戦のさなかにフィリッポスのもとに使節を送っているので、おそらく、フィリッポスはその機を捉えてアンフィポリスとピュドナの交換を持ちかけたのだろう。こうした策略によって、彼はアンフィポリスに執着するアテネの介入を封じることに成功したのである。

フィリッポスの「策略」

アンフィポリス包囲戦の際にフィリッポスが弄した「策略」は、どうやら、それだけではなかったらしい。この包囲戦のさなかに起こったエウボイアの内乱にも、彼が関与していた可能性がある。

前四世紀のエウボイアは、フィリッポスが登場するまで、近接するアテネとテーベの間を揺れ動いていた。前三五七年初夏、親アテネ派と親テーベ派の争いに端を発して内乱が起こると、アテネもテーベもただちにエウボイアへ派兵した。結局、アテネは一ヵ月足らずでテーベ軍を撃退してエウボイアの諸都市と同盟を締結するが、この内乱において、フェライの僭主ティシフォノスが軍船を提供してテーベを支援したと伝えられる。先に見たように、フィリッポスは前三五八年にテッサリアに介入した際、このティシフォノスと同盟を結んだらしい。とすると、彼は、アテネをアンフィポリス包囲戦から遠ざけるために、テーベを支援するようティシフォノスに働きかけてエウボイアでの両国の争いを煽ろうとしたのではないかと推測できる。

さらに、アンフィポリス陥落後のフィリッポスの行動に目を向けると、このときの彼の計画の全貌が見えてくる。前三五七年秋にアンフィポリスを降したフィリッポスは、これをアテネに引き渡すどころか、翌前三五六年初頭、ピュドナをも攻撃して手中に収めた。同じ頃、彼はオリュントスに使節を送り、長年オリュントスとの係争地となっていたマケドニア領のアンテムスを譲渡することと、当時アテネの支配下にあったポテイダイアを攻略してオリュントスに引き渡すことを条件に同盟を締結した。そして同年夏、ポテイダイアを降したフィリッポスは、約束通り、これをアンテムスとともにオリュントスに譲渡したのである。

こうしたフィリッポスの行動から、彼はアンフィポリスをアテネに引き渡すつもりなど毛頭なかったこと、そして、彼が父アミュンタス三世の治世以来の強敵であるオリュントスとの連携をこの時点でかなり重視していたことがうかがえる。オリュントスは、前三五七年にイリュリア王のグラボスと同盟を結んだことが知られるが、おそらく、そのこともフィリッポスの念頭にあったらしい。グラボスは、バルデュリスがフィリッポスに敗れたのち、イリュリアで最も有力となった人物である。フィリッポスは、依然として強敵であるイリュリアがオリュントスと結託することを警戒し、オリュントスとの同盟締結を急いだのだろう。

このようにオリュントスとの連携を重視していたフィリッポスは、そのオリュントスがアテネと手を結ぶという事態は避けたかったに違いない。そこで、前三五七年春にオリュントスが企てたアテネとの同盟を阻止し、さらに、アンフィポリスに固執するアテネの介入を封じてスムーズに同市を獲得するという二重の目的から、アンフィポリスとピュドナの交換をアテネに持ちかけたのだろう。こうしたフィリッポスの策略に踊らされたアテネは、オリュントスとアンフィポリスからの申し出をいずれも拒絶し、結果として、アンフィポリスのみならずピュドナやポテイダイアまでも失う羽目に陥ったのである。

アンフィポリス包囲戦に際してフィリッポスがめぐらしたこれらの「策略」は、曖昧な約束を交わして相手の動きを封じ、障害となる要因を極力排除して効率的な目標達成を図る彼の手法の好例である。また、前三五六年にフィリッポスがオリュントスに譲渡した要衝ポテイダイアは、長年アテネとオリュントスの争奪戦の的となっていたが、彼は、これをアテネから奪ってオリュントスに与えることによって、両者の対立を煽るという目的も果たした。このように領土の譲渡によって二勢力の抗争を助長するという彼の手口は、これ以降も繰り返されていくことになる。フィリッポスは、ギリシア世界の諸勢力の分断を図りつつ、巧妙にギリシア征服を進めていったのである。

アンフィポリスのその後

こうして、アンフィポリスはマケドニア王国に併合された最初のギリシア人都市となったが、同市のその後についても触れておきたい。

アンフィポリスの陥落後、反マケドニアの市民たちの土地財産を没収するという決定が民会で下されていることから、同市では、フィリッポスによる征服以降も民会が機能し続け、民主政が形式上は維持されたと考えられている。しばらくはアンフィポリス独自の貨幣の発行が継続していたことも知られる。こののち、アンフィポリスには首都ペラに次ぐ王国第二の鋳造所が置かれ、さらに、アレクサンドロスが前三三五年に率いたトラキア方面への遠征軍や翌年の東方遠征軍の艦隊もここから出発するなど、軍事拠点としても重要な役割を担うことになる。

アンフィポリスは碑文史料に恵まれており、前四世紀後半から前三世紀にかけての不動産売却の記録を記した一連の碑文が残っている。これらの碑文のおかげで、アンフィポリスは、エピスタテスと呼ばれる役人による統治や、同市独自の暦からマケドニアの暦への移行といった、マケドニア王国の支配下での都市生活の実相を知ることができる稀有な事例となっている。

また、パンヘレニックな祭典のテオロドコス（使節歓待役）の名前を記した碑文は、マケドニア史に光を当てる重要な史料として近年とみに注目されているが、このテオロドコスの碑文からも、アンフィポリスがマケドニア王国に併合されて以降も都市としての一定の自律性を保っていたことがうかがえる。第4章の最後で触れた、ペルディッカス三世の名前が現れる前三六〇年のエピダウロスの碑文には、アンフィポリスの一市民がテオロドコスを務めたことが記されているが、前三二四～前三一七年と推定されるネメアの祭典（ギリシアの四大祭典の一つ）のテオロドコスの名前を記した碑文（*SEG* 36. 331）にも、同様にアンフィポリスの一市民の名前が現れる。つまり、アンフィポリスは、マケドニア王国の支配下に入ってからも、祭礼使節を迎え入れる都市としての独自の機能を果たし続けていたのである。

ちなみに、アンフィポリスは、マケドニア王家の終焉の地としても知られている。アレクサンドロスの死後に即位した彼の遺児アレクサンドロス四世は、前三一六年、カッサンドロスによって母ロクサネとともにアンフィポリスに幽閉され、その数年後にこの地でひそかに殺害されたのである。

トラキアへの進出

フィリッポスは、念願のアンフィポリスを手中に収めたのち、さらに東への進出を企てる。

東の強敵オドリュサイ王国では、前三六〇年頃のコテュスの死去以来、ケルセブレプテス（コテュスの息子）、アマドコス、ベリサデスの三王が並び立っていた。アマドコスとベリサデスはアテネの仲介で手を結び、協力してケルセブレプテスに立ち向かったが、彼らの抗争は、前三五七年にアテネと三王の間で締結された同盟条約（*IG* II^2 126 = RO 47）をもって、王国を三分割するという形で一応の決着を見た。これにより、ケルセブレプテスは王国東部、アマドコスは王国中部、ベリサデスは王国西部をそれぞれ勢力圏とすることになり、ストリュモン川を挟んでマケドニアと接するベリサデスの領土がフィリッポスの次のターゲットとなる。

フィリッポスとオドリュサイ王国の関わりは、すでに見たように、マケドニアの王位を狙うパウサニアスを支援したトラキア王を買収してその動きを封じたことに始まるが、彼のトラキアへの本格的な進出は、クレニデスに出兵した前三五六年以降のことである。

パンガイオン山の北東麓に位置するクレニデスは、前三六〇／五九年に対岸のタソス島の人々が建設した植民市である（アテネの政治家カリストラトスの献策でタソスの人々が築いたという植民市ダトスと同一の都市であるかについては、説が分かれる）。前三五六年、フィリッポスはトラキア軍による包囲攻撃を受けたクレニデスを援助して、ただちに同市に軍を進めた。このときクレニデスを攻撃したのは、その直前に亡くなったベリサデスの後を継いだ息子のケトリポリスだったらしい。

フィリッポスは、トラキア軍を撃退したのち、クレニデスをマケドニアの植民市に再編して多くの人々を入植させ、自らの名前に因んでフィリッポイと命名した。フィリッポイは、都市建設者が自らの名前を冠して設立したギリシア世界初の都市である。フィリッポスは、これ以降もトラキアやテッサリアでフィリッポポリスと呼ばれる都市を築いており、こうした自らの名前をつけた都市の建設は、続くアレクサンドロスや後継武将たちのもとでいっそう加速することになる。

新都市フィリッポイは、以後、その前年にフィリッポスの手に落ちたアンフィポリスとともにマケドニア王国東部の主要都市として繁栄を享受する。テオフラストスによれば、それまでは森林に囲まれた沼沢地だったフィリッポイの周辺一帯が干拓され、肥沃な農地に転換されたという（『植物原因論』五巻一四章五―六節）。こうした沼沢地や湖の干拓は、すでにミケーネ時代から進められていたボイオティアのコパイス湖の事例がよく知られている。フィリッポスは、おそらく、少年時代にテーベに滞在していたときに実見したボイオティアの干拓事業や集約農業をモデルに、フィリッポイ周辺の

「農業革命」を推進したのだろう。

こうして、パンガイオン山の両側に位置するアンフィポリスとフィリッポイを支配下に収めたフィリッポスは、両市を拠点として本格的な鉱山経営に乗り出していく。ディオドロスは、パンガイオン山は年間一〇〇〇タラントン以上の収益を生み、フィリッポスの成功の経済的基盤になった、と伝えている（『歴史叢書』一六巻八章六―七節）（ただし近年は、パンガイオン山は前七世紀から採掘されていたため、フィリッポスの治世にはすでに鉱量が枯渇していた可能性も指摘されている）。

このように、フィリッポスは精力的に東へ領土を拡げていったが、こうした彼の東への進出は、これまでイリュリアやパイオニアでは領土を併合しておらず、テッサリアやエペイロスとも婚姻同盟を結んで関係を深めたにすぎないのとは対照的である。おそらく、フィリッポスの東への進出は、マケドニア王国の「失地回復」でもあったのだろう。かつて、アレクサンドロス一世はペルシア軍の撤退後にストリュモン川流域まで領土を拡大したが、彼の晩年以降、その領土の多くは失われてしまっていた。フィリッポスは、アンフィポリスの占領とフィリッポイの設立をもって、「東のレコンキスタ」を完了したのである。

こうしたフィリッポスの進出に対抗して、オドリュサイ王国西部の王ケトリポリスとその兄弟たちは、イリュリア王グラボスとパイオニア王リュッペイオス（アギスの後継者）とともに反フィリッポス連合を結成し、これにアテネも加わって、四勢力の同盟が成立した。しかし、アテネは折からの同盟市戦争への対応に追われて兵力を割けず、まもなくフィリッポスがケトリポリスを降し、さらにパルメニオン麾下のマケドニア軍がイリュリアの軍勢を撃ち破ったことにより、この同盟は成果なく瓦解した。

これ以降のケトリポリスら三王の消息は、いずれも古典史料からは判然としないが、パイオニア王のリュッペイオスに関しては、彼の名前を記した貨幣が残っており、前三三〇年代に息子のパトラオスが後を継ぐまでパイオニアの王位にあったことが確認できる。反フィリッポス連合の瓦解後、リュッペイオスはマケドニア王国の傘下に入り、貢租の支払いや兵力の供出と引き替えに一定の自治を許されたらしい。アレクサンドロスの東方遠征にはパイオニア人部隊が軽装騎兵や斥候兵として付き従っており、王族のアリストン（おそらくリュッペイオスの息子）がその指揮をとったことが知られる。これらの部隊は、マケドニア本国に対するパイオニアの忠誠を保証するための、一種の人質だったのだろう。

オリュンピア祭での勝利

「東のレコンキスタ」が完了した前三五六年は、フィリッポスにとって、オリュンピア祭で最初の勝利を飾り、さらに、息子アレクサンドロスが誕生するという、まさしく記念すべき年だった。

この年の夏、フィリッポスはアテネ領のポテイダイアを攻撃していたが、プルタルコスは、そのポテイダイアを降したばかりのフィリッポスのもとに三つの吉報が同時に飛び込んできた、と伝えている（『アレクサンドロス伝』三章八節）。重臣パルメニオンが激戦の末にイリュリア軍を撃ち破ったこと、オリュンピア祭でフィリッポスの馬が優勝したこと、そして、王子アレクサンドロスの誕生である。これらの吉報がプルタルコスの伝えるようにフィリッポスのもとへ同時に届いたというのは疑わしいが、イリュリアとの戦いは八月、この年のオリュンピア祭は八月下旬、そしてアレクサンドロスの誕生は七月二〇日頃と推定されるので、これらの出来事がこの一夏に立て続けに起こったのは確かだろう。

この年のオリュンピア祭の優勝者リストにはフィリッポスの名前が記されており、これは、マケドニア王がオリュンピア祭で優勝を果たしたことが確実な最初の事例となる。重臣パルメニオンに強敵イリュリアとの戦闘を任せ、自身はポテイダイアで奮戦していたフィリッポスは、オリュンピア祭の騎馬競走に持ち馬を送り込み、馬主として勝利を手にしたのである。オリュンピア祭などのギリシアの競技祭典において、富裕層の競技である競馬種目(騎馬競走や戦車競走)では、勝利の栄冠は騎手や御者ではなく馬主に与えられ、優勝者リストに記されるのも馬主の名前だった。

第3章で見たように、アレクサンドロス一世は、前五世紀初頭のオリュンピア祭のスタディオン走に出場した(アルケラオスの出場については説が分かれる)。フィリッポスは、王位に就いて初めての祭典となる前三五六年のオリュンピア祭に待ちかねたかのように参加し、先祖のアレクサンドロス一世には果たせなかった優勝を、みごとに勝ちとったのである。その夏に息子を産んだオリュンピアスは、ポリュクセナとミュルタレという二つの幼名で知られるが、彼女が三番目の名前である「オリュンピアス」という名を得るに至ったのは、オリュンピア祭での優勝という慶事を祝してのことだったらしい。このとき誕生した息子をフィリッポスが「アレクサンドロス」と名づけたのも、初めてオリュンピア祭に出場した先祖アレクサンドロス一世に因んでのことだったのかもしれない。

フィリッポスは、これ以降もオリュンピア祭の戦車競走で一度ならず勝利を収め、さらに、前三三八年にカイロネイアの会戦を制したのち、オリュンピアの神域にフィリッペイオンと呼ばれる円形堂を建立している。このように、パンヘレニックな神域オリュンピアで開催されるギリシア人の民族的祭典に並々ならぬ関心を示したフィリッポスは、その治世を通じてオリュンピアとの結びつきを最大限にアピールし、自らをギリシア人として印象づけながらギリシア征服を進めていったのである。

ちなみに、フィリッポスは馬主としてオリュンピア祭の競馬種目に持ち馬を送り込むにとどまり、先祖のアレクサンドロス一世のように自ら競技に出場することはなかったが、自身もレスリングや潜水を好むなど、運動競技に親しんでいたという。息子のアレクサンドロスも、少年の頃からすぐれたアスリートだったことを伝える数々の逸話が残っている。彼は東方遠征のさなかに大規模な運動競技の祭典をたびたび催しており、側近たちが運動競技に熱中したという逸話も多い。ポリス世界では運動競技が市民たちの重要な競争《アゴン》の場となっていたが、第2章で見たように、マケドニアでは狩猟がヘタイロイの主たる競争の場だったため、運動競技の普及は遅かったと考えられている。おそらく、東方遠征の時期から、運動競技が狩猟と並んでヘタイロイの主要な娯楽、軍事訓練、競争の場となっていったのだろう。

フィリッポスの貨幣

前三五六年のオリュンピア祭で優勝を飾ったフィリッポスは、その勝利を記念する銀貨を発行した。表にゼウスの肖像、裏に勝者のリボンを頭に巻き、右手に勝利を象徴する棕櫚の枝を持つ馬上の騎手を描いたフィリッポスのテトラドラクマ銀貨（**図27**）は、このときの騎馬競走での勝利を祝して

図27　フィリッポス２世の銀貨

発行されたものと考えられている。アレクサンドロス一世以来のマケドニア王が貨幣にヘラクレスにまつわる意匠を用いてギリシア人としての王家の血統を盛んに喧伝したように、フィリッポスも、自身の貨幣をパンヘレニックな祭典での勝利を印象づけるためのメディアとして活用したのである。

　プルタルコスは、「フィリッポスはオリュンピア祭での戦車競走の優勝を貨幣に刻ませた」と伝えており（『アレクサンドロス伝』四章九節）、その戦車競走の種目での優勝（前三五二年と前三四八年）を記念して発行されたのが、表にアポロンの肖像、裏に二頭立ての戦車を操る御者の姿を描いた、フィリッペイオイと呼ばれるスタテル金貨（**図28**）だったらしい（ただし、フィリッポスの金貨の発行が始まった年代については議論が多く、彼がパンガイオン山の一帯を手中に収めて本格的な鉱山経営に着手した前三五〇年代半ばのことと見る見解も根強い）。

　フィリッポスは金貨を発行した最初のマケドニア王であり、彼のギリシア征服が進展するにつれ、フィリッペイオイはペルシアのダレイコス金貨に代わってエーゲ海周辺の国際通貨となっていった。

フィリッペイオイの意匠はヘレニズム世界で人気を博し、その後、ケルトやダキアの貨幣にも多大な影響を与えたという。

マケドニア王国の貨幣にフィリッポスがもたらした革新について、もう少し説明しておきたい。アレクサンドロス一世の治世以来、王国の貨幣に複数の通貨基準が用いられたことはすでに触れたが、フィリッポスは、金貨をアッティカ通貨基準、銀貨をトラキア・マケドニア通貨基準に統一するという複本位制を導入した（のちに、アレクサンドロス大王は全てアッティカ通貨基準に統一している）。また、王国内で複数の鋳造所を稼働させたのも、フィリッポスが最初である。首都ペラに次いで、アンフィポリスに第二の鋳造所が置かれ、さらに、旧都アイガイもしくはフィリッポイに第三の鋳造所がもうけられたらしい。貨幣の意匠に関しても、ゼウスやアポロンなど、神々の肖像が初めて用いられている。

図28　フィリッポス２世の金貨（フィリッペイオイ）

加えて、現存するフィリッポスの貨幣の大半が彼の死後に発行されたものであることも注目に値する。これらの貨幣は、フィリッポスが暗殺された前三三六年以降の数年間、およびアレクサンドロスが没した前三二三年以降の数年間のもので、フィリッポスの生前の貨幣と全く同じ意匠で発行されている。前者の数年間の貨幣はアレクサンドロスが、そして後者の数年間の貨幣はアレクサンドロスの死後に王位に就いたアリダイオス（フィリッポス三世）が、ともに父フィリッポスの権威を利用し、自らの王権の正統性を喧伝するために発行したものだと考えられている。アレクサンドロスの貨幣も後継者戦争のさなかに彼の「後継者《ディアドコイ》」を称する武将たちによって盛んに発行されたが、このように貨幣が亡き王の権威を利用する手段として用いられるようになるのも、フィリッポスの事例が最初である。

アブデラ、マロネイア、メトネ

前三五六年にオドリュサイ王国西部の王ケトリポリスを降したのち、フィリッポスは残るケルセブレプテスとアマドコスに支配の手を伸ばす。オドリュサイ王国の三王は前三五七年にアテネと同盟を締結していたが、同年に同盟市戦争が勃発すると、王国東部の王ケルセブレプテスはアテネとの同盟を無視し、フィリッポスと手を結ぶに至った。しかし、王国中部の王アマドコスは抵抗する姿勢を見せたため、フィリッポスは前三五五年頃にアマドコスの領内に位置するアブデラとマロネイアの二都市を攻撃した。どちらも、エーゲ海北岸の交易拠点として栄えていたギリシア人植民市である。この遠征の詳細は不明だが、フィリッポスはその帰途に艦隊を率いていたと伝えられており、即位からわずか数年にして、彼がすでになにがしかの艦隊を稼働させていたのは注目に値する。

また、この遠征の際、テーベの将軍パンメネスがフィリッポスに協力したことも知られる。フィリッポスは少年時代にテーベの人質となった際、パンメネスの邸宅に滞在していたが、その時期に育んだ絆が以後も順調に続いていたらしい。

このあとまもなく、フィリッポイの南東の海港都市ネアポリスがフィリッポスの手に落ち、さらに、パンガイオン山の南側の海岸部に位置するガレプソス、アポロニア、オイシュメも相次いで彼の支配下に入った。こうして、パンガイオン山の周辺一帯は、完全にマケドニア王国の領土となったのである。

こうした東への進出と並行して、前三五五年末、フィリッポスはエーゲ海北岸において唯一残ったアテネの拠点であるメトネを攻撃した。メトネは、長期にわたる包囲戦の末、翌前三五四年夏に陥落した。フィリッポスはメトネの人々を追放し、都市を破壊してその領土をマケドニア人に分配した。メトネは前八世紀から栄えたギリシア人植民市だが、このときフィリッポスによって徹底的に破壊されたため、遺跡はほとんど残っていない。メトネに対するこうした厳しい措置は、フィリッポスの即位直後にメトネが王位を狙うアルガイオスの拠点になったことへの報復だったのかもしれない。

このようにメトネ包囲戦は成功裡に終わったが、フィリッポスは、この包囲戦のさなかに右目を失明するという重傷を負っている。自軍の攻城兵器を点検していた際、敵の矢が右目に命中したと伝えられる（矢ではなく、槍もしくは弩の太矢だったと伝える史料もある）。一世紀のローマの文人プリニウスによれば、コス出身の医師クリトブロスがフィリッポスの右目の傷痕をみごとに治療して名を揚げたという（『博物誌』七巻一二四節）。

フィリッポスもアレクサンドロスも、戦闘では陣頭に立って奮戦することを常としていたため、たびたび戦傷を負ったことが知られる。フィリッポスは、これ以降も腿や脛を負傷して跛行となるなど、まさに満身創痍だったが、メトネでの失明が、彼の生涯において史料に伝えられる最初の、そして最悪の負傷である。陥落したメトネに対する厳しい措置は、その報復でもあったのだろう。

ちなみに、このときのフィリッポスの負傷は、ヴェルギナの2号墓が彼の墓であるのかという論争（四二〇頁参照）にも大きく関わってくる。2号墓の主室から出土した男性の頭蓋骨の右眼窩に矢傷の痕跡が見られるかどうかが、人骨鑑定における争点の一つとなっている。

4 第三次神聖戦争への参戦

第三次神聖戦争の勃発

フィリッポスがエーゲ海北岸で快進撃を続けていた頃、ギリシア中・南部では、以後のギリシア世界の勢力図を塗り替える新たな戦争が始まった。デルフォイのアンフィクテュオニアで起こった、第三次神聖戦争（フォキス戦争）である。

デルフォイのアンフィクテュオニア（隣保同盟、もしくは神聖同盟）は、パンヘレニックな聖地デルフォイの神域と祭祀の管理にあたる同盟組織である。こうした組織はギリシア各地の神域に存在したが、詳細がわかるのはデルフォイのものに限られる。

デルフォイのアンフィクテュオニアの評議会は、年に二回の会期（春と秋）を持ち、一二の都市とエトノス（村落の結合体）から派遣される二四人のヒエロムネモン（評議員）で構成されていた。この組織で優位を占めることは、とりわけ前四世紀以降、ギリシア世界において勢威を振るうための重要な手段となった。

デルフォイでは、神域を支配下に収めようとする諸勢力の企みにより、これまでに二度の戦争が起きていた（第一次神聖戦争：前五九五頃〜前五八六年、第二次神聖戦争：前四四八年）。三度目となる第三次神聖戦争は、テーベとフォキスの対立に端を発して前三五六年に勃発し、多くの地域を巻き込みながら一〇年にわたって争われた。最終的にフィリッポスの手で終結を見るこの戦争は、ギリシア中・南部へ勢力を浸透させる絶好の機会を彼に与えることになる。

第三次神聖戦争は、前三五七年秋のアンフィクテュオニア評議会において、デルフォイに隣接するキラの神聖な土地を耕作したフォキスをテーベが告発したことに始まる。ボイオティアの北西に位置するフォキスは、二十余の都市からなる連邦国家で、長年テーベと対立関係にあった。告発されたフォキスには五〇〇タラントンという巨額の罰金が科されるが、フォキスの全権将軍フィロメロスはその支払いを拒絶し、翌前三五六年春にデルフォイの神域を軍事占領した。これにより、同年秋のアンフィクテュオニア評議会でフォキスに対する神聖戦争が宣言されたのである。テーベとテッサリアを中心とするアンフィクテュオニア陣営に対し、アテネとスパルタがフォキスの側についた。

こうして、アテネとスパルタはフォキスに与して神聖戦争に参戦することになるが、一〇年間の戦争を通じて実質的にフォキスにさしたる支援をしなかったアテネと異なり、スパルタは多額の資金や援軍を送るなど、積極的な支援を行っている。これは、フォキスに罰金が科された前三五七年秋のアンフィクテュオニア評議会において、スパルタにも、前三八二年にカドメイア（テーベのアクロポリス）を占領したことを理由にフォキスと同額の罰金が科されたことに起因するが、スパルタが継続的にフォキスを支援した真の狙いは、テーベをペロポネソスから遠ざけることにあったらしい。

前三七一年のレウクトラの会戦でスパルタを破ったテーベは、エパミノンダスの指揮のもと、四次に及ぶペロポネソス遠征を行った。前三七〇年にアルカディア連邦の結成を導き、さらに前三六九年にはスパルタの基盤となっていたメッセニアを独立させ、スパルタに大きな打撃を与えた。マンティネイアの会戦でエパミノンダスが戦死を遂げた前三六二年以降、その勢いは鈍るものの、テーベは前三五〇年代においてもスパルタに敵対するアルゴスやメッセニアを支援するという形でペロポネソスへの介入を続けていた。スパルタは、そうしたテーベの介入を封じるために、フォキスを支援することによってテーベとフォキスの争いを煽ったのである。

ペロポネソス戦争に勝利してギリシアの覇権国となったスパルタは、レウクトラでの敗北と続くメッセニアの独立によって一挙に失墜したと見なされることが多いが、スパルタは、決して弱小国になってしまったわけではない。前三五〇年代に入ると、同盟市戦争でのアテネの敗北、そして長引く神聖戦争によるテーベの疲弊は、結果として、ギリシア世界におけるスパルタの勢威を相対的に高めることになる。次章で見るように、前三四〇年代にはフィリッポスがアルゴスやメッセニアなどの反スパルタ勢力を支援してペロポネソスへの進出を図るが、こうした彼の政策は、この時期のスパルタの勢威の回復を背景に理解されなければならない。

フォキスによる聖財の略奪

こうして始まった第三次神聖戦争において、アンフィクテュオニア陣営とフォキスは前三五五年から本格的な交戦状態に突入する。この年の春、フィロメロスの率いるフォキス軍はアルゴラスでテッサリア軍に勝利を収めたが、まもなくテーベとテッサリアの連合軍がネオンでフォキス軍に大勝し、フィロメロスは自決した。彼の後を受けてフォキスの全権将軍となったオノマルコスは、テッサリアを神聖戦争から遠ざけるための工作に取りかかった。

テッサリアでは、前三五八年にフィリッポスが介入したのち、フェライとラリサの均衡が保たれ、平穏な状況が続いていた。しかし、前三五五年頃、ティシフォノスに代わって弟のリュコフロンとペイトラオスがフェライの実権を握り、以後、フェライはラリサをはじめとするテッサリアの諸都市との対立を深めていく。リュコフロンとペイトラオスは、神聖戦争が激しさを増すなかで、かつての父イアソンのようにテッサリア全土を支配するという野望を抱くに至ったのだろう。フォキスのオノマルコスは、そのリュコフロンらを支援し、テッサリアを攪乱することを狙ったのである。

こうしてフェライの僭主とテッサリアの諸都市の争いが再び激化したことによって、ラリサのアレウアダイがまたもやフィリッポスに支援を要請し、彼が神聖戦争に介入する道が開かれた。テッサリアを神聖戦争から遠ざけるためにテッサリアの内訌を助長したオノマルコスの戦略は、結果として、フォキスにとって最大の敵を神聖戦争に招き入れることになったのである。

オノマルコスは強大な傭兵軍を組織して神聖戦争の戦局を優位に進めていくが、その財源となったのがデルフォイの神域に蓄えられた聖財である。開戦当初から傭兵に依存していたフォキスは、デル

図29　イスタンブルの「蛇の柱」

フォイの聖財を略奪して戦費を賄っていたが、オノマルコスのもとで略奪がいっそう加速する。ディオドロスは、フォキスが略奪した総額を一万タラントン以上と伝え、フォキスが略奪した財宝はアレクサンドロス（大王）がペルシアの宝物殿で獲得したものに劣らなかった、と述べている（『歴史叢書』一六巻五六章六―七節）。

この時期、デルフォイの神域に奉納された数々のモニュメントが失われたが、現在イスタンブルのヒッポドロム（競馬場）に建つ「蛇の柱」もその一つである。「蛇の柱」は、三三〇年に新都コンスタンティノポリス（現・イスタンブル）を造営したローマのコンスタンティヌス帝が新都を飾るためにデルフォイから持ち去ったモニュメントである。現在は柱の部分しか残っていないが、もともとは、前四七九年のプラタイアの会戦でのペルシア軍に対する勝利を記念して三一の都市がデルフォイに奉納した壮大な戦勝記念碑で、絡まり合う三匹の蛇からなるブロンズ製の柱の上に黄金の鼎が据えられていた。その黄金の鼎を略奪したのがフォキスだったという。イスタンブルに残る「蛇の柱」は、神聖戦争の際のフォキスによる聖財略奪を今に伝える、貴重な証拠なのである。

生涯で唯一の大敗北

メトネの包囲戦で右目を失明するという重傷を負ったフィリッポスは、前三五四年夏にそのメトネを降したのち、ラリサのアレウアダイの要請を受けてテッサリアに急行した。フェライから救援を求められたオノマルコスは、弟ファウロス麾下の七〇〇〇人の兵をテッサリアに差し向けるが、フィリッポスによって撃退された。そこで、オノマルコスはフォキスの全軍を率いて自らテッサリアに乗り込み、フェライの軍とともに二度の戦闘でフィリッポスを撃ち破った。

ディオドロスは、「フィリッポスは極度の危機に陥り、兵士たちも意気消沈して彼を見捨てんばかりであったが、彼は多くの者たちを激励し、やっとのことで彼らを従わせた」と述べて、このときのマケドニア軍の惨状を強調している（『歴史叢書』一六巻三五章二節）。フィリッポスはこの翌年にオノマルコスに圧勝して雪辱を遂げるので、ディオドロスの記述は、そうしたフィリッポスの勝利を劇的に語るために誇張されていると見るべきだが、この敗北が、それまで全戦全勝で突き進んできたフィリッポスにとって、最初の、そしてその生涯において唯一の屈辱的な敗北だったのは確かである。このののち、後述するように、病気のためにトラキア遠征を切り上げたり、ペリントスとビュザンティオンの包囲戦に難渋したり、スキュティア遠征からの帰途にトリバロイ人に襲撃されて戦利品を奪われたりすることはあったが、敵軍との会戦においてフィリッポスが敗北を喫したのは、この前三五四年の戦闘だけである。

このときフィリッポスを破ったフォキスの軍勢は、投射兵器を繰り出して戦ったという。ポリュアイノスは、オノマルコスが山の両端の頂に投石機を隠し、石を投げつけてマケドニア軍の戦列を粉砕した、と伝えている（『戦術書』二巻三八章二節）。これまで、フィリッポスはアンフィポリス包囲戦とメトネ包囲戦において破城槌や攻城機などの攻城兵器をすでに用いているが、矢や石弾を撃ち出す投射兵器を使用したことは知られていない。彼が投射兵器の威力を初めて目の当たりにしたのが、この前三五四年の戦闘だったのだろう。

ここで、攻城兵器の歴史に簡単に触れておこう。堅固な城塞都市を攻め落とすための破城槌や攻城塔など、史上初の攻城兵器を生み出したのはアッシリアである。その技術はフェニキア人によって地中海世界に伝えられ、前四世紀初頭、シラクサの僭主ディオニュシオス一世がギリシア世界中から技術者を集め、弩弓型の投射兵器（ガストラフェテス）を発明して攻城戦術に革命を起こした。この新兵器はギリシア本土にも伝わり、これを積極的に取り入れたのがフォキスだったのである。

フィリッポスはこの敗北ののち、ディオニュシオス一世にならって、テッサリアのポリュイドス（もしくはポリュエイデス）をはじめとする多くの技術者をマケドニアに集め、投射兵器の開発を進めていく。そうして開発されたマケドニアの投射兵器は、次章で見る前三四八年のオリュントス包囲戦や前三四〇〜前三三九年のペリントスとビュザンティオンの包囲戦に投入され、その威力を発揮することになる。

このように投射兵器の開発に注力したフィリッポスは、ディオニュシオス一世の事実上の後継者としばしば評されるが、その契機となったのが、惨敗に終わった前三五四年のフォキス軍との戦いだったのである。フィリッポスの生涯における唯一の大敗北は、マケドニア王国の軍事力の発展においても大きな転換点になったと言えるだろう。

郵便はがき

112-8731

料金受取人払郵便

小石川局承認

1177

差出有効期間
2027年4月9
日まで
（切手不要）

東京都文京区音羽二丁目
十二番二十一号

講談社 学芸部
学術図書編集 行

ご購読ありがとうございました。今後の出版企画の参考にさせていただきますので、
ご意見、ご感想をお聞かせください。

（フリガナ）
ご住所

〒□□□-□□□□

（フリガナ）
お名前

生年（年齢）

（　　歳）

電話番号

性別　1男性　2女性

ご職業

小社発行の以下のものをご希望の方は、お名前・ご住所をご記入ください。

・学術文庫出版目録　　希望する・しない

・選書メチエ出版目録　　希望する・しない

TY 000045-2502

この本の タイトル	

本書をどこでお知りになりましたか。

1 新聞広告で　2 雑誌広告で　3 書評で　4 実物を見て　5 人にすすめられて
6 目録で　7 車内広告で　8 ネット検索で　9 その他（　　　　　　　）
＊お買い上げ書店名（　　　　　　　）

1．本書についてのご意見、ご感想をお聞かせください。

2．今後、出版を希望されるテーマ、著者、ジャンルなどがありましたらお教えください。

3．最近お読みになった本で、面白かったものをお教えください。

ご記入いただいた個人情報は上記目的以外には使用せず、適切に取り扱いいたします。

「瀆神行為への報復者」として

フォキス軍に手痛い敗北を喫したフィリッポスは、マケドニアに戻って態勢を立て直し、翌前三五三年春、再びテッサリアに進撃した。テッサリアの諸都市の軍勢と合流し、歩兵二万人以上、騎兵三〇〇〇人の大軍を率いた彼は、テッサリア随一の海港でフェライの重要な拠点であるパガサイを攻略したのち、フェライへと軍を進めた。

オノマルコスも歩兵二万人、騎兵五〇〇人という大軍を率いてただちにテッサリアに向かい、こうして、パガサイの西のクロッカス平原でフォキス・フェライの連合軍とマケドニア軍の決戦が行われた。熾烈を極めた戦闘はフィリッポスの勝利に終わり、オノマルコスは戦死した。フォキス側の戦死者は六〇〇〇人を超え、少なくとも三〇〇〇人が捕虜になったという。

ユスティヌスは、この会戦について語るなかで、フィリッポスは「瀆神行為への報復者であるかのごとく、全兵士に月桂樹の冠をつけるよう命じ、あたかも神を将軍として戦うかのように、戦闘に赴いた」と述べている（『フィリッポス史』八巻二章三節）。月桂樹は、デルフォイの主神アポロンのシンボルである。フィリッポスは兵士たちにその月桂樹の冠を着用させ、アポロンに代わって報復するかのごとく、フォキス軍に立ち向かったのである。さらに、彼は勝利を収めたあと、戦死したオノマルコスの遺体を磔にし、三〇〇〇人のフォキス人捕虜を海に投げ込んで溺死させたという。これらはいずれも、瀆神罪を犯した者に対するギリシア世界の伝統的な処罰方法である。

すでにフィリッポスは、前三五七年にアンフィポリスを占領した際に反対派の市民たちから没収した財産の一〇分の一をデルフォイに奉納し、また、翌前三五六年にオリュントスと同盟を締結するにあたってデルフォイの神託を仰ぐなど、デルフォイとの絆を盛んに喧伝しながら征服事業を進めていた。彼は神聖戦争においても、この戦争がデルフォイの神域を穢したフォキスに対する聖戦であること、自らがそのフォキスを懲罰する「報復者」であることを、ギリシア世界に向けて高らかにアピールしたのである。

オノマルコスとともに戦ったフェライの僭主のリュコフロンとペイトラオスは、フェライをフィリッポスに引き渡したのち、配下の傭兵二〇〇〇人とともにペロポネソスに退去することを許された。二人はその後、アテネで市民権を付与され、前三四九／八年にはペイトラオスがフェライに戻って僭主政の復活を企てている。フィリッポスはカルキディケ侵攻のさなかだったが、ただちにフェライに軍を進めて彼を追放したという。

テッサリアの支配者となる

クロッカス平原で勝利を飾ったのち、フィリッポスはテッサリアの港と市場からの収益を手中に収め、パガサイにマケドニアの駐留軍を置いた。さらに、マグネシアとペライビアを獲得し、テッサリア西部の都市ゴンフォイをフィリッポポリスと改名してマケドニアの植民市とした。

通説では、フィリッポスはこのときテッサリアの諸都市からなるテッサリア連邦の最高官職である終身のアルコンに就任したとされるが、実は、それを裏づける史料はない。フェライの僭主を追放し、パガサイ、マグネシア、ペライビアなどの要地を支配下に収めたフィリッポスがテッサリアで大きな威信を獲得し、実質的にテッサリア連邦を牛耳るようになったのは確かだろう。しかし、彼がこの時点で連邦の正式の最高官職に就いたと決めつけるのは、注意が必要である。外国人の王がギリシア人の連邦組織の頂点に立つのは極めて異例なことであり、もしそれが事実だったなら、フィリッポスの動静に細心の注意を払っているデモステネスがその弁論のなかで一切触れていないのも不自然である。フィリッポスは、最終的にギリシアの覇権を握ってコリントス同盟の総帥《ヘゲモン》となるまではギリシア人の反感を買いかねない地位に就くのを避け、ラリサをはじめとする有力都市を通じてテッサリア連邦を意のままに動かしていったと見るべきだろう。

　ともあれ、ギリシア中・南部への進出の重要な足がかりとなるテッサリアをこうして傘下に置くに至ったのは、フィリッポスの征服事業における極めて大きな成果だった。テッサリアは名馬の産地としても知られ、ディオドロスが「その武勇と練達において他をはるかに凌ぐ」（『歴史叢書』一七巻三三章二節、五七章四節）と称えるテッサリアの騎兵は、ギリシア世界随一という盛名を馳せていた。テッサリアの騎兵部隊は、アレクサンドロスの東方遠征においてもめざましい役割を果たしている。さらに、テッサリア人はその勢力下にあるペリオイコイと併せて、デルフォイのアンフィクテュオニア評議会の二四議席のうち一二議席を占めており、アンフィクテュオニアで勢威を振るうには、彼らを味方につけることが不可欠だった。デルフォイとの絆を重視してギリシア征服を進めるフィリッポスにとって、テッサリアを傘下に入れることは、はかりしれない重要性を持っていたのである。

神聖戦争から距離を置く

こうしてテッサリアの事実上の支配者となったフィリッポスは、続いて、フォキスへ通じるテルモピュライに向けて軍を進めた。テルモピュライは、前四八〇年にペルシアの大軍を迎え撃つスパルタ軍が玉砕した古戦場として名高い隘路で、ギリシア中部への関門となる要害の地である。このとき、テルモピュライにはアテネの軍勢が布陣しており、それを見たフィリッポスは交戦を避けて早々に引き揚げたという。

この一件は、当時のアテネにおいて、マケドニア軍を「撃退」した一大快挙として言い囃されたが、フィリッポスが退却したのは、無駄なリスクを回避しようとする彼の計算によるものだったと見るべきだろう。テルモピュライに布陣していたアテネ軍の規模は不明だが、もしフィリッポスが戦うつもりだったなら、クロッカス平原で動員した大軍をもってすれば、アテネ軍を撃ち破ることは容易だったに違いない。彼は、この時点ではテルモピュライ以南へ深入りするのを避け、次に見るトラキアやオリュントスの不穏な情勢への対処を優先したのである。

そもそも、フィリッポスがテルモピュライに軍を進めたのも、フォキスに攻め込むためではなく、一種の示威行動にすぎなかったようにも思える。というのも、テルモピュライは、決してギリシア中部への唯一の関門というわけではなかった。実際、前三三九年にフィリッポスが南進した際、彼はテルモピュライを迂回してフォキスへと侵入している。アテネ軍が布陣するテルモピュライを強行突破せずともフォキスに進撃することは可能だったのに、フィリッポスがそうしなかったのは、この時点で一気にフォキスを攻めて神聖戦争を早期終結に導くことは彼にとって必ずしも得策ではなかったからだろう。これ以降、彼は六年後の前三四七年まで神聖戦争から完全に距離を置いているが、おそらくそれは、神聖戦争の継続によってテーベを弱体化させるという狙いがあったからだと考えられる。

前三七〇年代に急速に台頭したテーベは、前三七一年のレウクトラの会戦でスパルタを破って勢いに乗るが、前三六二年のマンティネイアの会戦でエパミノンダスを失ったことで一挙に失墜した、というのが通説的な理解である。トゥキュディデスの後を受けてギリシア世界の歴史を著したクセノフォンも、このマンティネイアの会戦で筆を擱き、ギリシア史の概説書においても、テーベの覇権についての章は前三六二年で終わることが多い。しかし、こうした見方は、テーベの盛衰をエパミノンダスという一人の英傑の力に帰する、一種の英雄史観である。実際、テーベは前三六二年をもって凋落してしまったわけではなく、先に触れたように、前三五〇年代に入ってもペロポネソスへの介入を精力的に進めていた。少年時代にテーベに滞在し、その後もパンメネスをはじめとするテーベの有力者との交流を続けていたフィリッポスは、当時のテーベの国力を正確に把握していたに違いない。

前三五三年以降の神聖戦争は、テッサリアがほとんど関与しなかったため、もっぱらテーベとフォキスの間で争われていく。フォキスでは、戦死したオノマルコスの後を継いだ弟ファウロスが傭兵軍を再組織して勢力挽回を図り、ボイオティアが主たる戦場となる。疲弊したテーベは、前三五一／〇年にペルシア王アルタクセルクセス三世から資金援助を受けて戦費を捻出するが、最終的に前三四七年、フィリッポスに支援を要請する。こうして、再びアンフィクテュオニア陣営の側に立って神聖戦争に介入する絶好の機会を得たフィリッポスは、次章で見るように、フォキスの指導者とも密約を結び、無血勝利という形で神聖戦争を終結させることに成功するのである。

もちろん、前三五三年の時点でフィリッポスがこうしたシナリオをどこまで描いていたかはわからないが、彼が神聖戦争の継続によってテーベの国力を削ぐことを狙っていたのは確かだろう。第4章の冒頭で見たように、ペルシアはギリシア諸都市の抗争を助長し、自国に脅威を及ぼす勢力の出現を防ぎつつギリシア世界の国際関係を牛耳っていたが、フィリッポスも、まさにそうした手法を駆使してギリシア征服を進めていったのである。

トラキア遠征の失敗

テルモピュライから退却したフィリッポスは、まもなくトラキアへ進撃した。

オドリュサイ王国東部の王ケルセブレプテスは、前三五七年に成立したアテネとの同盟を無視してフィリッポスと手を結んでいたが、その後、フィリッポスがテッサリアに遠征している間にアテネに接近して再び同盟を締結した。このとき、ケルセブレプテスはカルディアを除くケルソネソスの諸都市をアテネに譲渡し、アテネは早速、ケルソネソスに植民団を送り込んでいる（アテネにとってのケルソネソスの重要性については、二九九頁参照）。こうしたケルセブレプテスの動きに警戒を強めた王国中部の王アマドコスがフィリッポスに支援を求め、これに応じて、フィリッポスはまたもやトラキアへ遠征したのである。

アマドコスと結んだフィリッポスは、プロポンティス（現・マルマラ海）に面したギリシア人植民市のビュザンティオンやペリントスとも同盟を締結し、前三五三年秋、ケルセブレプテスの拠点となっていた要塞ヘライオンテイコスを包囲した。しかし、まもなく、彼は病に倒れて遠征を切り上げた。このとき、アテネの民会はケルセブレプテスを支援して四〇隻の艦隊をトラキアに送ることを決議していたが、フィリッポス重病の報を受けて艦隊の派遣を取り止めている。

こうして遠征が中断したことにより、ケルセブレプテスは以後もフィリッポスにとって強敵であり続けることになる。アマドコスについては、これ以降の消息は知られておらず、おそらく、フィリッポスに支援を要請した時点で彼の傘下に入ったのだろう。

なお、オドリュサイ王国の内部情勢は、古典史料からはほとんどわからないが、トラキア内陸のへブロス河畔のピスティロスで一九九〇年に発見された「ピスティロス碑文」（*SEG* 49. 911）は、ちょうどこの時期の王国の内情に光を当てる貴重な碑文史料である。ピスティロスは前五世紀の第三四半期に建設された交易都市で、前三五〇年頃のものと推定されているこのギリシア語碑文によれば、市内に居住するマロネイア、タソス、アポロニアのギリシア人商人たちがトラキア王から特権を得て商業活動に従事していたという。碑文に現れるトラキア王がケルセブレプテスとアマドコスのどちらだったのかは不明だが、この碑文は、当時のオドリュサイ王国がアテネのみならず多くのギリシア人都市と密接に交流しながら繁栄していたことを裏づける、貴重な証拠である。

オリュントスとエペイロスへの進軍

トラキア遠征を中途で切り上げたフィリッポスは、病から快復して帰途に就き、その途上でオリュントスを攻撃した。オリュントスは前三五六年以来フィリッポスと同盟関係にあったが、彼の勢力の増大に危惧を抱き、ケルセブレプテスと同様に、フィリッポスのテッサリア遠征の間にアテネとの同盟締結を企てていた。フィリッポスは、こうした動きを抑えるためにオリュントスに攻撃を加えたのである。

同じ頃、フィリッポスはイリュリア、パイオニア、エペイロスにも軍を進めたという。イリュリアとパイオニアへの遠征については具体的なことは不明だが、エペイロスでは、このときオリュンピアスの弟アレクサンドロスがマケドニアに連れ去られたことが知られる。フィリッポスがエペイロスに遠征した経緯は伝えられていないが、モロッソス王家が前五世紀からアテネと密接な関係にあったことを考えると、モロッソス王アリュバスも、ケルセブレプテスやオリュントスと同様に、フィリッポスとの同盟を無視してアテネとの連携を図ったのではないかと推測できる。フィリッポスは、同盟に背いたアリュバスに圧力をかけるためにエペイロスに進軍し、アレクサンドロスを事実上の人質としてマケドニアに連行したのだろう。

これ以降、モロッソスのアレクサンドロスはペラの宮廷で養育されるが、美少年だったというこの義弟とフィリッポスが同性愛関係にあったと伝える史料もある。このあと、フィリッポスは前三四三／二年に再びエペイロスに乗り込んでアリュバスを廃位し、成長したアレクサンドロスをモロッソスの王位に就けることになる。

「反マケドニアの闘士」の登場

アテネでデモステネスが「反マケドニアの闘士」として立ち現れたのは、ちょうどこの頃のことである。

前三五二／一年、デモステネスはアテネの民会で『フィリッポス弾劾・第一演説』を弁じ、初めてフィリッポスに対する激しい攻撃の矢を放った。彼は、フィリッポスの侵略を許しているアテネ市民たちの優柔不断な態度を非難し、フィリッポスと戦うことを力強く促した。フィリッポスの行動を徹頭徹尾非難すること、フィリッポスの勢力拡大の責任を市民たちの怠慢に帰すること、市民たち自らがフィリッポスに立ち向かうよう促すこと、という三点は、これ以降のデモステネスの政治弁論における不変の軸となる。

デモステネスの反マケドニア政策は、この時点ではアテネ市民たちの支持を得るには至らなかったが、このあとまもなく、フィリッポスがアテネにとってとてつもない脅威であることが明らかとなり、以後のデモステネスは真の反マケドニアの闘士へと変貌していく。デモステネスに政治家としての成功と弁論家としての成熟、そして後世にまで残る不朽の名声をもたらしたのは、まぎれもなくフィリッポスの存在だったのである。

第６章

ギリシアの覇者へ

1 「フィロクラテスの講和」

同時代史料に最も恵まれた年

第5章で見たように、前三五六年はフィリッポス二世が「東のレコンキスタ」を完了した記念すべき年だったが、その一〇年後の前三四六年も、彼のギリシア征服の進展において重要な節目となる年である。

この年、フィリッポスはまたもやトラキアに遠征し、オドリュサイ王国の三王のうち、最後まで彼に抵抗したケルセブレプテスがついに降伏するに至る。さらに、一〇年にわたって争われた第三次神聖戦争がフィリッポスの手で終結し、彼はデルフォイのアンフィクテュオニアを事実上傘下に収めることになる。そして、こうしたトラキア遠征と神聖戦争への介入と並行してアテネとの講和の交渉が進められ、前三五七年にフィリッポスがアンフィポリスを占領して以来の両者の交戦状態(「アンフィポリス戦争」)に、一応の終止符が打たれるのである。

このとき成立したフィリッポスとアテネの講和は、アテネ側の提案者の名前をとって、通常「フィロクラテスの講和」と呼ばれる。フィリッポスのアテネに対する友好姿勢を強調する近年の傾向は、この講和をめぐる解釈に最も顕著に現れている。フィリッポスの征服事業におけるこの講和の意義を大きく見る研究者も多く、なかでも、第1章で触れたJ・R・エリスは、フィリッポスはこの講和によってマケドニアとアテネの「二元覇権」を樹立し、両国の相互連携のもとにギリシア世界の安定と協同を実現することをめざしていた、と唱えている。

本節では「フィロクラテスの講和」について詳しく見ていくが、この講和に焦点を当てる理由として、講和の成立した前三四六年が古代ギリシア史において同時代史料に最も恵まれた年であることが挙げられる。この年に進められた講和の交渉について詳細に述べた、デモステネスとアイスキネスの四篇の弁論が現存しているのである。

前三五〇年代末からマケドニアへの徹底抗戦を訴えたデモステネスと、親マケドニアの論客として知られるアイスキネスは、「フィロクラテスの講和」が成立した前三四六年以降、一〇年以上にわたって熾烈な争いを繰り広げた「宿敵」である。アテネは講和の締結に際してフィリッポスのもとへ三たび使節団を派遣するが、デモステネスとアイスキネスはともに使節団に加わり、講和の交渉にあたった。この使節団の任務の過程で、デモステネスの言葉を借りればアイスキネスの「豹変」があり、二人は決定的に対立するに至る。

現存するデモステネスとアイスキネスの四篇の弁論は、そののち二人が激突した二度の裁判で弁じられた法廷弁論である（前三四三年の裁判における両者の同名の弁論『使節職務不履行について』、および前三三〇年の裁判におけるアイスキネスの『クテシフォン弾劾』とデモステネスの『冠について』）。通常、現存するアテネの法廷弁論は原告・被告のどちらか一方の弁論だが、デモステネスとアイスキネスの二度にわたる法廷での対決は、同一の裁判における原告・被告双方の弁論が残っている稀有な事例として知られる。実際に使節団の一員として講和交渉に携わった二人は、これらの弁論のなかでその交渉の経過について詳しく語っているため、「フィロクラテスの講和」の締結に至る過程は、何月何日に会議が開かれてその翌日にこうなった、という細かい経緯をたどることのできる、古代ギリシア史における まさしく唯一の事例なのである。

これらの弁論のおかげで、講和の交渉と並行して進められたフィリッポスのトラキア遠征と神聖戦争介入の経過についても異例に詳しい情報を得られるわけだが、デモステネスとアイスキネスのアテネ中心的な言説には注意が必要である。このとき締結された「フィロクラテスの講和」は、結果的にアテネに何の利益ももたらさなかったため、二人は、その弁論において講和交渉の過程での相手の言動を激しく糾弾し、講和締結の責任を互いになすりつけている。そうした論戦のなかで、両者とも、ケルセブレプテスがフィリッポスに屈したのも、フォキスの降伏という形で神聖戦争が終結したのも、講和交渉における相手の策謀ゆえだと主張しているのである。こうした二人の言説は、フィリッポスのトラキア遠征と神聖戦争介入の成否があたかもアテネの動きに左右されていたかのような印象を生み出している。

ともあれ、同時代史料に恵まれた「フィロクラテスの講和」の締結に至る過程は、ギリシア征服を進めるなかでフィリッポスが弄した巧妙な策略を具体的に明らかにしうるモデルケースであることは間違いない。本節では、かなり細かい話になるが、そうしたフィリッポスの策略に注目しながら、講和交渉のプロセスを、並行して行われた彼のトラキア遠征と神聖戦争介入の経過とともに順を追って見ていくことにしたい。ただし、デモステネスとアイスキネスの主張はしばしば大きく食い違うため、これらの経過をめぐっては多くの議論がある。以下に述べるのは、これまでの論争を踏まえて私なりに再構成したものである（二九五頁の**表3**参照）。

カルキディケへの侵攻

まず、フィリッポスのカルキディケ侵攻から話を始めよう。

前三四九年夏、フィリッポスは、オリュントスが彼の異母兄弟のアリダイオスとメネラオスを匿ったことを理由に、カルキディケへ軍を進めた。第5章で見たように、フィリッポスは即位直後に三人の異母兄弟のうち年長のアルケラオスを殺害し、残るアリダイオスとメネラオスを追放した。この二人のその後の足取りは不明だが、前三四九年夏までにオリュントスに亡命していたらしい。

フィリッポスがカルキディケに進軍すると、オリュントスはアテネに救援を要請した。アテネは、同じ頃に勃発したエウボイアの反乱に兵力を割かれながらも、三次にわたってオリュントスに派兵している。

フィリッポスは、どうやら、カルキディケ侵攻と並行して起きたこのエウボイアの反乱に関与していたらしい。エウボイアは、前三五七年の内乱が収束して以来、アテネの勢力下にあったが、前三四八年、有力都市エレトリアの内紛を機にアテネに対する反乱を起こした。この反乱の中心人物であるカルキスの指導者カリアスがフィリッポスから支援を得たことを示唆する史料がある。前三五七年に起きたエウボイアの内乱では、フィリッポスはアテネと戦うテーベを間接的に支援し、アンフィポリス包囲戦へのアテネの介入を妨げようとしたと推測されるが（二五九頁参照）、彼は、アテネをオリュントスから遠ざけるために、おそらく今回も同様の術策を弄したのだろう。

フィリッポスは、オリュントスの外港メキュベルナを内通者の協力のもとに占領したのち、前三四八年夏、オリュントスの包囲戦を開始した。ちょうど同じ頃、彼はアテネに赴くエウボイアの使節を介して、アテネに講和の締結を打診した。これが、「フィロクラテスの講和」の成立へ向けての最初の動きとなる。アテネはこの申し出には応じず、オリュントスに三度目の援軍を派遣したが、同年秋、オリュントスはアテネの援軍が到着する前に陥落した。オリュントスの遺跡では、フィリッポスの名前が刻まれた鉛弾が出土しており、これらの鉛弾はこのときの包囲戦で使用されたものだと考えられている。開発が始まったばかりのマケドニアの投射兵器が、早くも実戦に投入されて成果を挙げたのである。

フィリッポスは、降伏したオリュントスを破壊し、住民を奴隷として売却するなどの処罰を行った。こうした厳しい処罰は、オリュントスが王位をめぐるライバルを支援したことへの報復でもあったのだろう。

もっとも、このときのフィリッポスによる処罰の苛酷さを伝える史料は、少なからず誇張されているらしい。なかでもデモステネスは、フィリッポスがオリュントスのみならずカルキディケの多くの都市を破壊したと非難し、「それらの都市の全てを彼は極めて残酷な仕方で滅ぼしたのであり、今それらの地を訪れる人にも、かつてそこには人が住んでいたかどうかを言うのも難しいほどなのだ」と述べて、その惨状を強調している（『フィリッポス弾劾・第三演説』二六節）。しかし、一九三〇年代から進められたオリュントスの発掘調査により、前三四八年以降も都市の一部で人々の居住が続いていたことが確認されている。オリュントスを完全な廃墟のように語るデモステネスの言説は、彼のレトリックと見るべきである。

前349	夏	フィリッポスがカルキディケ侵攻を開始
		オリュントスがアテネに支援を要請
前348		エウボイアの反乱
	夏	フィリッポスがアテネに講和の締結を打診
		フィリッポスがオリュントス包囲戦を開始
	秋	オリュントスが陥落
	冬	アテネがギリシア各地に使節を派遣
前347	初	アテネがアリストデモスをフィリッポスのもとへ派遣
	春	フォキスのクーデターでファライコスが解任される
		フリュノンの要請によりクテシフォンをフィリッポスのもとへ派遣
		クテシフォンがアテネに帰国し、フィリッポスの意向について報告
	夏	フィロクラテスの提案が可決される
		フィリッポスとテーベが同盟を締結
	秋	アバイでテーベがフォキスに勝利
	冬	フォキスがアテネとスパルタにテルモピュライ付近の要塞の引き渡しを申し出て支援を要請
前346		フォキスでファライコスが権力の座に復帰
		ファライコスがアテネとスパルタへの申し出を撤回
	G月	アリストデモスがアテネの評議会でフィリッポスの意向について報告
		フィロクラテスの提案が可決される　→　第一次使節団の選出
	A月	第一次使節団が出発
		ペラでフィリッポスと第一次使節団が会談
		フィリッポスがトラキア遠征へ出発
		第一次使節団がアテネに帰国し、評議会と民会で報告
	E月18・19日	アテネの民会で講和の審議・可決　→　アテネが講和・同盟に誓約をする
		第二次使節団の選出
	E月24日	ヒエロンオロスが陥落し、ケルセブレプテスが降伏
	E月25日	第二次アテネ海上同盟の加盟国が講和・同盟に誓約をする
	M月3日	第二次使節団が出発
	M月25日	第二次使節団がペラに到着
	T月22日	フィリッポスがトラキアから帰還し、ギリシアの使節たちと会談
	S月	フィリッポスが軍を率いて南進
	S月13日	第二次使節団がアテネに帰国
	S月16日	第二次使節団が民会で報告　→　第三次使節団の選出
		アテネがフィリッポスからの出兵要請を拒絶
	S月21日	第三次使節団が出発
	S月23日	フォキスが降伏し、第三次神聖戦争が終結
	H月	アンフィクテュオニア評議会で戦後処理を決定
		フィリッポスがピュティア祭を主催

G月：ガメリオン月（1月）、A月：アンテステリオン月（2月）、E月：エラフェボリオン月（3月）、M月：ムニュキオン月（4月）、T月：タルゲリオン月（5月）、S月：スキロフォリオン月（6月）、H月：ヘカトンバイオン月（7月）。カッコ内は、現在の暦でのおおよその該当月

表3　「フィロクラテスの講和」関連年表　■は第三次神聖戦争に関連

オリュントス以外のカルキディケの都市では、このとき、アリストテレスの故郷であるスタゲイラが破壊されたらしい。スタゲイラはその後再興したことが知られるが、おそらく、前三四三年にアリストテレスがアレクサンドロスの教育係としてマケドニアに招かれたのち（三三三頁参照）、彼の要請によって再建されるに至ったのだろう。

講和の交渉が始まるまで

右に見たように、フィリッポスは前三四八年夏にアテネに講和の締結を打診したが、実際に交渉が始まるのは前三四六年初頭のことである。最初の打診から一年半もの間、なぜ講和の交渉が進まなかったのかは判然としない。デモステネスもアイスキネスも、出来事の順序を前後させて自分に都合よく語っているため、この一年半の経緯をめぐっては多くの議論がある。以下では、そうした議論を踏まえ、ギリシア世界の情勢と関連づけながら、講和交渉が始まるまでのプロセスを整理してみたい。

前三四八年秋にフィリッポスがオリュントスを破壊すると、これに憤激するアテネは、その年の末、ギリシア各地に使節を送ってフィリッポスへの抵抗を呼びかけた。アイスキネスはこの使節の一員としてペロポネソスのアルカディアに出向いており、これが彼の政治家としてのスタートとなる。しかし、アテネの呼びかけに応じる都市はなく、この企ては完全な失敗に終わった。こうした結果は、フィリッポスがすでにギリシア各地で着々と支持を拡げていたこと、そして、当時のギリシア世界においてアテネが求心力を失っていたことを物語る。

翌前三四七年初頭、アテネは、オリュントスが陥落した際に捕虜になったアテネ人の釈放を要求するため、アテネの俳優でフィリッポスと親交のあるアリストデモスを使節としてマケドニアに派遣した。フィリッポスは、これに応じて捕虜を無償で釈放した。アリストデモスは、これ以降もアテネの使節団の一員として講和の交渉にあたっているが、当時のギリシア世界では有名な俳優がしばしば外交使節として活躍した。戦時下でも比較的自由に外国に出入りできる俳優の身分と彼らの持つ口演の能力が、外交において重視されたのである。

アテネは、このあとまもなく、フィリッポスのもとへ再度使節を送った。前年のオリュンピア祭の休戦期間中にマケドニアで捕らえられ、身代金を支払って釈放されていたフリュノンという市民が自身の身代金の返還を求め、そのための使節としてクテシフォンがフィリッポスのもとに派遣されたのである。クテシフォンは、マケドニアから帰国したのち、フィリッポスがアテネとの講和を望んでいることを民会で報告した。これを受けて、講和の交渉のためにアテネに使節を送ることをフィリッポスに許可する、というフィロクラテスの提案が可決された。しかし、オリュントスを破壊したフィリッポスに対する敵意が渦巻くなかで、結局、このときは講和の交渉が始まるには至らなかった。

一方、すでに九年目に突入した第三次神聖戦争は、テーベとフォキスの間で消耗戦が続き、泥沼化していた。フォキスでは、前三五一年に病死したファウロスの後を受けて甥のファライコス（オノマルコスの息子）が全権将軍となり、彼はボイオティアの諸都市を獲得するなど、オノマルコス以来となる大きな戦果を挙げていた。しかし、その戦費を賄うためにデルフォイの聖財の略奪が加速するなか、フォキスではファライコスに対する不満が高まり、彼は前三四七年春のクーデターにより解任された。代わって選出された三人の将軍がフォキスの実権を握り、彼らの指揮のもとでフォキスはボイオティアへの侵攻を繰り返した。そうしたフォキスとの戦闘で疲弊したテーベは、その夏、フィリッポスに支援を要請する。こうしてテーベとフィリッポスの同盟が成立し、フィリッポスが再びアンフィクテュオニア陣営の側に立って神聖戦争に介入する道が開かれたのである。

フィリッポスから援兵を得たテーベは、その年の秋、アバイでフォキス軍を撃ち破った。この敗北を受けて、フォキスの三人の将軍は同盟国のアテネとスパルタに支援を求め、その見返りとしてテルモピュライ地峡付近の三つの要塞（アルポノス、トロニオン、ニカイア）を両国に引き渡すことを約束した。アテネはこの要請に応じてただちに五〇隻の艦隊を送り、スパルタも、王アルキダモス自らが率いる一〇〇〇人の重装歩兵を差し向けた。しかし、その間に権力の座に復帰したファライコスは両国への約束を撤回し、要塞の引き渡しを拒絶した。

アテネは、フィリッポスがテーベと結んで再び神聖戦争に参入したことに脅かされていたが、こうした展開により、ギリシア中部への関門となるテルモピュライを掌握する機会を失ってさらに追い詰められ、ここでようやく、フィリッポスとの講和へ向けて舵を切ることになる。

講和と同盟の成立

前三四六年初頭、前年の捕虜釈放に関わる使節職務の報告を済ませていなかったアリストデモスが報告を求められ、彼はアテネの評議会において、フィリッポスがアテネに好意を持ち、アテネとの同盟締結を望んでいることを伝えた。これを受けて、フィロクラテスが講和の交渉のために一〇人の使節をフィリッポスのもとへ派遣することを提案し、これが可決されると、フィロクラテス、アイスキネス、デモステネスをはじめとする一〇人がただちに使節に選出された。この第一次使節団はアンテステリオン月（二月。以下A月と略記）の初めにペラへ向けて出発し、第二次アテネ海上同盟の代表のアグラオクレオンもこれに同行した。

第一次使節団がペラに到着すると、フィリッポスは使節たちを丁重にもてなし、講和の締結がアテネに大きな利益をもたらすだろう、と述べて彼らを安心させた。フィリッポスは、アテネの使節団との会談が終わると、アテネ人が入植しているトラキアのケルソネソスに立ち入らないことを約束したうえでトラキア遠征に出発した。彼はこのとき、オドリュサイ王国の領土と隔てるための運河をケルソネソスの半島基部に掘削することもアテネの使節団に約束したという。

ここで、そのケルソネソスについて説明しておこう。ケルソネソスは、トラキア南岸から突き出した大きな半島で、黒海沿岸の穀倉地帯からの穀物輸送路となるヘレスポントス海峡を扼する枢要の地である。黒海方面からの輸入穀物への依存度の高い古典期のアテネにとって、ケルソネソスはまさに生命線とも言うべき要所であり、アテネは前五世紀以来、たびたび植民団を送り込んできた。ペロポネソス戦争に敗れたことでケルソネソスを失うが、同地の回復は、アンフィポリスの奪還と並んで前四世紀のアテネの主要な軍事目標となっていた。

アテネがそのケルソネソスを領内に含むオドリュサイ王国と長年緊密な関係を保ってきたのも、主として、ケルソネソスにおける権益を確保するためだった。前三五七年に締結されたアテネとオドリュサイ三王の同盟条約（二六二頁参照）は、ケルソネソスの諸都市がアテネと三王による二重の支配に服することを定めていたし、前三五三年にも、アテネはケルセブレプテスと再度同盟を結んでケルソネソスの諸都市を手中に収め、植民団を送り込んでいる。それ以降も、アテネは少なくとも二度にわたってケルソネソス方面に軍を送り、ケルセブレプテスと連携して活動したことが知られる（前三五二年と前三四七年）。

前三五三年のトラキア遠征が病気のために不本意な結果に終わっていたフィリッポスにとって、こうしたアテネの動きは目障りなものだったに違いない。それゆえ、彼は今回のトラキア遠征に出発するに先立って、ケルソネソスへの不介入を約束してアテネを安心させ、その動きを封じたのである。

A月末にアテネに帰国した第一次使節団は、ただちに評議会と民会で報告を行い、これを受けて、講和の審議のための民会を翌エラフェボリオン月（三月。以下E月と略記）の一八日と一九日の二日間にわたって開催することが決まった。E月一八日の民会は、すでにアテネに到着していたマケドニアの代表のアンティパトロス、パルメニオン、エウリュロコスの臨席のもとに開催された。この日は、全てのギリシア都市に講和への参加を認めるという提案が支持を集めたが、翌一九日の民会では議事が紛糾し、最終的に、フィロクラテスの提案する形での講和と同盟が可決された。こうして、フィリッポスおよびその同盟国とアテネ人およびその同盟国（第二次アテネ海上同盟の加盟国）との間に講和と同盟が成立することになり、フィリッポスとアテネは誓約を交わした時点で所有していた領土を保持することが定められた。アテネはただちにマケドニアの代表に誓約を与え、第一次使節団のメンバーがフィリッポスとその同盟国から誓約をとるための第二次使節団に再選された。

その数日後のE月二四日、トラキアに遠征していたフィリッポスはケルセブレプテスの本拠地であるヒエロンオロスを陥落させ、ケルセブレプテスはついに降伏した。その翌日、アテネでは海上同盟の加盟国の代表が講和・同盟の誓約を行った。

ケルセブレプテスとフォキスは、どちらもアテネと同盟関係にあったが、海上同盟には加盟していなかった。そのため、両者ともこのとき成立した講和・同盟に参加しなかったが、デモステネスとアイスキネスは、その弁論のなかで、講和交渉の過程での相手の策謀によってケルセブレプテスとフォキスが講和・同盟から「排除」され、「見殺しにされた」、と繰り返し訴えている。

しかし、アテネの第一次使節団に海上同盟の代表のアグラオクレオンが同行していたことから考えても、実際には、交渉開始の時点で講和・同盟に参加するアテネの同盟国が海上同盟の加盟国に限定されていたのは明らかである。ケルセブレプテスとフォキスは、講和交渉の過程でデモステネスやアイスキネスの工作によって講和・同盟から「排除」されるに至ったわけではないし、ケルセブレプテスがフィリッポスに屈したのも、次に見るようにフォキスがフィリッポスに降伏したのも、「フィロクラテスの講和」への参加・不参加とは全く関わりなく生じたことである。デモステネスとアイスキネスは、講和交渉におけるアテネの動きがケルセブレプテスとフォキスの命運を左右したかのように語っているが、こうした言説はアテネ中心的なレトリックと見るべきだろう。

神聖戦争の終結へ

E月一九日の民会後に再選されたアテネの第二次使節団は、翌ムニュキオン月（四月。以下M月と略記）の三日まで出発を引き延ばし、出発後も、フィリッポスの遠征先のトラキアに直行して誓約をとることを命じられていたにもかかわらず、回り道を重ねた挙句、同月二五日にペラに到着した。その後も、翌タルゲリオン月（五月。以下T月と略記）の二二日にフィリッポスがトラキアから帰還するまで、二七日間もペラで待機した。一方、E月二四日にケルセブレプテスを降伏させたフィリッポスは、それ以降、ペラに戻るまでの約二ヵ月間、ガノス、ドリスコス、セリオン、ミュルティノス、エルギスケなどのトラキアの拠点を次々と獲得し、支配領域を拡大していった。

第二次使節団が到着したとき、ペラには、テーベ、テッサリア、スパルタ、フォキスなどの使節たちが神聖戦争に関わるそれぞれの任務を帯びて集まっていた。フィリッポスはT月二二日にペラに帰還したのち、各国の使節と個別に会談し、どの使節に対しても好意的な返答をして安心させたという。会談が終わると、彼はアテネの第二次使節団に講和・同盟の誓約を与え、続いて、フォキスが占拠するテルモピュライに向けて軍を進めていく。ペラに参集していた各国の使節たちは、フィリッポスの進軍に随行した。

アテネの第二次使節団は、フィリッポスが自身の同盟国の誓約を引き延ばしたため、他国の使節たちとともにフィリッポスの進軍に随行していたが、テッサリアのフェライでようやく誓約を得て帰路に就く。スキロフォリオン月（六月。以下S月と略記）の一三日にアテネに帰国した使節団は、同月一六日の民会で任務の報告を行った。その報告の際、アイスキネスが、フィリッポスはフォキスの指導者のみを処罰してフォキスの人々を救済し、さらに、テーベの強大化に歯止めをかけ、これまでアテネとテーベが奪い合ってきたオロポスとエウボイアをアテネに与えてくれるだろう、と述べたという。こうしたアテネに有利な見通しに安心した市民たちは、フィリッポスとの講和・同盟を彼の子孫にまで延長することを決め、この追加条項の批准のためにフィリッポスのもとへ派遣する第三次使節団を選出した。同じ頃、フィリッポスから神聖戦争への出兵を要請する書簡が届いたが、デモステネスらの反対により、アテネはこれを拒絶した。

一方、テルモピュライへと進んだフィリッポスは、S月二三日、ついにフォキスを降伏させた。彼はフォキスの全権将軍ファライコスに配下の傭兵八〇〇〇人とともにペロポネソスへ退去することを許可し、一切の犠牲を払うことなく、無血の勝利を手にしたのである。

こうして、一〇年に及んだ第三次神聖戦争はあっけなく幕を閉じることになった。S月二一日にアテネを出発してペラに向かっていた第三次使節団は、エウボイアのカルキスでフォキスの降伏の報に接し、想定外の事態に驚愕して急遽アテネに引き返した。

フィリッポスの「引き延ばし戦術」

以上のような経過から、このときフィリッポスが用いたいくつかの「引き延ばし戦術」が浮かび上がってくる。

まず、トラキア遠征に関しては、ケルソネソスへの不介入を約束してアテネの動きを封じたあと、講和・同盟の誓約を巧妙に引き延ばしている。E月一九日に可決されたアテネとフィリッポスの講和・同盟は、双方とも誓約を交わした時点で所有していた領土を保持することを定めていたから、フィリッポスにとっては、誓約をできるだけ引き延ばし、その間に獲得した領土をいわば合法的に自分のものにすることが得策だったのである。

フィリッポスから誓約を得る任務を帯びたアテネの第二次使節団は、出発を遅らせたうえ、トラキアに直行してフィリッポスから速やかに誓約をとることをせず、回り道をしてペラへ向かい、さらに、フィリッポスがトラキアから帰還するまでペラで無為に時を過ごした。こうした第二次使節団の不自然な遅延は、フィリッポスの策謀によって引き起こされたと見るべきだろう。そして、その片棒を担いだのがアイスキネスだったらしい。デモステネスは前三四三年の弁論において、アイスキネスがフィリッポスに買収されて第二次使節団の任務の遂行を妨害したと繰り返し非難しているが、アイスキネスは、これに対してほとんど反論していない。アイスキネスが本当に「買収」されたのかどうかはさておき、彼が使節団の遅延に関与したこと自体は事実だったと考えられる。おそらく、第一次使節団の一員としてペラを訪れたアイスキネスを、フィリッポスが甘い言葉で籠絡したのだろう。右に見たように、アイスキネスがS月一六日のアテネの民会で、フィリッポスがアテネに多くの恩恵を施してくれるだろうという報告をしているのも、フィリッポスがアテネの要望に添うようなそぶりを見せてアイスキネスを操っていたことを裏づける。こうしたフィリッポスの巧妙な手管によって第二次使節団は時間を空費し、その間に彼はトラキアの拠点を次々と手中に収め、合法的に支配領域を拡大していったのである。

フィリッポスが用いた「引き延ばし戦術」は、これだけではなかった。トラキア遠征から戻ったフィリッポスが各国の使節たちと個別に会談したのち、彼らを南への進軍に随行させたのも、そうした彼の戦術だったのだろう。全ての使節たちに対して好意的な返答をしたフィリッポスは、彼らを油断させて時間を稼ぎ、自らの描いたシナリオ通りに神聖戦争を終結させるための万全の準備を整えたのである。

この時期に進められていたマケドニア軍によるハロスの包囲戦も、こうした「引き延ばし戦術」の一環だったらしい。デモステネスによれば、フィリッポスは、ハロスとファルサロスの和解を手伝ってもらうためにアテネの第二次使節団を足留めしたという（『使節職務不履行について』三六、三九節）。ハロスはテッサリアのパガサイ湾に面した小都市で、内陸の有力都市ファルサロスと対立関係にあった。フィリッポスはファルサロスを支援し、ちょうどこの時期、パルメニオンの率いるマケドニア軍がハロスを包囲していた。このハロス包囲戦は、どうやら、故意に引き延ばされたらしい。ハロスの包囲は前三四六年初頭までに始まっていたが、フィリッポスがテルモピュライをめざして進軍した同年夏にも、まだ包囲戦が続いていた。ハロスのような小都市は、マケドニア軍が本気で攻めればひとたまりもないはずである。結局、フィリッポスがテルモピュライに軍を進めた際、その途上でハロスはあっけなくマケドニア軍によって破壊されているが、この不自然に長引いたハロスの包囲戦は、ペラを訪れていた各国の使節を足留めして南への進軍に随行させる格好の口実となったのだろう。さらに、この包囲戦は、テルモピュライへの進撃に備えて、その途上にあらかじめマケドニア軍を配備しておくための口実としても好都合だったに違いない。

フィリッポスは、トラキア遠征、神聖戦争への介入、アテネとの講和の交渉を同時並行で進めていたこの年、計画通りに事を運ぶために細心の注意を払い、周到な術策を何重にもめぐらしていたのである。

フォキスの「惨状」の責任

こうして、神聖戦争はフィリッポスの手で終結し、このあと、デルフォイのアンフィクテュオニア評議会でフォキスに対する処罰が下される。後述するように、実際には、フォキスに科された処罰はさほど苛酷なものではなかったが、デモステネスは前三四三年の弁論で、降伏後のフォキスの状況を「言葉で言い表せる人は誰もいない」ほどの惨状とし、フォキス人は「他のいかなるギリシア人にも例のない惨禍を被りながら見殺しにされた」と述べ、その元凶がアイスキネスである、と力強く指弾している（『使節職務不履行について』六五―六六節）。このように、フォキスの「惨状」の責任は、先に見た講和・同盟からのケルセブレプテスとフォキスの「排除」と同様、デモステネスとアイスキネスの二度の裁判における大きな争点となっており、両者とも、相手がその「惨状」をもたらした張本人だと主張している。

なかでも、神聖戦争をめぐるフィリッポスの計画についての研究者たちの理解に多大な影響を及ぼしてきたのは、アイスキネスの言説である。アイスキネスは、前三四六年S月にフィリッポスから神聖戦争への出兵を要請する書簡がアテネに届いたとき、デモステネスらの働きかけでアテネがその要請を拒絶したことがフォキスの「破滅」の原因である、と痛烈に非難している（『使節職務不履行について』一三七、一四〇―一四一節）。つまり、これによってアテネの援兵を得ることができなくなったフィリッポスは、テーベやテッサリアの圧力に抗えず、フォキスの人々への厳しい処罰を強いられた、というのである。

研究者たちは、こうしたアイスキネスの言説に基づいて、もともとフィリッポスは神聖戦争への介入に際してアテネと組んでテーベを抑える方針をとっていたが、アテネが出兵を拒絶したことによって当初の方針の変更を強いられ、テーベを優遇してフォキスを厳しく処罰するという不本意な形での神聖戦争終結を余儀なくされた、と捉えてきたのである。

しかし、アテネが出兵を拒絶したために フィリッポスが計画の変更を強いられたと見るのは、あまりにもアテネ中心的な解釈である。神聖戦争が大詰めを迎えようとしていたこの時点で、フィリッポスがアテネの出兵に自身の計画の成否を委ねていたとは考えられない。彼が出兵を要請したのは、戦力としてアテネ軍を必要としていたからではなく、同盟国となったばかりのアテネの態度を試そうとしたにすぎなかったと見るのが妥当だろう。

さらに、そもそも、神聖戦争への介入にあたって、フィリッポスがアテネと組んでテーベを抑える方針をとっていたはずがない。デルフォイとの絆を重視してギリシア征服を進めるフィリッポスにとって、「瀆神行為への報復者」としての役割は、フォキスと同盟関係にあるアテネではなく、フォキスと長年戦ってきたテーベと結んで参戦してこそ果たすことができる。彼の計画においては、テーベと結んでフォキスを処罰するという形での決着が、最初から神聖戦争に介入するうえでの既定路線だったと見るべきだろう。

そして、そうした計画を最小限のコストで効率的に遂行するために、フィリッポスはどうやら、フォキスの全権将軍ファライコスとあらかじめひそかに取引をしていたらしいのである。

ファライコスとの「密約」

前三四六年5月二三日、フィリッポスは戦闘なくしてフォキスを降伏させ、ファライコスは八〇〇〇人の傭兵とともに国外退去となった。こうした無血勝利という形での神聖戦争の終結は、フィリッポスとファライコスの「密約」の結果だったと考えれば納得がいく。

第5章で見たように、前三五四年夏、フィリッポスはテッサリアでオノマルコスの率いるフォキス軍に大敗北を喫した。これは、フィリッポスの生涯における唯一の屈辱的な敗北だった。このとき彼を破った約二万人のフォキスの傭兵は前三四六年の時点では八〇〇〇人に減っていたが、もしファライコスと戦いを交えるなら、この八〇〇〇人の傭兵との全面対決を強いられることになる。フィリッポスは、これまでしばしば外交的な策略を弄して武力対決の回避を図ってきたが、今回も、フォキスの傭兵軍との激突というリスクを最初から避けようとしていたのだろう。

とすると、戦わずして神聖戦争を終結させ、かつ自らを「瀆神行為への報復者」として打ち出すには、一般のフォキス人を処罰し、ファライコスとその傭兵たちに国外退去を許すという形での決着が、フィリッポスにとって最も好都合だったに違いない。市民たちを処罰し、指導者とその傭兵に国外退去を許すという措置の前例は、前三五三年にクロッカス平原でフェライの僭主を降した際にも見られる。フィリッポスは今回も同様の決着をもくろみ、そのために、あらかじめファライコスと「密約」を交わしていたのではないか。

二人の間でそうした「密約」が交わされたことを裏づけるのが、前三四六年初頭のファライコスの行動である。前述のように、前三四七年春のクーデターで解任されたファライコスに代わってフォキスの実権を握った三人の将軍は、テルモピュライ付近の要塞を引き渡すことを約束してアテネとスパルタに支援を要請したが、その間に権力の座に復帰したファライコスは両国への約束を反故にした。こうしたファライコスの態度は、彼がすでにこの時点で強力な後ろ楯を得ていたことを物語る。ファライコスは前三四七年春のクーデターで失脚したのち、自らの保身のためにフィリッポスに接近し、彼と「密約」を取り結ぶに至ったのだろう。

　前三五三年以降神聖戦争から距離を置いたフィリッポスは、その間にテーベとフォキスを争わせて双方を消耗させ、結果的に、その両者ともが彼に頼らざるをえない状況を作り出すことに成功したのである。

「神聖戦争の真の勝者」

　8月二三日のフォキスの降伏を受けて、翌ヘカトンバイオン月（七月）にデルフォイでアンフィクテュオニア評議会が開かれ、フィリッポスの主導のもとに神聖戦争の戦後処理が取り決められた。まず、アンフィクテュオニアが改編され、除名されたフォキスに代わってフィリッポスが個人の資格で成員権（二四議席中の二議席）を獲得した。アンフィクテュオニア評議会では、テッサリア人がその支配下にあるペリオイコイと併せて一二議席を占める大きな勢力だったが、すでにそのテッサリアを傘下に置いていたフィリッポスは、今回フォキスから剝奪した二議席を獲得したことにより、評議会の過半数の議席を実質的に手中に収めるに至ったのである。

　神聖戦争の勝者の側であるテッサリアは、フィリッポスからマグネシアを返還され、さらに、フォキスが神聖戦争中にテーベから奪った要衝ニカイアを獲得した。以後、テッサリア人はアンフィクテュオニアにおける要職を独占し、フィリッポスはテッサリア人を通してアンフィクテュオニアを牛耳っていくことになる。

一方、同じく勝者の側であるテーベは、神聖戦争中にフォキスに奪われたボイオティアの三都市（オルコメノス、コロネイア、コルシアイ）の支配は回復したものの、フォキスから領土や賠償金を獲得することはできず、そのうえ、右に見たように、ニカイアをテッサリアに引き渡すことを強いられた。ニカイアの譲渡は、以後のテーベとテッサリアの関係を悪化させる要因となった。フィリッポスは、前三五六年にアテネからポテイダイアを奪ってオリュントスに与えたように、ニカイアをテッサリアに引き渡すことによってテーベとの対立を煽り、両国の分断を図ったのである。

このように、神聖戦争の戦後処理において、フィリッポスは決してテーベを優遇してはいない。つまり、彼がテーベと組んだのは、あくまでも瀆神行為への報復という旗印のもとに神聖戦争を終結させる手段としてであって、その目的を達してしまえば、もはやテーベは用済みだったのである。

敗戦国フォキスに対する処罰からも、フォキスの殲滅とそれによるテーベの勢力の増大がフィリッポスにとって決して望ましいものではなかったことがうかがえる。フォキスには、アンフィクテュオニアの成員権の剝奪に加え、アバイを除く全ての都市の破壊、五〇戸以下の分散した村落への居住、略奪されたデルフォイの聖財の対価として一年につき六〇タラントンの賠償金の支払い、賠償金を完済するまでの非武装などの処罰が科された。こうした処罰は、領土を没収されなかったこと、フォキスの人々も処刑や奴隷化を免れたことを考えれば、先に見たメトネやオリュントスの場合に比べ、さほど苛酷なものではなかった。フォキスに科された賠償金も、三年間の支払い猶予期間を与えられたうえ、一年につき三〇タラントン、さらには一〇タラントンまで減額されている。フィリッポスは、フォキスの武具を集めて崖から投げ捨てるといった、瀆神行為に対するシンボリックな報復を行ったが、その一方で、彼がフォキスに科した実質的な処罰は、とくに厳しいものではなかったのである。

また、フィリッポスはこのとき、デルフォイの神域で四年ごとに開催されるピュティア祭の共同主催権をも獲得することになった。オリュンピア祭を筆頭とするギリシアの四大祭典の一つであるピュティア祭は、フォキスが神域を占拠していたため、前三五八年の祭典を最後に開かれていなかったが、この年、一二年ぶりのピュティア祭がフィリッポスの指揮のもとに催されたのである。

こうして、フィリッポスはデルフォイのアンフィクテュオニアの実権を掌握し、輝かしい栄誉を手にしたが、そうした大きな成果を一切の犠牲なくして勝ちとった彼は、第三次神聖戦争について詳細な研究（一九八九年）を著したアメリカの歴史家Ｊ・バックラーが述べたように、「神聖戦争の真の、そして唯一の勝者」だったのである。

フィリッポスにとってアテネとの講和は何だったのか

このように、前三四六年はフィリッポスの征服事業の大きな節目となる年だったが、本節の最後に、「フィロクラテスの講和」は彼の計画においてどのような意味を持っていたのかについて、あらためてまとめておこう。

デモステネスとアイスキネスは、その弁論において互いを糾弾するなかで、ケルセブレプテスとフォキスの命運をアテネが握っていたかのように語っており、そうした言説ゆえに、アテネとの講和がフィリッポスの計画の重要な軸となっていたと理解されてきた。しかし、本節で見たように、事態は決してアテネを中心に動いていたわけではなかった。相手の策謀ゆえにケルセブレプテスとフォキスが「破滅」するに至ったと主張し、フィリッポスの計画の成否がアテネ次第だったかのように語るデモステネスとアイスキネスの言説は、アテネ中心的なレトリックにすぎないのである。

では、結局のところ、フィリッポスにとってアテネとの講和はいったい何だったのか。

講和に向けてのフィリッポス側の動きは、前三四八年夏のオリュントス包囲戦のさなかにアテネに講和の締結を打診したのが最初である。そうしたタイミングから見て、講和締結を打診した当初の目的は、アテネがオリュントスを支援するのを妨げることだったのだろう。現に、同年秋にオリュントスが陥落して以降は、ペラを訪れたアテネの使節のアリストデモスやクテシフォンに講和締結の意向を伝えるにとどまり、フィリッポスの側からの積極的なアクションは見られない。

このあとは、前三四六年初頭、神聖戦争の推移のなかで追い詰められたアテネの側が講和の締結に向けて動き出す。フィリッポスはそうした機を捉え、今度は、アテネとの講和をこれから着手するトラキア遠征のために利用することにしたのだろう。彼は講和がもたらす利益をアテネの第一次使節団に言葉巧みにほのめかし、ケルソネソスへの不介入を約束してアテネの動きを封じたうえ、講和・同盟の誓約を引き延ばしてトラキアの拠点を合法的に獲得することを画策した。つまり、フィリッポスにとって、アテネとの講和はトラキア遠征を円滑に遂行するための外交的な策略にすぎなかったのである。

そして、こうしたフィリッポスの巧妙な策略は、トラキア遠征から戻った彼がペラに参集していた各国の使節たちをテルモピュライへの進軍に随行させたことからもわかるように、アテネだけに向けられていたわけではなかった。フィリッポスがアテネ以外の諸都市とどのような駆け引きをしたのかは、史料には一切現れない。しかし、デモステネスやアイスキネスの弁論を注意深く読むと、アテネとの講和交渉と並行して進められたフィリッポスの外交戦略の一端が見えてくる。

一例として、マケドニアの重臣たちの動きに注目してみよう。先に見たように、講和が審議・可決された E月一八日と一九日のアテネの民会には、マケドニアの代表としてアンティパトロス、パルメニオン、エウリュロコスが臨席していた。なかでも、アンティパトロスとパルメニオンはフィリッポスの信任の厚い重臣として知られる。それゆえ、彼らがアテネの民会に臨席したのは、フィリッポスがアテネとの講和を何より重視していたことの証であると捉えられてきた。しかし、アイスキネスは前三三〇年の弁論において、アテネの民会の閉会後にこれらの重臣たちがテーベに向かって出発するのを見送った、と述べている（『クテシフォン弾劾』七六節）。彼らが何のためにテーベに向かい、テーベで何をしたのかは一切伝えられていないが、彼らはアテネだけに派遣されたのではなく、テーベをはじめとする、神聖戦争に関わる他の諸都市を訪れる任務も帯びていたことが、このアイスキネスの一文からうかがえるのである。

フィリッポスは、アテネに対する和平工作と並行して多方面で同様の駆け引きを繰り広げていたのであり、彼にとって、アテネとの講和はそうした多くの戦略の一つにすぎなかったのである。

2　フィリッポス二世の宮廷

国際的な政治・外交の中心

ここで、フィリッポスのギリシア征服が進展していくなかで、彼の宮廷がどのような変貌を遂げていったのかに目を向けてみよう。

前節で見た「フィロクラテスの講和」の交渉過程が示すように、マケドニア王国の都ペラにはギリシア各地の使節が集まり、フィリッポスの宮廷はギリシア世界の国際的な政治・外交の中心となっていた。

彼の宮廷には、そうしたギリシア各地の使節のみならず、ペルシアの使節も頻繁に訪れていたらしい。プルタルコスは『アレクサンドロス伝』のなかで、アレクサンドロスの少年時代のエピソードの一つとして、ペラの宮廷を訪れたペルシアの使節にアレクサンドロスが鋭い質問を次々に浴びせ、彼らを感嘆させたことを語っている（五章一―三節）。幼少期のアレクサンドロスについてプルタルコスが伝える数々のエピソードは、アレクサンドロスが幼い頃から傑物だったことを印象づけるための後付けの創作である場合が多く、ペルシアの使節に鋭い質問を浴びせる王子の姿も脚色されている可能性が高いが、そのエピソードの背景として描かれる使節の来往は事実だったと見るべきだろう。

また、フィリッポスの宮廷には、ペルシア王アルタクセルクセス三世に反旗を翻してペルシアから亡命した高官たちが長期にわたって滞在していたことも知られる。小アジアのヘレスポントス・フリユギアの総督アルタバゾスは、前王アルタクセルクセス二世の孫にあたるペルシア屈指の名門貴族で、前三五六年にアルタクセルクセス三世に対する反乱を起こした。反乱は前三五二年に鎮圧され、その後、アルタバゾスはフィリッポスの宮廷に亡命した。アルタバゾスが反乱を起こした際にテーベの将軍パンメネスが彼を支援したと伝えられるので、アルタバゾスがフィリッポスの宮廷を亡命先に選んだのは、フィリッポスと親しいパンメネスの仲介によるものだったのかもしれない。アルタバゾスは、娘のバルシネや義理の兄弟にあたるロドス出身のメムノンを含む一族ともども、フィリッポスのもとに身を寄せていた。こののち、アルタクセルクセス三世に重用されたメントル（メムノンの兄）の働きかけで恩赦を得て帰国を許されるまで、アルタバゾスの一族は数年間にわたってフィリッポスの宮廷に滞在した。アルタバゾスの一族のほかにも、のちにアレクサンドロスによってカスピ海南東のヒュルカニアの総督に任命されるペルシアの高官アンミナペス（もしくはマナピス）もフィリッポスの宮廷に滞在していたという。

第3章で見たように、すでに前五世紀において、アテネのテミストクレス、アルゴスによって追放されたミケーネの人々、エウボイアのヒスティアイアの人々の事例が示すように、マケドニアはポリス世界の亡命者たちにとって安全なシェルターのような場となっていた。そうした状況はアテネの政治家カリストラトスの事例に見られるように前四世紀に入っても続き、さらにフィリッポスの治世になると、ペルシアを追われた高官たちもが身を寄せる場になっていたのである。

ところで、数年にわたってペラの宮廷に滞在していたアルタバゾスの一族は、その時期に王子アレクサンドロスとも関係を深めたはずだが、彼らはこののち、アレクサンドロスの東方遠征において主要な登場人物として現れる。アルタバゾスは、東方遠征の開始当初はペルシア王ダレイオス三世に仕えていたが、前三三〇年、ダレイオス三世の死後にヒュルカニアでアレクサンドロスに帰順し、その後、バクトリアの総督に任ぜられている。アルタバゾスの娘バルシネは、最初の夫であるメントルの亡きあと、その弟メムノンの妻となっていたが、前三三三年のイッソスの会戦後にダマスカスで捕虜となった。彼女はアレクサンドロスの愛人になり、のちに息子ヘラクレスをもうけている。そしてメムノンは、東方遠征の初期にアレクサンドロスの最大の敵として立ち現れた人物である。彼はダレイオス三世から託されたペルシア艦隊を率いてエーゲ海で活動し、アレクサンドロスの後方を攪乱するなどの大きな活躍を見せた。長くペラに滞在していたメムノンは、マケドニア王国の内情をつぶさに観察し、マケドニア軍の弱点も知り尽くしていたのだろう。

ペルシアの影響

こうしたペルシアの使節の来往や高官たちの亡命によって、フィリッポスの宮廷にはペルシアの影響が広く及んでいた。

近年の研究では、マケドニア王国の制度や慣行にペルシアの影響が強く見られることがとみに強調されている。マケドニアにおけるペルシアの影響に着目したのは、ドイツの歴史家D・キーナストの一九七三年の研究が最初で、彼は、フィリッポスがペルシアの諸制度を積極的に取り入れて王国の「近代化」を進めた、と論じた。

ただし、マケドニアにおけるペルシアの影響は、フィリッポスの治世に始まるわけではない。第3

章で見たように、ペルシア戦争の時期、マケドニアはペルシアの支配下に置かれ、ペルシアと密接な関係にあった。その時期にペルシアからどのような影響を受けたのかは具体的には確かめられないが、ギリシアのポリス世界では、ペルシア戦争を機にもたらされたペルシアの文物が広く流行したことが知られる。とりわけアテネでは、公共建築にペルシア風の意匠が取り入れられ、日傘をはじめとするペルシアの贅沢品がもてはやされたという。おそらく、マケドニアにおいても同様の状況が見られたのだろう。

前四七九年にペルシア軍が撤退して以降のペルシアとの関係は、フィリッポスの治世に至るまで全く史料に現れないが、ポリス世界とペルシアの密な関係が続くなかで、マケドニアとペルシアの交流も同様に継続していたと考えられる。ペルシア戦争期以来のそうした両国の交流が、フィリッポスの治世にいっそう加速したと見るべきだろう。

とはいえ、フィリッポスの治世におけるマケドニア王国の制度や慣行のうち、何がペルシアの影響によるものかについては、明確な証拠はない。ヘタイロイ、近習、ヒュパスピスタイ、書記官職などは、いずれもペルシアに同様の制度が見られるため、ペルシアの影響を想定する研究者が多い。また、王家の一夫多妻制や建国伝説などもペルシアをモデルにしたものだと指摘されている。

ただし、制度や慣行の「類似」は、必ずしも「影響」を意味するわけではない。ペルシア戦争期から続くペルシアとの関係を考えれば、マケドニア王家にとってペルシアの宮廷が格好のモデルになったのは確かだが、マケドニアにペルシアと似た制度や慣行が認められるからといって、それらをただちにペルシアの影響と決めつけるのは、慎重になるべきだろう。

フィリッポスの文化政策

ギリシア世界の国際的な政治・外交の中心となったフィリッポスの宮廷は、同時に、ギリシア文化の中心でもあった。

第3章で見たように、ギリシア文化の積極的な受容は、アレクサンドロス一世の治世から確認できるマケドニア王家の伝統である。前四世紀においても、ペルディッカス三世はプラトンの弟子エウフライオスを宮廷で重用し、彼の治世には、幾何学や哲学を修めない者は王が催すシュンポシオンに列席を許されなかったと伝えられる。そうした王家の伝統的な文化政策を、フィリッポスはかつてのアルケラオスにもまして熱心に展開し、さらにそれを政治的にも活用したのである。

フィリッポスは、王子アレクサンドロスの教育係を務めたアリストテレス、その親戚で歴史家のカリステネス、イソクラテスの弟子でビュザンティオン出身の弁論家ピュトンをはじめとする多くの文人を宮廷に招いた。なかでも、カリステネス、テオポンポス、アナクシメネスといった著名な歴史家たちを宮廷に集め、彼らに自らのギリシア征服を正当化する作品を書かせたのは注目に値する。カリステネスの『ギリシア史』と『神聖戦争について』、テオポンポスの『フィリッポスへの賛辞』、アナクシメネスの『フィリッポス史』などはわずかな断片しか残っていないが、いずれもフィリッポスの事績を称賛する作品だったことがうかがえる。

第三次神聖戦争における「瀆神行為への報復者」というフィリッポスのイメージも、これらの歴史家たちの作品を通じて喧伝されたものであるらしい。第5章で見たように、ユスティヌスはフィリッポスを瀆神の徒であるフォキス人に対する「報復者」として描いたが（二七九頁参照）、ユスティヌスのこの部分の記述はテオポンポスの作品に由来すると考えられている。また、同時代の弁論家たちが「フォキス戦争」と呼んでいたこの戦争を「神聖戦争」と呼んだのは、カリステネスの『神聖戦争について』が最初だったという。フィリッポスは、宮廷に集めた歴史家たちに、自らをギリシアの神聖なる大義のために戦う「報復者」として描かせたのである。

ちなみに、カリステネスはこうした功績を買われて、こののち、アレクサンドロスの東方遠征の正史を執筆する大役に任ぜられている。彼は遠征に同道し、アレクサンドロスを英雄の再来として称揚する公式記録を著した。東方遠征には、カリステネスのみならず多くの歴史家が随行しており、彼らが著した作品はいずれも断片しか残っていないが、東方遠征の貴重な同時代史料となっている。歴史家に自らの征服事業を正当化する作品を書かせるという父の手法を、アレクサンドロスも忠実に継承していったのである。

ギリシア劇も、アルケラオスの治世からマケドニアのエリート層に根づいていたが、フィリッポスはこの分野においても革新をもたらした。それまで、劇は主として祭典で上演されていたが、フィリッポスは、出陣式や戦勝祝賀式、王家の婚礼やシュンポシオンといった場においてエンターテインメントとして上演した。それにともない、彼はアルケラオスが招いたエウリピデスやアガトンのような悲劇詩人ではなく、ギリシアの高名な俳優を宮廷に集めた。アリストデモスをはじめ、ネオプトレモス、テッサロス、サテュロスといった名高い俳優たちがフィリッポスの宮廷に滞在していたことが知られる。

アリストデモスが「フィロクラテスの講和」の交渉に際して活躍したように、当時の俳優は外交使節の役割を果たすことも多く、フィリッポスは宮廷に招いた俳優たちを使節として活用した。フィリッポスが政治や外交の道具として利用したのは俳優だけでなく、弁論家のピュトンも前三四四年に彼の使節としてアテネに赴いている。かのアリストテレスもそうしたフィリッポスの道具だったという説もあるが、これについては、またあとで触れたい。

さらにフィリッポスは、文人や俳優のみならず、多くの著名な芸術家とも関係を深めていた。次章で見るように、彼は晩年にフィリッペイオンと呼ばれる円形堂をオリュンピアの神域に造営し、その内部に自身を含む五人の王族の像を安置したが、この群像を手がけたのが、当代随一の肖像彫刻家として名高いアテネのレオカレスである。

また、ヴェルギナ（アイガイ）の宮殿を設計したのは建築家ピュテオスだったとする説（九頁参照）や、ヴェルギナの「エウクレイアの神域」で発見されたエウリュディケの像を制作したのは彫刻家ケフィソドトスだったとする説（二〇九頁参照）もある。ヴェルギナの1号墓の内壁に施された壁画（四二三頁の図41）の作者は高名な画家であるテーベのニコマコス、2号墓のファサードを飾る狩猟画（四二四頁の図42）の作者はエレトリアの画家フィロクセノス、もしくはテーベの画家アリスティデスと推測されている。実際にこうした巨匠本人がこれらの作品を手がけたのではなかったとしても、それに準じる、すぐれたレベルの芸術家たちがフィリッポスに招かれてマケドニアで活動していたのは確かだろう。こののち、アレクサンドロスは自身の肖像の制作をリュシッポス（彫像）、アペレス（絵画）、ピュルゴテレス（彫玉）という三人の著名な芸術家に独占的に任せて自身の英雄的な図像を世に広めさせたが、これも、こうしたフィリッポスの治世の伝統を継承するものである。
このように多くの文人・俳優・芸術家が招かれていたフィリッポスの宮廷は、ヘタイロイや近習たちがギリシア文化に親しむ場でもあった。フィリッポスの重臣アンティパトロス、アレクサンドロスの側近でのちにプトレマイオス朝エジプトを建てるプトレマイオス、ペラ出身の歴史家マルシュアスといったマケドニアのすぐれた文人たちは、こうした恵まれた文化環境のなかでその才能を開花させていったのである。

アカデメイアvs.イソクラテス学派

ギリシア文化の中心となったペラの宮廷は、文人たちがフィリッポスの寵をめぐって争う、激しい競争の場でもあった。フィリッポスが招いた文人のなかで最も有名なのは、前三四三年に王子アレクサンドロスの教育係となったアリストテレスだが、その教育係の座をめぐって、アカデメイアとイソクラテス学派の間で熾烈な争いが繰り広げられていたらしい。

前四世紀初頭の創設以来、プラトンの学園アカデメイアとイソクラテスの弁論術学校はギリシア世界の二大教育機関として名を馳せ、ライバル関係にあった。マケドニア王家は、ペルディッカス三世がプラトンの弟子エウフライオスを宮廷で重用したように、アカデメイアと親密な関わりを持っていたが、イソクラテスの学派との関係は、フィリッポスの治世以前には確認できない。両派の争いに話を進める前に、まず、そのイソクラテスについて説明しておきたい。

デモステネスと並び称される弁論家として名高いイソクラテスは、反マケドニアの政治家として活

図30　イソクラテスの像
ローマ、ヴィラ・アルバーニ蔵

躍したデモステネスとは異なり、もっぱら政治評論家や弁論術教師として活動した。彼がアテネに興した弁論術学校は、多くの著名な弟子を輩出したことで知られる。イソクラテスとフィリッポスの関わりは、前三四六年にイソクラテスがフィリッポスに宛てた公開書簡『フィリッポスに与う』を発表し、彼にペルシアへの遠征を勧説したことに始まる。

　前四世紀初頭から、ゴルギアスやリュシアスといったパンヘレニズム（同胞であるギリシア人が共通の事業において一致団結すべきとする思想）の主唱者たちは、抗争の絶えないギリシア世界の現状を憂慮し、ギリシア人が結束して共通の敵であるペルシアの領土を征服することを提唱していた。そうした征服論をさらに体系的に展開したのが、ゴルギアスの弟子のイソクラテスである。彼は前三八〇年に発表した『民族祭典演説』以来、一貫してペルシアに遠征することを呼びかけ、ギリシア世界の王や僭主にこの大事業の指導を懇請した。その彼が最後に白羽の矢を立てたのが、フィリッポスだったのである。イソクラテスは、その後も前三三八年に世を去るまで、フィリッポスにペルシアへの遠征を促し続けた。

　イソクラテスの『フィリッポスに与う』が、このあとフィリッポスが立案するペルシア遠征計画にどのような影響を与えたのかは定かでないが（三九一頁も参照）、少なくともこの公開書簡以来、イソクラテスの学派はフィリッポスと関係を深めていったらしい。イソクラテス自身はマケドニアを訪れることはなかったが、彼の愛弟子であるピュトンやテオポンポスがフィリッポスの宮廷に滞在しており、イソクラテス学派が彼の宮廷で一定の地位を占めていたことがうかがえる。

一方、プラトンの甥で、彼の死後にアカデメイアの二代目の学頭となったスペウシッポスは、イソクラテスを最大のライバルと目していた。彼は前三四三年頃にフィリッポスに書簡を送り（『ソクラテス派書簡三〇』）、門下の歴史家でテッサリアのマグネシア出身のアンティパトロスという人物を強く推薦している。この書簡にはイソクラテスに対する批判が随所に見られるが、スペウシッポスは、イソクラテスの弟子で当時フィリッポスの宮廷に滞在していたテオポンポスに対しても鋭い攻撃を展開している。

そのテオポンポスも、フィリッポスに宛てた書簡のなかで、アカデメイアと関わりの深い小アジアのアタルネウスの僭主ヘルメイアス（三三三頁参照）を痛罵している（断片二五〇）。アレクサンドロスの教育係としてアカデメイア学徒の任命が取り沙汰されていた当時、以前から激しいアカデメイア批判を展開していたテオポンポスは、フィリッポスの宮廷でアカデメイアの勢力が増すことを警戒し、アカデメイアと親密な関係にあるヘルメイアスを攻撃したのだろう。

テオポンポス自身も、どうやら、アレクサンドロスの教育係の座を狙っていたらしい。彼は、『フィリッポスへの賛辞』などの著作においてはフィリッポスをストレートに称えているが、最も多くの断片が残っている晩年の主著『フィリッポス史』ではフィリッポスを非難する論調が目立つ。テオポンポスはアレクサンドロスの教育係の座を得られなかったことでフィリッポスと不和になり、それゆえ、『フィリッポス史』において彼に敵対的な記述をするようになったのかもしれない。また、アリストテレスによる教育が始まったのちにイソクラテスがアレクサンドロスに宛てた書簡（『第五書簡』）から、イソクラテス自身も若き王子の教育に並々ならぬ関心を抱いていたことがうかがえる。

このように、アカデメイアとイソクラテス学派はフィリッポスの宮廷においてライバル関係にあったが、結果的にアカデメイア出身のアリストテレスがアレクサンドロスの教育係に任命されたため、この争いはアカデメイアの勝利に終わったと見る研究者が多い。ただし、アリストテレスはプラトンの死後はアカデメイアと疎遠であり、スペウシッポスとも不仲だったことから、彼の任命は必ずしもアカデメイアの勝利を意味するわけではないとする説もある。アリストテレスが任命されるに至った事情については、またあとで触れたい。

こうしたアカデメイアとイソクラテス学派の争いのみならず、フィリッポスの宮廷ではテオポンポスとアナクシメネスが鋭い対立関係にあったことも知られる。フィリッポスのギリシア征服が進展して彼の勢威が強まるにつれ、文人たちは競って彼を称え、フィリッポス自身も、文人たちの忠誠心を高めるために彼らの競争を煽ったのである。

ともあれ、フィリッポスの宮廷に招かれて彼の寵を得ることは、当時のギリシアの文人や芸術家たちにとってこのうえないステータスシンボルだったのだろう。ギリシア人たちが皆、デモステネスのようにフィリッポスを自らの「敵」と見ていたわけでは、決してないのである。

加速する「自己演出」

こうしたフィリッポスの精力的な文化政策は、彼がギリシア征服を進めるなかで自らをどのように見せるかを常に意識していたことを物語る。

フィリッポスは、多くの文人や芸術家を宮廷に招き、彼らのパトロンとなって自身の富と権力を国内外に見せつけるとともに、著名な歴史家たちに自身のギリシア征服を正当化する作品を書かせた。こうした彼の巧妙な「自己演出（self-representation）」は、近年のマケドニア史研究においてとりわけ関心を集めているトピックである。

アレクサンドロスが自己演出を得意とし、英雄としての自らのイメージを確立するために種々の伝達メディアをコントロールして自身の神話化を促進したことはよく知られている。先に触れたように、彼は歴史家カリステネスを東方遠征に随行させて自らを英雄の再来として称揚する正史を書かせ、三人の公認芸術家のみに肖像の制作を任せて自身の英雄的な図像を世に広めさせた。

近年の研究では、フィリッポスも息子に劣らず自己演出の達人だったことがとみに強調されているが、こうしたイメージ戦略に長けたマケドニア王は、フィリッポスが最初ではない。アレクサンドロス一世はヘラクレスに連なる王家の系譜を喧伝してギリシア人としてのアイデンティティをギリシア世界に向けて打ち出したし、アルケラオスも、ギリシアの文人や芸術家を招いて宮廷をギリシア文化で飾り立て、マケドニア王国の「ギリシアらしさ」を積極的にアピールした。建国伝説の喧伝も、ギリシア文化の摂取も、文人や芸術家へのパトロネジも、前五世紀以来、マケドニア王が自己のイメージを効果的に演出するための重要な手段となっていた。フィリッポスは、そうした伝統をさらに加速させ、王国の統合と征服事業をスムーズに進めるための戦略として活用したのである。

本書の冒頭で見たように、前三三六年のフィリッポス暗殺の舞台となった娘の婚礼の祝典はギリシア全土から多くの賓客を招いて盛大に執り行われたが、このように王族の結婚を国内外に自らの権威を誇示するための場として利用するのも、フィリッポスの治世から新たに見られる自己演出である。妻のオリュンピアス（オリュンピア祭での勝利を記念して改名）や娘のテッサロニケ（「テッサリアでの勝利」を意味する命名）など、王族女性の名前もフィリッポスの自己演出の手段となったし、フィリッポイやフィリッポポリスなど、自らの名前を冠した都市を建設したのも、彼が最初である。第三次神聖戦争においては、クロッカス平原の会戦でのパフォーマンスに見られるように、自身を「瀆神行為への報復者」として演出した。このの ち、ペルシア遠征計画においても、ペルシア戦争の際のギリシア侵攻に対する報復をその目的として掲げ、自らをギリシアの大義のための「報復者」として打ち出している。

近年の研究では、こうしたマケドニア王による自己演出に加え、マケドニアの文化や建築に見られる「劇場性（theatricality）」も注目されている。晩年のフィリッポスがオリュンピアの神域に造営した円形堂フィリッペイオンは、内部に安置されたマケドニア王族の群像を効果的に「見せる」ための、一種の劇場だったらしい（四一四頁参照）。フィリッポスの治世末期に完成したヴェルギナの宮殿も、王族の居住のための施設ではなく、もっぱらシュンポシオンや儀式の場として用いられていたことが明らかになっている。宮殿自体が、王という役割をフィリッポスが「演じる」ための巨大な舞台装置だったのだろう。

建国伝説の展開

こうしたイメージ戦略に長けたフィリッポスのもとで、マケドニア王の自己演出の重要な手段となっていた建国伝説はどのような変容を遂げたのだろうか。

フィリッポスがヘラクレスに遡る王家の系譜を喧伝したことを明確に示す古典史料は残っていないが、彼にペルシアへの遠征を勧説したイソクラテスが前三四六年の『フィリッポスに与う』において「アルゴスは貴国の父祖の地である」ことを強調し、フィリッポスを「全ギリシアの恩人であるヘラクレスの血筋に連なる者」と呼んでいるのは（三二、七六節）、フィリッポスにとってのヘラクレスやアルゴスとの絆の重要性を裏づける。また、ヴェルギナの宮殿では、「父祖神ヘラクレスに捧ぐ」と記された碑文が出土している。ヴェルギナの2号墓においても、ライオンの頭部の皮を被ったヘラクレスの肖像のレリーフが施された銀製のアンフォラや、ヘラクレスの梶棒のレリーフが施された儀式用の楯などが見つかっており、2号墓がフィリッポスの墓であるとすれば、これらも、彼がヘラクレスの血筋を喧伝したことの証拠となる。後述するように、フィリッポスはペロポネソスへの進出に際してスパルタに敵対するアルゴスを支援したが、これも、アルゴスとの絆をアピールするための作戦だったのかもしれない。

こののち、アレクサンドロスも東方遠征においてヘラクレスやアルゴスとの絆を盛んに喧伝している。彼は、ヘレスポントス海峡を越えて小アジアに渡った際、船出した地点と上陸した地点の双方にヘラクレスに捧げる祭壇を築き、インドのヒュダスペス河畔においてもヘラクレスを祀る儀式を執り行うなど、遠征の途上でたびたびヘラクレスを称えている。アルゴスはコリントス同盟において国境争いの仲裁権を与えられるなど優遇されており、また、アレクサンドロスは、イッソス付近のマッロスで住民たちの先祖がアルゴスからの植民者であることを知ると、貢租を免除したという。さらに、アルタバゾスの娘バルシネとの間に生まれた息子を「ヘラクレス」と名づけている。

このように、フィリッポスもアレクサンドロスもヘラクレスの血筋を重んじていたのは確かだが、彼らの治世に建国伝説自体がどのように変容したのかは、具体的には確かめられない。第3章で見たように、アルケラオスの治世にエウリピデスが劇中で王と同名の「アルケラオス」を建国の祖としたが、それ以降の建国伝説では、建国の祖は一貫して「カラノス」という名前で現れる。「カラノス」は古いドーリス方言で「王」「支配者」を意味する一般名詞で、現存史料において「カラノス」を祖とする記事は、テオポンポスの断片(三九三)が最古のものである。ヘロドトスの時代には「ペルディッカス」だった建国の祖が、いつ、なぜ「カラノス」に変わったのか。エウリピデスの劇に登場する「アルケラオス」は、なぜ定着しなかったのか。

「アルケラオス」という建国の祖は、エウリピデスの作品にしか現れない。前三九九年にアルケラオスが暗殺されたのち、彼の直系の子孫は王位に就かなかったので、建国伝説において「アルケラオス」が定着することはなかったのだろう。一方、「ペルディッカス」は、「カラノス」という建国の祖が定着して以降もディオドロスの記事(『歴史叢書』七巻断片一五―一六)にカラノスの曽孫として現れるので、建国伝説から消え去ったわけではないものの、かなり影が薄くなっている。その理由については様々に推測されているが、なかでも注目を集めているのは、アルケラオスの暗殺に続く混乱期において、ペルディッカス二世の系統の王族と対立した傍系のアミュンタス三世がペルディッカス二世と同名の「ペルディッカス」を避けて「カラノス」を新たな建国の祖として導入し、以後、アミュンタス三世の子孫が王位を独占したため、その「カラノス」が定着するに至ったという説である。同時代の政治的文脈に位置づけて解釈する魅力的な仮説だが、アミュンタス三世は息子の一人をペルディッカス（三世）と名づけているので、「ペルディッカス」を避けようとしたという想定には、いささか疑問が残る。

とすると、「カラノス」を導入したのはフィリッポスだったとも考えられる。即位時に王位を狙う数々のライバルの出現に悩まされた彼は、自らの権力の正統性を示すために建国伝説の刷新を図ったのかもしれない。フィリッポスはペルディッカス三世の遺児アミュンタス四世を差しおいて王位に就いたので、彼にも「ペルディッカス」を避けようとする動機があったことになる。

さらに、建国伝説の細部からフィリッポスによる作為性を読みとることもできる。重装歩兵密集隊の創始者と伝えられる前七世紀のアルゴスの僭主フェイドンがカラノスの父だったとする伝承があるが、これは、フィリッポスが重装歩兵の拡充を正当化するためにフェイドンを建国伝説に取り込んだのではないかと推測されている。また、カラノスを祖とする伝承では、カラノスはアルゴスをはじめとするペロポネソスの諸地域から人々を集めてマケドニアに入った、と語られる。ヘロドトスの伝える建国伝説では、アルゴスを追われたペルディッカスら三兄弟がマケドニアの地に流れ着いて建国したとされているのに対し、カラノスによる建国はギリシア人たちの共同作業だったように描かれているのである。こうした改変も、ギリシア征服をスムーズに進めるために自身がギリシア人たちのリーダーであることを印象づけようとするフィリッポスの戦略だったのかもしれない。

こうしてフィリッポスが改変した建国伝説を、彼の宮廷に滞在していたテオポンポスが、ヘロドトスやエウリピデスと同様に、王の意図に添う形で書き記したのではないか。フィリッポスはギリシアの著名な歴史家たちに自身のギリシア征服を正当化する作品を書かせたが、建国伝説の改変も、そうした彼の自己演出の一環だったのだろう。

少年時代のアレクサンドロス

ここで、王子アレクサンドロスに目を向けてみたい。前三五六年に誕生した彼が少年時代を過ごしたのは、フィリッポスのギリシア征服が進展するなかで国際的な政治・外交やギリシア文化の中心となったペラの宮廷である。

アレクサンドロスについて書かれたローマ時代の史料のうち、プルタルコスの『アレクサンドロス伝』だけが彼の幼少期に関するまとまった記述を残している。プルタルコスは、先に見た、ペラの宮廷を訪れたペルシアの使節にアレクサンドロスが鋭い質問を次々に浴びせたというエピソード（五章一—三節）や、誰も乗りこなすことのできない荒馬ブケファラスをアレクサンドロスがみごとに調教して父フィリッポスを歓喜させたというエピソード（六章）などを伝えている。

こうしたエピソードの多くは、アレクサンドロスが幼少期から並外れた俊秀だったことを示すための後世の創作や脚色と考えられているが、アイスキネスの弁論に、少年時代のアレクサンドロスについて触れた一節がある（『ティマルコス弾劾』一六八節）。アイスキネスは、前三四六年にアテネの使節団の一員としてペラの宮廷を訪れた際の見聞を語るなかで、当時一〇歳のアレクサンドロスが宴席で竪琴《キタラ》を弾き、ある詩句を引用して当意即妙の応答をしてみせた、と述べている。才気煥発な王子がギリシアの文人や芸術家と交流しながら成長していく様子を伝える、貴重な同時代の証言である。

少年時代のアレクサンドロスは、父フィリッポスが一年の大半は戦陣にあったため、母オリュンピアスの強い影響のもとに置かれていた。オリュンピアスについての情報量の多さは、ギリシア・ローマの女性のなかで群を抜いているが、ローマ時代の史料にはオリュンピアスを稀代の悪女として描く傾向が見られる。第4章で述べたように、そうした彼女のネガティヴなイメージは、後継者戦争期にカッサンドロスが流した政治的なプロパガンダに由来するものである（二〇四頁参照）。

図31　オリュンピアス
3世紀の金のメダル。ボルティモア、ウォルターズ美術館蔵

少年時代のアレクサンドロスは、「皇太子」という明確な地位にあったわけではなく、母オリュンピアスも、フィリッポスの「正妃」や「第一王妃」という確固たる地位を占めていたわけではない。一夫多妻のマケドニア王家においては、王の複数の妻たちの間に正妻と側室といった区別は見られず、王位継承も極めて流動的なものだった。そうしたなかで、母と息子の利害は常に一体であり、両者は、いわば運命共同体をなす。オリュンピアスは息子アレ

クサンドロスに終始濃密な愛情を注ぎ、アレクサンドロスも母に孝養を尽くしたと伝えられるが、こうした強い絆はこの母子に限ったことではなく、マケドニア王家の一夫多妻の世界においてはごく自然なものだったのである。アレクサンドロスが東方遠征に出発したのち、二人は二度と会うことはなかったが、頻繁に手紙を交わし、アレクサンドロスは遠征先から母にたびたび戦利品を送るなど、その強い絆は終生変わらなかったという。

もっとも、フィリッポスには息子が二人しかおらず、もう一人の息子アリダイオス（フィリンナとの間の息子）は知的障害を持っていたため、アレクサンドロスは、幼少期からさしあたり第一の王位継承候補と見なされていたらしい。アリダイオスが障害者となったのは、幼い頃にオリュンピアスに毒を盛られたからだという伝承もあるが、これも、おそらく先に触れたカッサンドロスのプロパガンダに由来するものだろう。

母オリュンピアスの強い影響下で育ったアレクサンドロスは、その母から「アキレウスの血筋」を受け継いだ。マケドニア王家がヘラクレスに連なる系譜を喧伝したのと同じように、オリュンピアスが生を享けたモロッソスの王家も、ギリシアの英雄伝説の積極的な受容によってギリシア人としてのアイデンティティをアピールしていた。モロッソス王家の祖とされたのは、トロイア戦争の英雄アキレウスの息子ネオプトレモスと、彼がトロイアから捕虜として連れ帰ったアンドロマケ（トロイアの勇将ヘクトルの妻）との間に生まれた息子モロッソスである。つまり、アレクサンドロスは父方からヘラクレス、母方からアキレウスという、ギリシア神話の二大英雄の血を引くことになる。オリュンピアスが息子の少年時代の教師に選んだアカルナニアのリュシマコスは、アレクサンドロスをアキレウスと呼び、自分をアキレウスの教師フォイニクスになぞらえたという。

アリストテレスによる教育

フィリッポスは、征服戦争に明け暮れながらも、決して息子の教育に無関心だったわけではない。前三四三年、アレクサンドロスが一三歳になると、フィリッポスは当時小アジアに滞在していたアリストテレスを息子の教育係に迎えた。

カルキディケの小都市スタゲイラに生まれたアリストテレスは、父ニコマコスがアミュンタス三世の侍医を務めていたため、幼少期をマケドニアで過ごしている。幼い頃に相次いで両親を亡くしたアリストテレスは小アジアの親戚のもとで養育されるが、前三六〇年代にアテネに移ってプラトンの学園アカデメイアの門を叩き、以後約二〇年間、アカデメイアで学問に励んだ。前三四七年、彼はプラトンの死と前後してアテネを去り、小アジアのアタルネウスの僭主で友人のヘルメイアスのもとに身を寄せた。ヘルメイアスはアカデメイアと関わりの深い文化人で、アリストテレスはこの時期、彼の庇護のもとで自然科学の研究に没頭した。前三四三年、アレクサンドロスの教育係としてマケドニアに招聘されたのは四一歳のときで、ギリシア随一の学者として大成するのは、まだ先のことである。

当時、アレクサンドロスの教育係の座をめぐってアカデメイアとイソクラテス学派が争っていたことはすでに触れたが、フィリッポスは、なぜアリストテレスに息子の教育を委ねたのだろうか。アリストテレスの友人ヘルメイアスは、このあと、前三四一年頃にペルシア王アルタクセルクセス三世の手に落ち、裏切り者として処刑されている。このことから、前三四三年当時、ペルシアへの遠征を見据えて小アジアに足場を欲していたフィリッポスと、アルタクセルクセス三世から身を守る必要に迫られていたヘルメイアスがアリストテレスを介して政治的な密約を結んだのではないかとしばしば推測されている。

前三四三年の時点でまだ学者として大成していなかったアリストテレスがアレクサンドロスの教育係に選ばれたことをもって、その背後にある「政治的使命」を想定する研究者も多い。しかし、彼の父ニコマコスとマケドニア王家の関係を考えれば、そうした政治的な理由を想定しなくても説明がつく。かのアリストテレスがフィリッポスの策謀に一枚嚙んでいた、というのは実に面白い仮説だが、彼が果たしたとされる「政治的使命」を史料から実証するのは不可能に近い。この時期、アルタクセルクセス三世から危険視されていたヘルメイアスは、身を守るために、かつてのアルタバゾスのようにフィリッポスの宮廷に亡命することを画策していたのかもしれない。もしアリストテレスを介してフィリッポスとヘルメイアスの間に何らかの接触があったとすれば、マケドニアに招聘されたアリストテレスにヘルメイアスがフィリッポスへのメッセージを託したという程度のものだったと見るのが、おそらく無難だろう。

ともあれ、こうして、後年の大征服王と知の巨人が出会いを果たすことになる。マケドニアでは、ペラから離れたミエザに学問所がもうけられ、アレクサンドロスは同年代のヘタイロイの子弟たちとともに、三年間アリストテレスのもとで学問に励んだ。ミエザでのアリストテレスの教育内容は史料には伝えられていないが、「万学の祖」と言われる彼の教えは、哲学、政治学、文学、弁論術から幾何学や医学に至るまで、実に広い範囲に及んだのだろう。

一〇代前半のアレクサンドロスがこの碩学による薫陶からいかなる影響を受けたのかについても様々に論じられてきたが、現在のところ、その後のアレクサンドロスの政策や思想にはアリストテレスの訓育のさしたる影響は見られないという議論が主流になっている。ただし、アレクサンドロスの終生にわたる学問や文化への深い愛着、とりわけ自然科学への強い関心は、まぎれもなくアリストテレスの感化によるものだったらしい。アレクサンドロスはホメロスの『イリアス』を愛読し、アリストテレスが校訂した写本を東方遠征に携え、常に枕の下に置いていたという。また、彼は東方遠征に多くの学者を随行させ、遠征した先々の土地の風土や動植物の研究を奨励しているが、これはまさしく、当時自然科学の研究に没頭していた師アリストテレスの影響だろう。

3　ギリシア制覇への道のり

ペロポネソスへの進出

フィリッポスの征服事業に話を戻そう。

「フィロクラテスの講和」が締結された前三四六年は、フィリッポスにとって実り多き年だったが、彼の勢いは、以後もとどまるところを知らなかった。本章ではこれ以降、バルカンの多方面で並行して進められたフィリッポスの征服事業を、前三三八年のカイロネイアの会戦に至るまで追っていくことにしたい。

フィリッポスは前三四二年初夏、再びトラキアに遠征し、前三三九年夏にマケドニアに帰還するまで、三年間トラキアで活動した。前三四五年から前三四二年にかけてバルカン各地で繰り広げられたフィリッポスの軍事行動を正確な時系列でたどるのは困難だが、その多くは、トラキアに遠征するにあたって後顧の憂いを絶つための方策だったらしい。

イリュリアには、前三四五年頃に再度遠征を行ったことが知られる。フィリッポスはアドリア海沿岸に住むイリュリア人の一部族であるアルディアエイ人と戦い、その領土を略奪して大量の戦利品を得たという。この遠征において、彼は、アルディアエイ人の王プレウラトスを追撃した際に敵の槍で脛（もしくは鎖骨）に重傷を負ったと伝えられる。

前三四四年には、ペロポネソスへも干渉の手を拡げている。ペロポネソスでは、メッセニアの回復を狙うスパルタと他の諸都市との対立が続いていたが、フィリッポスはメッセニアへの攻撃を断念するようスパルタに要求するとともに、傭兵と軍資金を送ってアルゴスやメッセニアを支援した。アルゴスやアルカディアでは、そうした支援に感謝してフィリッポスの像が建立され、彼に冠が授けられている。

ペロポネソス北東部のシキュオンでは、この時期、アリストラトスという僭主がフィリッポスを後ろ楯として実権を握った。アリストラトスは、芸術の愛好家として知られる人物である。こののち、アレクサンドロスの公認芸術家となる彫刻家リュシッポスなど、シキュオン出身の芸術家がマケドニアで活動したのは、そうしたフィリッポスとアリストラトスの連携の結果だったのかもしれない。

ペロポネソスへのフィリッポスの介入は、前三四四年以前には史料から確かめられないが、おそらく、前三四〇年代初頭までに何らかの形で始まっていたのだろう。前三四八年末にアテネがギリシア各地に使節を送ってフィリッポスに対する抵抗を呼びかけた際、その使節の一員としてアルカディアに赴いたアイスキネスが何の成果も挙げることができなかったのは、すでにフィリッポスがペロポネソスにおいて支持を拡げていたことを物語る（二九六頁参照）。

ペロポネソスの人々のスパルタに対する敵意を利用し、彼らの庇護者となってペロポネソスへの勢力伸張を図るフィリッポスの手法は、まさしく、前三六〇年代のエパミノンダスの政策を継承するものである。第5章で触れたように、四次にわたってペロポネソスに遠征したエパミノンダスは、スパルタに敵対する諸都市を支援することによってペロポネソスにテーベの勢力を着実に浸透させていった。ちょうどその時期にテーベに滞在していたフィリッポスは、そうした手法がペロポネソスに勢力を伸ばすうえでいかに有効であるかを学んだのだろう。テーベは、前三六二年にエパミノンダスを失ったあともペロポネソスへの介入を続けていたが、第三次神聖戦争での長期にわたるフォキスとの戦いで疲弊し、もはやペロポネソスの人々の庇護者たりえなくなり、代わってフィリッポスがその役を果たすことになる。結果として、それまでテーベに頼っていたペロポネソスの人々は、テーベよりもはるかに強大な庇護者を獲得したのである。

エリスの事例

ペロポネソスの諸都市のうち、フィリッポスがどのように介入したのかがある程度具体的に伝えられているのは、ペロポネソス北西部のエリスの事例である。

前四世紀のエリスは、反スパルタの民主派と親スパルタの寡頭派の抗争のなかでめまぐるしく政体が変わり、民主政と寡頭政の間で動揺を重ねた。前三五〇年頃からは民主派が実権を握っていたが、前三四三年頃に勃発した内乱にフィリッポスが関与したことが知られる。

ローマ時代のいくつかの史料には、フィリッポスがエリスに資金援助をしたこと、寡頭派の亡命者たちがフォキスの傭兵を雇い入れて政権奪取を企てたこと、エリスで虐殺が起こったこと、親スパルタ派が追放されたこと、結果的にエリスはフィリッポスの支配下に入ったことが語られているものの、このときエリスで実際に何が起こったのかを見極めるのは難しい。この一件についての唯一の同時代史料であるデモステネスの前三四三年の弁論には、エリスで民主政が転覆されたと記されているので（『使節職務不履行について』二九四節）、フィリッポスは親スパルタの寡頭派を支援してエリスに介入し、その結果、民主政が転覆されてエリスはフィリッポスの傘下に入った、と見るのが長年の通説となっていた。

しかし、これは、親スパルタ派が追放されたと伝えるローマ時代の史料と矛盾するし、そもそも、反スパルタ派を支援するのがフィリッポスのペロポネソス政策の一貫した方針である。最近は、フィリッポスが支援したのは反スパルタの民主派の方であり、これにより、エリスでは親スパルタの寡頭派が企てたクーデターが失敗に終わって民主政が存続したとする説も唱えられている。つまり、デモステネスの言うような民主政転覆は起こらなかったと考えれば、他の史料を全て整合的に解釈できるのである。

第1章で見たように、フィリッポスを僭主として罵倒するデモステネスは、フィリッポスは常に民主政を憎み、それゆえに民主政のアテネを敵視している、と繰り返し訴えてアテネ市民たちに奮起を促した。エリスで民主政が転覆されたというのも、そうしたデモステネスのレトリックだったのではないか。確かに、先に触れたシキュオンや後述するエウボイアのように、フィリッポスが僭主や寡頭派を支援した事例がよく知られているが、彼にとっては政体が何であるかは重要ではなく、勢力を伸ばすために都合がよければ、民主派を支援することもあったと見るべきだろう。

オリュンピアに近接するエリスは、古典期においてオリュンピア祭の主催権を握っていた都市である。オリュンピアとの絆を重視してギリシア征服を進めるフィリッポスは、そのエリスを、おそらくは民主派を後押しするという方法で効率的に支配下に組み込んだのだろう。

アテネとの講和修正交渉

こうしてペロポネソスにフィリッポスの勢力が着実に浸透していくなか、アテネは前三四四年にペロポネソスに使節を送り、フィリッポスの進出に対する警戒を呼びかけた。

フィリッポスがビュザンティオンの弁論家ピュトンを使節としてアテネに派遣し、二年前に締結された「フィロクラテスの講和」の条項を修正することを提案したのは、ちょうどこの時期のことである。これを受けて、アテネの民会はデモステネスら反マケドニアの政治家たちの働きかけにより、「両国とも現在所有しているものをそのまま所有する」という講和の条項を「両国とも本来所有していたものを所有する」という文言に改めるようフィリッポスに要求することを決議した。これは、アテネが長年その奪還をめざしていたアンフィポリスをはじめ、ピュドナ、ポテイダイア、メトネなど、フィリッポスがこれまでに獲得したかつてのアテネの領土の返還を主張することであり、交渉の扉を閉ざすに等しい要求だった。アテネはこの修正案をフィリッポスに伝えるため、反マケドニアの政治家ヘゲシッポスらを使節としてペラに送るが、交渉は、当然のことながら決裂した。フィリッポスはこのとき、ペラの宮廷に身を寄せていたアテネの詩人クセノクレイデスがヘゲシッポスらを歓待したとして、彼に国外追放を言い渡している。

このフィリッポスの講和修正の提案をめぐっても、「フィロクラテスの講和」の場合と同様、彼のアテネに対する友好姿勢を読みとろうとする研究者が多い。講和修正の交渉が決裂したのち、次に見るように、フィリッポスはアテネの至近距離にあるメガラやエウボイアへの進出を図っているが、これも、アテネとの友好の望みが絶たれてしまったために、彼はやむなくアテネの近辺へ矛先を向けるに至ったと捉えられているのである。

しかし、フィリッポスの計画がこのようにアテネとの関係に左右されていたとは考えにくい。「フィロクラテスの講和」がトラキア遠征をスムーズに遂行するための外交的な策略にすぎなかったのと同じように、前三四四年にフィリッポスがアテネに講和修正の意向を伝えたのも、ペロポネソスに使節を送るなどのアテネの動きを牽制するとともに、次のターゲットであるメガラやエウボイアへの進出に先立って、アテネが警戒して行動を起こすのを未然に防ぐための方策だったと見るべきだろう。講和や同盟をちらつかせてアテネの目障りな介入を封じるというフィリッポスの常套手段が、ここでも用いられたのである。

メガラとエウボイアへの進出

フィリッポスがそのメガラとエウボイアに支配の手を伸ばしたのは、前三四三年のことである。この年、メガラで内乱が勃発すると、フィリッポスは傭兵を送り込み、同市の寡頭派の指導者で親マケドニアのペリラスとプトイオドロスを支援した。

より具体的なことがわかるのは、エウボイアへの進出である。すでに見たように、フィリッポスはエウボイアで起こった前三五七年の内乱と前三四八年のアテネに対する反乱に関与したと推測されるが、前三四三年になると、彼の介入が史料に明確に現れる。

エウボイアの主要都市のうち、フィリッポスが狙ったのは、島中央部のエレトリアと北端のオレオス（ヒスティアイア）である。エレトリアでは、この年、マケドニアの将軍ヒッポニコスが一〇〇〇人の傭兵を率いて武力介入し、ヒッパルコス、アウトメドン、クレイタルコスという三人の僭主を擁立した。翌年、フィリッポスがトラキアへ遠征すると、その不在に乗じて僭主たちに対する二度の抵抗が起こったが、マケドニアの将軍エウリュロコスとパルメニオンによっていずれも制圧された。

オレオスでも、フィリスティデスという僭主がフィリッポスの傀儡として実権を握った。このとき、同市の反マケドニアの指導者エウフライオスが投獄されたという。プラトンの弟子エウフライオスは、ペルディッカス三世の宮廷で重用されたが、王の死後にマケドニアを去り、故郷のオレオスで反マケドニアの政治家になっていたのである。彼はその後、獄中で自害した（もしくは、こののちオレオスを占領したパルメニオンに殺害された）と伝えられる。

エペイロスの衛星国化

この時期、フィリッポスはすでに密接な関係を築いていたエペイロスとテッサリアにおいても、支配の強化を図る策を講じている。

エペイロスのモロッソス王国とは、オリュンピアスとの縁組が成立して以来同盟関係にあったが、その後、前三五〇年代末にオリュンピアスの弟アレクサンドロスがマケドニアに連れ去られていた。アレクサンドロスはペラの宮廷で養育され、彼が成年に達すると、フィリッポスはいよいよ年来の計画を実行に移す。前三四三／二年、彼はエペイロスに乗り込んで王アリュバスを廃位し、忠実な傀儡に育て上げたアレクサンドロスをモロッソスの王位に就けた。こうして、フィリッポスはエペイロスをマケドニアの事実上の衛星国とすることに成功したのである。

続いて、フィリッポスはエペイロスの南に位置する有力都市アンブラキア（コリントスの植民市）に侵攻した。彼は、その西側のカッソピア地方の三都市（パンドシア、ブケティオン、エラトリア）を占領してモロッソスの新王アレクサンドロスに与え、さらに対岸のレウカスにも軍を進めた。アンブラキアはコリントスとアテネに救援を求め、アテネはこれに応じてアカルナニアに派兵している。

フィリッポスは、アンブラキアに侵攻した際、その南東のアイトリアの人々と同盟を結んだと伝えられる。コリントス湾に面したアイトリアの良港ナウパクトスは、湾の対岸に住むアカイア人たちに長年占拠されていたが、フィリッポスはそのナウパクトスをアカイアから奪ってアイトリアに与えることを約束したという（ただし、この約束が果たされたかどうかは説が分かれる）。これも、すでに見たポテイダイアやニカイアの事例のように、二勢力の係争地となっている領土の譲渡によって両者の対立を煽る、フィリッポスの手口の一例である。

ちなみに、フィリッポスによってモロッソスの王位を追われたアリュバスは、長年モロッソス王家と友好関係にあったアテネに亡命した。アリュバスを顕彰するアテネの決議碑文（*IG* II^3 1.411 = RO 70）によれば、アテネはアリュバスに市民権を付与し、さらに、モロッソスの王位回復のために支援することを約束したという。この顕彰決議碑文は全体で高さ約四メートルにも及び、個人を顕彰する碑文としては最大規模である。

興味深いのは、この碑に施されたレリーフで、これは、オリュンピア祭とピュティア祭の戦車競走の場面を描いたものである（**図32**）。アリュバスは、フィリッポスと同様に、パンヘレニックな祭典の競馬種目においてたびたび勝利を収めたことが知られる。そうした祭典でのアリュバスの勝利を称えるこの決議碑文のレリーフから、フィリッポスによって廃位された王を支援しようとする当時のアテネの反マケドニア気運を読みとることができる。

図32　戦車競走の場面が描かれたアテネのアリュバス顕彰決議碑文のレリーフ

しかし、結局、アテネの支援の約束は果たされることはなく、アリュバスは失意のうちにアテネで客死した。

テッサリアの国制改革

前三五三年にクロッカス平原で勝利を収めて以来傘下に置いていたテッサリアにも、この時期、フィリッポスは二度にわたって介入した。

前三四四／三年、彼はテッサリアの諸都市から僭主を追放し、諸都市のアクロポリスにマケドニアの駐留軍を置いたと伝えられる。テッサリアのどの都市のことかは不明だが、おそらく、再び反抗の兆しを見せたフェライに進軍し、同市のアクロポリスに駐留軍を置いたのだろう。こののち、アレクサンドロスがダレイオス三世の率いるペルシア軍と激突した前三三三年のイッソスの会戦では、フェライのアリストメデスという人物がペルシア軍の指揮官を務めているが、彼がフィリッポスによって追放されたフェライの僭主だったのかもしれない。

さらに、フィリッポスはラリサにも進軍し、長年友好関係にあったアレウアダイに圧力をかけたらしい。テッサリアでは、前三四〇年代半ば以降、ラリサに代わってファルサロスがテッサリア連邦やデルフォイのアンフィクテュオニアの枢要な地位を占め、次に見るテトラルコスにもファルサロスの人物が任命されており、ラリサの勢力が著しく減退したことがうかがえる。いったんテッサリアの実権を握ることに成功してしまえば、フィリッポスにとって、もはやアレウアダイは用済みだったのだろう（ただし、アレクサンドロスの治世にはアレウアダイとの関係は改善したらしい）。

フィリッポスは前三四二年頃にもテッサリアに介入し、テッサリアの伝統的な国制であるテトラルキアを復活させたという。テッサリアでは、もともと、国土を四区分したテトラス（ペラスギオティス、フティオティス、テッサリオティス、ヘスティアイオティス）からそれぞれ選出される四人のテトラルコスがテッサリア連邦の統治機関を構成していたが、テトラルコスは前五世紀半ばの国制改革でその実権を失い、代わってポレマルコスと呼ばれる役人が連邦の中心として機能していた。フィリッポスは、テトラスをテッサリア連邦の行政単位として復活させ、ファルサロスのダオコスやトラシュダイオスなど、彼自らが任命するテトラルコスに広範な権限を与えたのである。

これ以降、フィリッポスとテッサリアの関わりは史料には現れないが、おそらく、テッサリアは次に見るフィリッポスのトラキア遠征に派兵し、前三三八年のカイロネイアの会戦においてもフィリッポスの陣営で戦ったのだろう。アレクサンドロスの東方遠征ではテッサリアの騎兵部隊が重要な役割を果たしており、また、ファルサロスのアリストンやラリサのメディオスなど、多くのテッサリア人がアレクサンドロスの側近として活躍したことが知られる。

最後のトラキア遠征

こうしてバルカン各地の支配を固めたフィリッポスは、前三四二年初夏、トラキアへと進撃した。三年間に及んだこの遠征は、彼の最後のトラキア遠征であり、ついにオドリュサイ王国を完全に制圧することになる。

デモステネスは前三四一年の弁論で、フィリッポスがトラキアにおいて病気や冬の荒天に悩まされながら戦っている、と述べている（『ケロネソス情勢について』三五節）。前三五三年のトラキア遠征のときと同様、フィリッポスは今回も遠征の途上で病に倒れ、それがこの遠征が長引いた一因だったのかもしれない。

前三四六年にフィリッポスに降伏したケルセブレプテスは、以後も王位にとどまっていたが、前三四一年、フィリッポスはついに彼を廃位するに至った。ちなみに、ケルセブレプテスは、前三四六年の時点で自身の息子を人質としてフィリッポスに差し出していたと伝えられる。おそらく、フィリッポスはケルセブレプテスの息子をモロッソスのアレクサンドロスのような忠実な傀儡に育て上げようとしていたのだろう。しかし、その息子の消息も、廃位されたケルセブレプテスのその後の消息も不明である。

こうしてオドリュサイ王国を手中に収めたフィリッポスは、トラキア各地に都市を建設する。ヘブロス川の河畔に自らの名前を冠したフィリッポポリスを築き、トンゾス川の河畔にカビュレを築いたことが知られる。ハイモス山脈の南の要地に建設されたこれらの都市は軍事植民市の役割を果たし、多くのマケドニア人が入植した。テオポンポスは、フィリッポスがマケドニアから二〇〇〇人のならず者をフィリッポポリスに送り込んだと述べ、この都市に「ごろつき町（Poneropolis）」というあだ名をつけている（断片一一〇）。この一節は、テオポンポスの単なる毒舌ではなく、マケドニア人が植民者として大量に送り込まれたことを裏づける、貴重な同時代の証言と見るべきだろう。

また、「トラキア将軍」と呼ばれるマケドニア人の総督がトラキアの統治にあたるようになったのも、このときのことである。この制度はペルシアの総督制をモデルにしたものだったらしい。フィリッポスの治世には史料から確かめられないが、アレクサンドロスの治世になると、リュンケスティスのアレクサンドロス、メムノン（ロドスのメムノンとは別人）、ゾピュリオンという三人のトラキア将軍の活動が知られている。

オドリュサイ王国の王家は以後も存続し、アレクサンドロスの東方遠征では、王族のシタルケス（おそらくケルセブレプテスの息子）がトラキア人部隊を指揮している。パイオニアの王族のアリストンがパイオニア人部隊を指揮したのと同様に（二六五頁参照）、東方遠征中のトラキアの平穏を保証するための、一種の人質だったのだろう。

しかし、東方遠征中のトラキアは決して平穏ではなく、ケルセブレプテスの兄弟（もしくは息子）のセウテス三世が前三二五年頃にトラキア人を率いて反乱を起こしている。その後、セウテス三世は自らの名前を冠して建設した新都セウトポリスを拠点に勢力を伸ばし、アレクサンドロスの死後にトラキア地方を管轄することになったリュシマコスと戦いを交えたという。

ハイモス山脈以南のオドリュサイ王国の旧領を全て支配下に置いたフィリッポスは、さらに、ハイモス山脈の北への進出を図った。ドナウ川の下流域に住むトラキア系のゲタイ人の王コテラスの娘メダを妻に迎えたのは、このときのことだったらしい。メダとの結婚について伝えているのは、第5章で触れたフィリッポスの七人の妻の名前を記したサテュロスの記事だけで（二二八頁参照）、その背景や正確な時期は知られていない。前三四一年にオドリュサイ王国を制圧したフィリッポスがその勢いに乗って北へ進軍した際、王女との結婚によってゲタイ王と同盟を結んだと見るのが通説だが、フィリッポスは先にゲタイ王との同盟関係を固め、協力してオドリュサイ王国を降したと見る説もある。いずれにしても、ゲタイ王との婚姻同盟は、フィリッポスのそれまでの五回の結婚と同様に、征服事業を進めるうえでの重要な足がかりとなったのだろう。

王子アレクサンドロスの初陣

フィリッポスがトラキアで着々と戦果を挙げていた頃、王子アレクサンドロスも、トラキアでその初陣を飾った。

前三四〇年、アレクサンドロスが一六歳になると、フィリッポスは彼をミエザからペラに呼び戻し、重臣のアンティパトロスとパルメニオンによる補佐のもとに国事を委ねた。アレクサンドロスは、ペラに戻るや、すぐさまその卓抜な才能を発揮する。ちょうどその頃、ストリュモン川の上流域に住むトラキア系のマイドイ人が反乱を起こすと、アレクサンドロスはただちに軍を率いて出動し、首尾よくこれを鎮圧したという。

プルタルコスは、このときアレクサンドロスは初陣の記念として都市を建設し、自らの名前を冠してアレクサンドロポリスと名づけた、と伝えている（『アレクサンドロス伝』九章一節）。これは、フィリッポイやフィリッポポリスなど、自らの名前をつけた都市を盛んに建設していたフィリッポスの模倣であり、アレクサンドロスの父に対する対抗心や強烈な名誉欲の現れだと考えられている。

こののちアレクサンドロスが東方遠征のさなかに建設する多くのアレクサンドリアの先駆けとなるアレクサンドロポリスだが、同時代史料には一切触れられておらず、その正確な場所も不明である。アレクサンドロスが父と張り合うために建設したと見る研究者が多いが、実際には、フィリッポスの指示のもとに建設された都市だったのかもしれない。というのも、ちょうどこの頃、アンティパトロスとパルメニオンがマイドイ人の北東に住むトラキア系のテトラコリタイ人を撃ち破っているのである。おそらくこれは、フィリッポスから若き王子のサポートを任された二人の重臣がアレクサンドロスの初陣をバックアップするために行った遠征だったのだろう。実のところ、アレクサンドロスの初陣も、その最初の都市建設も、フィリッポスのお膳立て通りに行われたものだったのかもしれない。

アテネの動静

先に見た前三四四年の講和修正交渉は失敗に終わったものの、フィリッポスとアテネの交渉の扉は、完全に閉ざされたわけではなかった。以後も、エーゲ海のほぼ中央に位置する小島ハロネソスの帰属などをめぐって両者の折衝が続いていたが、アテネでは、反マケドニアの立場をとる人々が急速に勢力を増していった。

前三四三年初頭には、前三四六年の講和の成立に貢献したフィロクラテスが新進の反マケドニアの政治家ヒュペレイデスによって告発された。フィロクラテスは裁判を待たずに亡命し、欠席裁判で死刑を宣告されている。

デモステネスとアイスキネスが法廷で激突したのも、この年の夏のことである。この裁判は、エウブロスやフォキオンといった当時のアテネの大物政治家たちの弁護を得たアイスキネスが僅差で勝利したが、これは、エウブロスらを敵にまわしながらも僅差まで迫った、デモステネス側の実質的な勝利と見るべきだろう。「フィロクラテスの講和」の締結以降、フィリッポスが破竹の勢いで勢力を伸ばすなかで、アテネの世論は、急速にデモステネスら反マケドニアの主戦論者たちの方へと傾斜していったのである。

そんななか、アテネの生命線であるケルソネソスがフィリッポスとアテネの争いの次なる火種となった。この頃、ケルソネソスに入植していたアテネ人とケルソネソスの有力都市カルディアの間に軋轢が生じ、アテネの植民団の監督官を務める将軍ディオペイテスは、近隣の都市を略奪するなどして精力的に資金集めを行った。カルディアから救援の要請を受けたフィリッポスは、前三四一年、アテネに書簡を送ってディオペイテスの行動に強く抗議した。デモステネスの作品群のなかに収められた『フィリッポス書簡』（第一二弁論）なる文書が、このときフィリッポスがアテネに送った書簡だったと見る研究者が多い。

『フィリッポス書簡』は、当時フィリッポスの宮廷に滞在していた歴史家アナクシメネスが起草したものと考えられているが、注目されているのは、その末尾の一文である。この書簡は、「諸君が先に始めた争いであり、わが寛容のゆえに諸君はいっそう攻撃的になって可能な限りの悪事を行っているのだから、私は正義を味方にわが身を守ることにしよう。そのときには神々を証人として、諸君との係争に決断を下すであろう」と締めくくられている（一二三節）。問題は、この「神々を証人として、諸君との係争に決断を下すであろう」という最後の一文で、これはフィリッポスのアテネに対する事実上の宣戦布告だったとする説が、近年支持を集めている。これまでの通説では、次に見る前三四〇年のビュザンティオン包囲戦の際にアテネがフィリッポスに宣戦布告したと考えられてきたが、この書簡の最後の一文がフィリッポスによる宣戦布告だったとすると、すでにその前年にフィリッポスの側から開戦が通告されていたことになる。

ただし、フィリッポスは前三四一年から前三三九年にかけてたびたびアテネに書簡を送ったと伝えられており、現存する『フィリッポス書簡』がどのタイミングでアテネに送られたものなのかは、実はよくわかっていない。また、この書簡の最後の一文は、一種の最後通牒だったのは確かだが、果たして宣戦布告とまで言えるようなものであるかも、解釈の分かれるところだろう。

ともあれ、先に正式の宣戦布告をしたのがどちらの側だったにせよ、ケルソネソスをめぐって紛糾したこの前三四一年の時点で、アテネは実質的にフィリッポスとの開戦へ向けて舵を切り、臨戦態勢を整えていくことになる。この年の初夏、アテネはエウボイアのカルキスと同盟を結び、前三四三年以来フィリッポスの傀儡の僭主が支配していたオレオスとエレトリアに遠征して、両市を僭主政から解放した。アテネがメガラに軍を進めたのも、前三四一年の前半のことだったらしい。同年初夏のアテネのオレオスへの遠征にはメガラも加わっているので、アテネは、前三四三年以来フィリッポスの傘下にあったメガラを彼の支配から解放して味方に引き入れることに成功したのだろう。アテネと国境を接するメガラは、古くからアテネと境界争いを繰り返してきた間柄で、前三五〇年頃にも争ったばかりだったが、このように長年対立していた両国が手を結ぶに至ったのは、フィリッポスの脅威がいかに大きかったかを物語る。エウボイアもメガラも、前三三八年のカイロネイアの会戦ではアテネとテーベの側について戦っている。

ボスポラス海峡に面したギリシア人植民市のビュザンティオンは、前三五三年のフィリッポスのトラキア遠征の際に同じくギリシア人植民市のペリントスとともに彼と同盟を締結していたが、デモステネスは前三四一年に使節としてビュザンティオンに赴き、同盟市戦争での敵対を水に流して手を結ぶことに成功している。同じ頃、デモステネスの反マケドニアの同志として活動していたヒュペレイデスもキオスやロドスを訪れ、フィリッポスと戦うことを呼びかけた。

ペリントスとビュザンティオンの包囲戦

アテネがそうした外交工作を進めるなか、フィリッポスはペリントスとビュザンティオンに攻撃の手を伸ばした。

前三四〇年初夏、フィリッポスは、まずペリントスの包囲に取りかかる。ペリントスは小高い丘陵に建つ堅固な都市で、彼は高さ約三七メートルもの攻城塔を築き、種々の投射兵器を繰り出して執拗に攻めたという。フィリッポスが多くの技術者をマケドニアに集めて開発にあたらせた投射兵器は、前三四八年のオリュントスの包囲戦で初めて実戦で使用されたが、その後さらに改良を重ねた投射兵器がこのペリントスの包囲戦と続くビュザンティオンの包囲戦に投入されたのである。

ペリントスの包囲戦では、ビュザンティオンがペリントスに加勢し、さらに、ペルシア王アルタクセルクセス三世が小アジアのエーゲ海沿岸部の総督たちにペリントスを援助するよう命じた。この時期、アルタクセルクセス三世は離反したフェニキアを平定したのち、前三四三年に念願のエジプト奪回に成功して勢威を強め、小アジアに対する支配強化に本腰を入れていた。先に見たように、アタルネウスの僭主ヘルメイアスが処刑されたのも、そうした彼の政策の一環である。

こうして多くの支援を得たペリントスとの戦いは長引き、苦戦したフィリッポスは、同年秋、軍勢を二手に分けてビュザンティオンにも攻撃を加えた。ビュザンティオンに向かう途上で、沿岸の小都市セリュンブリアを攻め落としたという。

ビュザンティオンでは、フィリッポスはねじりばねの瞬発力を利用して威力を高めた新型の投射兵器（リトボロス）を初めて投入するなどして攻め立てるが、ビュザンティオンの人々は、同盟国のアテネ、テネドス、キオス、コス、ロドスから支援を得て徹底的に抗戦した。最終的に、フィリッポスは前三三九年春にペリントスとビュザンティオン両市の包囲を解き、北のスキュティアへと転進していくことになる。

フィリッポスがボスポラス海峡を通過するアテネの穀物船団を襲撃したのは、このビュザンティオン包囲戦の開始直前のことだったらしい。黒海沿岸からの輸入穀物に依存するアテネにとって、その穀物輸送路となるボスポラス海峡は、ヘレスポントス海峡と並んで、生命線とも言える要衝である。このとき、ボスポラス海峡のアジア側のヒエロンで、輸入穀物を積んだアテネの船団がその護衛を命じられたアテネの艦隊と合流した。そのアテネの艦隊を率いる将軍カレスがペルシアの将軍たちとの会談のために船を離れた隙に、フィリッポスが停泊中の穀物船団を陸上から襲撃したという。彼は、捕らえた二三〇隻のうち、一八〇隻の船を破壊してその船材を攻城兵器の建造に充て、さらに積荷を売却して七〇〇タラントンもの利益を上げた。これを受けて、アテネの民会はデモステネスの動議により「フィロクラテスの講和」を破棄することを宣言し、講和の条文が刻まれていた石碑を粉々に打ち砕いた。

フィリッポスの「失敗」、アテネの「成功」

こうして、アテネはフィリッポスに開戦を通告することになるが、このビュザンティオン包囲戦をめぐっては、デモステネスの言説に由来するアテネ中心的な解釈が根強く見られる。デモステネスは前三三〇年の弁論で、ビュザンティオン包囲戦自体がアテネの穀物輸送路の急所を抑えるために始められた作戦だったと述べ、さらに、アテネがビュザンティオンを支援してフィリッポスの包囲戦を失敗に終わらせたことを、アテネの大きな成功として誇らしげに語っている(『冠について』八七―八八、九三節)。

しかし、ペリントスとビュザンティオンの包囲戦は、あくまでもフィリッポスのトラキア遠征の延長であり、決してアテネをターゲットとして始められた戦争行為ではない。また、デモステネスは、フィリッポスが包囲戦を切り上げたことをフィリッポスの「失敗」であり、アテネの「成功」であると強調しているが、ペリントスとビュザンティオンの包囲戦は、本当にフィリッポスの「失敗」だったのだろうか。

両市の包囲戦をめぐっては、ペリントスの包囲戦が難航したのち、フィリッポスが軍を二手に分けて同時にビュザンティオンの包囲を進めたことを彼の大きな戦略ミスと見る研究者が多い。全軍で攻めても落とせなかった都市を、軍を分割して攻めても落とせるはずはなく、そうした戦略ミスゆえに彼は両市の攻略を断念せざるをえなくなった、というのである。

確かに、結果から見れば、これはフィリッポスの戦略ミスだったように思えるが、果たして、彼は本気でこれらの都市を攻め落とそうとしていたのだろうか、という疑問も湧く。ペリントスとビュザンティオンの包囲戦は、開発したばかりの新型の攻城兵器を実戦で試すためのいわばテストケースにすぎなかった、と指摘する研究者もいる。結局、包囲戦に思いのほかてこずったため、彼はこれ以上の犠牲を避けるために包囲を解き、次なるターゲットのスキュティアへと転進していったのだろう。前三五三年にテルモピュライで戦いを交えずに退却したように、このとき包囲戦を切り上げたのも、無駄なリスクを回避するフィリッポスの方針の一例だったのである。

ともあれ、フィリッポスがビュザンティオンの包囲を解いたのは、決してアテネの「成功」だったわけではない。デモステネスは、自らが成立させたアテネとビュザンティオンの同盟を軸にテネドス、キオス、コス、ロドスを結集してフィリッポスを撃退したかのように語っているが、テネドス、キオス、コス、ロドスは、それぞれビュザンティオンとの同盟関係ゆえに同市を支援したのであって、アテネがこれらの都市を「結集」したわけではなかった。

ペリントスとビュザンティオンの包囲戦は、アテネにとってはフィリッポスに対する宣戦布告に至る重要な画期となったが、フィリッポスにとっては、実のところ、その征服事業における小さな躓きにすぎなかったのかもしれない。

マケドニアの攻城兵器は、こののちポリュイドスら技術者たちのもとでさらに改良を重ね、アレクサンドロスはいっそう進化した攻城兵器をその技術者集団ごと父から受け継ぐことになる。東方遠征にはポリュイドスの弟子のディアデスやカリアスが従軍し、アレクサンドロスはハリカルナッソス、テュロス、ガザで大がかりな包囲戦を繰り広げ、これらの堅固な城塞都市を降している。

スキュティア遠征

前三三九年春、ペリントスとビュザンティオンの包囲戦を切り上げたフィリッポスは、スキュティアへと軍を進めた。このスキュティア遠征についての唯一の史料であるユスティヌスの記事には、次のように語られている（『フィリッポス史』九巻一章九節―三章三節）。

黒海西岸の都市ヒストリア（イストリア）との戦争に苦しんでいたスキュティア王アテアスは、フィリッポスに支援を求め、彼を養子にして自分の後継者にすることを約束した。フィリッポスはこれに応じて援軍を送るが、その間にヒストリアの王が亡くなって戦争が終わったため、アテアスはマケドニアの援軍を追い返し、フィリッポスを後継者にするという約束も撤回した。フィリッポスはアテアスにビュザンティオン包囲戦の費用の負担を要求するが、アテアスがこれを拒絶すると、怒った彼はビュザンティオンの包囲を解いたのち、スキュティアとの戦争に取りかかった。フィリッポスはドナウ川の河口にヘラクレスの像を建てることを宣言し、これをめぐって両者の交渉は決裂した。戦闘はフィリッポスの勝利に終わり、彼は二万人の婦女子と二万頭の牝馬を戦利品として獲得した。しかし、スキュティアからの帰途、トラキア系のトリバロイ人に襲撃されて戦利品を奪われ、フィリッポス自身も重傷を負った。

以上が、ユスティヌスの伝えるスキュティア遠征の顚末である。ユスティヌスは、この遠征についての記述の直前で、フィリッポスが一八歳になった息子アレクサンドロスをそばに呼び寄せた、と述べている（九巻一章八節）。アレクサンドロスの所在については、先に見たアレクサンドロポリスの建設以降は前三三八年のカイロネイアの会戦まで一切伝えられていないが、ユスティヌスの記述に信を置くなら、アレクサンドロスは父のスキュティア遠征に同行していたことになる。だとすれば、トリバロイ人による襲撃にも居合わせたはずであり、アレクサンドロスが父の死後にトリバロイ人を撃ち破ったのは、自身のリベンジでもあったのだろう。

ユスティヌスは、右のようにこの遠征の経緯について異例に詳しく伝えており、こうした彼の記述にほぼそのまま従う研究者が多いが、その信憑性を疑う見解も根強い。先のペリントスとビュザンティオンの包囲戦について詳述しているディオドロスがこのスキュティア遠征には全く言及していないことも、そうした懐疑論の根拠になっている。また、ユスティヌスは、フィリッポスのスキュティア遠征の動機を「スキュティアへも略奪のために出陣し、商人のようにして、一つの戦争の出費を別の戦争で取り戻そうとした」と語り、フィリッポスとアテアスの戦闘についても、「勇気と気概でスキュタイ人は勝っていたが、フィリッポスの狡猾さに敗れた」と述べるなど、フィリッポスを終始ネガティヴに描いている。このことから、このエピソード全体がフィリッポスを貶めるための物語だったと見る研究者もいる。

ただし、フィリッポスがスキュティアに遠征したこと、彼がトリバロイ人と戦いを交えたことは、デモステネスとアイスキネスの弁論にもごく短く触れられているので、フィリッポスがこの時期にスキュティアで何らかの軍事行動を展開したのは確かだろう。ヴェルギナの2号墓からはスキュティア式のゴリュトス（弓矢入れ）が出土しているが、2号墓がフィリッポスの墓であるとしたら、このゴリュトスはスキュティア遠征の戦利品であり、トリバロイ人に奪われずに持ち帰られたものだったことになる。

フィリッポスと戦ったスキュティア王アテアスは、このとき九〇歳を超える高齢だったと伝えられる。彼は同時代の古典史料には一切現れないが、「アタイアス」という銘の刻まれた前三四〇年代のスキュティアの貨幣が発見されており、この「アタイアス」なるスキュティア王がローマ時代にアテアスと表記されるようになったらしい。ドニエプル川下流の右岸に位置する最大級の規模のチョルトムリク古墳をアテアスの墓と見る考古学者も少なくないが、アテアスの領土がどこまで拡がっていたのかについては、様々な説がある。アテアスがドニエプル川の下流域からドナウ川の河口までの広大な領域を支配する強大なスキュティア国家の王だったとする説と、ドナウ川の河口付近に住むスキュタイ人の一部族の王にすぎなかったとする説に二分されるが、これは、フィリッポスのスキュティア遠征の動機にも関わってくる。

アテアスが強大なスキュティア国家の王だったとすると、フィリッポスにとって重大な脅威となるアテアスを撃つことが急務となり、それゆえ、彼はペリントスとビュザンティオンの包囲を解いて急いで北へ向かったと推測できる。あるいは、アテアスが一部族の王にすぎなかったとすると、ペリントスとビュザンティオンの包囲戦にてこずったフィリッポスは、軍の士気を高めるために確実な勝利を得ようとしてアテアスを攻めたのかもしれない。

ともあれ、ユスティヌスは、アテアスに約束を反故にされたフィリッポスが立腹してスキュティアに進撃したかのように語っているが、実際には、スキュティア遠征は彼の合理的な征服事業の一環であり、抜かりなく計算された作戦だったのだろう。

4　決戦へ

第四次神聖戦争

フィリッポスがビュザンティオンの包囲戦を開始した頃、ギリシア中・南部では、カイロネイアの会戦に至るきっかけとなる戦争が勃発した。またしてもデルフォイのアンフィクテュオニアで起こった、第四次神聖戦争（アンフィッサ戦争）である。

この戦争は、前三四〇年秋のアンフィクテュオニア評議会でテーベと同盟したアンフィッサがアテネを告発したことに始まる。デルフォイでは、前三七三年の地震で大破した神殿の修復工事が進められていたが、その修復された神殿にアテネがペルシア戦争においてペルシアに与したテーベからの戦利品である黄金の楯を再び掲げたことが不敬罪にあたるとして訴えられたのである。アテネの代表（ピュラゴラス）の一人として評議会に出席していたアイスキネスはこれに反撃し、アンフィッサがデルフォイに隣接するキラの神聖な土地と港を不正に利用したとして、逆にアンフィッサを告発した。その翌日、アンフィクテュオニア評議会の構成員たちがキラの土地と港を検分すると、アンフィッサの軍勢が彼らを襲撃した。これを受けて、その年の冬に臨時に開催されたアンフィクテュオニアの特別会議において、アンフィッサに対する神聖戦争が宣言されたのである。

アンフィクテュオニア評議会の議長を務めるファルサロスのコテュフォスがアンフィクテュオニア陣営の司令官に選出され、前三三九年春、最初のアンフィッサ出兵が行われた。続いて開かれた春のアンフィクテュオニア評議会では、アンフィッサに罰金刑が下されるが、アンフィッサは支払いを拒絶した。そこで、同年秋の評議会で再度の出兵が決まり、今度は、その年の夏にトラキアから戻ったばかりのフィリッポスが司令官に任命された。先の第三次神聖戦争とは異なり、今回フィリッポスは、アンフィクテュオニア陣営のリーダーとして堂々とギリシア中・南部に軍を進める絶好の機会を手にしたのである。

これ以降の展開が示すように、結果的に第四次神聖戦争から最大の利益を得たのは、間違いなくフィリッポスである。彼は、この戦争の勃発に関与していたのだろうか。

神聖戦争の発端となったアンフィッサによる告発やそれに対するアイスキネスの反撃をフィリッポスが裏で操っていた、と考える研究者も多い。デモステネスは前三三〇年の弁論で、アイスキネスがフィリッポスに買収されてアンフィッサを告発した、と糾弾しており（『冠について』一四九—一五〇節）、こうした言説が、フィリッポスが全てを操った黒幕だったとする見解の根拠となっている。

ただし、前三四二年以降トラキアで活動していたフィリッポスが遠くトラキアから全てを操っていたと見るのは、いささか無理があるように思われる。また、前三四〇年秋のアンフィクテュオニア評議会において、アテネの正式の代表であるヒエロムネモン（評議員）を務めていた人物が病気になり、代わって急遽、投票権を持たない三人のピュラゴラスの一人として評議会に出席していたアイスキネスがアンフィッサを告発したという事情を考えれば、アイスキネスがフィリッポスに買収されて告発したとするデモステネスの非難も、ただちに信を置けるものではない。

いずれにしても、第四次神聖戦争の勃発の背景となった、アンフィッサの同盟国テーベとアンフィクテュオニアを牛耳ったテッサリアとの対立をはじめとするアンフィクテュオニア内部の不和は、ギリシアの諸勢力を競合させることを狙ったフィリッポスによる第三次神聖戦争の戦後処理が生み出したものだった。従って、アンフィッサのアテネに対する告発やアイスキネスの反撃を裏で操るといった、第四次神聖戦争勃発の直接の引き金を引いたのはフィリッポスではなかったかもしれないが、勃発へと至る道筋をつけたのは、まぎれもなくフィリッポスだったと言えるだろう。

アテネとテーベの同盟

こうしてアンフィクテュオニア陣営の司令官となったフィリッポスは、前三三九年一一月、大軍を率いてギリシア中・南部へと進撃した。

ギリシア中部への関門となるテルモピュライ付近の要衝ニカイアは、第三次神聖戦争の戦後処理によりテッサリアへ譲渡されたが、フィリッポスがスキュティアに遠征していた頃にテーベ軍に占拠されていた。そこで、フィリッポスはテルモピュライを迂回してフォキスへと軍を進め、パルナッソス山の北のキュティニオンに到達した（三六四頁の図33参照）。ここからは、南西のグラヴィア峠を越えれば、アンフィッサは目と鼻の先である。ところが、フィリッポスはアンフィッサを攻めるより先に、テーベやアテネに向かう途上に位置するエラテイアを突然占領したのである。

フィリッポスによるエラテイア占領の報は、アテネ市民たちを震撼させた。すでにフィリッポスに宣戦布告をし、戦争の準備を進めてはいたが、アテネの領内でマケドニア軍と干戈を交えることになろうとは全く予期していなかった彼らに、決戦の恐怖を否応なく実感させたのである。

デモステネスは、この報がアテネに届いた日のことを、前三三〇年の弁論のなかで詳細に語っている（『冠について』一六九―一七九節）。アテネでは緊急の民会が開かれ、狼狽した市民たちが誰も発言しようとしないなか、デモステネスはただ一人敢然と立ち上がり、テーベと同盟を締結してフィリッポスの進撃を食い止めよう、と提案した。この提案はただちに可決され、彼自身も使節の一人としてテーベに赴いた。

アテネの使節がテーベに着いたとき、すでにフィリッポスの使節が傘下にあるテッサリアとアイトリアの使節をともなって到着していた。フィリッポスの使節は、ニカイアを明け渡してアテネへの進撃に協力することをテーベに迫っていたが、デモステネスはその力強い弁舌でテーベの民会を動かし、テーベと同盟を結ぶことに成功したという。

アテネとテーベは、コリントス戦争期とその後の一時期を除き、長年激しい抗争を続けてきた間柄である。とりわけ前三六〇年代以降、エウボイアや国境付近のオロポスをめぐって熾烈な争いを繰り広げてきた。そんな両国が、根深い宿怨を忘れ、ついに手を結ぶことになった。ただし、このとき成立した同盟は、アテネ側に多大な譲歩を強いるものだった。

この同盟は、(1)アテネはボイオティア全土におけるテーベの覇権を承認すること、(2)アテネは海上での戦費の全額とそれ以外の戦費の三分の二を負担すること、(3)海上の指揮権はアテネとテーベが共有し、陸上の指揮権はテーベが独占すること、という三点を条件としていた。これらの条件は、テーベに圧倒的に有利なものであり、とりわけ(1)は、前五世紀以来テーベと対立するボイオティアの諸都市を支援してきたアテネにとって、極めて大きな譲歩だった。

このように、切羽詰まったアテネがテーベを味方に引き入れるためにこれほど大きな譲歩をしなければならなかったのは、両国が手を結ぶことがいかに困難だったかを物語る。さらに、フィリッポスとの戦争に向けて、アテネとテーベの間にかなりの温度差があったこともうかがえる。こうした両国の温度差は、この時点で、すでにフィリッポスに宣戦布告をしていたアテネと異なり、テーベはまだフィリッポスの同盟国だったことを考えれば、当然かもしれない。テーベは、これ以降もカイロネイアの会戦に至るまで様子見的な姿勢が強く、決してアテネと同じようにフィリッポスとの戦争へと突き進んでいたわけではないのである。

決戦の日に至るまで

アテネとテーベの同盟が成立したのち、両国の軍勢はグラヴィア峠とパラポタミオイに布陣し、パルナッソス山の北麓に沿って防衛線を敷いた（**図33**）。フィリッポスは、前三三八年春まではエラテイアより先に軍を進めず、冬の間は両陣営とも支援を集めるための外交工作を続けた。アテネとテーベの陣営は、エウボイア、メガラ、コリントス、アカイア、レウカス、ケルキュラなどを味方につけることに成功した。これらは、いずれもこの数年の間にフィリッポスの圧力に苦しんだ国々である。アテネとテーベが結集できたのはこうした国々に限られており、全ギリシア人が一致団結してフィリッポスに立ち向かったわけではなかった。一方、フィリッポスはペロポネソスの諸都市に使節を送って協力を呼びかけたが、最終的に、ペロポネソスの人々は中立を保つことになった。

前三三八年春、フィリッポスは、今回の進軍の本来の目的だったアンフィッサの占領を果たした。

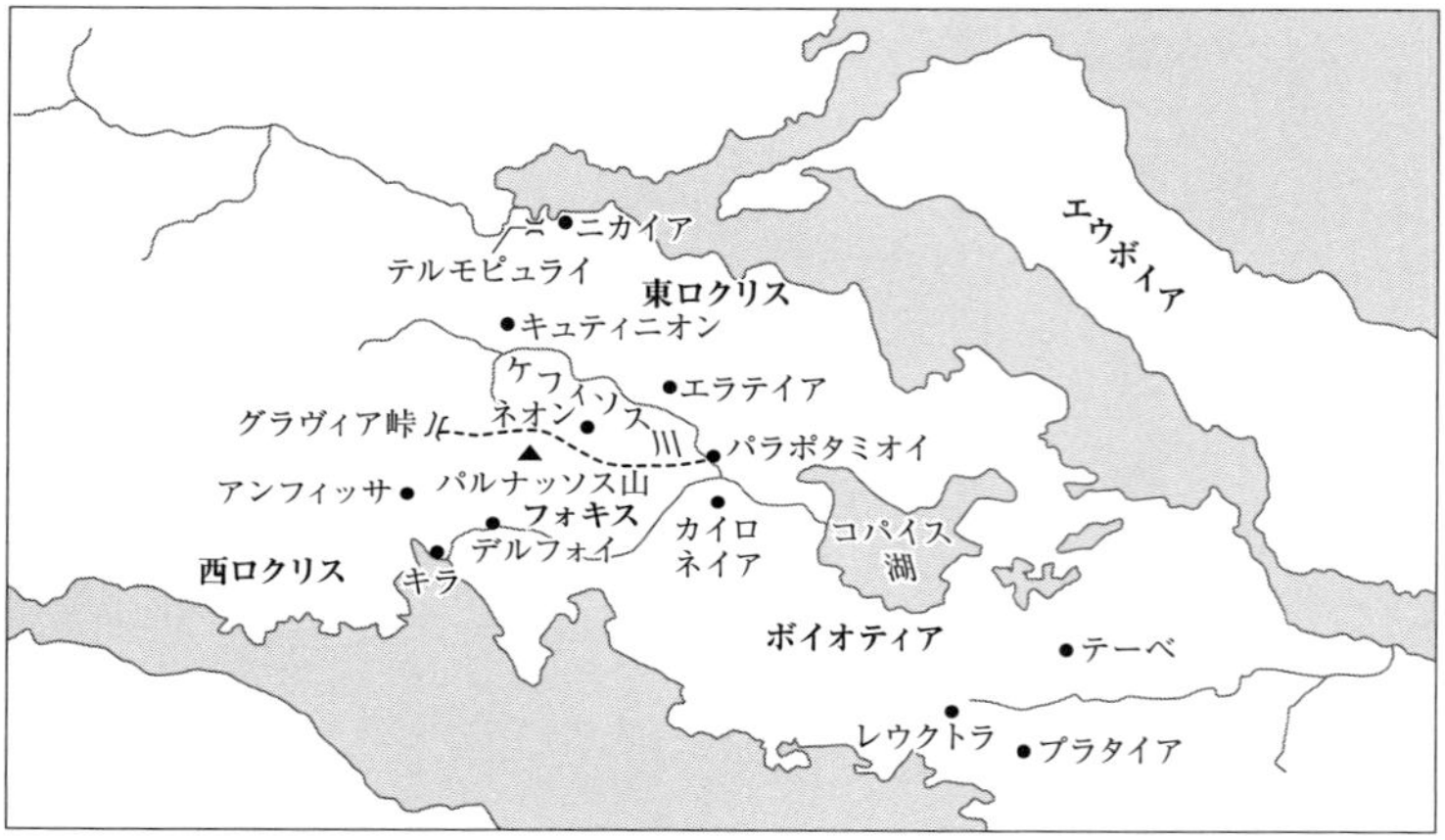

図33　ギリシア中部
------はアテネ・テーベ連合軍の防衛線

その際、彼はグラヴィア峠とパラポタミオイの間に敷かれたアテネ・テーベ連合軍の防衛線を突破するために、ある詭計を用いたと伝えられる。ポリュアイノスによると、フィリッポスはマケドニア本国にいる重臣アンティパトロスに宛てて、アンフィッサへの攻撃を延期し、反乱が起こったトラキアに急行することを知らせる偽の密書を送り、その密書を携えた使者がグラヴィア峠を守るアテネとテーベの将軍たちの手に落ちるように仕組んだ。密書を読んで安心したアテネとテーベの陣営が防備を緩めた隙に、フィリッポスの軍勢は峠を突破してアンフィッサを占領したという(『戦術書』四巻二章八節)。

実は、フィリッポスがこうした「偽の密書」のトリックを使ったとされるのは、これが初めてではない。前年の春にビュザンティオンの包囲を解いた際、彼はボスポラス海峡に停泊するアテネの艦隊によって黒海に封じ込められていたマケドニアの艦隊を救出するために同じトリックを用いたという。ローマの文人フロンティヌスは、フィリッポスがアンティパトロスにトラキアへ急行するよう命じる密書を送り、それを入手したアテネ軍が油断して海峡の防備を緩めたため、マケドニアの艦隊は首尾よく脱出できた、という顚末を伝えている（『戦術書』一巻四章一三節）。

この二つの「偽の密書」のエピソードをめぐっては、アテネが二度も同じトリックに騙されるのは不自然であることから、その信憑性を疑う研究者が多い。一世紀のフロンティヌスが伝えるエピソードを二世紀のポリュアイノスが模倣して記したのかもしれないし、あるいは、どちらのエピソードも、フィリッポスの老獪さを印象づけるためのローマ時代の物語だったのかもしれない。

ともあれ、フィリッポスによるアンフィッサ占領をもって第四次神聖戦争は終結し、ここから、フィリッポスとアテネ・テーベの陣営との戦いは、新たな、そして最終的な局面へと移っていく。アテネとテーベはパルナッソス山の北麓に沿って敷いた防衛線を後退させ、パラポタミオイからおよそ五キロ離れたカイロネイアの平原に布陣し、ここでフィリッポスの軍勢を迎え撃つことにした。フィリッポスは、アテネとテーベに使節を送ってなおも外交的な決着を模索したが、結局、交渉は実を結ばず、カイロネイアの会戦の日を迎えることになる。

おそらくフィリッポスは、第三次神聖戦争を無血勝利という形で終結させたように、今回も、最小限のコストでアテネとテーベの陣営を支配下に収めることをもくろんでいたのだろう。カイロネイアでの対決は、決して、フィリッポスが望んだ形の結末ではなかったのである。

カイロネイアの会戦

前三三八年のメタゲイトニオン月七日（現在の暦で八月上旬）、こうして、カイロネイアの平原でついに決戦の火蓋が切られた。

フィリッポスの軍勢は、歩兵三万人以上、騎兵二〇〇〇人以上と伝えられる。ギリシア連合軍の総数は不明だが、マケドニア軍をやや上回る程度と推定されている。連合軍の内訳は、中心となったアテネとテーベがそれぞれ一万から一万二〇〇〇人で、エウボイア、メガラ、コリントス、アカイア、レウカス、ケルキュラなどからなる同盟国の部隊が総勢数千人程度だったらしい。両軍は数のうえではほぼ互角、地の利は、カイロネイアに先に布陣した連合軍側にあった。

この歴史上名高いカイロネイアの会戦について、正確な経過をたどるのはかなり難しい。戦闘に関する史料は、ディオドロス、ポリュアイノス、プルタルコスなどのローマの文人による簡潔な記事ばかりで、相互に矛盾する記述も多い。

マケドニア史研究の大家として知られるイギリスのN・G・L・ハモンドは、一九三〇年代にカイロネイアの地を徹底的に踏査し、古典史料の記述と突き合わせながら戦闘の過程を綿密に検討した。多くの研究者たちの支持を得ているハモンドの見解に拠りつつ、この歴史的な戦いの経過を見てみよう（**図34**）。

決戦の場は、カイロネイアのアクロポリスのある小高い丘と、そこから二キロほど離れたケフィソス川との間に拡がる平原である。両陣営とも、二〜三キロに及ぶ長い戦列を敷く。ギリシア連合軍は、アテネ軍が左翼を占め、中央には同盟国の部隊が配置された。アテネ軍とほぼ同数のテーベ軍は

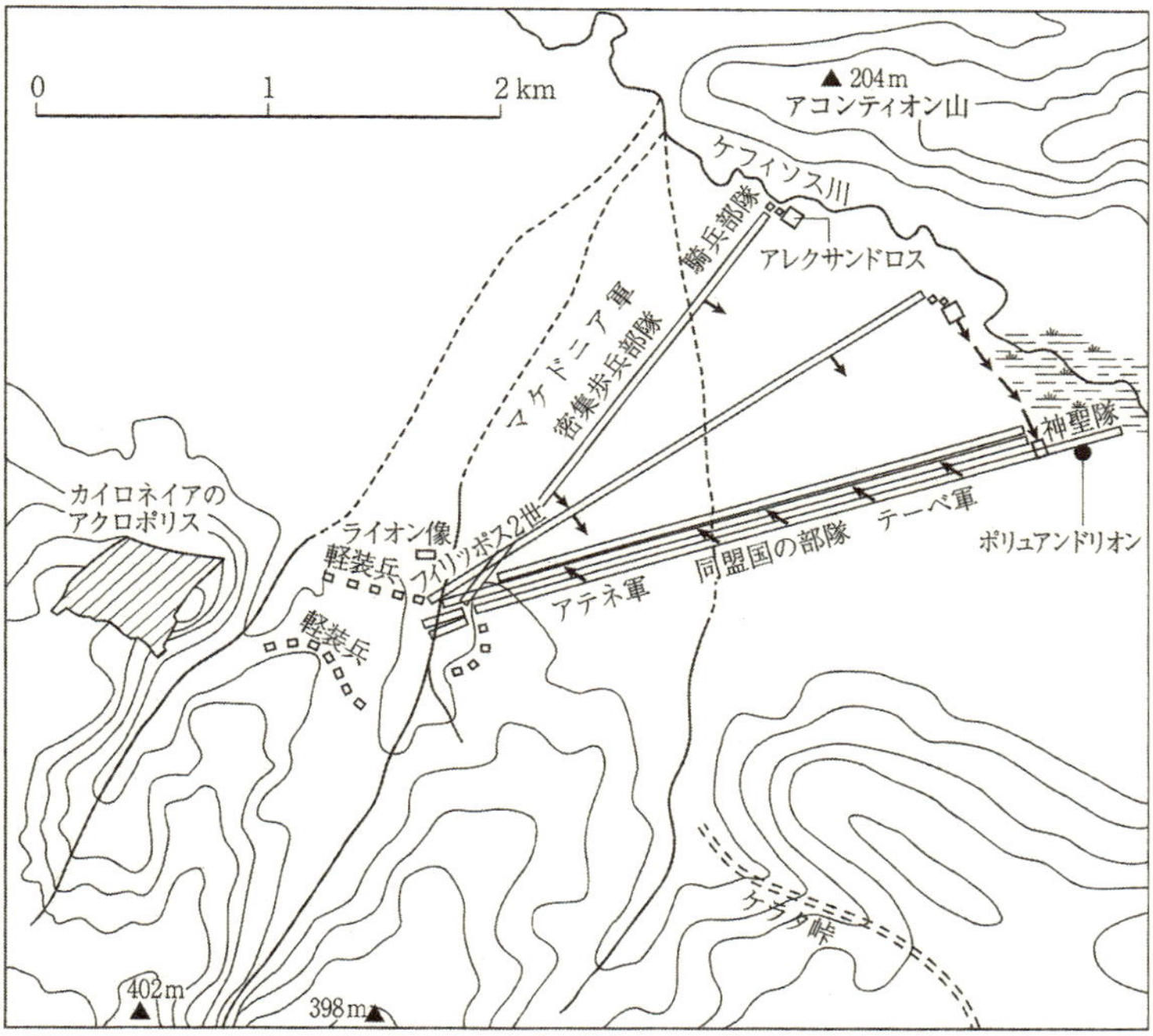

図34　カイロネイアの会戦（Hammond〔1938〕より作成）

右翼に陣取り、さらに、ギリシア世界で不敗を誇ったテーベの精鋭部隊の神聖隊が最右翼に置かれた。対するマケドニア軍は、フィリッポスが右翼の歩兵部隊、一八歳のアレクサンドロスが左翼の騎兵部隊の指揮をとり、中央には密集歩兵部隊が配置された。

夜明けとともに戦闘が始まり、フィリッポスが自らの指揮する歩兵部隊を後退させると、対峙するアテネ軍がこれを追って前進した。偽装退却と反転攻撃を組み合わせ、敵の戦列を攪乱して撃破する、というフィリッポスの新戦法である。テーベの斜線陣の威力を知り尽くしていた彼がさらに改良を加えて編み出したもので、アレクサンドロスも、東方遠征においてこの戦法を活用することになる。

アテネ軍が前進すると、ギリシア連合軍の中央に配置されていた同盟国の部隊も、それに引きずられる形で移動した。しかし、最右翼に置かれたテーベの神聖隊は動かず、ギリシア側の陣列は大きく乱れ、隙間が生じた。そこへ、アレクサンドロスの率いるマケドニア軍左翼の騎兵部隊が突入する。彼はテーベの神聖隊を粉砕したのち、敵の戦列を背後から突き崩した。他方、追撃してきたアテネ軍を峡谷に追い込んだフィリッポスは、小高い丘で反転して一気に攻めかかり、これを一網打尽にした。プルタルコスは、この峡谷を流れる小川が血と死体で溢れ返った、と伝えている（『デモステネス伝』一九章二節）。

こうして、戦いはマケドニア軍の圧倒的な勝利に終わった。アテネ軍の戦死者は一〇〇〇人、捕虜は二〇〇〇人にのぼったという。テーベ軍の被害の規模は史料には伝えられていないが、壊滅した神聖隊も含め、アテネ軍の被害を上回るものだったと考えられている。

古戦場のモニュメント

プルタルコスが生まれ、その生涯の大半を過ごした地として名高いカイロネイアは、現在は牧歌的なたたずまいの田舎町である。カイロネイアは、前八六年、第一次ミトリダテス戦争においてスッラの率いるローマ軍がポントス王国のミトリダテス六世の軍勢を撃ち破った決戦の場としても知られている。

激しい戦闘が繰り広げられた古戦場とは想像もできない現在ののどかな田園風景のなかで、ひときわ目を惹くのは、「カイロネイアのライオン」と呼ばれる大理石のライオン像である（図35）。一八一八年にイギリスの旅行者によって発見されたこのライオン像は、その後、二〇世紀初頭に高さ三メートルの台座の上に復元され、古戦場跡を静かに見つめている。

二世紀にこの地を訪れたローマの文人パウサニアスは、フィリッポスとの戦闘で命を落としたテーベ兵の合葬墓の上にライオン像がある、と記しているが（『ギリシア案内記』九巻四〇章一〇節）、カイロネイアで発見されたライオン像には銘文がないため、実際に何のモニュメントであるのかをめぐって、発見以来多くの議論があった。しかし、一八八〇年の調査で、パウサニアスの言葉を裏づけるかのように、像の付近から七列に並べて土葬された二五四体の人骨が出土したことにより、壊滅したテーベの神聖隊の兵士がここに埋葬されたと見るのが通説となっている。

図35　カイロネイアのライオン像

そのライオン像のはるか向こうを流れるケフィソス川のほとりには、鬱蒼とした木立に覆われた、直径七〇メートル、高さ七メートルほどの塚がある（図36）。二〇世紀初頭の調査でマケドニアの武具や火葬された人骨が発見されたことから、この塚は、勝利のあと

図36　カイロネイアのポリュアンドリオン

にフィリッポスが戦勝碑を建てて戦死者を埋葬したと伝えられるマケドニア兵の合葬墓（ポリュアンドリオン）であることが判明している。ちょうどこのあたりが、アレクサンドロスの率いる騎兵部隊とテーベの神聖隊が激突した地点だったのだろう。

「ギリシアの自由」の終焉

しばしば「天下分け目の戦い」と言われるカイロネイアの会戦は、栄光の時代である古典期に終止符を打つ大きな画期になったと考えられてきた。第1章で述べたように、前五世紀初頭から前三三八年のカイロネイアの会戦までの時代をギリシアの最盛期である「古典期」と捉える見方は、すでにローマ帝政期に成立していた。プルタルコスは、カイロネイアの会戦について語るなかで、この戦いが「ギリシアの自由を終焉に導いた」と述べ（『デモステネス伝』一九章一節）、パウサニアスも、カイロネイアでのギリシア連合軍の敗北をたびたび「破局」「悲運」と呼んでいる。ローマ帝政期の文人たちは、このように、カイロネイアの会戦をもって栄光の時代が幕を下ろしたことを強調したのである。

しかし、カイロネイアの会戦は、果たして、かくも大きな画期だったのだろうか。

確かに、アテネにとってはマケドニア軍との初めての全面的な対決であり、大きな節目となる決戦だったが、すでにトラキア、テッサリア、エペイロスなどは完全にマケドニアの支配下に置かれていた。アテネとテーベの側についてマケドニアと戦ったのは、先に挙げた限られた勢力のみであり、ペロポネソスの諸都市のように中立を保った勢力も多かった。フィリッポスにとっては、カイロネイアの会戦は必ずしも「天下分け目の戦い」ではなく、すでに完了に近づいていたギリシア征服の最後の仕上げにすぎなかったと見るべきだろう。

そして、この戦いに敗れてアウトノミア（自治独立）を失ったのは、あくまでもアテネである。古典期において、アウトノミアを完全に享受できたのはアテネやスパルタなどのごく少数のポリスであり、他の大多数のポリスは、カイロネイアの会戦以前からすでに久しくアウトノミアを失っていた。そうした多くのポリスにとっては、覇権を握る国家がマケドニアに入れ替わったにすぎない。前三三八年に「ギリシアの自由」に終止符が打たれたと見るのは、ローマ帝政期に古典期のアテネが称揚されるなかで生まれた、アテネ中心史観に根ざす捉え方なのである。

ちなみに、イソクラテスがカイロネイアでのアテネの敗北を嘆いて自決したという伝承も、そうした潮流を背景として理解すべきだろう。九八歳になる老翁イソクラテスが、アテネの敗北の報を聞いたのち四日間（九日間とも一四日間とも言われる）絶食して命を絶った、というのは、ローマ帝政期の作品にしばしば現れるエピソードである。しかし、実際には、イソクラテスは死の間際にフィリッポスに宛てた書簡（『第三書簡』）をしたため、絶筆となるこの書簡のなかでフィリッポスの勝利を祝し、長年提唱してきたペルシアへの遠征の実行をあらためて力強い筆致で促している。そんな彼が、アテネの敗北に絶望して自決するはずがない。このイソクラテスのエピソードも、古典期のアテネへのノスタルジーが高まるなかで生まれた、ローマ帝政期の物語の一つだったのだろう。

「デマデスの講和」

こうしてフィリッポスはギリシア世界の頂点に立ったが、彼は、カイロネイアで中心となって戦ったアテネとテーベをどのように扱ったのだろうか。

カイロネイアでの惨敗の報はアテネを大きな動揺と混乱に陥れ、アテネ市民たちは総動員態勢をとってマケドニア軍による包囲戦に備えたが、フィリッポスはアテネに対して極めて寛大な態度で臨んだ。捕虜を身代金と引き替えに釈放するのがギリシア世界の慣行だったが、フィリッポスはアテネ人の捕虜全員を無償で釈放した。さらに、重臣アンティパトロスと王子アレクサンドロスをアテネに送り、カイロネイアで戦死したアテネ人兵士の遺骨を丁重に返還したうえで講和締結の意向を伝えた。これを受けて、デマデス、アイスキネス、フォキオンがフィリッポスとの交渉にあたり、こうして成立した講和は、一番の立役者だったデマデスの名前をとって「デマデスの講和」と呼ばれる。

この講和により、アテネの民主政は手つかずのまま存続することになり、デロス、サモス、レムノス、インブロス、スキュロスなどの島々を引き続き保有することを認められた。さらに、アテネの領内にマケドニア軍が駐留せず、外港ピラエウスにマケドニアの艦隊が入港しないことも保証された。

ただし、第二次アテネ海上同盟は解体され、アテネの生命線であるトラキアのケルソネソスもこの時点で失ったらしい（テーベとの係争地となっていたオロポスをアテネがテーベから獲得したのがこの講和の時点か、後述する前三三五年のテーベの反乱が鎮圧された時点かは、説が分かれる）。

こうしたフィリッポスのアテネに対する措置は、次に見るテーベに科された措置と比べると、格段に寛大なものだった。熾烈な包囲戦を覚悟していたアテネは、予想外に寛大な講和条件に感謝してフィリッポスとアレクサンドロスに市民権を与え、さらにフィリッポスの像をアゴラに建立することを決議した。

カイロネイアで敗れたアテネに対するフィリッポスの寛大な態度は、しばしば、彼の一貫した対アテネ友好姿勢の何よりの証と見なされている。なかでも、Ｊ・Ｒ・エリスは、フィリッポスは本来ならば前三四六年の「フィロクラテスの講和」で実現するはずだったマケドニアとアテネの「二元覇権」を今こそ打ち立てようとした、と唱えている。

フィリッポスがこのときアテネを優遇した理由については、他にも様々な説があるが、彼のペルシア遠征計画と関連づける研究者が多い。次章で見るように、フィリッポスは、このあとまもなくコリントス同盟を結成してペルシアへの遠征を宣言するが、その際、約一五〇年前のペルシア戦争においてペルシア軍がギリシアの、とりわけアテネの神域を蹂躙して神々に冒瀆を働いたことへの報復をその目的として掲げた。こうしたペルシア遠征の大義のために、フィリッポスはアテネへの厳しい措置を控えたのかもしれない。同様に、テーベは、ペルシア戦争においてペルシアに与していたからこそ、苛酷な処罰を科されたとも考えられる。

さらに、フィリッポスのアテネに対する寛大さの理由として、彼がペルシア遠征のために海軍国アテネの艦隊を必要としていたことも、しばしば指摘されている。ただし、前三三六年春にフィリッポスが小アジアに送り込んだ一万人の先発部隊には、アテネの艦隊は含まれていない。また、前三三四年に実際にペルシアへの遠征に着手したアレクサンドロスがギリシア諸都市から集めた一六〇隻の艦隊のうち、アテネの軍船はわずか二〇隻にすぎなかった。アレクサンドロスの行動からフィリッポスの意図を推し量るのは慎重になるべきだが、このことも、ペルシア遠征のためにアテネの艦隊が必要とされたという見方を疑わせるものである。

そこで今度は、フィリッポスのアテネに対する寛大さの理由を、テーベやスパルタの場合と比較することによって、ペルシア遠征計画とは別の角度から考えてみよう。

テーベとスパルタの場合

フィリッポスは、カイロネイアで敗れたテーベに対して、アテネの場合とは全く異なる態度で臨んだ。彼はテーベ人の捕虜と戦死者の引き渡しにあたって多額の身代金を要求し、有力者を死刑もしくは追放に処して財産を没収したうえ、同市のアクロポリスであるカドメイアにマケドニアの駐留軍を置いた。さらに、多くの亡命者を帰国させて三〇〇人のテーベ人による寡頭政権を樹立し、かつてテーベが占領して破壊したボイオティアの三都市（プラタイア、オルコメノス、テスピアイ）を再建した。

同じようにカイロネイアで戦いながら、アテネとテーベが受けた扱いの差は、いったい何を意味するのだろうか。

フィリッポスがテーベに対して厳しい措置をとった理由としてしばしば指摘されるのは、同盟国でありながら敵陣営に加わったテーベへの報復という要因である。裏切った同盟国に対するフィリッポスの報復の前例は、前三四八年にオリュントスが降伏した際にも見られる。しかし、都市を破壊され、住民を奴隷として売却されたオリュントスの場合に比べれば、都市の破壊も領土の没収もともなわなかったテーベに対する処罰は、それほど厳しいものではなかった。現に、テーベは、フィリッポスの死後にマケドニアに反旗を翻すだけの余力を残していたのである（四二六頁参照）。

また、フィリッポスの動機として、テーベがマケドニアの覇権を脅かす強敵だったことを挙げる研究者もいるが、もしそうだったなら、テーベの力を根絶する、より苛酷な措置がとられていたはずだろう。結局、これらの説では、フィリッポスのテーベに対する「中途半端な厳しさ」の理由は説明できないのである。そこで、この点について、テーベを中心とするボイオティア連邦と関連づけて考えてみたい。

カイロネイアの会戦ののち、ボイオティア連邦は解体されず、テーベも連邦の成員権を奪われなかった。しかし、フィリッポスはテーベによって破壊されたボイオティアの三都市を再建したうえ、連邦の評議会をテーベからオンケストスに移して連邦内部の大幅な改編を行い、これによって、ボイオティア連邦はもはやテーベによる支配の道具ではなくなったのである。

ボイオティア連邦は、前六世紀後半にボイオティアの諸都市のゆるやかな連合体として形成された連邦組織である。前五世紀半ば以降、テーベが勢力を伸張させて連邦の主導権を握り、他の加盟都市への圧力を強めた。連邦はコリントス戦争の終結後に解体されるが、前三七八年にテーベの主導で再建されている。これ以降、ペロピダスとエパミノンダスのもとで著しく国力を伸ばしたテーベは、前五世紀にもまして連邦の加盟都市に対する支配を強化した。それゆえ、テーベと張り合うアテネやスパルタは、常にボイオティアの反テーベ勢力を支援する方針をとっていた。

そうしたなかで、前三三八年、フィリッポスはテーベによって破壊されたボイオティアの都市を再建し、ボイオティアの人々から絶大なる支持を獲得した。ただし、今後もボイオティアの人々から継続的に支持を得るには、あくまでも彼らをテーベから守る庇護者の立場をとることが必要であり、そのためにテーベの力をある程度温存しておかなければならなかった。フィリッポスのテーベに対する措置に見られる「中途半端な厳しさ」は、こうした事情によるものと考えることができる。

カイロネイアの会戦後のスパルタに対するフィリッポスの措置からも、同様の事情が読みとれる。前三四四年から王アルキダモスがイタリアに遠征していたスパルタは、カイロネイアの会戦にも参戦しなかったが、フィリッポスは前三三八年秋、ペロポネソスに軍を進めてスパルタの領土を占領し、これをアルゴス、テゲア、メガロポリス、メッセネに分配した。その結果、ペロポネソスにおける勢力バランスが大きく変化し、フィリッポスは、長年スパルタに敵対していたこれらの都市から多大な感謝と支持を得ることになった。

すでに見たように、フィリッポスは前三四四年からスパルタと対立するアルゴスやメッセニアに傭兵と軍資金を送り、テーベのエパミノンダスの政策を継承する形でペロポネソスへの勢力伸張を図っていた。そうしたペロポネソス政策の総決算として、前三三八年にスパルタの領土をペロポネソスの諸都市に分配し、ペロポネソスの人々の庇護者となったが、彼は決してスパルタを滅ぼそうとはしなかった。ペロポネソスの人々を支持基盤として維持するためには、あくまでも、「仮想敵」としてのスパルタの存在が不可欠だったのである。

このように、カイロネイアの会戦後のテーベとスパルタに対するフィリッポスの措置は、ボイオティアとペロポネソスの人々の庇護者となって、彼らから継続的な支持を得ることを狙ったものだった。他方、アテネは前三五五年に同盟市戦争に敗北して以降、第二次アテネ海上同盟の加盟国に圧力を及ぼすことはできず、海上同盟は、もはやアテネによる支配のシステムではなくなっていた。つまり、フィリッポスにとって、ボイオティアやペロポネソスの場合と異なり、アテネの脅威に対する庇護者という立場をとる必要もメリットもなく、だからこそ、彼はアテネを寛大に扱う一方で、海上同盟の解体に踏み切ることもできたのである。

カイロネイアの会戦後のアテネに対するフィリッポスの寛大な措置は、マケドニアとアテネの「二元覇権」の計画の証などではなく、むしろ、ギリシア世界の勢力図におけるそうしたアテネの立ち位置ゆえに生じた結果だったと見るべきだろう。

アテネ中心史観の見直し

ここで、第5章と本章で見てきたフィリッポスのギリシア征服について、従来のアテネ中心的な解釈の妥当性をあらためて検証してみよう。

フィリッポスのギリシア征服は、長らく、アテネとの争いの過程であるかのように捉えられてきたが、第1章で述べたように、その最大の原因はデモステネスの弁論にある。デモステネスは、アテネ市民たちの奮起を促すために、フィリッポスは民主政を敵視し、アテネの壊滅をめざしている、と繰り返し訴え、彼のあらゆる行動がアテネを狙ったものであるかのごとく語ったのである。

確かに、シキュオン、メガラ、エウボイアの場合のように、フィリッポスが僭主や寡頭派を支援して勢力を伸張させたケースが多いが、テッサリアではフェライの僭主と戦ったし、本章で見たエリスでも、彼が支援したのは、どうやら民主派の方だったらしい。こののち、前三三六年にフィリッポスが小アジアに送り込んだ先発部隊も、エーゲ海沿岸部のギリシア人都市を寡頭政から解放している。つまるところ、フィリッポスはそれぞれの都市内部のパワーバランスに応じて、スムーズに勢力を伸ばすうえで都合のよい方を支援したにすぎない。もし彼が民主政を敵視していたなら、カイロネイアの会戦後にアテネの民主政が手つかずのまま存続を許されたことも説明がつかない。フィリッポスは、民主政を敵視していたわけでも、アテネが民主政であるがゆえにその壊滅を狙っていたわけでもないのである。

デモステネスの弁論に従ってアテネをフィリッポスの「最大の敵」とする旧来の見方を批判し、フィリッポスのアテネに対する友好姿勢を強調する近年の研究も、結局は、アテネ中心史観の裏返しである。本書ではこれまで、フィリッポスのギリシア征服の過程をたどるなかで、彼の対アテネ友好姿勢を示すとされるいくつかの事例を見てきたが、いずれの事例からもそうした姿勢を読みとることはできない。即位直後のアテネに対する歩み寄りの態度は、当面の危機を回避するための機略の一環であり、前三五七年のアンフィポリスをめぐるアテネとの駆け引きも、オリュントスとの連携を図りつつアンフィポリスを速やかに獲得するための方策だった。前三四六年の「フィロクラテスの講和」

も、並行して行われたトラキア遠征をできるだけ効率よく進めるための外交的な策略にすぎなかった。このように、フィリッポスの政策や行動を彼が置かれた状況に即して微視的に検証すると、彼がその時々に重視した計画が浮かび上がってくる。フィリッポスがアテネに示した「友好姿勢」は、まずもって、そうした計画をスムーズに遂行するための手段だったと捉えるべきだろう。

これまで見てきたように、フィリッポスのギリシア征服は、的確な情勢判断のもと、強大な武力のみならず、婚姻外交、買収工作、内訌の助長、傀儡の擁立、宗教的プロパガンダの活用など、種々の手段をそれぞれの国情に応じて自在に使い分け、あるいは絡み合わせて進められる、計算し尽くされた事業だった。そうしたなかで、アテネに対しては、講和や同盟をちらつかせ、曖昧な約束を取り交わしてその動きを封じる作戦をとった。フィリッポスは、治世初期のアンフィポリスをめぐる駆け引きを通じて、こうした作戦がアテネに対して極めて有効であることを学んだのだろう。アテネのものがそのほとんどを占める同時代史料においては、当然のことながら、そうしたアテネに対するフィリッポスの働きかけがクローズアップされるため、彼がアテネとの関係を何よりも重視していたと捉えられがちである。しかし、バルカンの多方面で進行していた彼の征服事業において、アテネ以外の諸勢力との間にも同様に多くのやりとりがあったはずだが、それらは現存史料に一切残っていないという圧倒的な「史料の偏り」があることを忘れてはならない。

そしてまた、フィリッポスはギリシア征服を進めるに際して、特定の勢力を一貫してサポートすることもなかった。テッサリアでは、マケドニア王家と長年密接な関係にあったラリサのアレウアダイと連携したが、テッサリアを支配下に収めてしまえば、もはやラリサをサポートしてはいない。第三次神聖戦争の終結にあたってはテーベとの同盟を重視したが、それ以降はテーベを優遇してはいない。ペルシアが自国に脅威を及ぼす勢力の出現を防ぐために資金援助をしてギリシア諸都市を競合させたように、フィリッポスも、アテネにせよテーベにせよ、特定の勢力が強大化することを、決して望んではいなかったのである。フィリッポスがアテネをことさら優遇し、パートナーにしようとしていたと捉えるのは、アテネ中心的な幻想にすぎない。

第3章で見たように、前五世紀のマケドニア王たちは、確かにアテネとの関係を重視していた。それは、王国の重要な収入源となる木材交易の最大の取引相手がアテネであり、また、エーゲ海北岸への進出を図るアテネに対抗して王国の独立を守り抜く必要があったからである。こうした状況は、前四世紀前半においてもさほど変わらず、マケドニアがアテネに対して優位に立つことはなかったが、前三六二年にペルディッカス三世がアテネとの同盟を無視してアンフィポリスに駐留軍を置いたことは、両国の関係における大きな転機となった。そのペルディッカス三世の後を受けたフィリッポスは、即位直後にはアンフィポリスから駐留軍を引き揚げるものの、前三五七年にはこれを支配下に組み込み、同市を拠点に本格的な鉱山経営に乗り出して多大な収益を手にする。こうして、マケドニアはもはやアテネとの木材交易に依存する必要はなくなり、それゆえ、フィリッポスはこれまでのマケドニア王たちのようにアテネとの関係を重視することはなかったのである。

ともあれ、ギリシア各地でのフィリッポスの行動は、決してアテネを標的としたものではなかったし、彼はアテネとの友好を一貫して求めていたわけでもなかった。アテネは、あくまでも、ギリシア世界におけるフィリッポスの数多くのターゲットの一つであり、彼は、他の諸都市と同じように、アテネを効率よく支配下に収めることをめざしていたにすぎないのである。

そして、アテネがギリシア世界におけるフィリッポスの多くのターゲットの一つだったのと同様に、デモステネスも、フィリッポスにとっては多くの敵の一人にすぎなかったのだろう。デモステネスの弁論を読むと、フィリッポスのギリシア征服はマケドニアとアテネの対決の過程であると同時に、フィリッポスとデモステネスの対決の過程であるかのような印象を受ける。確かに、プルタルコスの『デモステネス伝』などの後代の史料には、フィリッポスが常にデモステネスに一目を置いていたかのように描かれているが、これらの言説は、「古代ギリシア最高の弁論家」というデモステネスの不動の名声が確立したローマ時代のものであることに注意しなければならない。

デモステネスの前三三〇年の弁論には、「売国奴のリスト」と呼ばれる有名な一節がある（『冠について』二九五節）。そのなかで、彼は、本章にも登場したファルサロスのダオコスとトラシュダイオス、シキュオンのアリストラトス、メガラのペリラスとプトイオドロス、エレトリアのヒッパルコスとクレイタルコスなど、様々な都市の親マケドニアの人物の名前を二七人列挙し、彼らを「売国奴」として指弾している。このように、どの都市にもアイスキネスのようなマケドニアと気脈を通じる政治家たちがおり、同様に、彼らと対立するデモステネスやヒュペレイデスのような反マケドニアの政治家たちがいたのである。フィリッポスにとって、デモステネスは、そうした多くの政治家たちの一人にすぎなかったと見るべきだろう。

第1章で述べたように、デモステネスは後世におけるフィリッポスの評価に絶大な影響を及ぼしたが、彼は、その死後においてのみ、フィリッポスの「宿敵」となったのである。

フィリッポスはなぜギリシアを征服できたのか

本章の最後に、フィリッポスのギリシア征服をマケドニア史のコンテクストのなかに位置づけて考えてみたい。

フィリッポスは、即位から二〇年余にしてギリシアの覇者となるに至ったが、そもそも、彼は最初からギリシア世界全体を征服することを意図していたのだろうか。この問いに直接答えてくれるような史料はなく、研究者たちの間では様々な議論がある。

およそ侵略戦争というものは、一度始まるとコントロールが利かず、簡単にやめることができないという現実を、私たちは二一世紀の現在に至るまで繰り返し目の当たりにしてきたが、その点では、フィリッポスが始めた征服戦争もおそらく例外ではない。本書で見てきたように、彼はイリュリアの脅威の除去、テッサリアやトラキア方面への領土の拡張といった、前王たちが果たせなかったことを一つずつ着実に実現していった。これが、結果的にフィリッポスをますますその征服戦争に深入りさせることになり、こうして、彼はギリシア制覇への階段を一段一段上っていったのである。

そうした征服戦争の拡大には、フィリッポスが創設したマケドニア軍の存在も少なからず影響していたのだろう。本書でたびたび触れてきたJ・R・エリスは、強大なマケドニア軍の存在が戦争へ向けての「下からの圧力」となり、フィリッポスにさらなる征服を促した、と唱えている。フィリッポス自身が生み出した大規模な軍隊が、その膨大なエネルギーの捌け口としてギリシア征服を必要とした、というのである。軍隊から生じるこうした「圧力」や「エネルギー」を現存史料から跡づけることはできないが、これは、マケドニア側の視点に立ってフィリッポスの征服事業を捉えることをめざしたエリスならではの、魅力的な仮説である。エリスは、フィリッポスが作り上げたマケドニア軍を「放たれた虎」と呼んでいるが、フィリッポスのもとで「国家を有した軍隊」と化したマケドニア王国は、その「放たれた虎」に導かれてギリシア制覇への道を突き進んでいったのかもしれない。

では、フィリッポスはいったいなぜ、それまで誰も果たせなかったギリシア征服を成し遂げることができたのだろうか。

これは、ギリシア史研究においてもマケドニア史研究においても、多くの研究者の関心を集めてきた最大の問いの一つである。かつてこの問いは、前四世紀のポリスの「衰退」と関連づけられてきた。ギリシアの最盛期とされる古典期は前半の前五世紀が円熟期であり、ペロポネソス戦争を境として前四世紀には衰退期に入る、とするポリス衰退論は、一九六〇年代まで絶大な力を持っていた。そうしたポリス衰退論のなかで、アテネをはじめとするポリスの弱体化が強調され、あたかも、ポリスが衰えて「失敗」したからこそ、フィリッポスがギリシア征服に「成功」したかのごとく捉えられてきたのである。

しかし、こうしたポリス衰退論は、一九七〇年代後半から根本的に見直されている。ポリスにおける中小農民の没落や傭兵への依存による軍事力の弱体化といった「衰退」のメルクマールとされた事象について実証研究のレベルで批判が加えられ、「衰退」そのものが疑問視されるようになったのである。フィリッポスが即位した前四世紀半ば、ギリシア世界にはペリクレス時代のアテネのような強大な覇権国が存在しなかったのは確かだが、これまで述べてきたように、アテネもテーベもスパルタも、かつて考えられていたほど衰微していたわけではない。

では、なぜ、ギリシアはマケドニアの軍門に降るに至ったのか。ポリスの「衰退」がもはや幻想であるならば、その理由をポリスだけに求めることはできない。フィリッポスによるギリシア征服の「成功」をポリスの「衰退」と切り離し、「成功」そのものの理由を、まずもってマケドニア自体に求めなくてはならない。

その「成功」の理由として、まず挙げられるのは、やはりフィリッポス自身の卓抜な力量だろう。フィリッポスの事績を高く評価する近年の研究では、ギリシア征服の「成功」をもっぱら彼個人の傑出した政治的・軍事的手腕に帰する傾向が顕著に見られる。さらに、そうしたフィリッポスの卓越した手腕には、少年時代にテーベに滞在した経験が大きく影響したこともしばしば強調されている。ただし、フィリッポスに影響を与えたのはテーベだけではない。第4章でも触れたように、フィリッポスは軍事面ではイリュリアの影響を少なからず受けていたことが指摘されているし、フェライの僭主イアソンやスキュタイ人・トラキア人が用いた陣形やシラクサのディオニュシオス一世のもとで発展した攻城戦術を駆使して戦うフィリッポスの軍隊は、当時の様々な最新鋭の軍事技術を集大成した戦闘集団だった。フィリッポスは、ポリス世界のみならず、ペルシア、トラキア、イリュリア、シラクサなどからも多くを学んで征服事業を推し進めたのである。

ともあれ、フィリッポスの「鬼才」なくしてギリシア征服がありえなかったのは確かだが、彼の「成功」の要因は、決してそれだけではない。マケドニアが広く肥沃な国土と木材をはじめとする豊かな天然資源に恵まれていたことも、フィリッポスの「成功」の大きな要因である。とりわけ、前五世紀以来、マケドニアの木材は王国の貴重な収入源となり、マケドニア王たちはその木材という切り札を最大限に活用して王国の独立を守り抜いた。フィリッポス自身は、ギリシア征服を進めるにあたって、もはやこの切り札に頼る必要はなかったが、彼の征服事業の重要な基盤を築いたのがマケドニアの木材だったのである。

そして、これまで繰り返し述べてきたように、マケドニア王国は、決して辺境の後進国だったわけではない。フィリッポス以前のマケドニアの沈滞を強調する傾向は、第2章で引用した「オピス演説」が描く王国像に大きく影響されているが、ヴェルギナやエアニをはじめとするマケドニア各地での近年の発掘成果は、マケドニア王国がすでに前六世紀において孤立した後進国ではなかったことを実証している。

さらに、前王たちからの「継承」という側面も見逃してはならない。フィリッポスは権謀術数に長けた策士として知られるが、その原型は、ペルシア戦争期にペルシアとギリシアの間を巧妙に立ちまわったアレクサンドロス一世、外部勢力との同盟関係を操りながら苦難の時期を乗り切り、王国の独立と安定を守ったペルディッカス二世とアミュンタス三世にある。重装歩兵の育成、都市建設、住民移動などのフィリッポスの改革事業は、いずれも前王たちが取り組んできたことであり、彼は前王たちの事業を忠実に継承し、それをさらに大々的に推進したのである。また、フィリッポスは自らをギリシア人として印象づけながらギリシア征服を進めたが、こうした演出も、アレクサンドロス一世以来の伝統だった。歴代のマケドニア王たちが建国伝説の喧伝やギリシア文化の受容などによって作り上げてきたマケドニア王のギリシア人としてのイメージは、オリュンピアやデルフォイとの絆を前王たちよりも格段に積極的にアピールしたフィリッポス自身の戦略とあいまって、彼の征服事業のスムーズな進展を可能にしたのである。

フィリッポスのギリシア征服の「成功」は、歴代のマケドニア王たちの努力の総決算と捉えるべきであり、アレクサンドロスの前人未到の征戦も、その延長線上にあるものとして理解されなければならない。

第７章

フィリッポス二世から
アレクサンドロスへ

1　ペルシア遠征を見据えて

コリントス同盟の成立

カイロネイアの会戦を制し、ギリシアの覇者の座に上りつめたフィリッポス二世は、いよいよ、次なるステージへと歩み出す。本章では、そんな彼の人生の最終章を見ていくことにしたい。

前三三八／七年の冬、フィリッポスはスパルタを除くギリシア諸都市の代表を招集し、コリントスで会議を開いた。こうして成立したのが、今日「コリントス同盟」と呼ばれるギリシア人の同盟組織である（古代における呼称は「ギリシア人の同盟」）。

デモステネスの名のもとに伝わる前三三〇年代後半の政治弁論『アレクサンドロスとの盟約について』（第一七弁論）によれば、この同盟条約は、ギリシア諸都市の自由自治の保障、諸都市間の平和の遵守、諸都市の政体の変革や土地の再分配の禁止、海上航行の安全の保障などを定めていたという。この同盟条約の本文は残っていないが、条約の末尾部分に相当する碑文がアテネで出土しており、ギリシア諸都市の代表による次のような誓約文が記されている。

誓約。ゼウス、ガイア、ヘリオス、ポセイドン、アテナ、アレス、ならびに全ての神と女神にかけて誓う。平和を遵守し、マケドニアのフィリッポスとの条約を破棄せず、宣誓を守る者たちのなんぴとに対しても、陸上においても海上においても、敵意を持って武器を向けない。平和に参加する者たちのポリスも要塞も港も、いかなる手段によっても、戦争のために奪うことはしない。フィリッポスおよびその子孫の王権を破壊せず、各々のポリスが平和の宣誓をしたときの国制を破壊しない。私自身、この条約に違反することを行わず、また他の者が違反することも可能な限り許さない。もしなんぴとかこの条約に違反することをなしたなら、害を受けた者たちの求めに応じて援助し、評議会《シュネドリオン》の決定および総帥《ヘゲモン》の命令に従って、普遍平和《コイネ・エイレネ》を侵害した者たちに対して戦う。（以下、加盟国の名前と、評議会で行使できるそれぞれの票数が記されている）（*IG* II^3 1.318 = RO 76）

こうして、マケドニア王国という強大な力のもとでギリシア諸都市の平和と自由自治が保障され、諸都市内部の現状維持が図られたのである。以後、この同盟条約は、マケドニアがギリシア世界を統制するための制度的な枠組みとなる。

前三八六年の「大王の講和」以来、普遍平和《コイネ・エイレネ》はギリシア世界の国際政治の基軸をなしていたが、このコリントス同盟条約も、形式上は普遍平和にのっとった講和条約である。前三六〇年代にはギリシア諸都市の講和会議がたびたび開かれて普遍平和条約が更新されたが、当時、そうした講和会議を主導したテーベに滞在していたフィリッポスは、普遍平和の理念と意義をじかに学んだのだろう。

コリントス同盟を実質的に牛耳ったのは、言うまでもなく、その総帥《ヘゲモン》の地位に就いたフィリッポスだったが、形式的には、加盟国の代表によって構成される評議会《シュネドリオン》に決定権が委ねられた。コリントス同盟の評議会は、第二次アテネ海上同盟やボイオティア連邦の評議会をモデルにしたものだと指摘されている。フィリッポスは、これまでテッサリア連邦やデルフォイのアンフィクテュオニアのようなギリシアの既存の組織を活用して征服事業を進めてきたが、今回も、普遍平和という枠組みやギリシアの同盟・連邦組織の形態を取り入れることによってコリントス同盟をギリシア的な外観で装飾し、ギリシア人たちの決定を尊重するようなそぶりを見せながら、ギリシア世界の統制を図ったのである。

ペルシア遠征計画

続いて、フィリッポスは、そのコリントス同盟の名のもとにペルシアへの遠征を宣言した。アメリカが「テロとの戦い」を掲げてアフガニスタンやイラクを攻撃したように、古今東西、軍事侵攻はおしなべて正義に根ざした大義のもとに行われるが、フィリッポスのペルシア遠征も同様である。彼は、ペルシア戦争の際のクセルクセスによるギリシア侵攻への報復と、前三八六年の「大王の講和」以来ペルシアの支配下に置かれた小アジア沿岸部のギリシア人都市の解放を遠征の目的として掲げた。フィリッポスは、自らをギリシアの大義のための「報復者」として打ち出したのである。コリントス同盟の加盟国にはペルシア遠征のために供出する兵力が割り当てられ、こうして、この同盟はペルシア遠征へ向けての軍事協力機構としての役割も果たしていくことになる。

フィリッポスが同盟結成の場としてコリントスを選んだのも、ペルシアへの遠征を宣言するにあたってのギリシア世界へ向けたプロパガンダだったのだろう。史料には「コリントス」としか述べられていないが、フィリッポスが会議を招集した場所は、コリントス地峡に位置するイストモスの神域だったに違いない。イストモスはオリュンピアやデルフォイと並ぶパンヘレニックな神域で、前四八一年、クセルクセスによるギリシア侵攻を目前に、ギリシア諸都市が会議を開いてペルシアへの抗戦の決意を固めた地として知られる。フィリッポスにとって、パンヘレニックな聖戦としてのペルシア遠征計画を打ち出すうえで、これ以上の場所はなかったのだろう。

こうしてフィリッポスのペルシア遠征計画が動き出すが、彼がペルシアに出兵することをいつから計画していたのかは、多くの研究者たちを悩ませてきた難問である。第1章でも触れたように、フィリッポスは即位当初からペルシア遠征を見据えたマスタープランを策定しており、彼のギリシア征服はペルシア遠征のプロローグにすぎなかった、と見る研究者も少なくない。

ゴルギアスやリュシアス、イソクラテスが唱えたペルシアへの遠征という構想は、前四世紀初頭からギリシア世界に広く知れ渡っていた思潮であり、フェライの僭主イアソンもペルシア遠征をもくろんでいたという。フィリッポスにとって、ペルシアへの遠征は、前三四六年のイソクラテスの『フィリッポスに与う』による勧説を俟つまでもなく、馴染みのあるものだったのだろう。

そんなフィリッポスが治世初期からペルシアという存在を強く意識していたのは確かだが、そのペルシアに出兵するという構想がいつ彼の心のなかで具体的な形をとり始めたのかを明確に示す史料はない。フィリッポスの宮廷に亡命した小アジアの総督アルタバゾスの存在や、アリストテレスを介してのアタルネウスの僭主ヘルメイアスとの接触を彼のペルシア遠征計画に関連づけようとする研究者もいる。

しかし、フィリッポスとペルシアの「敵対」は、前三四〇年のペリントス包囲戦以前には確認できない。第6章で見たように、この包囲戦において、ペルシア王アルタクセルクセス三世は小アジアのエーゲ海沿岸部の総督たちにペリントスを支援することを命じた。フィリッポスにとって、このとき初めて、ペルシアがギリシア世界における彼の覇権への現実的な脅威として立ち現れたのである。ペルシアに出兵するという構想がいつ彼の心のなかに芽生えたにせよ、それが明確な「計画」として浮上したのは、おそらくこの時期だったと考えられる。そして、前三三八年のアルタクセルクセス三世の暗殺（病死という説もある）とそれに続くペルシア帝国内部の大きな動揺によって、そうしたフィリッポスの「計画」が一気に現実味を帯びたのだろう。そのとき、イソクラテスの提唱するパンヘレニックなペルシア討伐が、フィリッポスにとって格好の口実になったのである。

イソクラテスらが唱えたパンヘレニズムは、ギリシア世界における種々の弊害の万能薬として生み出されたイデオロギーだが、実際には、勢力拡大を図る有力都市の政治的プロパガンダとして利用されるのが常だった。イソクラテスも、アテネを発想の中心に据え、マケドニアとアテネの協力が何よりも重要であると説き、両国を軸として全ギリシアをペルシア遠征のために結集することをフィリッポスに訴えている。こうしたアテネ中心主義に根ざすイソクラテスの楽観的な構想は、「フィリッポスの主導のもとに一致団結したギリシア人によるペルシア遠征」といった文字通りのパンヘレニックな構想というより、むしろ、フィリッポスの野望をギリシアから逸らせてアテネを中心にギリシア世界の安定を図るという、極めて御都合主義的な構想だったと言えるだろう。

そしてフィリッポスも、ギリシア諸都市がパンヘレニズムを自国の勢力拡大の手段として利用したのと同じように、ペルシアに対する征服戦争の正当性を担保し、ギリシア人を協力させるための手段としてパンヘレニズムを利用したにすぎない。イソクラテスの御都合主義的な構想をフィリッポスも自らに都合よく利用し、ペルシアへの遠征計画をパンヘレニックな外観で装飾したのである。

ともあれ、フィリッポスのギリシア征服は、ペルシア遠征の単なるプロローグだったわけではない。ペルシア遠征のためにギリシア征服が必要だったのではなく、むしろ、征服したギリシアを安定して統治するためにこそペルシア遠征が必要になったと見るべきだろう。

「過去」の書き換え

それにしても、かつてペルシア戦争においてペルシアに与していたマケドニア王国がそのペルシアに対する報復戦を主導するというのは、奇妙な話である。フィリッポスがペルシア遠征計画を打ち出すにあたり、マケドニアの「過去」はいかに語られたのか。フィリッポスの周辺の文人たちによる言説を手がかりに探ってみよう。

イソクラテスは、前三四六年の『フィリッポスに与う』において、フィリッポスのペルシア遠征を彼の先祖とされるヘラクレスのトロイア遠征になぞらえている（一〇九―一一五節）。また、前三三九年の『パンアテナイア祭演説』では、トロイア戦争においてアジアのバルバロイを討った全ギリシアの総帥アガメムノンの功績をフィリッポスのモデルとして称揚している（七四―八三節）。イソクラテスは、このように神話的過去を想起して、フィリッポスにペルシア遠征を促したのである。

そのイソクラテスの学派と対立していたアカデメイアの二代目学頭のスペウシッポスが前三四三年頃にフィリッポスに宛てた書簡（『ソクラテス派書簡三〇』）から、ペルシア戦争におけるマケドニアの

「過去」の改変がうかがえる。この書簡のなかでイソクラテスを激しく攻撃するスペウシッポスは、イソクラテスの弁論にアレクサンドロス一世の功績が全く触れられていないことを非難し、アレクサンドロス一世がペルシア戦争中にギリシアのために力を尽くしたことを強調している。第3章で見たように、ヘロドトスは、ペルシア戦争においてアレクサンドロス一世がペルシアに加担しながらもギリシアのためにたびたび便宜を図ったことを伝えているが、スペウシッポスは、そうした言説をさらに加速させたのである。

一例を挙げると、ヘロドトスによれば、アレクサンドロス一世がペルシアの使節を殺害したのはペルシア戦争以前のことだったが、スペウシッポスは、これをクセルクセスによるギリシア侵攻の直前のこととして語り、彼が使節を殺害したのもギリシアを支援するためだったとして、アレクサンドロス一世のペルシアに対する敵対姿勢を強調している。ヘロドトスが描いたのは、ペルシアとギリシアの間を揺れ動き、内股膏薬的な行動をとるアレクサンドロス一世だったが、スペウシッポスはこうしたアンビヴァレントな物語を改変し、アレクサンドロス一世をギリシアのために力を尽くす「ペルシアの敵」として、よりストレートに描き出したのである。

同様に、フィリッポスの宮廷に滞在していた歴史家アナクシメネスも、そうした「過去」の改変に加担したらしい。第6章で触れたように、デモステネスの作品群のなかに収められた『フィリッポス書簡』はフィリッポスがアテネに送ったとされる警告文書で、アナクシメネスの筆になると見るのが有力だが、この書簡には、「[アレクサンドロス一世が]メディア[ペルシア]人たちの捕虜を初穂として黄金の彫像をデルフォイに建立した」という一文がある(一二節)。つまり、アレクサンドロス一世は前四七九年のプラタイアの会戦に敗れて退却するペルシア軍を攻撃し、その戦利品でデルフォイに自身の黄金像を奉納した、というのである。デルフォイにアレクサンドロス一世の黄金像があったことはヘロドトスも触れているが（『歴史』八巻一二一章二節）、それがペルシア軍から奪った戦利品で作られたとは述べていない。ヘロドトスによれば、プラタイアから退却するペルシア軍を撃ち破ったのはトラキア人であり（九巻八九章四節）、アレクサンドロス一世がペルシア軍を攻撃したというのは疑わしい。この書簡の一文も、アレクサンドロス一世を「ペルシアの敵」として描き出すための、「過去」の改変だったのだろう。

ちなみに、ゴルギアスやリュシアス、イソクラテスが唱えたペルシアへの出兵という構想には、ペルシア戦争の報復戦という論理は明確には現れない。今回フィリッポスが掲げた報復戦というスローガンは、おそらく、先の第三次神聖戦争への参戦に際して構築された「報復者」としての彼の表象を練り直したものだったのだろう。第6章で見たように、デルフォイの神域を略奪したフォキス人に復讐する「報復者」というフィリッポス像をその作品のなかで強調したのは、彼の宮廷に滞在していた歴史家テオポンポスだったと考えられている（三一九頁参照）。神聖戦争において「瀆神行為への報復者」として語られたフィリッポスは、今回もまた、ギリシアの神域を劫掠して神々に冒瀆を働いたペルシア人を誅伐する「報復者」として立ち現れることになったのである。

このように見てくると、フィリッポスがペルシアへの復讐を掲げ、自らを「報復者」として打ち出すに至った背景には、第6章で述べた、彼の寵をめぐる文人たちの争いが少なからず影響していたと考えることもできる。イソクラテスは神話的過去を想起してフィリッポスのペルシア遠征の正当性を説き、そのイソクラテスを敵視するスペウシッポスは、イソクラテスが触れていないアレクサンドロス一世の「功績」を強調し、アナクシメネスと同様に、アレクサンドロス一世の「過去」を改変することによってフィリッポスのペルシア遠征のモデルを構築した。スペウシッポスはイソクラテスの弟子のテオポンポスにも鋭い攻撃の矢を放っているが、そのテオポンポスが作り上げた「報復者」としてのフィリッポスの表象も、それをさらに強めることになった。

このように、文人たちがフィリッポスの寵を求めて激しく競り合うなかでマケドニアの「過去」をめぐる「語り」がエスカレートし、ペルシアへの報復戦のプロパガンダが練り上げられていったのだろう。

こののち、アレクサンドロス（大王）も、ペルシア戦争の報復という父のプロパガンダを忠実に継承していくことになる。

2　王者の最期

「お家騒動」の始まり

こうしてペルシアへの遠征計画を正式に打ち出したフィリッポスは、ただちに遠征の準備に取りかかる。前三三六年春には、重臣のパルメニオンやアッタロスらを指揮官とする一万人の先発部隊が小アジアに送り込まれた。ヘレスポントス海峡を渡って小アジアに上陸した先発部隊は、ペルシア側の反撃はほとんどないままエーゲ海沿岸部を順調に南下し、ギリシア人都市をペルシアの支配から解放していった。

当時のペルシアでは、前三三八年にアルタクセルクセス三世が死去したのち、末子のアルセスがアルタクセルクセス四世として王位に就くものの、宮廷の混乱状態が続いていた。エジプトは前三四三年にペルシアの支配下に戻っていたが、この時期、再び反抗の兆しを見せた。先発部隊が一万人という比較的小規模なものだったことや、フィリッポス自らが出陣しなかったことも、そうしたペルシアの混乱ゆえにフィリッポスが戦局を楽観視していたためだったのだろう。

こうしたペルシア遠征の準備と並行して、マケドニア王家の「お家騒動」の幕が上がる。

発端は、前三三七年にフィリッポスがマケドニア人女性のクレオパトラを妻に迎えたことだった。そのクレオパトラの後見人を務めていたのが伯父のアッタロスで、彼はこの時期、先に触れた小アジアへの先発部隊の指揮官に抜擢されるなど、フィリッポスの重臣として大きな活躍を見せている。この一族がもともと有力なヘタイロイの家門だったのか、それとも、クレオパトラがフィリッポスに嫁いだことで一気に栄達を遂げたのかは判然としない。

これまでのフィリッポスの六回の結婚は、いずれもギリシア征服の過程での政略結婚であり、上部マケドニアのエリメイアの王女フィラを除く五人の妻はマケドニア人ではない。なぜフィリッポスがペルシア遠征への出発を控えたこのタイミングで新しい妻を迎えたのかについては、様々に論じられている。この時点で、フィリッポスには息子が二人しかおらず、うち一人は王位継承の候補たりえない知的障害者だったため、ペルシアに遠征するにあたって、将来王位を継ぐことが可能な男児を確保するという狙いがあったのは当然だろうが、なぜマケドニア人のクレオパトラを妻に選んだのか。

プルタルコスは、この結婚について、「フィリッポスは年甲斐もなく若い娘のクレオパトラに恋をした」と述べ、純粋な恋愛結婚だったように語っているが（『アレクサンドロス伝』九章六節）、この結婚にフィリッポスの強い政治的意図を見出そうとする研究者が多い。つまり、フィリッポスは生粋のマケドニア人であるクレオパトラを娶ることによってヘタイロイたちとの連携の強化を図った、という見方である。

しかし、王が特定のヘタイロイの家門と縁戚関係を結ぶのは、逆にヘタイロイの分断を生み、王国を動揺させる危険を孕む。慎重なフィリッポスがこのタイミングでそうしたリスクをともなう結婚に踏み切ったのは、案外、プルタルコスが伝える通り、単に「恋をした」というのが真相だったようにも思える。

フィリッポスの思惑が何だったにせよ、この七度目の結婚によって、オリュンピアスとアレクサンドロスがただちに窮地に陥ったわけではない。かつては、このときオリュンピアスは「離縁」されたと見るのが通説となっていたが、こうした見方は、マケドニア王家の一夫多妻についての無理解からくる誤解である。また、クレオパトラが男児を産めば、その子が将来アレクサンドロスのライバルになることはあっても、この時点でアレクサンドロスが王位継承から排除されたわけではない。王家に亀裂を生じさせたのは、この結婚そのものではなく、結婚を祝うシュンポシオンでの出来事である。

プルタルコスの『アレクサンドロス伝』によれば、その祝宴で、花嫁の後見人のアッタロスが列席の人々に向かって「フィリッポスとクレオパトラから王国の正統な世継ぎが生まれるよう神々に祈ろう」と呼びかけた。これに激昂したアレクサンドロスは、「貴様は私を妾の子とでも言うのか」と叫び、アッタロスめがけて盃を投げつけた。すると、フィリッポスはアレクサンドロスに怒りを向け、剣を抜いて息子に斬りかかるが、酩酊していたためにすべって転んでしまう。アレクサンドロスはそんな父に嘲りの言葉を吐き、まもなく母オリュンピアスを連れてマケドニアから出奔した（九章六―一一節）。

こうしたエピソードに現れる「正統な世継ぎ」や「妾の子」といった文言は、一夫一婦制をとっていたギリシア人やローマ人の発想であり、脚色されていると見るべきだが、この祝宴においてアッタロスがアレクサンドロスを公然と侮辱したこと、そしてフィリッポスがその侮辱を容認し、アッタロスに肩入れしたことは、おそらく確かだろう。

父と決裂したアレクサンドロスは、オリュンピアスを故国モロッソスに送り届けたのち、自身はしばらくイリュリアに滞在した。彼はほどなく父と和解してマケドニアに帰国したが、オリュンピアスは以後もモロッソスにとどまった。このあとまもなく、フィリッポスがオリュンピアスとの間の娘クレオパトラとオリュンピアスの弟のモロッソス王アレクサンドロスの縁組を整えたのは、オリュンピアスとの関係の修復を図るためでもあったのだろう。そして、叔父と姪にあたるこの二人の婚礼の祝典が、フィリッポスの暗殺の舞台となるのである。

アレクサンドロスはなぜ結婚しなかったのか

ところで、こうしたフィリッポスの最後の結婚に起因する騒動は、おそらく、アレクサンドロス自身の結婚にも大きく影を落としたのだろう。

アレクサンドロスの最初の結婚は、東方遠征に出発して丸七年経った前三二七年春のことである。中央アジアで苦戦していた彼は、ソグディアナをようやく平定した際、ソグディアナの豪族の娘ロクサネを娶った。このとき、アレクサンドロスは二八歳。マケドニア王としては異例に晩婚である。結果として、前三二三年に彼がバビロンで急逝した時点で後継者たりうる男児がいないという事態に陥り、その後の後継者戦争の動乱を招くことになる。

アレクサンドロスは、なぜ、東方遠征に出発する前に結婚しなかったのか。ディオドロスによれば、重臣のアンティパトロスとパルメニオンは、まず世継ぎをもうけてから遠征に出発するよう進言したが、血気にはやるアレクサンドロスは全く取り合わなかったという（『歴史叢書』一七巻一六章二節）。こうしたアレクサンドロスの態度は、多くの政略結婚を重ねて王国の拡大を図った父フィリッポスとは対照的であり、王としての無責任さの現れであるとしばしば批判されている。

アンティパトロスとパルメニオンの進言は、フィリッポスの代からの重臣としては至極当然のものだが、この当時、彼らは適齢期の娘を複数持つ父親だった。おそらく、二人とも自分の娘をアレクサンドロスに嫁がせることを狙っていたのだろう。しかし、特定の家門との縁組は、フィリッポスの新妻の後見人アッタロスが王家の外戚となって権勢を振るったように、王国内の勢力バランスを崩すリスクを孕む。アレクサンドロスが遠征出発前に結婚しなかったのは、王として無責任だったからではなく、父の最後の結婚を教訓にして、王国に混乱をもたらしかねない結婚を避けようとしたからだと見るべきだろう。

さらに、アレクサンドロスの結婚が遅かったのは、父フィリッポスの思惑も影響していたらしい。晩年のフィリッポスは、自身の娘キュンナやクレオパトラの縁組を整えており、また、次に見るように、実現はしなかったものの、息子アリダイオスの結婚も画策している。当然、彼はアレクサンドロスの結婚についても考えていたに違いない。おそらくフィリッポスは、ペルシア遠征計画を立案した当初から、アレクサンドロスをペルシア王の娘と結婚させることをもくろんでいたのだろう。フィリッポスにとって、自身の後継者の縁組としてこれ以上のものはない。のちに、前三三三年のイッソスの会戦で敗れたペルシア王ダレイオス三世がユーフラテス川以西の領土の割譲と自身の娘の婚嫁をアレクサンドロスに申し出て講和を打診した際、これを拒否しようとするアレクサンドロスに対し、パルメニオンが受諾を進言したと伝えられる。フィリッポスの重臣だったパルメニオンは、アレクサンドロスをペルシア王の娘と結婚させるというフィリッポスの計画を知っていたからこそ、受諾を勧めたのではないかとも推測できる。

結果的に、アレクサンドロスは、アカイメネス朝を倒し、さらにインダス川に至るまでの領土を征服したのち、前三二四年にペルシア王の娘であるスタテイラとパリュサティスを妻に迎えている。こうして、彼は即位から一二年にして、ようやく父の「計画」を成就することになるのである。

ピクソダロス事件

フィリッポスの暗殺に話を進める前に、その直前に起こった「ピクソダロス事件」と呼ばれる不可解な事件について触れておきたい。

プルタルコスの『アレクサンドロス伝』によると、マケドニアから出奔していたアレクサンドロスがフィリッポスと和解して帰国したのち、小アジア南西部のカリアの総督ピクソダロスがフィリッポスと婚姻同盟を結ぶことを企て、マケドニアに使節を送って自分の娘とフィリッポスの息子アリダイオスの縁談を持ちかけた。ところが、フィリッポスがアリダイオスをマケドニアの王位に就けようとしているという噂がアレクサンドロスに伝わり、思い悩んだアレクサンドロスは、自らピクソダロスに使節を送ってアリダイオスよりも自分の方が婿にふさわしいと申し出た。ピクソダロスもこれに乗り気になるが、アレクサンドロスの横槍に激怒したフィリッポスはアレクサンドロスを厳しく叱責し、アレクサンドロスの四人の友人をマケドニアから追放した（一〇章一―四節）。

プルタルコスは、このように、アレクサンドロスはいったん父と和解して帰国したものの、二人はまたもや決裂してフィリッポスの暗殺に至ったかのごとく語っているのである。

このエピソードはプルタルコスしか伝えておらず、また、前三三七年から翌年にかけての短い期間にフィリッポスとアレクサンドロスがめまぐるしく決裂と和解を繰り返すのも不自然であるため、その信憑性を疑う研究者も少なくない。他方、この一件は、アレクサンドロスが父と決裂してマケドニアから出奔していた間の出来事だったと見る説もあり、これなら、年代的な難点は解消される。つまり、アレクサンドロスが出奔先からピクソダロスとの交渉に介入し、それに激怒したフィリッポスがアレクサンドロスの友人たちを追放するが、まもなく父子は和解してアレクサンドロスは帰国した、という解釈である。プルタルコスは『アレクサンドロス伝』において、効果的な叙述のために出来事の順序をしばしば入れ替えているが、このピクソダロス事件に関しても、父子の不和を強調するために彼らが再び決裂したかのように描いたのかもしれない。

また、婚姻同盟を持ちかけたのは、ピクソダロスではなくフィリッポスの方だったと見る研究者もいる。確かに、婚姻外交を駆使して勢力を拡大するのはフィリッポスの常套手段であり、ペルシアへの遠征を控えた彼がカリアの総督を味方に引き入れようとしたというのは十分に考えられる。ピクソダロスは、おそらく、前三四〇年のペリントス包囲戦の際にアルタクセルクセス三世に命じられてペリントスを支援した小アジアの総督の一人だったのだろう。その後、彼はアルタクセルクセス三世の死去に続く混乱に乗じて自立姿勢を強めていき、フィリッポスの申し出に応じたのではないか。

ともあれ、どちらの発案だったにせよ、この婚姻同盟は両者にとって魅力的なものだったに違いない。にもかかわらず、それが失敗に終わったのはなぜなのか。プルタルコスは、アレクサンドロスの横槍によって失敗したように描いて父子の不和を強調しているが、実際には、即位したばかりのダレイオス三世の差し金だったと考えることもできる。

前三三六年、暗殺されたアルセス（アルタクセルクセス四世）に代わって即位した傍系のダレイオス三世は、アルタクセルクセス三世の死去以来の紊乱を収拾し、エジプトの反乱を制圧するとともに、小アジア一帯に再び強大な権威を打ち立てた。これにより、小アジアで順調に成果を挙げていたマケドニアの先発部隊も大きく後退を強いられ、最終的にヘレスポントス海峡に面したロイテイオンまで撤退している。ダレイオス三世が即位したのが前三三六年のどの時点だったのかは不明だが、フィリッポスが暗殺される同年秋より前だったとすれば、ピクソダロスとフィリッポスの婚姻同盟を阻止したのも、小アジアへの支配強化を図るダレイオス三世の政策の一環だったのではないかと推測できる。というのも、ピクソダロスの娘は、ペルシアの有力貴族のオロントバテスと結婚したと伝えられているのである。オロントバテスは、義父となったピクソダロスと共同統治を行い、前三三五年頃にピクソダロスが没すると、カリア総督の地位を継承したという。ピクソダロスの娘とオロントバテスの結婚がいつのことだったのかは正確にはわからないが、即位したダレイオス三世がすぐさまオロントバテスを送り込み、ピクソダロスとフィリッポスの同盟を未然に防いだと見ることも可能だろう。

暗殺者パウサニアスの動機

こうして、いよいよ、本書の冒頭で見たフィリッポスの暗殺の日を迎えることになる。フィリッポスは、自身の娘クレオパトラとモロッソス王アレクサンドロスの婚礼の祝典で側近護衛官のパウサニアスに刺殺され、四六年の生涯を閉じた。前三三六年秋のことである（前三三六年初夏と見るのが従来の通説だが、近年は、婚礼の祝典はマケドニアの新年を祝う祭りと同時に執り行われたとして、前三三六年秋と見るのが主流になっている）。

暗殺の経緯を詳しく伝えているディオドロスは、暗殺者パウサニアスの動機について、次のように語っている（『歴史叢書』一六巻九三章三節―九四章二節）。

パウサニアスはその美貌ゆえにフィリッポスの愛人となっていたが、同名のパウサニアスという青年にフィリッポスの寵が移ったことを妬み、そのパウサニアスを公然と侮辱した。侮辱されたパウサニアスはそれに耐えきれず、まもなくイリュリアとの戦闘において自ら死を選んだ。この死んだパウサニアスの友人がアッタロスで、彼はその復讐を果たすため、手下の者たちにパウサニアス（暗殺者）を凌辱させた。パウサニアスはアッタロスから受けた仕打ちについてフィリッポスに訴えるが、フィリッポスは新妻の後見人であるアッタロスを処罰せず、パウサニアスを側近護衛官に取り立てて宥めようとした。しかし、パウサニアスはアッタロスが何の咎めも受けなかったことに恨みを募らせ、フィリッポスの暗殺に及んだ。

これが、ディオドロスの伝える暗殺の背景である。つまり、パウサニアスの動機は個人的な恨みであり、フィリッポス暗殺は、いわゆるアヴェンジャー（復讐者）型犯罪だったことになる。

それにしても、ディオドロスの記事に信を置くとして、パウサニアスの恨みは、なぜ彼を凌辱した張本人であるアッタロスではなく、フィリッポスに向けられたのか。フィリッポスの暗殺当時、アッタロスは先発部隊の指揮官として小アジアにいたので、復讐しようにもできなかったわけだが、パウサニアスがフィリッポスに恨みを向けた理由は、おそらくそれだけではない。マケドニアのエリート男性にとって同性によるレイプが極めて屈辱的なものだったこと、そして、王と相互依存関係にあるヘタイロイの名誉を守るのは王の義務であるにもかかわらず、フィリッポスがアッタロスを処罰せず、その義務を怠ったことが、パウサニアスの強い恨みの背後にあったと考えられる。フィリッポスの暗殺は、一種の「名誉殺人（honor killing）」だったのである。

そして、パウサニアスはだからこそ、フィリッポスが自らの権威を国内外に向けて誇示する盛大な祝典の場を暗殺の舞台に選んだのだろう。側近護衛官という立場なら、他にいくらでも機会はあったはずだが、パウサニアスがあえて祝典の場で暗殺を決行したのは、マケドニアのエリート社会の縮図である狩猟とシュンポシオンがしばしば王暗殺の舞台になったのと同じように、相応の意味があったと見るべきである。

「黒幕」の存在

右のように、ディオドロスは暗殺者パウサニアスに強い個人的な動機があったと伝えているが、パウサニアスは、ローンオフェンダー（単独の攻撃者）だったのだろうか。彼を背後で操ったり、そそのかしたりした人物がいたのではないか。フィリッポスの暗殺に関して最も議論を呼んでいるのが、そうした「黒幕」の存在についてである。

フィリッポス暗殺の真相をめぐっては、すでに事件当時から様々に取り沙汰され、アレクサンドロスとオリュンピアスがパウサニアスを背後で操ったという噂が広まっていたことが、ローマ時代の史料からうかがえる。これまでの研究では、パウサニアスの単独犯行と見る説と、彼の背後に「黒幕」がいたとする説に大きく二分されている。その「黒幕」の正体については諸説入り乱れており、アレクサンドロスとオリュンピアスだったとする説が有力であるものの、アテネの反マケドニアの政治家やペルシア王が仕組んだ国際的な策謀だったという説や、パウサニアスが上部マケドニアのオレスティスの出身であることから、上部マケドニアのヘタイロイによる組織的なクーデターだったと見る説もある。

最も注目を集めているのは、アレクサンドロスの「関与」についてである。アレクサンドロスは、果たして、父の暗殺に関わっていたのだろうか。これまでフィリッポスの事実上の後継者として順調に歩んできたアレクサンドロスだが、ここへきて、父の暗殺に加担するほどにまで追い詰められていたのだろうか。

このときアレクサンドロスが抱えていたと思われる不安材料について、研究者たちは様々な推測をめぐらしている。父の新妻クレオパトラが男児を産むことに怯え、さらに、自分を侮辱した憎きアッタロスが先発部隊の指揮官になり、めざましい出世を遂げたことにも焦りを募らせたのだろう。また、前王ペルディッカス三世の息子アミュンタス四世をライバルとして警戒していたらしい。この時期、フィリッポスはアミュンタス四世を自身の娘キュンナと結婚させており、そのこともアレクサンドロスの不安を煽ったのかもしれない。

とはいえ、客観的に見れば、これらは暗殺の「動機」としては弱いように思える。前三三七年のフィリッポスの結婚を祝う宴での一件以来、父子関係が破綻していたことを強調する研究者が多いが、実のところ、二人の関係がどのようなものだったのかはよくわかっていない。祝宴での一件ののち、アレクサンドロスが母を連れてマケドニアから出奔したのも、父との間に決定的な亀裂が入ってのことではなく、祝宴での父の言動をたしなめるための、一種のパフォーマンスだったのかもしれない。これまで、フィリッポスはアリストテレスを招いてアレクサンドロスに帝王教育を施し、トラキア遠征中に国事を委ね、カイロネイアの会戦においても重要な役割を任せるなど、彼を自らの後継者として扱ってきた。仮にクレオパトラが男児を産んだとしても、その子がアレクサンドロスのライバルになるのは十数年後のことである。それまでは、フィリッポスにとって後継者たりうる健常者の息子は自分だけであり、慎重なフィリッポスがペルシアへの遠征を控えた大事な時期にその自分を切り捨てるはずがないということを、アレクサンドロスはよく承知していたのだろう。

フィリッポスにしても、暗殺の日の祝典ではアレクサンドロスを従えて劇場に入場しており（四頁参照）、彼を王位継承から排除するつもりなど毛頭なかったように思える。フィリッポスがアッタロスを先発部隊の指揮官に任命したのも、出奔していたアレクサンドロスが帰国するにあたってアッタロスを遠ざけておこうという、父親としての配慮からだったのかもしれない。結果として、フィリッポスの暗殺時にアッタロスが不在だったことは、アレクサンドロスの王位継承に有利に働くことになるのだが。

オリュンピアスの「関与」についても、様々な議論がある。オリュンピアスの故国モロッソスは上部マケドニアのオレスティスと関係が深かったので、そのオレスティス出身のパウサニアスをオリュンピアスが操っていたと想定する研究者もいる。ローマ時代の史料には、オリュンピアスが暗殺に加担したことをあからさまににおわす記述が見られるが、こうした記述の多くは、後継者戦争期にカッサンドロスがオリュンピアスを中傷するために流したプロパガンダに由来するものであるらしい。

結局のところ、アレクサンドロスとオリュンピアスが暗殺の「黒幕」だったという確たる証拠はない。フィリッポスの突然の死で結果的に得をしたのは、王位を手に入れたアレクサンドロスと、王母という権威を獲得したオリュンピアスだったのは確かだが、暗殺への二人の「関与」を学問的に論証するのは不可能と言ってよい。そもそも、二〇世紀のケネディ暗殺事件にしても、暗殺の実行犯はまもなく殺害されてしまってその背後関係は闇のなかなのだから、二三〇〇年以上も前の暗殺事件の真相など、とうてい解き明かせるものではないのかもしれない。

史料のバイアス

フィリッポスの暗殺をめぐって、もう一つ触れておきたいのは、暗殺事件を伝える史料のバイアスについてである。

プトレマイオスがアレクサンドロス二世を殺害したり、そのプトレマイオスをペルディッカス三世が殺害したり、といった権力の座を奪うための暗殺と異なり、アルケラオスやフィリッポスの事例のような、個人的な恨みによるアヴェンジャー型の暗殺の場合、史料においては、その恨みの原因となった王のヒュブリス（傲慢）がことさら強調されている。つまり、暴君（僭主）がヒュブリスゆえに恨みを買って天罰が下る、というお決まりのパターンとして語られているのである。

こうした言説は、すでに同時代のアリストテレスの作品に見られる。アリストテレスは、支配者のヒュブリスが復讐を生んだ例をいくつか挙げるなかで、三人のマケドニア王（フィリッポス、小アミュンタス、アルケラオス）の暗殺の事例について語っている（『政治学』一三一一Ｂ）。フィリッポスの場合は、「アッタロスとその一派によって彼〔パウサニアス〕が侮辱されるのを黙認したこと」がそのヒュブリスであり、それゆえに暗殺された、というのである。

アリストテレスは、フィリッポスの暗殺についてはこれ以上の説明をしていないが、ローマ時代の史料ではフィリッポスのヒュブリスがさらに詳述されていく。ディオドロスは、先に見たように、パウサニアスの訴えを取り合わなかったフィリッポスのヒュブリスの背景に両者の同性愛関係のもつれがあったことを詳しく語っており、ユスティヌスも、パウサニアスはフィリッポスに訴えるも、「いろいろ言われて、待たされ、嘲笑され、引き延ばされ、そのうえ、敵《かたき》が将軍となる名誉を与えられた」ためにフィリッポスに仇討ちをした、と述べて彼のヒュブリスを強調している（『フィリッポス史』九巻六章八節）。

ヒュブリスゆえに殺害されたという、こうしたお決まりのパターンとしてのフィリッポス暗殺の描かれ方は、四一年に起きたローマ皇帝カリグラの暗殺とよく似ていることが、すでにローマ帝政期の文人たちによって指摘されている。暴君として名高いカリグラを殺害したカッシウス・カエレアは、皇帝警護を任務とする近衛隊副官で、常日頃からカリグラに侮辱されていたことを恨みに思い、パラティウム祭という盛大な祝祭のさなかに大勢の人々の面前でカリグラの暗殺に及んだという。つまり、暴君が側近護衛官の強い恨みを買い、祝祭の場において衆人環視のなかで暗殺されるというのは、当時のローマの人々にとって馴染みのある筋書だったのである。ローマの文人たちがフィリッポス暗殺の物語をローマの読者にわかりやすいように語るなかで、ヒュブリスゆえにフィリッポスに天罰が下るというアリストテレスに始まる言説がさらに磨き上げられていったのだろう。

「同性愛のもつれ」という物語

そして、ディオドロスの記述に見られるように、そうした王のヒュブリスが同性愛をめぐる言説と分かちがたく結びついていることにも注目したい。

マケドニア王の暗殺の背景に同性愛関係があったという言説は、先に触れたアリストテレスの『政治学』にすでに現れている。彼は、三人のマケドニア王の暗殺についての一節で、小アミュンタスは「若いデルダスの肉体を弄んだことを自慢した」がゆえに殺害され、アルケラオスは「彼との性交をいつも耐えがたく思っていた」クラタイアスによって殺害されたと述べ、どちらの事例も同性愛関係が暗殺の原因になったと語っている（フィリッポスの事例については同性愛関係には触れていない）。マケドニア王の暗殺を同性愛と結びつけるこうした言説は、ローマ時代になるとさらに加速する。東方遠征中に企てられたいくつかのアレクサンドロス暗殺の陰謀の背景にも、陰謀を企てた者同士の同性愛関係があったことが繰り返し語られるのである。

マケドニア王の暗殺（とその未遂事件）をめぐって、なぜ、かくも繰り返し同性愛の描写が現れるのか。これまでの研究では、マケドニアのエリート社会に同性愛が広く浸透していたからこそ、同性愛関係がしばしば王暗殺にまで発展したと理解されてきた。そうしたマケドニアの状況を「制度化された同性愛」と呼ぶ研究者もいる。マケドニアの「制度化された同性愛」が「制度化された王殺し」に至った、というのである。ただし、マケドニアにおける同性愛についての史料は、そのほとんどが王の暗殺がらみのものである。とすると、マケドニア王の暗殺の背景に同性愛があったと語られるのは、マケドニアに同性愛が広く浸透していたからというより、暗殺事件の描写において同性愛の言説が作為的に繰り返されたからだと考えることもできる。

というのも、暴君（僭主）の暗殺の背景に同性愛があったという筋書は、ギリシア・ローマの文人たちが好む物語の一つだからである。マケドニア王の事例のみならず、フェライの僭主アレクサンドロスも妻の末弟と同性愛関係にあり、それが彼の暗殺の背景になったと伝えられている。そうした言説の原点は、おそらく、アテネの僭主殺害者のエピソードだろう。前五一四年、僭主政下のアテネにおいて、アリストゲイトンとハルモディオスという二人の市民が僭主ヒッピアスの弟ヒッパルコスを殺害した。これによってアテネの僭主政が終わったわけではないが、この二人は、その後の民主政のアテネにおいて、僭主政治を打倒した「僭主殺害者」として称えられるようになる。この一件について、トゥキュディデスは、アリストゲイトンらがヒッパルコスを殺害したのは、アリストゲイトンの愛人のハルモディオスにヒッパルコスが横恋慕したことによる三角関係のもつれゆえだった、と語っている（『歴史』六巻五四―五九章）。そうしたヒッパルコス殺害の背景が事実だったのかどうかはさておき、同性愛のもつれによる僭主殺害の物語は、以後、ローマ時代に至るまで繰り返し語られることになるのである。

このように、好色な暴君（僭主）が同性愛のもつれから殺害されるという物語がローマ時代に広まっていたことを考えれば、フィリッポスの暗殺の背後に同性愛関係があったという言説も、そうしたお決まりの物語として編み上げられたものだと見るべきかもしれない。

そしてまた、マケドニア王の暗殺の背景として描かれる同性愛がそうしたお決まりの物語だったなら、結局、マケドニアにおける同性愛の実態を見極めるのは、途方もなく難しいことになる。マケドニアではポリス世界と同様に男性同士の同性愛が社会の重要な絆だったと考えられてきたが、マケドニアにおける同性愛についての史料は、王の暗殺がらみのものを除くと、フィリッポスとモロッソスのアレクサンドロス（二八六頁参照）、アレクサンドロス（大王）と彼の側近ヘファイスティオンといった、ごくわずかな事例に限られる。これらの事例について触れているのは、いずれもローマ時代の史料であり、近年は、この二例もマケドニア王のヒュブリスを強調するための創作だったと見る研究者が多い。実のところ、マケドニアにおける「制度化された同性愛」は、ローマ時代に生まれたフィクションだったのかもしれない。

ともあれ、今日においても興味の尽きない研究テーマであるフィリッポスの暗殺事件は、史料における種々のバイアスについて考えるための、まさに格好のトピックなのである。

フィリッペイオン

フィリッポスは、こうして唐突に生涯を閉じるが、その彼が手がけた最後のモニュメントが、オリュンピアの神域に建つフィリッペイオンである。

二世紀のローマの文人パウサニアスは、フィリッポスがカイロネイアの会戦後にオリュンピアの神域に円形堂フィリッペイオンを建立したこと、その内部にフィリッポス、アレクサンドロス、オリュンピアス、およびフィリッポスの両親のアミュンタス三世とエウリュディケの五体の像が安置されていたことを伝えている（『ギリシア案内記』五巻二〇章九―一〇節）。これらの像は、いずれも当代随一の彫刻家レオカレスの手になるもので、黄金象牙造りだったという。

一八七七年、こうしたパウサニアスの証言と整合する円形堂の遺構がオリュンピアの神域で発見された。レオカレスの手になる黄金象牙造り、と伝えられる五体の群像は全て跡形なく失われ、像が並べられていた円弧形の台座の一部と円形堂の三層の基壇が残っているにすぎない。

オリュンピアの神域の目抜きの場所に造営されたフィリッペイオンは、断片的に残る建築部材から、一八本のイオニア式円柱を周囲に配し、内壁には九本のコリントス式の半円柱を施した、直径一五・二五メートルの瀟洒な円形堂だったことが判明している。かつては、この円形堂はフィリッポス

図37　オリュンピアの神域に造営されたフィリッペイオン
2004年のアテネオリンピックに向けての遺跡の再建事業により、３本のイオニア式円柱とアーキトレーヴの一部が復元されている

の暗殺までに工事が完了せず、アレクサンドロスの手で完成したと考えられていたが、近年は、フィリッポスの存命中に完成したと見るのが主流である。おそらく、フィリッポスは前三三八年秋にペロポネソスに軍を進めた際にオリュンピアを訪れ、前三三六年夏のオリュンピア祭で披露するために円形堂の建造を命じたのだろう。

現存しない五体の群像がどのように配置されていたのかは定かでないが、向かって左から、オリュンピアス、アレクサンドロス、フィリッポス、アミュンタス三世、エウリュディケの順に並んでいたと推測されている。円弧形の台座に据えられたこの家族群像は、アミュンタス三世からフィリッポス、アレクサンドロスへと至る王家の血統の連続性をアピールするモニュメントであり、円形堂という構造も、そうした群像を効果的に見せるためのしかけだったのだろう。

フィリッペイオンをめぐって最も議論を呼んでいるのは、パウサニアスが黄金象牙造りと伝える、その群像についてである。黄金象牙造りというのは、通常は神像に用いられる贅を尽くした技法であることから、フィリッペイオンの群像は神像・礼拝像だったと見るのが通説となっていた。つまり、晩年のフィリッポスは、オリュンピアで自身と家族を神として祀ることを企てていたと考えられてきたのである。

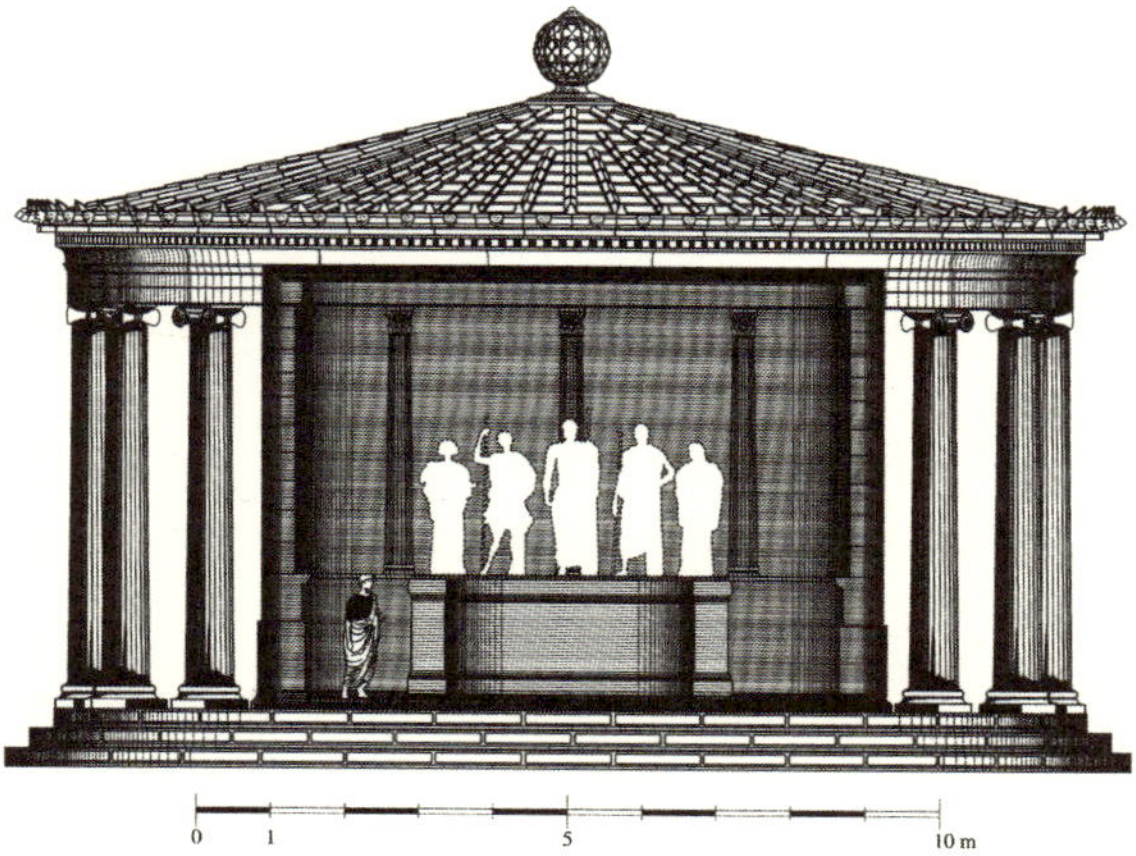

図38　フィリッペイオンの断面図

ここで、マケドニア王の神格化について説明しておこう。人間を礼拝の対象とする権力者崇拝の研究においてとりわけ関心を集めてきたのは、ヘレニズム時代の君主礼拝やローマ皇帝礼拝の起源とされるアレクサンドロスの神格化だが、フィリッポスやそれ以前のマケドニア王の神格化についても多くの議論がある。前五世紀のマケドニア王に関してはそうした事例は知られていないが、アミュンタス三世については、ピュドナに彼のために建てられたアミュンティオンという神殿があったと伝えられている。第３章で触れたように、ピュドナは前四一〇年頃にアルケラオスの手で数キロ内陸に移されたが、近年の発掘調査により、前四世紀の第二四半期から旧市に人々の居住が見られることが明らかになっている。とすると、その旧市を再建したのがアミュンタス三世であり、彼は、そうした功績ゆえにピュドナで崇拝されていたのかもしれない。

フィリッポスについても、トラキアに建設されたフィリッポイとフィリッポポリスで崇拝を受けていたことを示唆する碑文史料がある（彼の生前か死後かは不明）。こうしたアミュンタス三世やフィリッポスの事例は、いずれも、都市の側が支配者に対して行ういわゆる「下から」の神格化だが、もしフィリッペイオンの群像が神像・礼拝像だったとすると、晩年のフィリッポスは、オリュンピアで自身と家族の礼拝、すなわち「上から」の神格化を企てていたことになる。

ただし、二一世紀になって、フィリッペイオンの台座に残る彫像台石跡の詳細な調査により、五体の群像は黄金象牙像ではなく大理石像だったことが明らかになっている。おそらくは群像が鍍金されていたために、パウサニアスが黄金象牙像と見間違えたらしい。とはいえ、これによってフィリッペイオンの群像が神像・礼拝像だったという見方が否定されるわけではない。神像・礼拝像が全て黄金象牙像であるわけではないので、黄金象牙像でないことは、神像・礼拝像でないことの証明にはならないのである。

結局、現存しないフィリッペイオンの群像が神像・礼拝像だったかどうかを判断するのは困難だが、パウサニアスが見間違えたように黄金象牙像であるかのごとく作られた鍍金像だったとすると、これらは、あたかも神像のごとく見えるよう、すなわち、神像に近いモニュメントとして機能するように意図して作られた群像だったことになる。

フィリッポスがめざしていたのは直接的な神格化ではなかったとしても、この円形堂には、自らの神性をほのめかしつつ、自身が神に近い存在であることをギリシア世界に向けて視覚的に印象づけようとする、晩年の彼の野望が込められていたのだろう。本書の冒頭で見たように、フィリッポスは暗殺の日の祝典行列において自身の像をオリュンポスの一二神の像と並べて牽かせたと伝えられるが、これも、そうした彼の野望の現れである。自己演出に長けたフィリッポスは、ギリシアの覇者の座に上りつめたのち、ペルシアを討つという次なる計画の遂行を前に、自らの超越的な権威をこのように効果的に演出したのである。

そしてまた、そうしたモニュメントが、ほかならぬオリュンピアの神域に造営されたということも見逃してはならない。これまで見てきたように、アレクサンドロス一世の時代から、マケドニア王家の眼差しはオリュンピアで催される「ギリシア人の祭典」への参加と、その参加に象徴されるギリシア世界への本格的な参入に向けられていた。パンヘレニックな神域オリュンピアに堂々と打ち立てられたこの印象的な円形堂は、ギリシアの覇者として君臨するフィリッポスの威信のシンボルであるとともに、歴代のマケドニア王たちの野望が凝縮された、マケドニア王国の発展の終着点とも言うべきモニュメントだったのである。

3　父と子

アレクサンドロスの即位

フィリッポスの死去にともない、マケドニア王の座は、弱冠二〇歳のアレクサンドロスの手中に帰した。彼は、父の忠臣アンティパトロスと、小アジアに派遣されていた先発部隊の指揮官を務めるパルメニオンの支持を取りつけることに成功した。この二人の長老格の重臣を後ろ楯としたことが、アレクサンドロスの王権の安定に決定的な意味を持ったのである。

新王アレクサンドロスにとっての急務は、国内の反対勢力を根絶することだった。彼は前三三四年春に東方遠征に出発するまでの一年半ほどの間に、後述するバルカン各地の反乱の制圧と並行して、反対派の王族やヘタイロイを次々に殺害していった。

このとき王位をめぐる最大のライバルとなったのは、従兄弟のアミュンタス四世である。フィリッポスの即位時にはまだ幼少だったアミュンタス四世は、今や三〇歳を超え、フィリッポスの娘キュンナを娶り、血統は申し分ない。アミュンタス四世自身が王位への野心を持っていたことを示す史料はないが、フィリッポス暗殺後の混乱のなかで、彼を担ぎ出そうとするヘタイロイも少なからずいたのだろう。アレクサンドロスは、アミュンタス四世に反逆の罪を着せて処刑した。

上部マケドニアのリュンケスティス出身のヘロメネスとアラバイオスという兄弟も、フィリッポス暗殺の共犯者の名目で処刑されている。この兄弟は、リュンケスティスの旧王族だったらしい。第4章で触れたように、アルケラオス暗殺後の混乱期に王位に就いたアエロポスは、リュンケスティスの王族だった可能性がある。その後、アミュンタス三世がリュンケスティスの王女エウリュディケを娶り、その息子たちが順に王位を継いだことで、リュンケスティスの王族もマケドニア王家の王位継承に関与するようになっていたのかもしれない。だとすると、アレクサンドロスがヘロメネスとアラバイオスを処刑したのも、王位をめぐるライバルの排除だったことになる。

当時パルメニオンとともに先発部隊を率いて小アジアにいたアッタロスは、前年の祝宴での騒動以来、アレクサンドロスにとって最も手強い仇敵だったが、アレクサンドロスは小アジアに側近の一人を差し向け、アッタロスを暗殺させた。アッタロスはパルメニオンの娘婿にあたるが、パルメニオンは私情を捨ててアッタロスの殺害を黙認したという。アッタロスは、このときペルシア王やアテネの反マケドニア派と結託してアレクサンドロスに挑もうとしていたと伝えられるが、こうした伝承は、アッタロスの殺害を正当化するためにアレクサンドロスが流したプロパガンダに由来すると考えられている。アッタロスの姪クレオパトラは、フィリッポスの暗殺の数日前に娘エウロパを出産していたが、この娘ともども、オリュンピアスによって殺害された。

こうして、アレクサンドロスはライバルを徹底的に排除するという父の方針にならい、自らの王権の基盤を固めていったのである。ライバルや反対派にフィリッポス暗殺の共犯の罪を着せることは、彼らを粛清する格好の口実であるとともに、自身にかけられた暗殺への関与の嫌疑を晴らすうえでも有効だったのだろう。

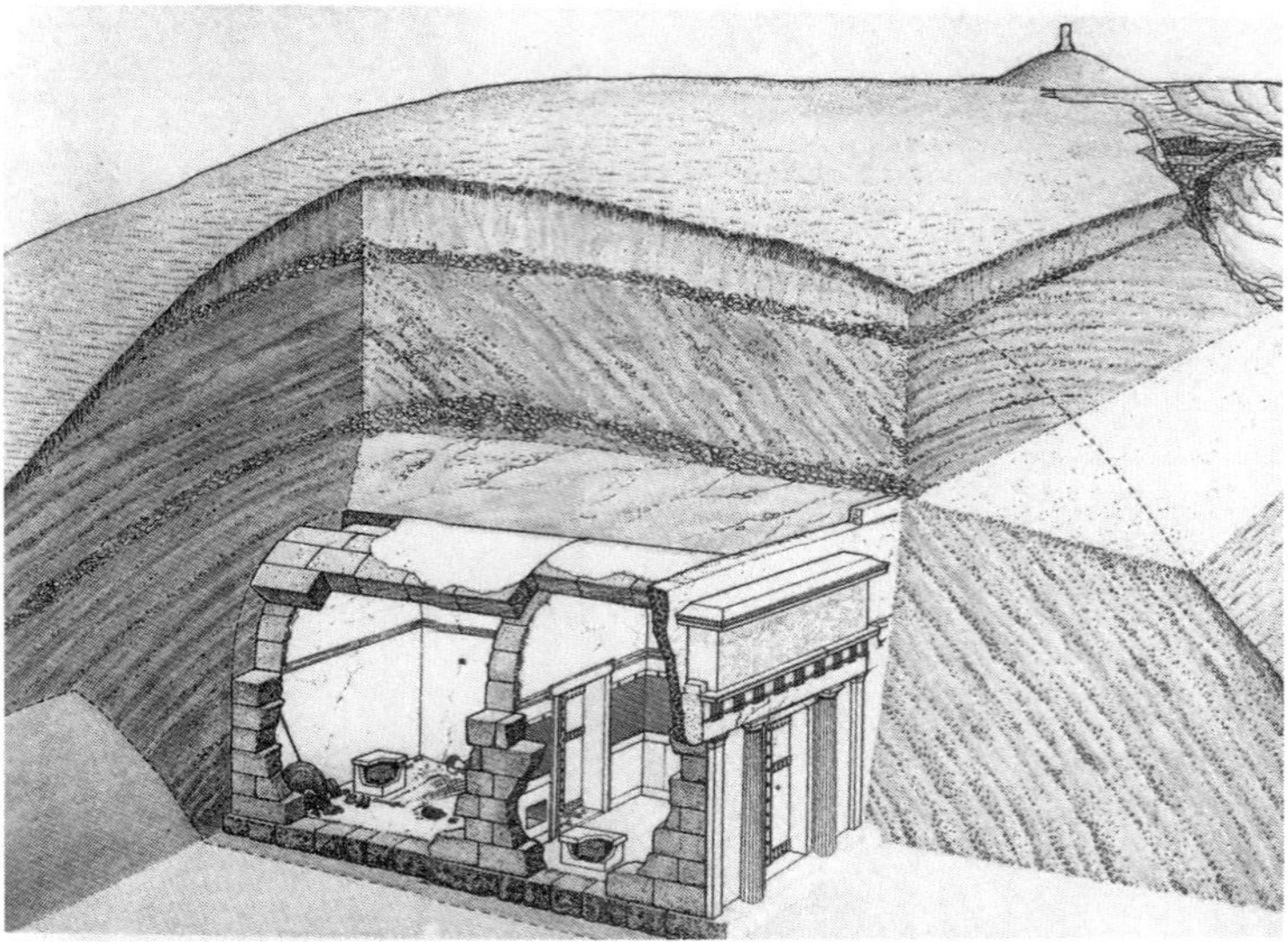

図39　ヴェルギナ２号墓の模式図

ヴェルギナ2号墓の被葬者

アレクサンドロスにとってもう一つの急務は、父フィリッポスの葬儀を執り行い、自らを父の後継者として国内外にアピールすることだった。彼は、古都アイガイにある歴代のマケドニア王の墓所に父を手厚く葬ったという。ディオドロスは、アレクサンドロスが「可能な限りの配慮を尽くして父の葬儀を執り行った」と伝えているが（『歴史叢書』一七巻二章一節）、そのフィリッポスの墓が一九七七年にヴェルギナで見つかった2号墓であるのかをめぐって、発見以来延々と議論が続いている。

本書の冒頭で触れたように、2号墓は、M・アンズロニコスがヴェルギナの巨大な墳丘の内部から発見した未盗掘のマケドニア式墳墓（半円形のヴォールト天井とギリシアの神殿建築を模したファサードを特徴とする墓室墓）である。2号墓は二室構造で、その主室と前室から男女二体の火葬骨が見つかり、アンズロニコスは、これをフィリッポスと彼の最後の妻クレオパトラのものだと発表して大きな反響を巻き起こした。しかし、その直後から異論が噴出し、アレクサンドロスの死後に王位に就いたアリダイオスとその妻アデアを被葬者とする説が強力に唱えられるようになった。以来、現在に至るまで、陶器、銀器、武具等の副葬品の年代推定、墓の正面に施されたフレスコ画の解釈、出土した火葬骨の人類学的分析などを焦点として、この二つの説の間で多岐にわたる議論が展開されてきたが、論争はいまだ決着を見ていない。

図40　ヴェルギナ2号墓の主室から出土した黄金製のラルナクス（骨箱）
アイガイ（ヴェルギナ）考古学博物館蔵

ちなみに、2号墓のような豊かな副葬品をともなう大型墓の造営は、前六世紀以降薄葬化していくポリス世界とは対照的であることがしばしば指摘されている。マケドニア人にとって、死は死後の世界での生活に至る通過点であり、それゆえ、豪華な墓を造営し、死後の生活のための様々な必需品を副葬したのである。冥界と関わりの深い神ディオニュソスの信仰がマケドニアで盛んだったこと、墓室の壁画や床モザイクなどに冥界の女王ペルセフォネの姿が好んで描かれたことも（**図41**）、死後の世界での安寧を求めるマケドニア人の心性の現れである。

2号墓の被葬者論争については、ここでは細かい議論には立ち入らないが、私自身は、アンズロニコスが唱えたようにフィリッポスの墓である可能性が高いと考えている。2号墓には、(1)他の二室構造のマケドニア式墳墓と異なり、主室と前室の両方で埋葬が行われていること、(2)二体の人骨の遺存状態に著しい差があること（主室の男性の人骨は極めて丁寧に扱われてほぼ完存しているが、前室の女性の人骨は細片化している）、(3)主室と前室の内壁の仕上げが人骨の状態の差と対照的であること（主室の内壁は粗末な漆喰塗りだが、前室の内壁は上質の塗りで入念に仕上げられている）、といった異例の特徴が認められる。これらの点は、主室と前室の埋葬に時間差があったことを示しており、フィリッポス暗殺のしばらくあとにオリュンピアスによって殺害されたクレオパトラをアレクサンドロスが父の墓に追葬したという状況に符合すると考えられるからである（詳しくは、拙著『古代マケドニア王国史研究』付章参照）。

2号墓がフィリッポスの墓であるとすれば、この豪華な墓の造営は、フィリッポスの暗殺後の動乱においてアレクサンドロスが自らを父の正統な後継者としてアピールするために行った、政治的なデモンストレーションの一環だったことになる。また、2号墓のファサードに施されたみごとなフレスコ画からも、アレクサンドロスが込めたメッセージを読みとることができる。この巨大なフレスコ画（縦一・一六メートル、横五・五六メートル）には、一〇人の男たちがライオン・熊・猪・鹿の狩りに興じる場面が描かれており（**図42**）、右から三人目の、ライオンにとどめの一撃を加えようとしている

図41　ヴェルギナ1号墓の内壁の壁画
ギリシア神話の「ハデスによるペルセフォネの誘拐」の場面が描かれている

馬上の人物が被葬者のフィリッポス、そして、画面中央の最も目立つ位置で馬に乗って槍を構えている若者がアレクサンドロスだと考えられている。アレクサンドロスは、父の墓のファサードを飾る狩猟画の中央に自身の姿を配し、自らが父の後継者であることをアピールしたのだろう。さらに、フィリッポス暗殺へのアレクサンドロスの関与が取り沙汰されるなかで、自身が父と協力して獲物を倒す場面を描くことによって、そうした噂を払拭しようとしたのかもしれない。

なお、アンズロニコスは一九七七年から翌年にかけてヴェルギナの大墳丘で2号墓を含む三基の墓を発見したが、小規模な石櫃式墳墓（箱型墓）の1号墓は完全に盗掘されており、墓室床面に散乱した状態で見つかった三体の人骨（成人男

図42　狩猟画が施されたヴェルギナ2号墓のファサード（復元図）

性、若い女性、胎児もしくは新生児）以外に、被葬者の特定につながる手がかりは残されていなかった。2号墓をアリダイオスの墓と見る研究者たちの一部は、この1号墓こそがフィリッポスとクレオパトラ、およびその子供（エウロパ）の墓だと唱えた。しかし、二〇一四年に、1号墓には先の三体を含め、少なくとも八体の人骨が納められていることが明らかになったため、1号墓がフィリッポスの墓であるとする説は力を失っている。

2号墓と同じく未盗掘で発見されたマケドニア式墳墓の3号墓からは、一三～一六歳の少年の火葬骨が出土している。この年齢に該当するマケドニア王は、前三一〇年頃に一三～一四歳でカッサンドロスに殺害されたアレクサンドロス四世しかいないため、3号墓は彼の墓と見るのが通説となっている。

バルカン各地の反乱

一方、フィリッポス暗殺の報は、バルカン各地でマケドニアからの離反の動きを引き起こした。カイロネイアでの惨敗から二年、フィリッポスの突然の死が、一度はマケドニアの軍門に降ったギリシアの人々の目にその支配を脱する好機と映ったのは当然だろう。フィリッポスはカイロネイアでの勝利後、テーベ、コリントス、カルキス、アンブラキアにマケドニアの駐留軍を置いていたが、テーベやアンブラキアではその駐留軍が追放された。アレクサンドロスがコリントス同盟の総帥の地位を引き継ぐことを拒否する都市も相次ぎ、同盟は自然解体の兆しを見せ始めた。

こうした不穏な動きが拡がるなか、アレクサンドロスはただちに精鋭部隊を率いて南下し、各地の騒擾を次々と鎮めていった。彼はコリントス同盟会議を招集し、自らをギリシアの全権将軍に任命すること、ペルシアへの遠征を共同で遂行することを決議させた。フィリッポスの死によって一時は頓挫したかに見えたペルシア遠征計画は、ここから、アレクサンドロス自身の計画として新たなスタートを切ることになる。

同じ頃、ギリシア北部の情勢も緊迫の度を増していた。マケドニアに戻ったアレクサンドロスは、冬の間に軍備を整え、前三三五年春、一万五〇〇〇人の軍勢を率いてトラキアに進軍した。この大規模な遠征は、東方遠征への出発を目前に控えての実戦訓練であり、また、即位したばかりのアレクサンドロスにとって、マケドニア人将兵の信頼を勝ちえるための絶好の機会でもあった。遠征はドナウ川を越える大がかりなものとなり、トラキア系諸部族の離反の動きをことごとく圧するに至った。前三三九年にフィリッポスを襲撃したトリバロイ人を撃ち破ったのも、このときのことである。

トラキアの反乱を制したアレクサンドロスは、今度はイリュリア人が蜂起したとの報を受け、ただちに軍を南西に進めてこれを平定した。同じ頃、ギリシア中・南部ではアレクサンドロスが北部の激戦で戦死したという噂が流れ、テーベはマケドニアの駐留軍を包囲して反乱の火蓋を切った。

イリュリア遠征からの帰途、テーベの反乱の報に接したアレクサンドロスは、およそ四〇〇キロの道程を全速力で駆け抜けて南下し、ただちにテーベに進撃した。激しい攻防戦の末、テーベ市内は血みどろの修羅場と化し、マケドニア軍による凄惨な無差別殺戮が繰り広げられた。

テーベを完全に制圧したアレクサンドロスは、すぐさまコリントス同盟会議を開き、テーベに対する処分の決定を同盟に委ねた。実際に会議に集まったのは、かつてテーベに苦しめられたボイオティアの人々が中心で、アレクサンドロスの意を受けて、極めて苛酷な処分が下された。ペルシア戦争においてテーベがペルシアに与したことも、そうした厳罰の理由とされた。アレクサンドロスは、父が掲げたペルシア戦争の報復という大義を、ここでも前面に押し出したのである。テーベは徹底的に破壊され、三万人を超えるテーベ人が奴隷として売却された。

ちなみに、このときアレクサンドロスがテーベを厳罰に処したのには、他にも理由があったらしい。この時期、テーベがアミュンタス四世と接触していたことを示唆する碑文史料が残っており、これを根拠に、テーベはアミュンタス四世を擁立することを画策していたと見る説がある。だとすると、強力なライバルであるアミュンタス四世と連携するテーベはアレクサンドロスにとって重大な脅威であり、だからこそ、彼はテーベを徹底的に破壊したのだろう。イリュリアから全速力でテーベに向かったのも、そうしたアレクサンドロスの危機感の現れのようにも思える。前三四八年にフィリッポスがオリュントスを破壊したのは、オリュントスが彼の二人の異母兄弟を匿ったことが背景となっていたが、アレクサンドロスも、王位継承のライバルを支援した都市を徹底的に叩きつぶすという父の方針にならって行動したのかもしれない。

このように、アレクサンドロスはライバルや反対派をことごとく排除して国内の紛乱を収めるとともに、文字通り東奔西走しながら各地の離反の動きを鎮め、マケドニアの覇権が依然として揺るぎないものであることをギリシア世界にまざまざと見せつけた。フィリッポスの暗殺に続く国内外の危機をみごとに乗り切ったこうした彼の才腕がなければ、マケドニアはアルケラオス暗殺後のような混乱に陥り、フィリッポスが築き上げた覇権も、あっけなく瓦解してしまっていたことだろう。

このあと、アレクサンドロスは再度コリントス同盟会議を招集し、ペルシアへの遠征軍の出発をあらためて正式に決定した。ギリシア諸都市には派遣部隊が割り当てられ、出発は翌前三三四年春と決まった。

こうして、アレクサンドロスは空前の大遠征の途に就くことになる。

フィリッポスが暗殺されなかったら

それにしても、もしフィリッポスが前三三六年に暗殺されていなかったら、その後の歴史は、いったいどのように動いただろうか。

人類史における諸文明の盛衰のパターンを論じた大著『歴史の研究（*A Study of History*）』（全一二

巻、一九三四～六一年）で名高いイギリスの歴史家A・J・トインビーには、突然の最期を迎えたアルタクセルクセス三世、フィリッポス、アレクサンドロスの三人がもしも生きながらえていたら、と想定して以後の歴史の展開を論じた長大なエッセイ（一九六九年）がある。このエッセイの前半で、トインビーは、前三三八年と前三三六年にそれぞれ暗殺されたアルタクセルクセス三世とフィリッポスがもしも天寿を全うしていたとしたら、という仮定のもとに空想をめぐらしている。

前三三六年のフィリッポス暗殺計画は事前に発覚し、共謀を疑われたアレクサンドロスはマケドニアから亡命する。彼は叔父のモロッソス王アレクサンドロスとともにフィリッポスに戦いを挑むが、失敗に終わる。フィリッポスは息子アレクサンドロスを処刑し、さらに、逃亡したモロッソス王アレクサンドロスを追ってイタリアに攻め込み、前三三五年にはイタリア半島全体がフィリッポスの傘下に入る。前三三三年、フィリッポスはいよいよペルシア遠征に出発し、ペルシアに対するエジプトの反乱を支援してエジプトを独立させたのち、ユーフラテス川を国境とすることでアルタクセルクセス三世と合意する。これ以降、フィリッポスは小アジアやシリアに多くの都市を建設し、前三二五年にアルタクセルクセス三世が没するまで、両者の協力関係が続く。その後、彼はイリュリアの開拓に没頭し、こうして、エーゲ海域を核としてイリュリアからユーフラテス川に至る広大な帝国が出現する。前三〇二年、フィリッポスはクレオパトラとの間に生まれた息子アミュンタス五世にこの大帝国を遺し、八〇年の生涯を閉じる——と、トインビーの空想はとめどなく拡がっていく。

もしも、フィリッポスが生きながらえていたら。トインビーに限らず、多くの歴史家たちがこうした空想の虜になってきた。もし、フィリッポスがペルシアへの遠征を実行していたとしたら、彼は、いったいどれほどの領土を征服しただろうか。

アレクサンドロスは、結果的にインダス川に至るまでの広大な領域を制圧したが、歴史家たちの多くは、フィリッポスの計画は実際のアレクサンドロスの遠征よりもはるかに限定的で控え目なものだったと見る。確かに、冷静で現実的な政略家であり、常に緻密な計算に基づいてギリシア征服を進めたフィリッポスの方針を顧みれば、そんな彼が、実効的に統治するにはどう見ても巨大すぎるペルシア帝国の全領土の征服をめざしていたとは考えにくい。小アジアのエーゲ海沿岸一帯か、イソクラテスの『フィリッポスに与う』にも現れる「キリキアからシノペまで（小アジア一帯をさす）」、あるいは、トインビーが空想したようにユーフラテス川以西の領土の征服が、フィリッポスにとって現実的な目標だったのではないか。

「最後のマケドニア王」とも言うべきフィリッポスは、あくまでもマケドニア王国の国策の枠内でペルシアへの遠征を考え、エーゲ海域を核とする強大な「マケドニア帝国」の樹立を構想していたのだろう。

エピローグ

「マケドニアの王」から「アジアの王」へ

前七世紀の建国以来のマケドニア王国の歩みをたどる本書は、「最後のマケドニア王」たるフィリッポス二世の死をもって一区切りとなる。このあとは、アレクサンドロスの東方遠征の進展にともなって、舞台はバルカンを遠く離れ、果てしなく東へと拡がっていく。そのプロセスは、もはや実質的には「マケドニア王国の歴史」とは呼びがたいが、エピローグとして、アレクサンドロス死後の後継者戦争の渦中でマケドニア王家が滅亡するまでの過程を概観しておこう。アレクサンドロスの東方遠征については日本語で読める概説書も多いので、ここでは簡潔にとどめたい。

前三三四年春、アレクサンドロスはアンフィポリスに集結した大軍を率い、父フィリッポスが打ち出したペルシア戦争の報復戦という大義を掲げて遠征に出発した。アカイメネス朝ペルシアを討つ、一〇年に及ぶ東方遠征の幕開けである。遠征出発時の兵力は、コリントス同盟軍を含め、歩兵約三万二〇〇〇人、騎兵約五〇〇〇人と推定され、その主力はフィリッポスが作り上げた精強なマケドニア軍だった。出発にあたり、アレクサンドロスは重臣アンティパトロスをマケドニア本国の代理統治者に任命して後事を託し、歩兵一万二〇〇〇人、騎兵一五〇〇人を彼のもとに残した。

小アジアに渡ったアレクサンドロスは、二年前に送り込まれた先発部隊と合流し、前三三四年五

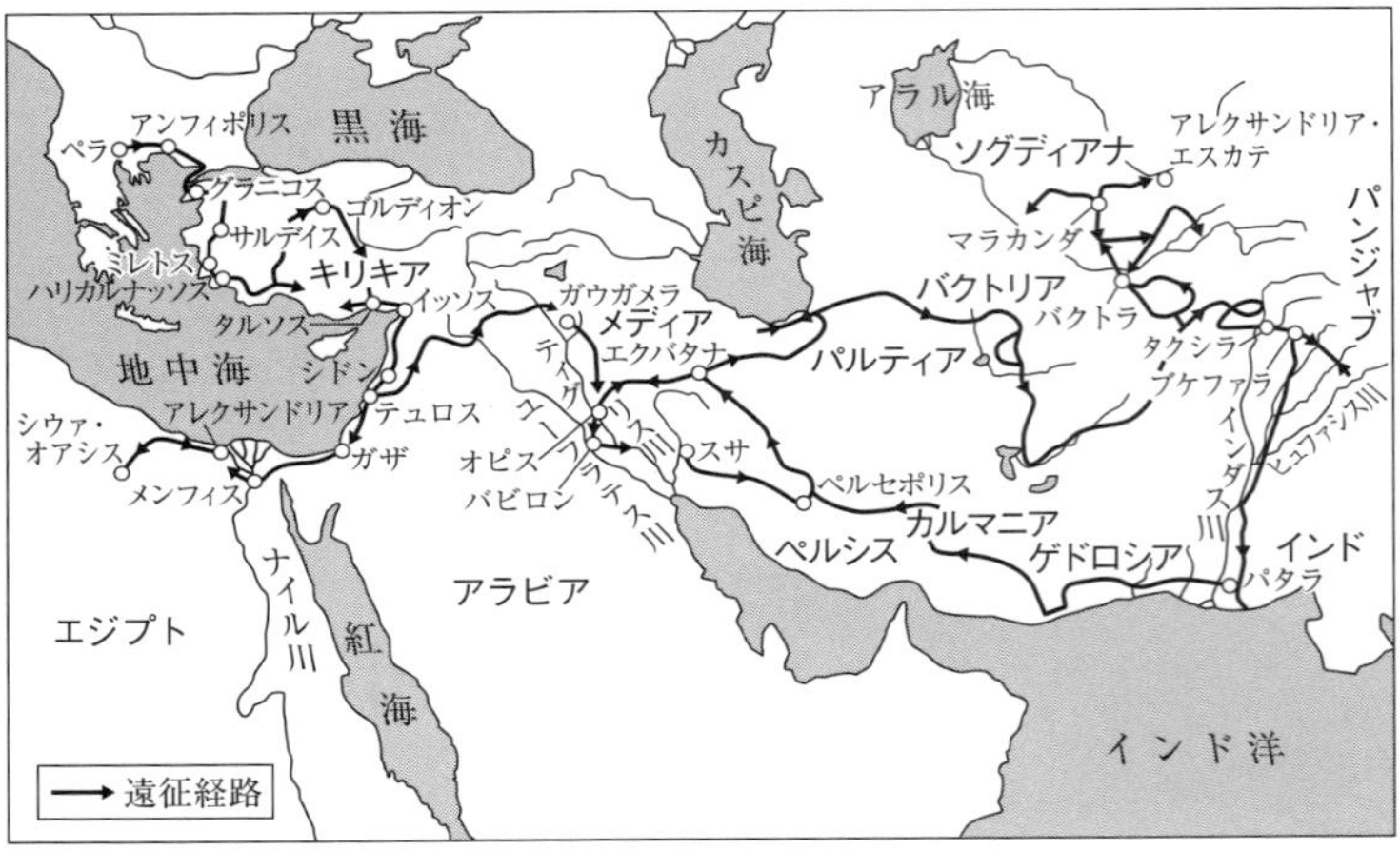

図43　アレクサンドロスの東方遠征

月、グラニコス河畔の会戦で小アジア各地の総督たちが率いるペルシア軍を撃ち破った。こうして最初の勝利を飾った彼は、小アジアの拠点であるサルデイスを占領し、沿岸部のギリシア人都市をペルシアの支配から次々に解き放っていく。ちょうどこの時期にエーゲ海で強力なペルシア艦隊を率いてアレクサンドロスの後方を攪乱したのが、かつてマケドニアの宮廷に滞在していたロドスのメムノン（三一五頁参照）である。

アレクサンドロスはペルシア帝国の中心部をめざして東へと進撃し、前三三三年秋、イッソスの会戦でダレイオス三世自らが率いるペルシア軍を降した。彼はダレイオス三世が申し出た講和条件を一蹴し、これ以降、次第に「アジアの王」としての自覚を強めていく。続いて、南へ軍を進めてフェニキア地方を手中に収め、さらに前三三二年末にはエジプトの無血占領を果たし、これをもって東地中海域一円の征服が完了を見た。

前三三一年秋、ティグリス河畔のガウガメラでダレイオス三世の大軍と再度対決したアレクサンドロスは、圧倒的な勝利を挙げてアカイメネス朝の支配を事実上崩壊させるに至った。その後、アカイメネス朝の都であるバビロン、スサ、ペルセポリス、パサルガダイ、エクバタナを次々に占領し、莫大な財貨を接収する。彼は遠征開始当初からペルシアの総督制を踏襲して征服地の統治を進めていたが、バビロンを占領して以降、ペルシア人を積極的に登用し、ペルシアの旧支配層と協調する新たな政策路線を展開していった。

前三三〇年夏、アカイメネス朝の都を全て掌握したアレクサンドロスは、ペルシア討伐という所期の目標を達成したことを宣言し、コリントス同盟軍の動員解除に踏み切った。一方、ガウガメラで敗れたのちエクバタナに落ち延びていたダレイオス三世は、帝国東部での巻き返しを図って東へ進発したが、側近のバクトリア総督ベッソスらの裏切りに遭って殺害された。アレクサンドロスはダレイオス三世の遺骸を丁重に葬り、自らがアカイメネス朝の正統な継承者であることを鮮明に打ち出した。彼は以後、先王を殺害した逆臣ベッソスを誅伐するという新たな大義を掲げ、アカイメネス朝の旧領の東半分へと進撃していく。その頃、ギリシアでは、コリントス同盟にも加盟せず孤立を守っていたスパルタが前三三一年に王アギス三世のもとで反乱を起こしたが、翌年、アンティパトロスによって鎮圧された。

中央アジアのバクトリアとソグディアナへと進んだアレクサンドロスは、前三二九年夏にベッソスを捕捉して処刑したのちもソグディアナの住民の抵抗に苦しみ、その鎮定に丸二年を費やした。東方遠征の全過程を通じて最も苦戦を強いられたこの時期、住民を大量に殺戮する凄惨な殲滅戦が各地で繰り広げられた。ようやくこの地域を制圧した彼は、前三二七年春にソグディアナの豪族の娘ロクサネを妻に迎えた。

続いて、アレクサンドロスはインドへ向けて進発する。前三二六年五月、インダス川の支流ヒュダスペス川の河畔でパンジャブ地方の王ポロスの大軍を撃ち破り、東方遠征最後の大会戦となるこの戦闘も勝利で飾った。彼はなおも東へと軍を進めるが、同年七月、インダス川の東端の支流であるヒュファシス川でついに反転するに至った。

遠征軍はこうして帰路に就くが、インダス川流域の各地で帰順を拒否する住民たちとの激戦が続き、さらにゲドロシア砂漠を越える悲惨な行軍でおびただしい数の犠牲者が出た。前三二四年二月、ようやくペルシアの旧都スサに帰り着いたアレクサンドロスは、不在の間に不正を働いていた総督たちを粛清したのち、新たな統治体制の構築に取りかかる。彼はペルシア王の娘であるスタテイラとパリュサティスを娶り、名実ともに、アカイメネス朝の正統な継承者として君臨した。

アレクサンドロスはバビロンを自身の帝国の首都に定め、次なる計画としてアラビア半島の周航遠征の準備に着手する。しかし、その遠征出発を目前にした前三二三年六月、バビロンで熱病に倒れ、帰らぬ人となった。三二歳と一一ヵ月。王位にあること一三年だった。

「ヘラクレスの血筋」の断絶

アレクサンドロスの唐突な死は、彼の「後継者《ディアドコイ》」を称する数々の武将たちによる熾烈な跡目争いを引き起こした。「後継者戦争」と呼ばれる、激動の時代の始まりである。ペルディッカス、アンティパトロス、カッサンドロス、ポリュペルコン、アンティゴノス、デメトリオス、プトレマイオス、リュシマコス、セレウコス、エウメネスらの錯綜した抗争は、アレクサンドロスの広大な遺領を舞台に、およそ半世紀にわたって続いた。

アレクサンドロスが急死したのち、武将たちの協議の末、彼の死後にロクサネが産んだアレクサンドロス四世と、フィリッポス二世の息子で知的障害のあったアリダイオス（フィリッポス三世と改名）が共同統治を行うことになり、ペルディッカスが両王の摂政として第一の地位を占めた。これ以降、統治能力のない二人の王に代わり、武将たちが帝国の実権をめぐって競い合い、最も強力となった武将に対して他の武将たちが共同戦線を張るという構図が繰り返されていく。その激しい抗争のなかで、武将たちはフィリッポス二世とアレクサンドロスの名声や威信を頼りに生き残りを図り、彼らとの絆を喧伝して自己の権力の正統性を打ち立てようとした。ペルディッカスとプトレマイオスが自身の手でアレクサンドロスを埋葬しようと企て、彼の遺骸を奪い合ったのも、その一例である。一方、ギリシアでは、前三二三年秋にアテネをはじめとする諸都市が最後の反マケドニア闘争となるラミア戦争を起こしたが、翌年夏、マケドニア軍に屈した。

前三二一年にペルディッカスが遠征先のエジプトで没したのち、摂政の地位を獲得したアンティパトロスは、二人の王を連れてマケドニア本国に帰還した。前三一九年、高齢のアンティパトロスが息子のカッサンドロスを差しおいてポリュペルコンを後継の摂政に指名して病死すると、カッサンドロスはアンティゴノス、プトレマイオス、リュシマコスと同盟してポリュペルコンに立ち向かった。カッサンドロスはフィリッポス三世の妻アデア（エウリュディケと改名）と手を結び、対するポリュペルコンはアレクサンドロス四世とその祖母オリュンピアスを味方につけ、両者の抗争は王家を二分する形で繰り広げられた。

そうしたなかで、オリュンピアスは前三一七年にフィリッポス三世とエウリュディケを殺害して王家の実権を握るが、カッサンドロスに攻められて翌年に処刑された。カッサンドロスは、フィリッポス三世とエウリュディケを古都アイガイに丁重に葬ったのち、フィリッポス二世の娘テッサロニケ(ニケシポリスとの間の娘)と結婚して自らの権力基盤を固めた。さらに、彼は邪魔な存在となったアレクサンドロス四世を母ロクサネとともにアンフィポリスに幽閉し、その後、前三一〇年頃に二人をひそかに殺害した。その事実はしばらく伏せられていたが、やがてアレクサンドロス四世の死が公になると、武将たちは前三〇六年頃から次々に王を名乗り、こうして後継者戦争は新たな段階へと突入していく。

このように、後継者戦争の渦中でフィリッポス三世とアレクサンドロス四世がともに殺害されるに及んで、前七世紀から続くマケドニア王家はついに滅亡するに至るが、その血の行方をもう少し見ておこう。

アレクサンドロスのもう一人の息子で、王家の先祖に因んで名づけられたヘラクレス(愛人バルシネとの間の息子)は、父の死後、母とともに小アジアのペルガモンに隠棲していたが、前三〇九/八年、彼をマケドニア王に担ぎ出そうとする企てのなかでポリュペルコンによって殺害された。フィリッポス二世の四人の娘のうち(二二九頁の表1参照)、クレオパトラの娘エウロパは、前三三六年、生まれてまもなく母ともどもオリュンピアスによって殺害されたが(四一九頁参照)、残る三人は、いずれも後継者戦争のさなかに非業の死を遂げている。アウダタの娘キュンナは、夫アミュンタス四世の処刑後、未亡人となっていたが、前三二二年、娘のアデアをフィリッポス三世に嫁がせることを企ててマケドニア本国からバビロンに向かい、その途上でペルディッカスの弟アルケタスに殺害された。アレクサンドロスの実妹クレオパトラは、夫のモロッソス王アレクサンドロスが前三三四年にイタリアに遠征して以降、摂政としてモロッソスの国事をあずかっていたが、前三三一／〇年に夫が戦死したのちマケドニアに帰国した。後継者戦争が始まると、彼女は小アジアのサルディスでアンティゴノスの監視下に置かれ、前三〇八年、脱出を図った際に彼の指示により殺害された。そして、カッサンドロスの妻となったテッサロニケは、三人の息子に恵まれ、唯一安定を手に入れたかに見えたが、前二九七年にカッサンドロスが没したのち、その運命は暗転する。後を継いだ長男フィリッポスがまもなく病死すると、次男アンティパトロスと三男アレクサンドロスが対立し、兄弟の争いのなかで彼女は次男の手で殺害されるという最期を迎えた。次男と三男も、その後、それぞれリュシマコスとデメトリオスによって殺害されている。

こうして、アレクサンドロス（大王）の「後継者」を称する武将たちのめまぐるしい争覇戦の渦中で、英雄ヘラクレスに連なるとされたマケドニア王家の血を引く人々は、皆、あえなく姿を消すことになったのである。

結びにかえて——現代のマケドニア

マケドニア王家の血統にとどめをさした後継者戦争は、武将たちがフィリッポス二世やアレクサンドロスとの絆、つまりは古代マケドニアの栄光との連続性を喧伝しながら繰り広げた抗争である。この熾烈な後継者戦争を彷彿させる、古代マケドニアの栄光の争奪戦が、アレクサンドロス四世の死による王家の滅亡からちょうど二三〇〇年ののち、現代のバルカンで再燃した。一九九一年のマケドニア共和国（現・北マケドニア共和国）の独立に端を発し、バルカンにおける国際紛争の焦点として浮上した「マケドニア問題」である。

「マケドニア」とは、どの地域をさすのか。これは、今日に至るまでの世界史のなかで重い意味を持つ問いである。第1章で述べたように、古代以来、「マケドニア」という名称には時代により常に異なる領域が重ねられてきた。オスマン帝国の支配下に置かれた近代のマケドニアは多民族の混住する世界となり、一九世紀以降、マケドニアの獲得をもくろむバルカン諸国の間で激しい武力抗争が続いた。「マケドニア問題」は、もともとは、こうしたマケドニアの領有をめぐって繰り広げられた民族闘争のことで、いわゆる「東方問題」の一環をなすものである。

二〇世紀に入ると、マケドニアは二度のバルカン戦争を経てギリシア、セルビア、ブルガリアの三国によって分割されるが、第二次世界大戦後も、マケドニアの領有問題はギリシア、ユーゴスラヴィア、ブルガリア、アルバニアの間の紛争の火種となっていた。今日、広義のマケドニアは、ギリシア、ブルガリア、アルバニア、コソヴォ、北マケドニア共和国の五ヵ国にまたがる領域をさす。マケドニア共和国とギリシアの間の国名争議を核とする現代の「マケドニア問題」の背景には、こうした複雑な事情がある。

一九九一年、ユーゴスラヴィアの分裂にともなってマケドニア共和国が独立すると、同国の領土拡張の野心を警戒するギリシアは、「マケドニア」の名称はギリシアに固有のものであるとして、ただちに国名の変更を要求した。マケドニア共和国が独立当初、古代マケドニアのシンボルである「ヴェルギナの星（もしくは太陽）」を国旗の意匠に用いたことも、両国の対立を加速させた（**図44**）。一九九三年、マケドニア共和国は「マケドニア旧ユーゴスラヴィア共和国（ＦＹＲＯＭ）」という暫定名称で国連に加盟するが、古代マケドニアの栄光を自分たちのものと考えるギリシア人の強い国民感情を背景に、ギリシアはマケドニア共和国が「マケドニア」を名乗ることに対して強硬な反対姿勢を貫き、両国の緊張関係が続いた。

そうしたなかで、マケドニア共和国とギリシアの双方ともアレクサンドロスを自国のシンボルとして掲げ、彼を激しく奪い合うようになる。この時期、ギリシアの貨幣や切手にはアレクサンドロスの肖像が盛んに用いられ、両国それぞれを支持して世界各地で行われたデモでは、アレクサンドロスに扮した人物が人々を先導する光景もしばしば見られた。

古代ギリシア文明を最も誇るべき過去とする現代のギリシアの人々にとって、アレクサンドロスは、その輝かしい過去を象徴する英雄である。他方、新興のマケドニア共和国は、そのアレクサンドロスが体現する古代マケドニアの栄光との連続性に自らのアイデンティティの拠り所を求めた。このように、両国は「マケドニア」の名称、「ヴェルギナの星」、そしてアレクサンドロスという、二三〇〇年以上も昔の、古代マケドニアの「偉大な過去」の争奪戦を繰り広げたのである。

図44　マケドニア共和国の国旗
マケドニア共和国は独立の翌年、「ヴェルギナの星」を国旗に採用したが（上）、ギリシアの強い抗議を受けて1995年に国旗の意匠を変更した（下）

　こうした両国の争いは、二一世紀になって様々なレベルでエスカレートした。二〇〇六年一二月、マケドニア共和国は首都スコピエの空港を「スコピエ・アレクサンドロス大王空港」と改称し、これは、すでに一九九二年にカヴァラ空港を「カヴァラ・アレクサンドロス大王空港」と改称していたギリシアとの新たな衝突を生んだ。二〇〇八年四月にマケドニア共和国のＮＡＴＯ加盟がギリシアの強硬な反対によって否決されると、マケドニア共和国では反ギリシア世論が激化し、翌二〇〇九年一月、同国内を南北に走る幹線高速道路が「マケドニアのアレクサンドロス道路」と改称された。同

図45　スコピエのフィリッポス２世像（左）とアレクサンドロス像（右）

年二月には、スコピエ最大のスタジアムが「フィリッポス二世国立競技場」と改称されている。

さらに二〇一一年六月、マケドニア共和国の首都整備計画の要として、スコピエ中心部のマケドニア広場に高さ二四メートルもの巨大なアレクサンドロスの騎馬像が設置された。数百万ユーロの巨費を投じたと報じられる、同国の国威をかけた大事業であり、ただちにギリシアから強い抗議を受けた。二〇一二年五月には、さらに巨大な、高さ二九メートルものフィリッポス二世の立像がヴァルダル川を挟んだマケドニア広場の対岸に設置されている。現代のバルカンの国際政治においては、二三〇〇年以上も前のマケドニア王が、今なお、強靱な生命力を持って生き続けているのである。

両国の争いは、国連の断続的な調停にもかかわらず、一向に打開策を見出せぬまま近年まで膠着状態が続いていたが、二〇一七年五月、マケドニア共和国でこの紛争の解決に積極的な立場をとるマケドニア社会民主同盟のザエフを首相とする連立政権が成立したことで、事態は大きな進展を見せた。二〇一四年から中断していた国連による調停も再開し、二〇一七年末から二〇一八年初頭にかけて両国の首脳会談が相次いで開かれた。マケドニア共和国はアレクサンドロスの名前を冠した空港や幹線高速道路の名称を再び変更するなどの歩み寄りの姿勢を示し、二〇一八年六月、マケドニア共和国の国名変更についての両国の合意が成立した。その後、国民投票が不成立になるなど、マケドニア共和国の政情の混乱のために難航したものの、二〇一九年一月、同国は正式に「北マケドニア共和国」に国名を変更し、二〇二〇年三月には、それまでギリシアの反対によって実現しなかった念願のNATO加盟も果たしている。古代マケドニアの「偉大な過去」をめぐる両国の争いが根本的に解決したわけではないが、こうして、三〇年近くに及んだ国名争議に一応の終止符が打たれたのである。

この長きにわたる古代マケドニアの「偉大な過去」の争奪戦は、歴史研究にも大きく影を落としてきた。ヴェルギナの発掘で知られる考古学者M・アンズロニコス（一九九二年没）がギリシアの最高位のフェニックス勲章を授章し、各地に像が建てられるなど、その晩年に極端に英雄視されたのも、「マケドニア問題」の影響が大きい。ヴェルギナの発掘で輝かしい成果を挙げた彼は、古代マケドニアの栄光がギリシアのものであることを実証した英雄として称えられたのである。

また、二〇〇九年五月に二〇〇人にのぼる世界中の西洋古代史研究者がアメリカのオバマ大統領に宛てて発表した公開書簡は、歴史家たちの「マケドニア問題」への参戦として話題を呼んだ。二〇〇四年にブッシュ前大統領がマケドニア共和国を公式に承認したことに強く抗議する彼らは、「マケドニア」という名称はギリシアに固有のものであること、アレクサンドロスは純粋なギリシア人であることを強調し、マケドニア共和国の人々が「マケドニア」を名乗るのは「歴史的真実の捏造」であり、「アレクサンドロス大王の盗用」にほかならない、と糾弾したのである。この公開書簡への賛同者はその後三七〇人にまで達し、ギリシア人研究者はもちろんのこと、欧米の錚々たる歴史家が数多く名を連ねていた。

第2章で見たように、マケドニア人がギリシア人だったのか、マケドニアの言語がギリシア語だったのかは、長年、歴史家たちの活発な議論の的となってきたが、この古くからの論争も、「マケドニア問題」のなかでますます過熱している。マケドニア人は純粋なギリシア人であり、マケドニアの言語もギリシア語である、と強硬に主張するギリシア人研究者も多い。

マケドニア史研究は、一九世紀以来、常に同時代の政治的文脈に置かれてきたが、二一世紀の現在も、バルカンの生々しい国際政治と分かちがたく絡み合っている。「歴史とは現在と過去の間の終わりのない対話である」というE・H・カーのフレーズはあまりにも有名だが、古代マケドニアの歴史は、そうした現在と過去の往還の、まさしく好例と言えるだろう。

＊　＊　＊

最後に私事にわたるが、本書が生まれるまでの経緯を振り返っておきたい。

いつか古代マケドニアの通史を書きたい、と漠然と思うようになったのは、修士論文に取り組んでいた一九九〇年代初頭のことである。本書で述べたように、一九八〇年代以降、欧米ではマケドニア史研究が著しい活況を見せている。そんなマケドニア史研究の興隆期に大学院に進学した私は、欧米の研究の勢いに大きな刺激を受け、卒業論文で扱ったアレクサンドロスの時代のアテネ政治史から、フィリッポス二世の治世のマケドニア史へと研究テーマをシフトした。原随園先生の『アレクサンドロス大王の父』（新潮選書、一九七四年）を古書店で見つけて読んだのも、ちょうどその頃のことである。本書の第1章でも触れたように、この本は「フィリッポス礼賛」の色合いの濃いフィリッポスの評伝であるが、彼の事績に注目してアレクサンドロスへの継承を説くという点で、その後の欧米の研究潮流をある意味で先取りした、先駆的な著作と評することができる。この本を初めて手にしたとき、一九七四年の時点でこうした書物が日本で出版されたことに驚きながらも、欧米における一九八〇年代以降のめざましい研究の進展を踏まえた本格的なマケドニアの通史がいずれ日本にも現れるだろうと確信し、そして、いつか私がそれを書けたら、と夢想したのである。

当時は、私自身の研究テーマがフィリッポスの治世だったこともあり、マケドニアの通史といっても、フィリッポスの評伝に近いものを念頭に置いていた。その後、フィリッポス以前のマケドニア史に関心の幅を拡げていくなかで、前七世紀の建国からアレクサンドロスの東方遠征へと至るマケドニア史の連続性という文脈で捉えることの重要性を痛感し、フィリッポスのギリシア制覇に結実するマケドニア王国の歴史を長いタイムスパンで描きたいと思うようになった。

もっとも、原先生は傘寿のお年で『アレクサンドロス大王の父』を刊行なさったので、私もその年齢になるまでに刊行できれば、と漠然と考えていた。また、若い頃の私は、日本でもマケドニア史研究が盛んになる未来を思い描いていたため、誰かがマケドニアの通史を書いてくれるかもしれないという期待も持っていた。しかし、二一世紀の現在、ますます研究が盛り上がっている欧米とは対照的に、日本では、アレクサンドロス以前のマケドニア史研究に取り組む現役研究者は私一人である。となると、やはり私が書くしかない、しかし果たして需要があるのだろうか、と自問自答を繰り返すなかで、本書を執筆する大きな契機となったのが、右に見た、三〇年にわたって続いた「マケドニア問題」の収束である。

私が初めてギリシアに滞在したのは一九九五年夏のことで、ちょうど、マケドニア共和国との争いがかなり先鋭化していた時期だった。当時、市街のあちこちにMacedonia is GreeceやNo <Macedonia> for Slavsといったスローガンを掲げたポスターやステッカーが貼られ、街全体に騒然とした空気が漂っていた。このときのギリシア滞在で「マケドニア問題」の重みをひしひしと肌で感じるに至った私は、以来、この紛争の推移を注視しつつマケドニア史研究に取り組み、大学の講義でもたびたび取り上げてきた。おかげで、ともすれば現代との接点を見失いがちな古代史分野において、現代史へのコミットメントを常に意識しながら研究を進めることができた。

その「マケドニア問題」も、二〇一九年一月、ようやく一応の解決を見た。当初は、両国の争いがこれほど長く続くとは予想もしていなかったが、こうして国名争議がまがりなりにも収束したことで、これまでの三〇年を振り返るうちに、マケドニアの通史を書くという若き日の夢が心のなかで大きく膨らんできたのである。

この三〇年来の研究成果を研究書として刊行することも私の長年の「宿題」となっていたため、二〇二〇年の暮れ、まずはその作業に取りかかった。コロナ禍で在宅時間が増えたことも幸いして、二〇二二年秋に『古代マケドニア王国史研究――フィリッポス二世のギリシア征服』(東京大学出版会)として何とか上梓することができ、その後、二〇二三年夏から少しずつ書き進めてきたのが本書である。当初の原稿の分量は膨大なものとなったが、最終的に三分の二ほどに減らして現在のような形にまとめた。フィリッポス以前の時代にも力点を置くこと、マケドニア史の連続性を重視すること、そして、研究者たちが限られた史資料と格闘しながらマケドニア史を再構成してきたプロセスにも焦点を当て、マケドニア史研究の最前線を描き出すことをめざして執筆したつもりである。また、執筆が進むにつれ、これは、単にマケドニア王国の歴史であるにとどまらず、従来はもっぱらアテネの視点から描かれてきたギリシア世界の歴史をマケドニアの視点から見るという、「もう一つのギリシア史」としての意義もあるのではないかと思うようになった。

もともと、出版の当てもなく書き始めた原稿だったが、アレクサンドロス以前のマケドニアという、日本では「ニッチ」な分野の本書をこのような形で刊行することができたのは、講談社選書メチエ編集部の栗原一樹さんのおかげである。栗原さんのご尽力に、心より感謝の意を表したい。なお、講談社からは、古代マケドニアを舞台とする岩明均さんの歴史漫画『ヒストリエ』が刊行されており、私自身も連載が始まった二〇〇三年から愛読しているが、つい先頃、ファン待望の五年ぶりの最新巻（12巻）が発売された。そのタイミングで講談社からマケドニアの通史を刊行できたことも、『ヒストリエ』の一ファンとして、ひそかに嬉しく思う次第である。

古代マケドニアは、面白い。本書は、そんな思いに突き動かされて書き上げたものである。本書を手にとって下さった読者の皆さんにその面白さの一端を伝えることができれば、これにまさる喜びはない。

二〇二四年七月　　　　澤田典子

主な参考文献

●本文中で使用した碑文集の略号

IG = *Inscriptiones Graecae*, Berlin, 1873–.

OR = R. Osborne & P. J. Rhodes eds., *Greek Historical Inscriptions, 478–404 BC*, Oxford, 2017.

RO = P. J. Rhodes & R. Osborne eds., *Greek Historical Inscriptions, 404–323 BC*, Oxford, 2003.

SEG = J. J. E. Hondius et al. eds., *Supplementum Epigraphicum Graecum*, Amsterdam, 1923–.

Tod = M. N. Tod ed., *A Selection of Greek Historical Inscriptions*, 2 vols, Oxford, 1933–1948.

●欧文文献

Adams, W. L. & Borza, E. N. eds., *Philip II, Alexander the Great and the Macedonian Heritage*, Washington DC, 1982.

Andronicos, M., *Vergina: The Royal Tombs and the Ancient City*, Athens, 1984.

Anson, E. M., *Philip II, the Father of Alexander the Great: Themes and Issues*, London, 2020.

Archibald, Z. H., *The Odrysian Kingdom of Thrace: Orpheus Unmasked*, Oxford, 1998.

———, *Ancient Economies of the Northern Aegean: Fifth to First Centuries BC*, Oxford, 2013.

Ashley, J. R., *The Macedonian Empire: The Era of Warfare under Philip II and Alexander the Great, 359–323 B.C.*, Jefferson, 1998.

Aston, E., *Blessed Thessaly: The Identities of a Place and Its People from the Archaic Period to the Hellenistic*, Liverpool, 2024.

Beck, H. & Funke, P. eds., *Federalism in Greek Antiquity*, Cambridge, 2015.

Beckwith, C. I., *The Scythian Empire: Central Eurasia and the Birth of the Classical Age from Persia to China*, Princeton, 2023.

Borza, E. N., *In the Shadow of Olympus: The Emergence of Macedon*, Princeton, 1990.

———, *Before Alexander: Constructing Early Macedonia*, Claremont, 1999.

Brosius, M., *A History of Ancient Persia: The Achaemenid Empire*, Hoboken, 2021.

Buckler, J., *The Theban Hegemony, 371-362 BC*, Cambridge MA, 1980.

———, *Philip II and the Sacred War*, Leiden, 1989.

———, *Aegean Greece in the Fourth Century BC*, Leiden, 2003.

Cargill, J., *The Second Athenian League: Empire or Free Alliance?*, Berkeley, 1981.

———, *Athenian Settlements of the Fourth Century B.C.*, Leiden, 1995.

Carney, E. D., *Women and Monarchy in Macedonia*, Norman, 2000.

———, *Olympias: Mother of Alexander the Great*, New York, 2006.

———, *King and Court in Ancient Macedonia: Rivalry, Treason and Conspiracy*, Swansea, 2015.

———, *Eurydice and the Birth of Macedonian Power*, New York, 2019.

Carney, E. & Ogden, D. eds., *Philip II and Alexander the Great: Father and Son, Lives and Afterlives*, Oxford, 2010.

Cawkwell, G., *Philip of Macedon*, London, 1978.

———, *The Greek Wars: The Failure of Persia*, New York, 2005.

Cunliffe, B., *The Scythians: Nomad Warriors of the Steppe*, Oxford, 2019.

Danforth, L. M., *The Macedonian Conflict: Ethnic Nationalism in a Transnational World*, Princeton, 1995.

Dascalakis, Ap., *The Hellenism of the Ancient Macedonians*, Thessaloniki, 1965.

Drougou, S. & Saatsoglou-Paliadeli, Ch., *Vergina: The Land and Its History*, Athens, 2005.

Ellis, J. R., *Philip II and Macedonian Imperialism,* London, 1976.

Errington, R. M., *A History of Macedonia,* trans. by C. Errington, Berkeley, 1990.

Fündling, J., *Philipp II. von Makedonien,* Darmstadt, 2014.

Gabriel, R. A., *Philip II of Macedonia: Greater than Alexander,* Washington DC, 2010.

Ginouvès, R. ed., *Macedonia: From Philip II to the Roman Conquest,* Princeton, 1994.

Hall, J. M., *Hellenicity: Between Ethnicity and Culture,* Chicago, 2002.

Hamilakis, Y., *The Nation and Its Ruins: Antiquity, Archaeology, and National Imagination in Greece,* Oxford, 2007.

Hamilton, J. R., *Plutarch: Alexander,* 2nd ed., London, 1999.

Hammond, N. G. L., "The Two Battles of Chaeronea (338 B.C. and 86 B.C.)", *Klio* 31, 1938, pp. 186–218.

———, *Epirus: The Geography, the Ancient Remains, the History and the Topography of Epirus and Adjacent Areas,* Oxford, 1967.

———, *A History of Macedonia, Vol. I: Historical Geography and Prehistory,* Oxford, 1972.

———, *The Macedonian State: The Origins, Institutions and History,* Oxford, 1989.

———, *Philip of Macedon,* Baltimore, 1994.

Hammond, N. G. L. & Griffith, G. T., *A History of Macedonia, Vol. II: 550–336 B.C.*, Oxford, 1979.

Hammond, N. G. L. & Walbank, F. W., *A History of Macedonia, Vol. III: 336–167 B.C.*, Oxford, 1988.

Hansen, M. H. & Nielsen, T. H. eds., *An Inventory of Archaic and Classical Poleis,* Oxford, 2004.

Harris, E. M., *Aeschines and Athenian Politics,* New York, 1995.

Hatzopoulos, M. B., *Actes de vente d'Amphipolis, Meletemata* 14, Athens, 1991.

———, *Macedonian Institutions under the Kings,* 2 vols, *Meletemata* 22, Athens, 1996.

———, *La mort de Philippe II. Une étude des sources, Meletemata* 76, Athens, 2018.

———, *Ancient Macedonia,* Berlin, 2020.

Hatzopoulos, M. B. & Loukopoulos, L. D. eds., *Philip of Macedon,* Athens, 1980.

Heckel, W., *Who's Who in the Age of Alexander and His Successors: From Chaironeia to Ipsos (338-301 BC),* Barnsley, 2021.

Heckel, W., Heinrichs, J., Müller, S. & Pownall, F. eds., *Lexicon of Argead Makedonia,* Berlin, 2020.

Heinrichs, J. & Müller, S., "Ein persisches Statussymbol auf Münzen Alexanders I. von Makedonien: Ikonograpie und historischer Hintergrund des Tetrobols SNG ABC, Macedonia I, 7 und 11", *ZPE* 167, 2008, pp. 283-309.

Herrman, J. ed., *Demosthenes: Selected Political Speeches,* Cambridge, 2019.

Heskel, J., *The Foreign Policy of Philip II down to the Peace of Philocrates,* Diss. Harvard Univ., 1987.

———, *The North Aegean Wars, 371-360 B.C.,* Stuttgart, 1997.

Howe, T., Garvin, E. E. & Wrightson, G. eds., *Greece, Macedon and Persia: Studies in Social, Political and Military History in Honour of Waldemar Heckel,* Oxford, 2015.

Howe, T. & Pownall, F. eds., *Ancient Macedonians in the Greek and Roman Sources: From History to Historiography,* Swansea, 2018.

Howe, T. & Reames, J. eds., *Macedonian Legacies: Studies in Ancient Macedonian History and Culture in Honor of Eugene N. Borza,* Claremont, 2008.

Hunt, P., *War, Peace, and Alliance in Demosthenes' Athens,* Cambridge, 2010.

Isaac, B., *The Greek Settlements in Thrace until the Macedonian Conquest,* Leiden, 1986.

Jehne, M., *Koine Eirene: Untersuchungen zu den Befriedungs- und Stabilisierungsbemühungen in der griechischen Poliswelt des 4. Jahrhunderts v. Chr.,* Stuttgart, 1994.

Kalléris, J. N., *Les anciens Macédoniens: étude linguistique et historique,* 2 vols, Athens, 1954-1976.

Kienast, D., *Philipp II. von Makedonien und das Reich der Achaimeniden*, München, 1973.

King, C. J., *Ancient Macedonia,* Oxton, 2018.

Kottaridi, A., *Macedonian Fragments,* Athens, 2020.

Kottaridi, A. & Walker, S. eds., *Heracles to Alexander the Great: Treasures from the Royal Capital of Macedon, a Hellenic Kingdom in the Age of Democracy,* Oxford, 2011.

Landucci Gattinoni, F., *Filippo re dei Macedoni,* Bologna, 2012.

Lane Fox, R. J. ed., *Brill's Companion to Ancient Macedon: Studies in the Archaeology and History of Macedon, 650 BC–300 AD*, Leiden, 2011.

Le Rider, G., *Monnayage et finances de Philippe II: un état de la question, Meletemata* 23, Athens, 1996.

MacDowell, D. M., *Demosthenes: On the False Embassy (Oration 19),* Oxford, 2000.

———, *Demosthenes the Orator*, Oxford, 2009.

Markle, M. M., *The Peace of Philocrates: A Study in Athenian Foreign Relations 348–346 B.C.,* Diss. Princeton Univ., 1967.

Martin, G. ed., *The Oxford Handbook of Demosthenes,* Oxford, 2019.

Martin, T. R., *Sovereignty and Coinage in Classical Greece,* Princeton, 1985.

Matthew, C., *An Invincible Beast: Understanding the Hellenistic Pike-Phalanx at War*, Barnsley, 2015.

McInerney, J., *The Folds of Parnassos: Land and Ethnicity in Ancient Phokis,* Austin, 1999.

Mojsik, T., *Orpheus in Macedonia: Myth, Cult and Ideology,* trans. by G. Kulesza, London, 2023.

Müller, S., *Die Argeaden: Geschichte Makedoniens bis zum Zeitalter Alexanders des Großen,* Paderborn, 2016.

———, *Perdikkas II. —Retter Makedoniens,* Berlin, 2017.

Müller, S., Howe, T., Bowden, H. & Rollinger, R. eds., *The History of the Argeads: New Perspectives,* Wiesbaden, 2017.

Natoli, A. F., *The Letter of Speusippus to Philip II: Introduction, Text, Translation and Commentary,* Stuttgart, 2004.

Ogden, D. ed., *The Cambridge Companion to Alexander the Great,* Cambridge, 2024.

Pandermalis, D. ed., *Gods and Mortals at Olympus: Ancient Dion, City of Zeus,* New York, 2016.

Perlman, S. ed., *Philip and Athens,* Cambridge, 1973.

Pownall, F., *Lessons from the Past: The Moral Use of History in Fourth-Century Prose,* Ann Arbor, 2004.

Pownall, F., Asirvatham, S. R. & Müller, S. eds., *The Courts of Philip II and Alexander the Great: Monarchy and Power in Ancient Macedonia,* Berlin, 2022.

Price, M., *Coins of the Macedonians,* London, 1974.

———, *The Coinage in the Name of Alexander the Great and Philip Arrhidaeus,* 2 vols, Zürich, 1991.

Psoma, S., *Olynthe et les Chalcidiens de Thrace: études de numismatique et d'histoire,* Stuttgart, 2001.

Roisman, J. ed., *Brill's Companion to Alexander the Great,* Leiden, 2003.

Roisman, J. & Worthington, I. eds., *A Companion to Ancient Macedonia,* Chichester, 2010.

Romm, J., *The Sacred Band: Three Hundred Theban Lovers and the Last Days of Greek Freedom,* New York, 2021.

Ruzicka, S., *Politics of a Persian Dynasty: The Hecatomnids in the Fourth Century B.C.,* Norman, 1992.

———, "The "Pixodarus Affair" Reconsidered Again", in: *Philip II and Alexander the Great: Father and Son, Lives and Afterlives* (Carney, E. & Ogden, D. eds.), Oxford, 2010, pp. 3-11.

Ryder, T. T. B., *Koine Eirene: General Peace and Local Independence in Ancient Greece,* London, 1965.

Sakellariou, M. B. ed., *Macedonia: 4000 Years of Greek History and Civilization,* Athens, 1983.

Salminen, E. M., *Age, Gender and Status in Macedonian Society, 550-300 BCE.: Intersectional Approaches to Mortuary Archaeology,* Edinburgh, 2024.

Saripanidi, V., "Constructing Continuities with a "Heroic" Past: Death, Feasting and Political Ideology in the Archaic

Macedonian Kingdom", in: *Constructing Social Identities in Early Iron Age and Archaic Greece* (Tsingarida, A. & Lemos, I. S. eds.), Brussel, 2017, pp. 73-135.

———, "Macedonian Necropoleis in the Archaic Period: Shifting Practices and Emerging Identities", in: *Griechische Nekropolen: Neue Forschungen und Funde* (Frielinghaus, H., Stroszeck, J. & Valavanis, P. eds.), Möhnesse, 2019, pp. 175-196.

Schultz, P., "Leochares' Argead Portraits in the Philippeion", in: *Early Hellenistic Portraiture: Image, Style, Context* (Schultz, P. & von den Hoff, R. eds.), Cambridge, 2007, pp. 205-233.

Sealey, R., *Demosthenes and His Time: A Study in Defeat*, New York, 1993.

Sears, M. A., *Athens, Thrace, and the Shaping of Athenian Leadership*, Cambridge, 2013.

Shipley, D. G. J., *The Early Hellenistic Peloponnese: Politics, Economies, and Networks 338-197 BC*, Cambridge, 2018.

Squillace, G., *Filippo il Macedone*, Roma, 2009.

Taylor, R., *The Macedonian Phalanx: Equipment, Organization and Tactics from Philip and Alexander to the Roman Conquest*, Yorkshire, 2020.

Toynbee, A., "If Ochus and Philip had Lived on", in: *Some Problems of Greek History*, London, 1969, pp. 421-440.

Troxell, H. A., *Studies in the Macedonian Coinage of Alexander the Great*, New York, 1997.

Valeva, J., Nankov, E. & Graninger, D. eds., *A Companion to Ancient Thrace*, Chichester, 2015.

van de Löcht, H., *Das Philippeion von Olympia: Ein partieller Wiederaufbau*, Diss. Universität Karlsruhe, 2009.

Vasilev, M. I., *The Policy of Darius and Xerxes towards Thrace and Macedonia*, Leiden, 2015.

Vokotopoulou, J. ed., *Greek Civilization: Macedonia, Kingdom of Alexander the Great*, Athens, 1993.

Wilkes, J., *The Illyrians*, Oxford, 1992.

Wirth, G., *Philipp II. Geschichte Makedoniens*, Bd. I, Stuttgart, 1985.

Worthington, I. ed., *Demosthenes: Statesman and Orator*, London, 2000.
Worthington, I., *Philip II of Macedonia*, New Haven, 2008.
———, *Demosthenes of Athens and the Fall of Classical Greece*, New York, 2013.
———, *By the Spear: Philip II, Alexander the Great, and the Rise and Fall of the Macedonian Empire*, Oxford, 2014.

●日本語文献

阿部拓児『アケメネス朝ペルシア――史上初の世界帝国』中央公論新社、二〇二一年。

大戸千之『ヘレニズムとオリエント――歴史のなかの文化変容』ミネルヴァ書房、一九九三年。

大牟田章『アレクサンドロス大王――「世界」をめざした巨大な情念』清水書院、一九八四年（新訂版、清水書院、二〇一七年）。

岸本廣大『古代ギリシアの連邦――ポリスを超えた共同体』京都大学学術出版会、二〇二一年。

木曽明子『弁論の世紀――古代ギリシアのもう一つの戦場』京都大学学術出版会、二〇二二年。

金原保夫『トラキアの考古学』同成社、二〇二一年。

澤田典子『アテネ　最期の輝き』岩波書店、二〇〇八年（講談社学術文庫、二〇二四年）。

———『アテネ民主政――命をかけた八人の政治家』講談社、二〇一〇年。

———『アレクサンドロス大王――今に生きつづける「偉大なる王」』山川出版社、二〇一三年。

———『アレクサンドロス大王（よみがえる天才4）』筑摩書房、二〇二〇年。

———「『過去』を操るマケドニア王たち」周藤芳幸編『古代地中海世界と文化的記憶』所収、山川出版社、二〇二二年、二八六―三一〇頁。

———『古代マケドニア王国史研究――フィリッポス二世のギリシア征服』東京大学出版会、二〇二二年。

篠崎三男『黒海沿岸の古代ギリシア植民市』東海大学出版会、二〇一三年。

原随園『アレクサンドロス大王の父』新潮社、一九七四年。

廣川洋一『イソクラテスの修辞学校──西欧的教養の源泉』岩波書店、一九八四年（講談社学術文庫、二〇〇五年）。

藤縄謙三『歴史の父ヘロドトス』新潮社、一九八九年（新装改訂版『ヘロドトス』魁星出版、二〇〇六年）。

森谷公俊『王妃オリュンピアス──アレクサンドロス大王の母』筑摩書房、一九九八年（『アレクサンドロスとオリュンピアス──大王の母、光輝と波乱の生涯』と改題、ちくま学芸文庫、二〇一二年）。

──『アレクサンドロスの征服と神話』講談社、二〇〇七年（講談社学術文庫、二〇一六年）。

森谷公俊訳・註／プルタルコス著『新訳 アレクサンドロス大王伝──『プルタルコス英雄伝』より』河出書房新社、二〇一七年。

──訳・註／ディオドロス著『アレクサンドロス大王の歴史』河出書房新社、二〇二三年。

●引用した古典史料の邦訳一覧

アッリアノス『アレクサンドロス東征記およびインド誌』大牟田章訳・註、東海大学出版会、一九九六年。

アテナイオス『食卓の賢人たち』5、柳沼重剛訳、京都大学学術出版会、二〇〇四年。

アリストテレス『政治学』山本光雄訳、岩波文庫、一九六一年。

イソクラテス『弁論集』1、小池澄夫訳、京都大学学術出版会、一九九八年。

エウリピデス「バッコスの信女」松平千秋訳、『ギリシア悲劇Ⅳ エウリピデス（下）』ちくま文庫、一九八六年。

クセノポン『ギリシア史』2、根本英世訳、京都大学学術出版会、一九九九年。

クルティウス・ルフス『アレクサンドロス大王伝』谷栄一郎・上村健二訳、京都大学学術出版会、二〇〇三年。

デモステネス『弁論集』1、加来彰俊・北嶋美雪・杉山晃太郎・田中美知太郎・北野雅弘訳、京都大学学術出版会、二〇〇六年。

デモステネス『弁論集』2、木曽明子訳、京都大学学術出版会、二〇一〇年。

トゥキュディデス『歴史』1、藤縄謙三訳、京都大学学術出版会、二〇〇〇年。

ネポス「イピクラテス」上村健二訳、『英雄伝』山下太郎・上村健二訳、国文社、一九九五年。

ヘロドトス『歴史』上・中・下、松平千秋訳、岩波文庫、一九七一〜七二年。

ポリュアイノス『戦術書』戸部順一訳、国文社、一九九九年。

ポンペイウス・トログス／ユニアヌス・ユスティヌス抄録『地中海世界史』合阪學訳、京都大学学術出版会、一九九八年。

in the Dawn of History, Athens, 2012. 図13

Tsangari, D. I. ed., *Coins of Macedonia in the Alpha Bank Collection,* Athens, 2009. 図20

Vokotopoulou, J. ed., *Greek Civilization: Macedonia, Kingdom of Alexander the Great,* Athens, 1993. 図10

Balkan Insight 図３，図45

著者撮影 図２，図19，図24，図35，図36

図版出典一覧

Andronicos, M., "Sarissa", *Bulletin de correspondance hellénique* 94, 1970, pp. 91–107. 図26

Carney, E. & Ogden, D. eds., *Philip II and Alexander the Great: Father and Son, Lives and Afterlives,* Oxford, 2010. 図37

Drougou, S. & Saatsoglou-Paliadeli, Ch., *Vergina: Wandering through the Archaeological Site,* Athens, 2000. 図６，図22，図42

Drougou, S. & Saatsoglou-Paliadeli, Ch., *Vergina: The Land and Its History,* Athens, 2005. 図９，図23左

Ginouvès, R. ed., *Macedonia: From Philip II to the Roman Conquest,* Princeton, 1994. 図17，図27，図28

Hammond, N. G. L., *Philip of Macedon,* Baltimore, 1994. 図25

Hatzopoulos, M. B. & Loukopoulos, L. D. eds., *Philip of Macedon,* Athens, 1980. 図１，図５，図30

Heckel, W., Heinrichs, J., Müller, S. & Pownall, F. eds., *Lexicon of Argead Makedonia,* Berlin, 2020. 図16

Kottaridi, A. & Walker, S. eds., *Heracles to Alexander the Great: Treasures from the Royal Capital of Macedon, a Hellenic Kingdom in the Age of Democracy,* Oxford, 2011. 図21，図23右，図40

Lane Fox, R. J. ed., *Brill's Companion to Ancient Macedon: Studies in the Archaeology and History of Macedon, 650 BC–300 AD,* Leiden, 2011. 図39, 図41

Lawton, C. L., *Attic Document Reliefs: Art and Politics in Ancient Athens,* Oxford, 1995. 図32

Pandermalis, D. ed., *Alexander the Great: Treasures from an Epic Era of Hellenism,* New York, 2004. 図14，図31

Sakellariou, M. B. ed., *Macedonia: 4000 Years of Greek History and Civilization,* Athens, 1983. 図４

Schultz, P. & von den Hoff, R. eds., *Early Hellenistic Portraiture: Image, Style, Context,* Cambridge, 2007. 図38

Scott, M., *Delphi: A History of the Center of the Ancient World,* Princeton, 2014. 図29

Stampolidis, N. C. & Giannopoulou, M. eds., *'Princesses' of the Mediterranean*

年(全て紀元前)	ギリシア世界とその周辺の出来事	マケドニア王	マケドニアの出来事
353			クロッカス平原の会戦で勝利、トラキア遠征を中断
352			オリュントスに侵攻
350年代末			イリュリア・パイオニア・エペイロスに遠征
349			カルキディケに侵攻
348			オリュントスを攻略
347			テーベと同盟して神聖戦争に介入
346	イソクラテスの『フィリッポスに与う』		トラキアに遠征、アテネと「フィロクラテスの講和」を締結
			デルフォイのピュティア祭を主催
345頃			イリュリアに遠征
344			ペロポネソスに介入
			アテネに講和の修正を提案
343	アルタクセルクセス3世がエジプトを再征服		アリストテレスがアレクサンドロスの教育係になる（～340）
		フィリッポス2世	エウボイア・メガラ・エリスに介入
343/2			エペイロスのモロッソスを衛星国化
342			テッサリアでテトラルキアを復活
			トラキアに遠征（～339）
340			アレクサンドロスがマイドイ人の反乱を鎮圧
	第四次神聖戦争（～339）		ペリントス・ビュザンティオン包囲戦（～339）
339			スキュティアに遠征
	アテネとテーベが同盟		エラテイアを占領
338	カイロネイアの会戦		
	ペルシアでアルタクセルクセス3世が死去		ペロポネソスに遠征
338/7	コリントス同盟の結成		ペルシアへの遠征を宣言
337			フィリッポス2世とクレオパトラが結婚
336			小アジアに先発部隊を派遣、ピクソダロス事件
	ペルシアでダレイオス3世が即位		フィリッポス2世の暗殺、アレクサンドロスの即位
335	テーベの反乱	アレクサンドロス3世	トラキアとイリュリアに遠征、テーベを破壊
334			東方遠征の開始（～324）
323	ラミア戦争（～322）		アレクサンドロス死去、後継者戦争の開始（～277頃）
317		フィリッポス3世（～317）	オリュンピアスがフィリッポス3世を殺害
310頃		アレクサンドロス4世（～310頃）	カッサンドロスがアレクサンドロス4世を殺害

年(全て紀元前)	ギリシア世界とその周辺の出来事	マケドニア王	マケドニアの出来事
380年代			イフィクラテスがアミュンタス３世の養子になる
382	スパルタがオリュントスに遠征（～379）		
377	第二次アテネ海上同盟の結成	アミュンタス３世	
375～373頃			アテネと同盟
371	レウクトラの会戦でスパルタが敗北		
370年代末			フェライのイアソンと同盟
370頃			ギリシアの講和会議に代理を送る
370/69		アレクサンドロス２世	
369	テーベがメッセニアを解放		テッサリアに介入
368頃			ペロピダスがマケドニアに介入、フィリッポス２世がテーベの人質になる（～365）
		（プトレマイオス）	プトレマイオスがアレクサンドロス２世を暗殺して実権を握る（～365） パウサニアスがマケドニアに侵攻し、イフィクラテスに撃退される
366頃	小アジアの総督たちの反乱（～361頃）		ペロピダスが再度マケドニアに介入
365		ペルディッカス３世	ペルディッカス３世がプトレマイオスを殺害 フィリッポス２世が帰国
364	キュノスケファライの会戦でペロピダスが戦死		
362	マンティネイアの会戦でエパミノンダスが戦死		アンフィポリスに駐留軍を置く
360			ペルディッカス３世がエピダウロスのテオロドコスを務める
360/59		フィリッポス２世	ペルディッカス３世がイリュリアとの戦いで戦死、フィリッポス２世が即位
359/8			アテネ・パイオニア・イリュリアに勝利、上部マケドニアを併合
358	ペルシアでアルタクセルクセス３世が即位		テッサリアに介入
357	同盟市戦争（～355）		アンフィポリスを攻略
356	第三次神聖戦争（～346）		フィリッポス２世がオリュンピア祭で優勝、アレクサンドロスの誕生 ポテイダイアを攻略、トラキアにフィリッポイを設立
354			メトネを攻略、神聖戦争に介入、テッサリアでフォキス軍に敗れる

関連年表

年(全て紀元前)	ギリシア世界とその周辺の出来事	マケドニア王	マケドニアの出来事
750頃	大植民の時代（〜550頃）		
7世紀半ば			マケドニア王国の建国
546	アテネでペイシストラトス家による僭主政が成立（〜510）		
514頃	ペルシア王ダレイオス1世のスキュティア遠征		
510年代末	メガバゾスのギリシア北部遠征	アミュンタス1世	ギュガイアとブバレスが結婚 ヒッピアスにアンテムスの提供を申し出る
508/7	アテネでクレイステネスの改革		
499	イオニア反乱（〜493）		
496			アレクサンドロス1世がオリュンピア祭に参加
492	マルドニオスのギリシア北部遠征		ペルシアに服属
490	マラトンの会戦		
480	ペルシア王クセルクセスのギリシア侵攻 テルモピュライの会戦、アルテミシオンの海戦、サラミスの海戦	アレクサンドロス1世	ペルシア戦争に参戦
479	プラタイアの会戦、ミュカレの海戦		
478	デロス同盟の結成		
463	アテネがタソスの反乱を鎮圧		
440年代半ば			ヒスティアイアの人々がマケドニアに移住
437	アテネがアンフィポリスを建設		
432			ポテイダイアの反乱を促す カルキディケ連邦の結成を促す
431	ペロポネソス戦争（〜404）	ペルディッカス2世	
429			オドリュサイ王国のシタルケス1世がマケドニアに侵攻
424			リュンケスティスと争う（〜423）
415	アテネのシチリア遠征（〜413）		
408			エウリピデスがマケドニアに滞在（〜406）
407/6		アルケラオス	アルケラオスがアテネから顕彰される
5世紀末			ペラに遷都、テッサリアに介入
399			アルケラオスの暗殺
395	コリントス戦争（〜386）		
393/2			イリュリアがマケドニアに侵攻
386	「大王の講和（アンタルキダスの講和）」	アミュンタス3世	
380年代			オリュントスがマケドニアに侵攻

［マ］

［ハ］

［ナ］

［タ］

［サ］

［カ］

索引

［ア］

澤田典子（さわだ・のりこ）

一九六七年、富山県生まれ。東京大学文学部卒業、同大学大学院人文社会系研究科博士課程修了。博士（文学）。現在、千葉大学教育学部教授。専門は古代ギリシア・マケドニア史。著書に『アテネ最期の輝き』（講談社学術文庫）、『古代マケドニア王国史研究――フィリッポス二世のギリシア征服』（東京大学出版会）、『アレクサンドロス大王』（よみがえる天才4、ちくまプリマー新書）、『アレクサンドロス大王――今に生きつづける「偉大なる王」』（世界史リブレット人5、山川出版社）、『アテネ民主政――命をかけた八人の政治家』（講談社選書メチエ）などがある。

古代《こだい》マケドニア全史《ぜんし》
フィリッポスとアレクサンドロスの王国《おうこく》

二〇二五年　三月一一日　第一刷発行

著者　澤《さわ》田《だ》典《のり》子《こ》

発行者　篠木和久

発行所　株式会社講談社
東京都文京区音羽二丁目一二―二一　〒一一二―八〇〇一
電話（編集）〇三―五三九五―三五一二
（販売）〇三―五三九五―五八一七
（業務）〇三―五三九五―三六一五

KODANSHA

装幀者　奥定泰之

本文データ制作　講談社デジタル製作

本文印刷　信毎書籍印刷株式会社

カバー・表紙印刷　半七写真印刷工業株式会社

製本所　大口製本印刷株式会社

ISBN978-4-06-539138-9　Printed in Japan　N.D.C.231　482p　19cm

講談社選書メチエの再出発に際して

講談社選書メチエの創刊は冷戦終結後まもない一九九四年のことである。長く続いた東西対立の終わりはついに世界に平和をもたらすかに思われたが、その期待はすぐに裏切られた。超大国による新たな戦争、吹き荒れる民族主義の嵐……世界は向かうべき道を見失った。そのような時代の中で、書物のもたらす知識が一人一人の指針となることを願って、本選書は刊行された。

それから二五年、世界はさらに大きく変わった。特に知識をめぐる環境は世界史的な変化をこうむったとすら言える。インターネットによる情報化革命は、知識の徹底的な民主化を推し進めた。誰もがどこでも自由に知識を入手でき、自由に知識を発信できる。それは、冷戦終結後に抱いた期待を裏切られた私たちのもとに差した一条の光明でもあった。

その光明は今も消え去ってはいない。しかし、私たちは同時に、知識の民主化が知識の失墜をも生み出すという逆説を生きている。堅く揺るぎない知識も消費されるだけの不確かな情報に埋もれることを余儀なくされ、不確かな情報が人々の憎悪をかき立てる時代が今、訪れている。

この不確かな時代、不確かさが憎悪を生み出す時代にあって必要なのは、一人一人が堅く揺るぎない知識を得、生きていくための道標を得ることである。

フランス語の「メチエ」という言葉は、人が生きていくために必要とする職、経験によって身につけられる技術を意味する。選書メチエは、読者が磨き上げられた経験のもとに紡ぎ出される思索に触れ、生きるための技術と知識を手に入れる機会を提供することを目指している。万人にそのような機会が提供されたとき初めて、知識は真に民主化され、憎悪を乗り越える平和への道が拓けると私たちは固く信ずる。

この宣言をもって、講談社選書メチエ再出発の辞とするものである。

二〇一九年二月　　野間省伸

MÉTIER

英国ユダヤ人　佐藤唯行
ポル・ポト〈革命〉史　山田　寛
世界のなかの日清韓関係史　岡本隆司
アーリア人　青木　健
ハプスブルクとオスマン帝国　河野　淳
「三国志」の政治と思想　渡邉義浩
海洋帝国興隆史　玉木俊明
軍人皇帝のローマ　井上文則
世界史の図式　岩崎育夫
ロシアあるいは対立の亡霊　乗松亨平
都市の起源　小泉龍人
英語の帝国　平田雅博
アメリカ　異形の制度空間　西谷　修
ジャズ・アンバサダーズ　齋藤嘉臣
モンゴル帝国誕生　白石典之
〈海賊〉の大英帝国　薩摩真介
フランス史　ギヨーム・ド・ベルティエ・ド・ソヴィニー　鹿島　茂監訳／楠瀬正浩訳

地中海の十字路＝シチリアの歴史　藤澤房俊
月下の犯罪　サーシャ・バッチャーニ　伊東信宏訳
シルクロード世界史　森安孝夫
黄禍論　廣部　泉
イスラエルの起源　鶴見太郎
近代アジアの啓蒙思想家　岩崎育夫
銭躍る東シナ海　大田由紀夫
スパルタを夢見た第三帝国　曽田長人
メランコリーの文化史　谷川多佳子
アトランティス＝ムーの系譜学　庄子大亮
中国パンダ外交史　家永真幸
越境の中国史　菊池秀明
中華を生んだ遊牧民　松下憲一
戦国日本を見た中国人　上田　信
遊牧王朝興亡史　白石典之
古代マケドニア全史　澤田典子

Savo·ir&Fa·ire　木　エルメス財団 編
極限の思想　バタイユ　佐々木雄大
極限の思想　ニーチェ　城戸　淳
極限の思想　ドゥルーズ　山内志朗
極限の思想　ハイデガー　高井ゆと里
極限の思想　サルトル　熊野純彦
極限の思想　ラカン　立木康介
今日のミトロジー　中沢新一
カイエ・ソバージュ［完全版］　中沢新一
人類最古の哲学［新装版］　中沢新一
日本精神史　近代篇　上・下　長谷川宏
嘘の真理《ほんと》　ジャン＝リュック・ナンシー　柿並良佑 訳
理性の呼び声　スタンリー・カヴェル　荒畑靖宏 訳

地中海世界の歴史①　神々のささやく世界　本村凌二
地中海世界の歴史②　沈黙する神々の帝国　本村凌二
地中海世界の歴史③　白熱する人間たちの都市　本村凌二
地中海世界の歴史④　辺境の王朝と英雄　本村凌二
地中海世界の歴史⑤　勝利を愛する人々　本村凌二

最新情報は公式ウェブサイト→https://gendai.media/gakujutsu/